SCHOPENHAUER

WEGE DER FORSCHUNG

BAND 602

WISSENSCHAFTLICHE BUCHGESELLSCHAFT
DARMSTADT

SCHOPENHAUER

Herausgegeben von
JÖRG SALAQUARDA

WISSENSCHAFTLICHE BUCHGESELLSCHAFT
DARMSTADT

CIP-Kurztitelaufnahme der Deutschen Bibliothek

Schopenhauer / hrsg. von Jörg Salaquarda. –
Darmstadt: Wissenschaftliche Buchgesellschaft,
1985.
(Wege der Forschung; Bd. 602)
ISBN 3-534-08545-0
NE: Salaquarda, Jörg [Hrsg.]; GT

Bestellnummer 8545-0

© 1985 by Wissenschaftliche Buchgesellschaft, Darmstadt
Satz: Maschinensetzerei Janß, Pfungstadt
Druck und Einband: Wissenschaftliche Buchgesellschaft, Darmstadt
Printed in Germany
Schrift: Linotype Garamond, 9/11

ISSN 0509-9609
ISBN 3-534-08545-0

INHALT

Einleitung. Von Jörg Salaquarda 1

I. Werk und Wirkung

Die Resultate Schopenhauers (1938). Von Arnold Gehlen . . 35

Schopenhauers „eigentliche Kritik der Vernunft“ (1945). Von Hans Barth 60

Schopenhauer-Meditationen (1962). Von Hermann Glockner . 73

Heute und Morgen (1973). Von Arthur Hübscher 98

II. Die großen „Schüler“

Schopenhauer und die moderne Existenzphilosophie (1962). Von Alwin Diemer 123

Schopenhauers Einfluß auf Nietzsches ›Antichrist‹ (1973). Von Jörg Salaquarda 142

Freud und Schopenhauer (1975). Von Rajender Kumar Gupta 164

Schopenhauer im Urteil der modernen Inder (1976). Von Icilio Vecchiotti 177

Der logische Mystizismus und der kulturelle Hintergrund von Wittgensteins ›Tractatus‹ (1978). Von Jerry S. Clegg . . . 190

III. Beispiele heutiger Schopenhauer-Rezeption

Schopenhauers Denken im Verhältnis zu Wissenschaft und Religion (1972). Von Max Horkheimer 221

Ethisches Handeln – heute (1975). Von Walter Schulz . . . 234

Schopenhauers Beitrag zur Erforschung der Psyche (1980). Von Walter Kaufmann 255

Zwischen Pathodizee und „praktischer Mystik“ (1980). Von Ludger Lütkehaus 264

Ein Dialog (1980). Von Ludger Lütkehaus 278

Schopenhauers Ethik. Ein Beitrag zur Bewältigung der Gegenwart (1981). Von Karl Pisa 284

Freiheit. Gleichheit. Sterblichkeit. Schopenhauer und die Theorie der Moderne (1982). Von Hans Ebeling 299

Schopenhauer und Hegels Logik. Einführung in eine noch ausstehende Kontroverse (Originalbeitrag 1981). Von Wolfgang Weimer 314

Über die fünfte Wurzel des Satzes vom zureichenden Grunde (Originalbeitrag 1981). Von Ernst-Otto Schneider 348

Bibliographie 375

Namenregister 383

EINLEITUNG

Von Jörg Salaquarda

Arthur Schopenhauer[1] hat sich selbst primär als einen systematischen Denker verstanden. Sein Hauptwerk, ›Die Welt als Wille und Vorstellung‹, ist ein vierteiliges System der Philosophie, in dem Erkenntnistheorie, Metaphysik, Naturphilosophie, Ästhetik und Ethik von einem einheitlichen Gesichtspunkt aus entfaltet sind. *Alle* übrigen von ihm selbst veröffentlichten Schriften hat Schopenhauer dem Hauptwerk bzw. seinen einzelnen Teilen zugeordnet. Seine schon vor diesem erschienene Dissertation ›Über die vierfache Wurzel des Satzes vom zureichenden Grunde‹ hat er auch der Sache nach an den Anfang gestellt –

[1] In der Zitierweise folge ich der Praxis der ›Schopenhauer-Jahrbücher‹, d. h., ich benutze die von A. Hübscher besorgten kritischen Ausgaben der ›Werke‹ (^{3}1972), des ›Handschriftlichen Nachlasses‹, der ›Gesammelten Briefe‹ und der ›Gespräche‹ (^{2}1971). Die vollständigen bibliographischen Angaben darüber wie auch über die zitierten Werke der Sekundärliteratur findet man im bibliographischen Anhang dieses Bandes. Auch die Siglen entsprechen den in den ›Jahrbüchern‹ verwendeten:

G	=	Ueber die vierfache Wurzel des Satzes vom zureichenden Grunde
W I, II	=	Die Welt als Wille und Vorstellung, Bände I und II
N	=	Ueber den Willen in der Natur
E I, II	=	Die beiden Grundprobleme der Ethik (I = Ueber die Freiheit des menschlichen Willens; II = Ueber das Fundament der Moral)
P I, II	=	Parerga und Paralipomena, Bände I und II
HN I–V	=	Handschriftlicher Nachlaß, Bände I bis V
GBr	=	Gesammelte Briefe
Gespr.	=	Gespräche
Jahrbuch	=	Schopenhauer-Jahrbuch

Zitate aus Beiträgen, die in diesem Band abgedruckt sind, werden durch Angaben der Seitenzahl in Klammern nachgewiesen.

als die Entfaltung der erkenntnistheoretischen Voraussetzungen des Systems.[2] ›Der Wille in der Natur‹ ist dem zweiten, ›Die beiden Grundprobleme der Ethik‹ sind dem vierten Buch des *magnum opus* zugeordnet.[3] Die ›Parerga und Paralipomena‹ sind, wie der Titel schon sagt, von vornherein als Nebenarbeiten konzipiert, für die sich in den „systematischen Werken keine Stelle finden" ließ.[4] Wie sehr sich Schopenhauer an die Umrisse des einmal aufgestellten Systems gebunden fühlte, zeigt am deutlichsten die Tatsache, daß er dem ersten Band der ›Welt als Wille und Vorstellung‹ bei Erscheinen der zweiten Auflage (1844) einen zweiten Band an die Seite stellte, der ihm im Aufbau völlig entspricht.

Sosehr Schopenhauer den nach einem einheitlichen Prinzip entworfenen systematischen Aufbau seines Werks betonte, und so entschieden er an ihm festgehalten hat, mit ebenso großem Nachdruck hat er sein philosophisches System von denen anderer Denker abgehoben. Sein entscheidendes, mehrfach vorgetragenes Argument dafür war, daß sein System sich auf ein empirisches Fundament stützen könne:

In anderen philosophischen Systemen ist die Konsequenz dadurch zu Wege gebracht, daß Satz aus Satz gefolgert wird. Hierzu aber muß nothwendigerweise der eigentliche Gehalt des Systems schon in den allerobersten Sätzen vorhanden seyn; wodurch dann das Uebrige, als daraus abgeleitet, schwerlich anders, als monoton, arm, leer und langweilig ausfallen kann, weil es eben nur entwickelt und wiederholt, was in den Grundsätzen schon ausgesagt war. ... Meine Sätze hingegen beruhen meistens nicht auf Schlußketten, sondern unmittelbar auf der anschaulichen Welt selbst, und die, in meinem Systeme, so sehr wie in irgend einem, vorhandene strenge Konsequenz ist in der Regel nicht eine auf bloß logischem Wege gewonnene, vielmehr ist es diejenige natürliche Uebereinstimmung der Sätze, welche unausbleiblich dadurch eintritt, daß ihnen sämmtlich die selbe intuitive Erkenntniß, nämlich die anschauliche Auffassung des selben, nur successive von verschiedenen Seiten betrachteten Objekts, also der realen Welt, in allen ihren Phänomenen, unter Berücksichtigung des Bewußtseyns, darin sie sich darstellt, zum Grunde liegt.[5]

[2] G, Vorrede zur zweiten Auflage; I, V–VII.

[3] E I, Vorrede; IV/2, VI.

[4] P I, Vorwort; V, VII.

[5] Fragmente zur Geschichte der Philosophie, § 14 (›Einige Bemerkungen über meine eigene Philosophie‹): P I; V, 139f.

In einem bekannt gewordenen Bild hat Schopenhauer seine Philosophie deswegen mit dem „hunderttorigen Theben" verglichen: man könne nämlich in beide

> ... von allen Seiten ... hinein und durch jedes Tor auf geradem Wege bis zum Mittelpunkte gelangen.[6]

Diese Eigenart des Systems, also seine empirische Fundierung und die Ausweisbarkeit aller seiner Sätze an der Realität der Welt selbst, hat Schopenhauer für eine Garantie seiner Wahrheit angesehen:

> Als einen großen Vorzug meiner Philosophie sehe ich es an, daß alle ihre Wahrheiten unabhängig von einander, durch die Betrachtung der realen Welt gefunden sind, die Einheit und Zusammenstimmung derselben aber, um die ich unbesorgt gewesen war, sich immer nachher von selber eingefunden hat. Darum auch ist sie reich und hat breite Wurzeln auf dem Boden der anschaulichen Wirklichkeit, aus welchem alle Nahrung abstrakter Wahrheiten quillt.[7]

Weil sein System nichts anderes sei als die begrifflich-abstrakte Darstellung des zuvor von ihm in genialer Schau anschaulich erfahrenen Wesens der Wirklichkeit, deswegen war Schopenhauer davon durchdrungen, daß es sich durchsetzen müsse. Die Menschheit würde allmählich seine Weltsicht als wahr erkennen und sie akzeptieren. Zwar ließe sich an seiner Darstellung das eine oder andere verbessern, im Grundsätzlichen sei das System aber unüberholbar.[8] Mit seinen späteren Abhandlungen, mit dem zweiten Band des Hauptwerks und mit den ›Parerga‹ hat Schopenhauer selbst schon Muster dafür erstellt, was an philosophischer Arbeit geblieben war, nachdem er ein für alle Mal das entscheidende Fundament gelegt hatte.

Nimmt man diese Selbsteinschätzung Schopenhauers zum Maßstab, dann ist seine Wirkungsgeschichte recht bescheiden gewesen. Selbst seine ersten Anhänger, die Becker, Frauenstädt, Asher, Doß, Lindner, Baehr, Dorguth, Gwinner, bedrängten ihn mit Zweifeln, Fragen und Einwänden. Verschiedentlich hat er gereizt reagiert. „Sehn Sie",

[6] E I, Vorrede; IV/2, VI.

[7] W II, Kap. 17; III, 206f.

[8] „.. ich bezweifle sehr, daß man jemals über mich wird hinauskommen können, d. h. in der Länge; in der Breite wird manches zu thun seyn, an Erläuterungen, Bestätigungen, Verknüpfungen, Ausführungen usw." (An A. Doß, 22. 7. 1852; GBr 286. – Vgl. auch Gespr. 110).

schreibt er an Frauenstädt, der es gewagt hatte, in einer Abhandlung Ideen zu äußern, die von denen des Meisters abwichen, und sogar andere Autoren zu zitieren,

> ... man kann nicht Gott und dem Teufel zugleich dienen: man muß konsequent und entschieden sein: man muß eine Ueberzeugung haben und sie aussprechen ... Lesen Sie nur fleißig in der Kritik der reinen Vernunft und den Prolegomenen, wie auch in meinen so wenig voluminösen Werken, und halten Sie sich rein.[9]

Die Anhänger haben ihre Zweifel in der Regel nur im mündlichen oder brieflichen Verkehr mit dem Meister vorgetragen; in ihren Veröffentlichungen haben sie sich dessen Anspruch zu eigen gemacht und ihn verteidigt. Genützt hat das wenig. Von Anfang an, beginnend mit Herbarts Rezension der ›Welt als Wille und Vorstellung‹[10], haben Kritiker, ja selbst eher „neutrale" Philosophiehistoriker, die von Schopenhauer behauptete Einheitlichkeit seines Systems entschieden bestritten.[11] Nach dem sogenannten „Zellerschen Paradoxon" soll Schopenhauer teils idealistisch, teils materialistisch argumentiert haben, ohne diesen Widerspruch bemerkt, geschweige denn ihn aufgelöst zu haben.[12] Rudolf Haym hat in seiner Interpretation bei Schopenhauer so viele Unstimmigkeiten entdecken wollen, daß er schließlich das Fazit zog, in dem „System" bliebe kein Stein auf dem anderen![13] Kuno Fischer hielt dies zwar für übertrieben, deckte selbst aber neben einem „Grundgebrechen des ganzen Systems", nämlich dem Fehlen von Geschichte und Entwicklung, eine Reihe von Widersprüchen auf, von denen einige die Fundamente von Schopenhauers Denken beträfen.[14] Auch Johannes Volkelt diskutierte eine Fülle von Widersprüchen, die sich seiner Meinung nach theoretisch nicht beseitigen ließen; sie würden freilich ver-

[9] 23. 10. 1850; GBr 252.

[10] Erschienen in: Hermes 7/3 (1820), 131–149.

[11] Vgl. dazu Hübscher, Denker gegen den Strom, Kap. XI (›Von Widersprüchen und vom Widerspruch‹).

[12] Diskussion des Problems und Literaturhinweise bei Hübscher, a. a. O., 255f. und 336f.

[13] Arthur Schopenhauer.

[14] Arthur Schopenhauer, bes. 454ff. – Vom „Grundgebrechen des ganzen Systems" handelt Fischer 454ff.; über „Die Widersprüche in dem System" 460ff. und über die „im Fundament" 484ff.

ständlich, wenn man sie auf die widersprüchliche Einheit von Schopenhauers Persönlichkeit zurückführte.[15] Die Reihe ließe sich fortsetzen.

Von den späteren Interpreten haben dagegen nur wenige auch nur ein *Bemühen* um Schopenhauers System erkennen lassen. Nach den „Aposteln" und „Evangelisten", besonders Frauenstädt, Asher und Gwinner, eigentlich nur Paul Deussen und Arthur Hübscher; neuerdings, wenn auch mit anderer Intention, Wolfgang Weimer.

Deussen, Jugendfreund Nietzsches und von diesem auf Schopenhauer verwiesen, war zunächst Orientalist und Religionswissenschaftler. In seiner Philosophie – er war der erste Anhänger Schopenhauers, der auf einen philosophischen Lehrstuhl berufen wurde – verband er die indische Religion und Philosophie mit dem Christentum und dem kantischen Kritizismus in der Ausdeutung und Weiterführung desselben durch Schopenhauer. Dieser war für ihn der letzte große Philosoph, dessen Werk schon die von ihm – Deussen – gelehrte Synthese in den wesentlichen Grundzügen zustandegebracht habe. Deussens siebenbändige ›Geschichte der Philosophie‹ endet deswegen mit und gipfelt in Schopenhauers Philosophie.[16] Zum Zweck der Erhaltung und Verbreitung der Lehre des verehrten Meisters hat Deussen 1912 die Schopenhauer-Gesellschaft gegründet, die sich seither zu der größten und zu einer der aktivsten philosophischen Gesellschaften in Deutschland entwickelt hat. Deussen wurde ihr erster Präsident und zeichnete als Herausgeber einer unvollendet gebliebenen Gesamtausgabe von Schopenhauers Werken, Aufzeichnungen und Briefen.

Das Editionsvorhaben hat schließlich, wenn auch in anderer Gestalt, A. Hübscher zu Ende gebracht.[17] Auch in der Tendenz des Schopenhauer-Verständnisses hat Hübscher an Deussen angeknüpft, diesen freilich auch darin überboten – sowohl in der Tiefe der Durchdringung

[15] Arthur Schopenhauer, bes. 59: „Mit dem Aufweisen der Widersprüche muß sich das Verstehen derselben aus den Triebfedern seines Denkens und seiner Persönlichkeit und die Würdigung der in und trotz den Widersprüchen vorhandenen Größe und Wahrheit verbinden."

[16] Allgemeine Geschichte der Philosophie, Leipzig 1894–1917; der letzte Band (II/3) trägt den Titel ›Die neue Philosophie von Descartes bis Schopenhauer‹. – Vgl. auch Deussens ›Die Elemente der Metaphysik‹, Leipzig 1877, ^{7}1921.

[17] Vgl. dazu unten die ›Vorbemerkung‹ zur Bibliographie.

wie in der Weite des beigezogenen Materials. Die zahlreichen Werke dieses langjährigen verdienstvollen Präsidenten der Schopenhauer-Gesellschaft, gipfelnd in seiner großen monographischen Darstellung des Werdens der Schopenhauerschen Philosophie, ihrer Ausgestaltung und ihres Schicksals[18], lassen erkennen, daß auch für ihn das System Schopenhauers verbindlich bleibt, weil und insofern es ein – der bisher letzte – Ausdruck der *philosophia perennis* ist. – Auf W. Weimers kritische Rekonstruktion der Schopenhauerschen Philosophie werde ich später zu sprechen kommen.

Daß Schopenhauers System so wenig Beachtung gefunden hat, liegt nicht nur an seinen – vermeintlichen oder tatsächlichen – Widersprüchen. Seit der Mitte des vorigen Jahrhunderts ist das allgemeine geistige Klima den philosophischen Systemen überhaupt nicht gerade günstig gewesen. Die wachsende Beachtung, die Schopenhauers Denken nach 1850 fand, galt gewiß nicht seinem System. Soweit sie überhaupt philosophisch oder wissenschaftlich motiviert war, speiste sie sich aus Schopenhauers Nähe zur Empirie, aus seiner starken Berücksichtigung der Naturwissenschaften und ihrer Ergebnisse und aus der Erschließung neuer Wirklichkeitsbereiche wie dem Unbewußten und der Sexualität. Eine noch größere Rolle dürften weltanschauliche und politische Motive gespielt haben. Schopenhauers Nüchternheit in der Beurteilung historischer und gesellschaftlicher Tendenzen, seine ebenso eindringliche wie leicht verständliche Moralphilosophie und schließlich auch seine tendenzielle Weltverneinung dürften die enttäuschte, sich vom Fortschrittsoptimismus der idealistischen Systeme abkehrende Bildungsschicht nach den Ereignissen der Jahrhundertmitte angesprochen haben.

Fast alle maßgebenden philosophischen Strömungen nach Schopenhauer haben dem Systemdenken mißtraut bzw. es völlig verworfen. Das gilt nicht nur für Nietzsche, sondern auch für die Lebensphilosophie, den Pragmatismus, die Existenzphilosophie, die Analytische Philosophie, die Kritische Theorie, den Kritischen Rationalismus und andere. In einigen Fällen hat Schopenhauers Denken mit dazu beigetragen, diese Einstellung zu entwickeln oder zu befestigen – einige Beiträge des vorliegenden Bandes gehen auf solche Zusammenhänge ein. Dabei hat das

[18] Denker gegen den Strom.

Mißtrauen gegenüber den Systemen auch vor Schopenhauers System nicht haltgemacht. Man hat den Unterschied zwischen bloß deduktiven und empirisch anhebenden Systemen gegenüber den Gemeinsamkeiten, nämlich der Behauptung, das Ganze der Wirklichkeit in seinem Zusammenhang erfassen und darstellen zu können, gering veranschlagt.

Es ist Schopenhauer in dieser Hinsicht nicht anders gegangen als seinem großen Gegenspieler Hegel, dessen Denken zwar im geistigen Leben der Gegenwart allenthalben wirksam ist, dessen System aber weitgehend abgelehnt wird.[19] Eine Orientierung an den philosophischen Systemen, im Falle Schopenhauers und in jedem anderen Fall, scheint heute nur noch in zwei Hinsichten möglich und sinnvoll zu sein. Zum einen kann man ein System, nach dem Vorbild Nietzsches, als Ausdruck der großen Persönlichkeit nehmen, wobei man dies nicht zu eng, in individualistischer oder gar psychologischer Verkürzung auffassen darf. Die „große Persönlichkeit" erweist sich nicht zuletzt durch ihre Fähigkeit, die großen Traditionen aufzunehmen, sie mit den wesentlichen Tendenzen der Zeit zu vermitteln und die aufgebrochenen Spannungen zu einer neuen Synthese zusammenzubinden. A. Hübschers Schopenhauer-Interpretation scheint mindestens zum Teil von diesem Verständnis auszugehen und ist insofern von bleibender Überzeugungskraft. Zum anderen kann man den mehr analytischen Gesichtspunkt anlegen, demzufolge die systematische Ausgestaltung eines Gedankens es besser als andere Darstellungsarten erlaube, seine Tragfähigkeit und seine Grenzen zu überprüfen.[20]

Sieht man von Schopenhauers Selbsteinschätzung ab, dann war (und ist) seinem Denken eine reichhaltige und vielschichtige Wirkungsgeschichte beschieden. Viele seiner Gedanken, Einsichten und Motive sind von Späteren – Philosophen, Wissenschaftlern, Künstlern, Menschen der Praxis – aufgenommen, verändert, weitergedacht und umgesetzt worden. Andere Züge seines Philosophierens haben sich durchge-

[19] Der Akzeptierung des gesamten Systems am nächsten kommt die umstrittene Interpretation von A. Kojève: Introduction à la lecture de Hegel, Paris 1947; eine gekürzte deutsche Fassung: Hegel. Eine Vergegenwärtigung, hrsg. von I. Fetscher, Stuttgart 1958.

[20] Zu diesem Nutzen der systematischen Entfaltung eines Gedankens vgl. W. Kaufmann, Nietzsche. Philosoph – Psychologe – Antichrist, deutsch von J. Salaquarda, Darmstadt 1982, 109–111.

setzt oder sind erneut zur Geltung gebracht worden, ohne daß sich ein direkter Einfluß nachweisen läßt. Die im folgenden vorgelegte Dokumentation ist an diesem faktischen Weiterwirken von Schopenhauers Denken orientiert. Es erschien mir sinnvoll und den ausgewählten Texten angemessen zu sein, sie in drei Abschnitte zu gliedern. Im ersten, *Werk und Wirkung*, kommen einige namhafte Interpreten zu Wort und legen dar, mit welchen Gedanken Schopenhauer ihrer Meinung nach das Denken und das geistige Klima der Folgezeit nachhaltig beeinflußt hat. Es ist bezeichnend für die Wirkungsgeschichte, daß einerseits schon hinsichtlich dieser grundsätzlichen Frage keine Einigkeit besteht, daß aber andererseits alle Autoren Schopenhauers Bedeutung ganz oder zumindest vorwiegend auf den Gebieten der Anthropologie und bzw. oder der Praktischen Philosophie finden. Der zweite Abschnitt, *Die großen „Schüler"*, ist einigen Philosophen und Wissenschaftlern gewidmet, die in besonderem Maße an Schopenhauer angeknüpft haben – oder haben sollen. Ich habe bewußt darauf verzichtet, die weithin bekannten eigenen Aussagen der „Schüler" dieser Art über ihre Verpflichtungen gegenüber Schopenhauer aufzunehmen.[21] Wenn ich statt dessen heutige Interpreten mit zum Teil zugespitzten Thesen über diese Problematik diskutieren lasse, dann möchte ich damit deutlich machen, daß Art und Ausmaß der Einflüsse, den Selbstaussagen der Betroffenen zum Trotz, kontrovers beurteilt werden. Der dritte Abschnitt, *Beispiele heutiger Schopenhauer-Rezeption,* kann und soll erweisen, daß Schopenhauers Denken nach wie vor lebendig ist. Das gilt besonders für den Bereich der Moralphilosophie.

Die „Komödie des Ruhms"[22] hat im Falle Schopenhauers spät, aber dann um so nachhaltiger eingesetzt. Es ist nicht übertrieben, wenn Glockner bemerkt: Um 1890 „war Schopenhauer nicht nur der berühmteste, sondern . . . auch der gelesenste Philosoph der Welt (79)." Und wer hat ihn nicht alles gelesen! Die Vielzahl und Vielfalt der Leser und die Art und Breite des Einflusses werden durch eine Flut von Büchern und Aufsätzen über Schopenhauer belegt. Dazu kommt noch eine Fülle von Zeugnissen, Berichten, Erwähnungen in Briefen und Erinnerungen

[21] Eine übersichtliche Zusammenstellung bietet der von G. Haffmans herausgegebene Band ›Über Arthur Schopenhauer‹.

[22] Gespr., 308.

und ähnliches mehr.[23] Außer den Philosophen waren es vor allem die Künstler und viele geistig interessierte junge Leute, die Schopenhauer für sich entdeckt haben. Hinzu kamen Geschäftsleute, Staatsbeamte und andere in praktischen Berufen tätige Menschen. Auf diese breitgefächerte Einfluß- und Wirkungsgeschichte geht die folgende Dokumentation nicht ein. Sie berücksichtigt nur Philosophen und Wissenschaftler, deren Werk für das Philosophieren unseres Jahrhunderts relevant geworden ist.

Den Anfang machen vier Beiträge über *Werk und Wirkung* im allgemeinen. Sie stellen verschiedene Auffassungen darüber zur Diskussion, womit eigentlich Schopenhauer auf die Späteren gewirkt hat. Arnold Gehlen geht es in seiner zuerst bereits 1938 veröffentlichten Studie ›Die Resultate Schopenhauers‹ nicht um die Vielfalt der Wirkungsgeschichte. Er läßt die vielen Anregungen, Umprägungen, produktiven Mißverständnisse etc., auf die andere Beiträge durchaus eingehen, beiseite und konzentriert sich auf das, was er als Resultate in einem eminenten Sinne versteht, d. h. um

> ... die bei jedem erstrangigen Denker erscheinenden ganz wenigen Grundwahrheiten, die bisher noch nie in ihrer eigentlichen Bedeutung zur Geltung gekommen waren, dann aber für die Philosophie erworben wurden (37).

Dieser Satz verdient schon deshalb Beachtung, weil Gehlen, eher beiläufig, Schopenhauer in die ihm meines Erachtens gebührende, aber oft und von vielen bestrittene Position unter den wenigen bedeutenden und epochemachenden Philosophen rückt.[24] Allerdings läßt Gehlen Schopenhauer diese Anerkennung teuer entgelten. Denn zu den Resultaten rechnet er weder Schopenhauers System noch auch die metaphysischen Hauptthesen, daß die Welt in ihrem Kern Wille und in ihrem Sein für den Intellekt Vorstellung sei; schließlich auch nicht Schopenhauers

[23] Vgl. auch dazu die vielen Nachweise in ›Über Arthur Schopenhauer‹.

[24] M. Fox schreibt im ›Preface‹ zu dem von ihm herausgegebenen Band ›Schopenhauer. His Philosophical Achievement‹: "I find myself at a loss to explain why Schopenhauer ... has been consistently underrated in our century as a philosopher. For anyone who has read him with care knows that for intellectual rigour, striking insights, provocative ideas, breadth of metaphysical vision, grace, lucidity, and wit, he is unexcelled. He was one of the boldest and most imaginative thinkers of his time – or of any time" (XV).

Aufnahme und Umprägung der Kantischen Transzendentalphilosophie. Die echten Resultate lägen vielmehr

> ... durchweg auf *anthropologischem* Gebiet, und um sie anzuerkennen, muß der ganze metaphysische Anspruch preisgegeben werden (37).

Auf die vier Aspekte der schopenhauerischen Anthropologie, die Gehlen als bleibende Einsichten hervorhebt, brauche ich hier nicht näher einzugehen. Aber ich möchte ausdrücklich zwei weitere Thesen hervorheben, weil sie meines Erachtens inzwischen deutlich bestätigt worden sind. In der einen unterstreicht Gehlen, daß Schopenhauer den *Leib* in die philosophische Reflexion einbezogen und damit die traditionellerweise einseitig am Vorrang des Bewußtseins orientierte Philosophie bleibend verändert habe.[25] Die zweite These betrifft die Rolle der Religion. Es ist Gehlen zuzustimmen, wenn er Schopenhauers Erkenntnisse von der Kraftlosigkeit der überlieferten Religionen einerseits und von der prinzipiellen Unüberholbarkeit individueller Religiosität andererseits als zukunftsweisend herausstellt.

Hans Barth hat Schopenhauer das vierte Kapitel seiner vielbeachteten Problemgeschichte der Heraufkunft der Ideologien und des Ideologieverdachts gewidmet. In Anknüpfung an Schopenhauers Andeutungen zu einer künftigen eigentlichen Kritik der „Vernunft"[26] ..., die die Kantische fortsetzen und überbieten solle, hat Barth dieses Kapitel ›Schopenhauers „eigentliche Kritik der Vernunft"‹ überschrieben. Deren neue und bleibende Einsichten sind für ihn die Gedanken vom Werkzeugcharakter und von der unaufhebbaren Leibgebundenheit der Vernunft. Im Grundsätzlichen stimmt dies mit der Auffassung Gehlens überein, doch setzt Barth einen anderen Akzent. Ihm geht es um die zwiespältige Rolle, die Schopenhauer dem Intellekt zugewiesen hat. Er soll einerseits Sklave des Willens sein, also ein Werkzeug des Egoismus, und er soll andrerseits auf objektive Erkenntnis und Wahrheit aussein. Systematisch geurteilt hat Schopenhauer, nach Barths Meinung, diesen Widerspruch nicht lösen können, aber seine Stärke liegt darin, daß er er-

[25] Vgl. dazu H. Schöndorf, Der Leib im Denken Schopenhauers und Fichtes. – Zu den Nachwirkungen in der mehr geisteswissenschaftlich orientierten Philosophischen Anthropologie unseres Jahrhunderts vgl. M. Landmann, Das Menschenbild bei Schopenhauer.

[26] HN I, 159.

stens den Konflikt nicht geleugnet oder verdrängt hat, und daß er zweitens entschieden für die Emanzipation des Intellekts vom Willen Partei ergriffen und sich damit in die Tradition der Aufklärung gestellt hat.

Daß auch Hermann Glockner in diesem Band über Schopenhauer zu Wort kommt, mag überraschen. Verbindet man seinen Namen doch eher mit dem Werk von Schopenhauers großem Gegenspieler Hegel. Er hat nicht nur die ›Jubiläumsausgabe‹ von Hegels Werken ediert und ein vielbenutztes ›Hegel-Lexikon‹ zusammengestellt, sondern auch in seinem eigenen Denken deutlich an Hegel angeknüpft. Es ist aber kennzeichnend für die Wirkungsgeschichte, daß Schopenhauers Hegel-Polemik selten zur Nachahmung angeregt hat[27] und daß sich auch eher zu Hegel tendierende Interpreten über sie hinwegsetzen und Gesichtspunkte entdecken konnten, von denen aus das Denken beider, Hegels und Schopenhauers, gewürdigt werden konnte. Glockner selbst optierte für eine Methode, die er „konkretes Denken" nannte und durch die die rationalen wie die irrationalen Momente der Wirklichkeit in gleicher Weise zur Geltung gebracht werden sollten.[28]

Der hier wiedergegebene Essay Glockners ist aus verschiedenen Gründen interessant. Zum einen läßt er das Bemühen erkennen, Schopenhauer in die große abendländische Tradition einzubeziehen und den Gegensatz zum Deutschen Idealismus herunterzuspielen. Glockner erreicht dies dadurch, daß er Schopenhauer gegen das Vordringen eines Hegel mißverstehenden, ihn gleichsam mit Comte verwechselnden Hegelianismus protestieren läßt.[29] Zum anderen ist Glockners Unter-

[27] Eine bemerkenswerte Ausnahme macht Karl Popper, dessen Abneigung gegen Hegel der Schopenhauers nicht nachsteht. Popper zitiert daher häufig und mit Vergnügen Schopenhauers polemische Ausfälle.

[28] Vgl. H. Glockner, Die europäische Philosophie von den Anfängen bis zur Gegenwart, Stuttgart 1958, bes. 831 ff.

[29] Glockner erreicht das freilich um den Preis, daß er eine kritische Erörterung des Streits beiseite läßt. Einen ersten Schritt darüber hinaus hat A. Hübscher in seinem Aufsatz ›Hegel und Schopenhauer‹ getan. Diese Hinweise sind aber erst in jüngster Zeit aufgenommen worden. Vgl. dazu vor allem den Beitrag von Weimer im vorliegenden Band. Einschlägig ist auch P. Engelmanns Aufsatz ›Hegel und Schopenhauer‹, der in gewisser Weise an Glockners These anknüpft, daß Schopenhauer mehr gegen einen mißverstandenen Hegelianismus polemisiere als gegen Hegel selbst (bes. 246).

scheidung dreier verschiedener „Generationen" von Schopenhauer-Anhängern erwähnenswert, zumal sie nicht nur chronologisch, sondern auch typologisch gemeint ist. Sodann hat Glockner auf die, später vor allem von A. Schmidt zu Recht betonte, Nähe Schopenhauers zum Materialismus hingewiesen.[30] Schließlich enthält die Abhandlung eine einleuchtende Erklärung dafür, warum Schopenhauers Denken immer wieder besonders Künstler und junge Menschen in seinen Bann geschlagen hat. Das liege an der Dialektik von starker, welthafter Individualität einerseits und Nichtigkeit des Daseins andererseits, die Schopenhauers Denken durchzieht. Da sich auch Glockner selbst durch diese Spannung zu eigenem Weiterdenken anregen läßt, könnte sein Beitrag auch im dritten Abschnitt der vorliegenden Dokumentation abgedruckt sein.

Arthur Hübscher hat sich zu so gut wie allen Aspekten von Schopenhauers Leben, Werk und Wirkung geäußert. Für die Aufnahme des Kapitels ›Heute und Morgen‹, des letzten seines großen Schopenhauer-Buchs, waren zwei Gründe maßgebend. Zum einen kommt in ihm zu deutlichem Ausdruck, daß und wie Hübscher gegen eine Aufsplitterung von Schopenhauers Werk Stellung nimmt. Insbesondere wendet er sich zu Recht gegen die Inanspruchnahme des Philosophen als eines bloßen Vorläufers heutiger naturphilosophischer Ansichten oder gar naturwissenschaftlicher Hypothesen.

> Es geht darum, das Ursprüngliche und Ganze dieser Lehre in den Blick zu nehmen, dieses Ganze aus Erkenntnistheorie, Naturphilosophie, Ästhetik und Ethik . . . Wir müssen es als Einheit sehen, in seiner großartigen inneren Geschlossenheit: als ein Bauwerk, vor dem die Frage verstummt, wo seine Steine herkommen und ob manche dieser Steine vielleicht im Laufe der Jahre schadhaft geworden sind (109).

Zum anderen weiß Hübscher gleichwohl, daß die eigentliche Wirkungsgeschichte Schopenhauers ständig dessen Werk in seine Bestandteile aufgelöst und das benutzt hat, was jeweils gebraucht wurde. Mehr noch – er ist der beste Kenner auch dieser Geschichte. Sein Kapitel gibt zahlreiche Hinweise auf das Fortwirken Schopenhauerischer Gedanken

[30] A. Schmidt, Schopenhauer und der Materialismus. – In seiner Grundposition war Schopenhauer freilich ein dezidierter transzendentaler Idealist und hat die Naivität eines metaphysischen Materialismus verworfen. Aber die empirische Ausrichtung seines Denkens berührt sich vielfach mit dem faktischen oder methodischen Materialismus der Naturwissenschaften.

und Motive in der Ethologie, der Psychologie und in verschiedenen philosophischen Richtungen unseres Jahrhunderts. Hübscher selbst hat neben manchem Sonstigen von Schopenhauer vor allem das Streben nach Redlichkeit des Denkens und die Ausrichtung auf Wahrheit übernommen. Sein Kapitel, damit das gesamte Buch, dem es entnommen ist, klingt in einem leidenschaftlichen Plädoyer für den Dienst an der Wahrheit aus und für ein Bemühen um jene *philosophia perennis,* als deren letzte große Gestalt er Schopenhauer in Anspruch nimmt.

Den zweiten Abschnitt habe ich unter den Titel *Die großen „Schüler"* gestellt. Die Anführungen machen darauf aufmerksam, daß keiner der hier diskutierten Denker, weder Nietzsche noch Wittgenstein und Freud, noch gar die Späteren, Schüler Schopenhauers in der üblichen Bedeutung des Wortes gewesen sind. Weder haben sie Schopenhauer persönlich gekannt, noch hat einer von ihnen die Absicht gehabt, die Philosophie Schopenhauers direkt zu übernehmen und auf ihr sein eigenes Denken aufzubauen. Aber sie alle sind in ihrem Philosophieren, mehr oder weniger deutlich, von Schopenhauer beeindruckt und beeinflußt gewesen. Sie gehören in die Wirkungsgeschichte Schopenhauers, weil ihr Denken insgesamt, oder doch Grundmotive ihres Denkens, von „Resultaten" Schopenhauers bestimmt und geprägt worden sind. Zugleich sind sie Kronzeugen dafür, daß diese Wirkungsgeschichte entscheidend durch ebenso widerspenstige wie eigenständige Schüler geschrieben worden ist.

Nietzsche ist das bekannteste und beste Beispiel für das eben allgemein Gesagte. Zwar hat er sich selbst ausdrücklich als einen Schüler Schopenhauers bzw. diesen als seinen Lehrer bezeichnet, und zwar nicht nur in seinem frühen Essay ›Schopenhauer als Erzieher‹, sondern auch in späteren Schriften und Aufzeichnungen. Aber er hat das Lehrer-Schüler-Verhältnis anders aufgefaßt als Schopenhauer. Während dieser seine Anhänger auf die Verbreitung und Verdeutlichung seiner Philosophie verpflichtete,[31] hatte Nietzsche den *einen* Schüler im Auge, der den Meister übertrifft.

Man vergilt einem Lehrer schlecht, wenn man immer nur der Schüler bleibt.[32]

[31] Vgl. oben S. 3 und Anm. 8.

[32] Also sprach Zarathustra I, Von der schenkenden Tugend 3; Kritische

Daß Nietzsche seine Schülerschaft gegenüber Schopenhauer als einen Wettstreit mit diesem ausgelegt hat, ist in der Literatur vielfach als Absage an den philosophischen Lehrer seiner Jugendzeit ausgelegt worden. Der hier wiederabgedruckte Abschnitt aus meinem Aufsatz ›Der Antichrist‹ setzt sich mit solchen Auffassungen auseinander. Ich habe ihnen nicht einfach widersprochen, gar in der Absicht, ältere Interpretationen wiederzubeleben, nach denen Nietzsche in allen wesentlichen Zügen seines Denkens von Schopenhauer abhängig geblieben ist – was gewiß nicht zutrifft. Vielmehr habe ich versucht, den Nachweis zu führen, wie stark sich Nietzsche auch in seinem eigenständigen Philosophieren bis zuletzt mit Schopenhauer auseinandergesetzt hat.[33]

Zu denen, die am entschiedensten bestritten haben, daß Nietzsche ein „Schüler" Schopenhauers gewesen ist, gehören Heidegger und Jaspers. Dafür waren weniger historische Argumente maßgeblich als vielmehr offensichtliche Abneigung gegen Schopenhauers Denken. Heidegger hat Schopenhauer vor allem die polemische Wendung gegen Hegel und Schelling verübelt, denen er, seiner Meinung nach, „auf das tiefste verpflichtet gewesen ist"[34].

Als wirkliche Erben Kants läßt er nur die Denker des Deutschen Idealismus gelten; Schopenhauer habe ihren Rang nicht erreicht. So könne z. B. das dritte Buch von Schopenhauers Hauptwerk *nicht* der Ästhetik Hegels an die Seite gestellt werden. Und wörtlich heißt es: „Inhaltlich lebt Schopenhauer von denen, die er beschimpft, von Schelling und Hegel. Wen er nicht beschimpft, ist Kant; aber statt dessen mißversteht er Kant von Grund aus." Und Diltheys Behauptung, daß Kants These vom „interesselosen Wohlgefallen" von Schopenhauer vorbildlich interpretiert worden sei, kontert Heidegger mit der Bemerkung: „Es muß

Studienausgabe, hrsg. von M. Montinari, München bzw. Berlin/New York, 1980, 4, 101.

[33] Vgl. dazu auch das 65. Jahrbuch (1984), in dem die Vorträge einer Tagung über Schopenhauer und Nietzsche abgedruckt sind. Ich bin bei dieser Gelegenheit unter dem Titel ›Zur gegenseitigen Verdrängung von Schopenhauer und Nietzsche‹ unter anderem auch der Problematik des Lehrer-Schüler-Modells nachgegangen (7ff.). – Vgl. auch die in diesem Aufsatz genannte Literatur zum Verhältnis Nietzsche–Schopenhauer.

[34] M. Heidegger, Nietzsche, 2 Bände, Pfullingen 1961; I, 44.

heißen: durch Schopenhauer am verhängnisvollsten mißdeutet worden."[35] Jaspers scheint in dieser Hinsicht mit Heidegger einer Meinung zu sein. Wenn er Schopenhauer zwar als Stilisten und als Psychologen gelten läßt, von seinem Denken aber sagt, es *scheine* nur „in der leichten Form des Verstandesdenkens Philosophie zugänglich zu machen" und weise eine nur vordergründige Klarheit auf, „unter der sich eine Verwirrung des Existentiellen verberge"[36], dann wertet auch er das Denken Schopenhauers gegenüber dem Kants und Hegels ab.

Auch die französischen Philosophen unseres Jahrhunderts, die häufig mit Heidegger und Jaspers zusammengestellt werden, Sartre, Camus, Marcel, Merleau-Ponty u. a., lassen keine Vorliebe und nur geringes Interesse für Schopenhauer erkennen. Muß man annehmen, daß die „Existenzphilosophie" nichts mit Schopenhauer gemeinsam hat? Die Schopenhauer-Gesellschaft hat diese Frage bei ihrer Herbsttagung 1961 diskutiert. Arthur Hübscher hat in einer kurzen Eröffnungsansprache das Problem skizziert. Søren Holm, Autor einer wichtigen Arbeit über Schopenhauers Ethik, und Hans Barth, auf dessen Beitrag in diesem Band ich bereits hingewiesen habe, bemühten sich in ihren Vorträgen darum, Beziehungen zu knüpfen, wo scheinbar keine gegeben sind. Holm erörterte das Verhältnis Kierkegaards zu Schopenhauer und fand dabei mehr Unterschiede als Gemeinsamkeiten. Barth meinte in Schopenhauers „Wendung zum Menschen" eine Grundtendenz der Existenzphilosophie vorgeprägt zu sehen. Diese These ist insofern interessant, als sie eine Entwicklung in Schopenhauers Denken voraussetzt. In seinem frühen Hauptwerk hat Schopenhauer alles Einzelne, Individuelle für unwesentlich erklärt. Es ist bloße Erscheinung, verdankt sich dem Eingehen des Willens in die *principia individuationis*, Raum und Zeit. Dies stand in schroffem Gegensatz zu der romantischen Entdekkung des Individuums und der Einsicht in die konstitutive Bedeutung der Geschichte für die Entfaltung des menschlichen Geistes. Angesichts seiner Nähe zum Geist der Romantik konnte Schopenhauer, nach Barths einleuchtender These, bei dieser Position nicht stehenbleiben. Tatsächlich habe er in späteren Arbeiten, besonders in den beiden ethi-

[35] A. a. O. I, 127–130.

[36] K. Jaspers, A. Schopenhauer. Zu seinem 100. Todestag 1960, 294. – Vgl. dazu die treffende Miszelle von L. Lütkehaus im 64. Jahrbuch (1983), 213.

schen Preisschriften, die menschliche Individualität im Metaphysischen wurzeln lassen.

Die überwältigende Macht des Tatsächlichen hat Schopenhauer im Laufe der Zeit gezwungen, die Lehre von der Erscheinungshaftigkeit der Individualität preiszugeben und sie zu ersetzen durch eine solche, die im Wesen und Grund der Dinge selbst die Begründung der Individualität sucht.[37]

Auch der in diesen Band aufgenommene Beitrag ist zuerst als Vortrag auf der genannten Tagung gehalten worden. Diemer hat sich von den negativen Äußerungen der „Existenzphilosophen" nicht beirren lassen, mußte dazu aber die Unterschiede von „Existenzphilosophie" im engeren Sinne (Jaspers), „Existenzialphilosophie" (Heidegger) und „Existenzialismus" (Sartre, Camus) zunächst einebnen, um bestimmte gemeinsame Grundstrukturen herauszuarbeiten. Er sieht deren drei:

totale Reduktion auf die menschliche Existenz – nackte Existenz[38] – Negativität des Daseins.
Alles Weitere ist entweder Besonderung oder stellt einen Versuch dar, den ursprünglichen Ansatz umzudeuten oder zu überwinden. Das gilt vor allem für solche Bemühungen wie etwa eine christliche Existenzphilosophie (127).

Wieweit eine solche Vereinfachung zulässig ist, wird umstritten bleiben. Aber es ist Diemer zuzustimmen, wenn er in den drei von ihm *der* Existenzphilosophie zugeschriebenen Punkten Übereinstimmungen mit Schopenhauer feststellt, der freilich von vornherein nach Auswegen aus dieser trostlosen Situation suchte. Wenn man Diemer in der Auffassung folgt, daß „in der Philosophie . . . im letzten nicht die Lösungen, sondern die *Probleme* das Entscheidende" (138) sind, dann ist das Maß an Gemeinsamkeiten des Ansatzes in der Tat überzeugend. Es würde zudem die dieser Dokumentation zugrundeliegende These bestätigen, wenn hinsichtlich der Grunderfahrung der Welt und des Menschen eine untergründige Wirkung von Schopenhauers Denken auf die ihn vordergründig zurückweisenden Denker bestünde.

Diemer geht noch einen Schritt weiter. Er macht darauf aufmerksam,

[37] H. Barth, Die Wendung zum Menschen in Schopenhauers Philosophie, 24. – Vgl. F. Mistry, Der Buddhist liest Schopenhauer, 80.

[38] „Nackt" bedeutet hier: unabhängig von allen transzendenten oder gesellschaftlichen Bestimmtheiten.

daß es die von ihm rekonstruierte „ideale Existenzphilosophie" gar nicht gibt, insofern niemand sie in dieser „nackten" Form je vertreten habe. Alle haben vielmehr nach möglichen Auswegen aus der gemeinsam erfahrenen Situation gesucht. Daß diese These tendenziell richtig ist, ist heute wohl deutlicher erkennbar als vor zwanzig Jahren. Weitere Veröffentlichungen, Bekanntwerden früherer Schriften und Aufzeichnungen etc. haben erkennen lassen, wie sehr z. B. Jaspers auf eine Philosophische Theologie abzielte, Heidegger die Vereinzelung der Existenz von vornherein unter seinsgeschichtlicher Perspektive gedacht hat und Camus eine sozialphilosophische Überwindung der Absurdität des Daseins anstrebte. Zumindest in der Tendenz der möglichen Auswege und Überwindungen sieht Diemer eine weitere wichtige Übereinstimmung zwischen Schopenhauer und den Existenzphilosophen, insofern beide auf „ein metaphysisches Umgreifendes, die Kunst oder die menschliche Mitwelt" (138) abzielen.

Wenn man schon Jaspers, Heidegger, Sartre und die anderen existenziellen Denker nicht ohne weiteres, und gleichsam gegen ihren Willen, mit Schopenhauer in Verbindung bringen kann, dann scheint dergleichen im Fall Wittgensteins noch abwegiger zu sein. Es ist zwar seit langem bekannt, daß er als Halbwüchsiger ›Die Welt als Wille und Vorstellung‹ gelesen und danach den Plan gefaßt hat, selber ein idealistisches System der Philosophie zu entwerfen.[39] Aber damit schien sich der Einfluß auch erschöpft zu haben. In den ›Philosophischen Untersuchungen‹ oder gar im ›Tractatus‹ wird Schopenhauer nicht erwähnt; Art und Inhalt dieser Werke laden zunächst nicht dazu ein, in ihnen Aufnahme von und Auseinandersetzung mit Gedanken des großen Pessimisten zu vermuten. Und doch ist dies der Fall. Inzwischen gibt es eine Reihe von Arbeiten, die den Spuren Schopenhauers in den beiden Hauptwerken Wittgensteins nachgegangen sind. Verständlicherweise hat man dabei zunächst das Gewicht auf das Verständnis von Sprache und auf den Gebrauch von Termini gelegt.[40]

Der für den vorliegenden Band ausgewählte Artikel von Clegg geht

[39] G. H. von Wright, An Interpretation and Critique of Wittgenstein's Tractatus, New York 1966, 220. – Vgl. auch G. E. M. Anscombe, An Introduction to Wittgenstein's Tractatus, London 1959.

[40] Vgl. bes. A. S. Janik, Schopenhauer and the Early Wittgenstein. – S. M. Engel, Schopenhauer's Impact on Wittgenstein.

einen Schritt weiter – in ihm wird behauptet, daß der ›Tractatus‹ zu einem guten Teil Dokument der Auseinandersetzung Wittgensteins mit Schopenhauer ist. Wittgenstein sei es darum gegangen, dem Logiker einen gleichberechtigten Platz neben der von Schopenhauer herausgestellten Trias „Künstler–Philosoph–Heiliger" zu erkämpfen. Auch der Logiker transzendiere die Welt als Vorstellung, auch er erfasse unmittelbar das Wesen der Dinge, auch er gehöre damit zu den sich zeitweilig der Herrschaft des Willens entziehenden Genies. Für die Wittgenstein-Interpretation bietet Cleggs These den Vorteil, daß sich mit ihrer Hilfe die beiden Teile des ›Tractatus‹ zwanglos miteinander vereinbaren lassen, während frühere Interpreten mit den Schlußpassagen nicht viel anfangen und keine innere Einheit des Werks erkennen konnten. Für die Gesamtthematik dieses Bandes ist der Beitrag auch insofern wichtig, als er Wittgensteins Auseinandersetzung mit Schopenhauer nicht als Einzelfall ansieht, sondern sie in eine Reihe mit anderen stellt und dabei auch auf die hier ausgeklammerte Schopenhauer-Rezeption bedeutender Künstler hinweist. Ob sich die These durchsetzt, muß beim derzeitigen Stand der Veröffentlichung des Nachlasses von Wittgenstein und der biographischen Forschungen offen bleiben.[41] Daß Wittgenstein auch in seinem reifen Denken die Problemstellungen und Gedanken Schopenhauers vor Augen hatte, werden aber auch die Interpreten nicht mehr leugnen, die den Zusammenhang zwischen dem ›Tractatus‹ und der ›Welt als Wille und Vorstellung‹ nicht so eng veranschlagen wie Clegg.

Sigmund Freud hat sich selbst nicht als Philosophen verstanden, vielmehr mit dem Pathos des „exakten Wissenschaftlers" die philosophischen Spekulationen mit beinahe ebenso großem Mißtrauen betrachtet wie die theologischen. Aber in seinen späteren Arbeiten über Kultur überhaupt, besonders über Kunst und Religion, hat er die Grenze selbst oft überschritten. In einer Dankadresse zu seinem 80. Geburtstag, die unter anderen Th. Mann, H. G. Wells und R. Rolland unterzeichnet haben, heißt es:

> In jeder Sphäre seines Wirkens bedeutend, als Arzt und Psychologe, als Philosoph und Künstler . . .[42]

[41] Zur Auseinandersetzung mit Cleggs Thesen vgl. A. S. Janik, On Wittgenstein's Relationship to Schopenhauer.

[42] E. Jones, Das Leben und Werk von S. Freud, 3 Bände, Bern/Stuttgart/Wien ²1978; III, 245.

Wichtiger freilich als eine solche *captatio benevolentiae* ist die Tatsache, daß Freuds Psychoanalyse eine Schranke der bisherigen philosophischen Selbsterkenntnis aufgedeckt hat, womit sie den Anspruch der philosophischen Reflexion, *umfassende* Erkenntnis der Wirklichkeit oder zumindest ihrer wesentlichen Prinzipien zu sein, in Frage gestellt hat.

> Die Psychoanalyse widerspricht . . . [dem] rationalistischen Selbstverständnis der Philosophie, indem sie dem manifesten Sinnverständnis des Menschen jenen anderen latenten Sinn gegenüberstellt. Damit behauptet sie, daß es zur Vernunft der Aufklärung eine Alternative gibt, nämlich die Vernunft des ausgeschlossenen und unterdrückten leiblichen Gefühls, die in Träumen, Mythen und Krankheitssymptomen verschlüsselt ist.[43]

Mit dieser These hat Freud an Schopenhauer und Nietzsche angeknüpft und ist einer ihrer „großen Schüler" gewesen, unabhängig davon, ob und gegebenenfalls über welche Kanäle es direkte Einflüsse gegeben hat. Freud selbst hat über philosophische, wissenschaftliche und literarische Quellen für seine Theorie nicht viel verlauten lassen.[44] Deswegen ist es bis heute nicht ganz klar, inwieweit er bei seiner Entdeckung des Reichs der Triebe bzw. der in diesem auftretenden inneren Dynamik direkt von Gedanken Schopenhauers, Nietzsches, v. Hartmanns und anderer ausgegangen ist. Wenn er selbst seine Unabhängigkeit von den Thesen anderer und seine Originalität betonte, so hat er andererseits nicht mit Lob und Anerkennung gespart, wenn er verwandte Auffassungen – angeblich oder wirklich – *später* zur Kenntnis nahm.[45] Kaufmann sagt in seiner im dritten Abschnitt veröffentlichten Studie, meines Erachtens zu Recht, daß Freuds „Anerkennung für Schopenhauer . . . übertrieben" (258) sei, insofern nämlich, als Freud sich nicht die Mühe gemacht hat, durch eine eigene, sorgfältige Interpretation von Schopenhauers einschlägigen Lehren das tatsächliche Maß der Übereinstimmung festzustellen.

[43] A. Schöpf, S. Freud, München 1982, 15.

[44] Vgl. G. Brandell, S. Freud – Kind seiner Zeit, dt. von D. Brennecke, München 1976 (Geist und Psyche 2163); zur Beziehung Freuds zu Schopenhauer bes. 73 ff.

[45] Vgl. sein geradezu überschwengliches Kompliment für Nietzsche als Psychologen, bei Jones a. a. O. II, 344. – Dazu W. Kaufmann, Nietzsche als der erste große Psychologe, in: Nietzsche-Studien 7, 1978, 261 ff., bes. 262.

Im hier erörterten zweiten Teil der Dokumentation kommt der indische Gelehrte Gupta zu Wort, der ein größeres Vertrauen in Freuds Äußerungen über Schopenhauer setzt. Dem Thema seines Beitrags entsprechend hebt er vor allem die Übereinstimmungen hervor. Wenn er dabei auf den atmosphärischen Gleichklang aufmerksam macht, hat er sicherlich recht: Beide, Schopenhauer wie Freud, haben das menschliche Leben und das Dasein überhaupt mit nüchternem Mißtrauen und pessimistischer Grundhaltung betrachtet. Im einzelnen findet Gupta Analogien zwischen Schopenhauers Auffassung vom Willen und Freuds „Es“, eine bemerkenswerte Ähnlichkeit im Verständnis der beiden Denker von Sexualität und dergleichen. Schließlich arbeitet er Vorwegnahmen Freudscher Thesen und Empfehlungen in Schopenhauers Überlegungen über Wahnsinn, Religion und Erziehung heraus. Zu Recht weist Gupta dabei immer wieder auch auf die Unterschiede hin. Bei allen, zum Teil wirklich schlagenden Gemeinsamkeiten – seien sie durch direkten Einfluß oder durch zeitgeschichtlich bedingten Gleichklang der Gedanken zu erklären – bleibt Freud auf jeden Fall ein eigenständiger und eklektischer „Schopenhauerianer“.[46]

Neben den in diesem Abschnitt durch ihnen gewidmete Studien hervorgehobenen „Schülern“ könnte man noch andere nennen. Von den Philosophen z. B. J. Bahnsen, B. Croce, P. Mainländer, E. v. Hartmann, H. Bergson, M. Scheler, M. Horkheimer und K. Popper; und von Wissenschaftlern, deren Werk, ähnlich wie das Freuds, philosophische Implikationen aufweist, zum Beispiel J. v. Uexküll und K. Lorenz. Schon der Umfang des Bandes verbietet es, einem jeden von ihnen einen eigenen Beitrag zu widmen. Einige, wie besonders Bahnsen, Mainländer und v. Hartmann, sind nach zeitweiliger Berühmtheit heute ins zweite oder dritte Glied gerückt worden, so daß man ihr Fehlen nicht als gravierenden Mangel empfinden wird. Bei anderen ist die Berührung mit Schopenhauer nicht deutlich genug, um sie in einer knappen Dokumentation besonders herauszustellen. Zu dieser Kategorie rechne ich neben dem Hegelianer Croce auch Henri Bergson, dessen Abhängigkeit von Schopenhauer überschätzt worden ist.[47] Wieder an-

[46] Eine wichtige Untersuchung über Freuds Verhältnis zu Schopenhauer hat auch A. Becker vorgelegt: A. Schopenhauer – S. Freud.

[47] H. Bönke hat Bergson sogar als Plagiator Schopenhauers bezeichnet und

dere der genannten Denker kommen in dem vorliegenden Band entweder selbst zu Wort, so Horkheimer, oder werden in anderen Zusammenhängen erwähnt und ein Stück weit diskutiert. So geht Gehlens Essay auf Scheler und die Philosophische Anthropologie unseres Jahrhunderts überhaupt ein, und die Ethnologen werden in dem Beitrag von Hübscher gestreift. Was schließlich den Kritischen Realismus betrifft – der sich von dem dezidierten Idealisten Schopenhauer schon in der Grundposition unterscheidet –, so hat W. Weimer zu Recht bemerkt, daß Poppers Verweise auf den großen Pessimisten „in eher marginalen Zusammenhängen" zu finden sind[48]; gewöhnlich illustriert er seine Abneigung gegen Hegel durch Zitate, die weder sprachlich noch gar inhaltlich zu Schopenhauers besseren gehören. Der Versuch, weitergehende Zusammenhänge herauszuarbeiten, ist nicht überzeugend ausgefallen.[49]

Daß freilich auch Icilio Vecchiottis Bemerkungen über ›Schopenhauer im Urteil der modernen Inder‹ im zweiten Abschnitt des Bandes zu finden sind, bedarf einer Erläuterung. Neben Schelling war Schopenhauer der erste europäische Denker von Rang, der sich intensiv und mit großer Sympathie auf die religiösen und philosophischen Traditionen Indiens eingelassen hat. Auf diesen vieldiskutierten Aspekt seines Werks[50] brauche ich hier nicht einzugehen. Es sei nur bemerkt, daß Schopenhauer die heutige Indologie kaum durch seine inhaltlichen Thesen beeinflußt hat, die, wie nicht anders zu erwarten, viel zu pauschal waren und sich zum Teil als völlig unhaltbar erwiesen haben, sondern nur in dem formalen Sinn, daß er dieses Forschungsgebiet erschlossen und auf es aufmerksam gemacht hat.

In Vecchiottis Studie geht es um etwas anderes, nämlich um die Frage, ob neuere indische Philosophen und Gelehrte in ihrem Verständnis ihrer Tradition von Schopenhauer beeinflußt worden sind.[51] Die Analy-

damit eine langwierige Auseinandersetzung provoziert. Vgl. die Literaturhinweise in A. Hübschers Schopenhauer-Bibliographie, 238f.

[48] Schopenhauer, 160.

[49] Vgl. A. Dederer, Schopenhauer und Popper.

[50] Die wichtigste Literatur bei A. Hübscher, Denker gegen den Strom, 310. – S. auch Lütkehaus, zwischen ›Pathodizee‹ und ›praktischer Mystik‹, 266 und Anm. 16.

[51] Vgl. dazu H. von Glasenapp, Schopenhauers Echo in Indien.

sen Vecchiottis sind erhellend und amüsant zugleich. Sie laufen auf die Aufdeckung einer Art Mystifikation hinaus. Während im Falle der „Existenzphilosophie" mit Hilfe eines Indizienbeweises Zusammenhänge aufgedeckt werden können, die von den betroffenen Denkern geleugnet werden, haben wir es hier mit dem Phänomen zu tun, daß sich ein von einigen Interpreten behaupteter Zusammenhang als nicht oder kaum existent herausstellt. Weder Radakrishnan noch andere, hierzulande weniger bekannte neuere indische Philosophen gehören in die Reihe der *großen „Schüler"* Schopenhauers!

Wenn im ersten Abschnitt allgemeinere Hinweise auf die Wirkungsgeschichte wiedergegeben werden und im zweiten der eklektische „Schopenhauerianismus" einiger wichtiger Denker dargestellt und diskutiert wird, so enthält der dritte Abschnitt einige *Beispiele heutiger Schopenhauer-Rezeption.*[52] Sie zeigen, daß Schopenhauers Denken auch weiterhin in Philosophie und Wissenschaft präsent und lebendig ist. Die Abwertung oder gar die völlige Ablehnung Schopenhauers scheint sogar zurückgegangen zu sein. Andererseits tritt der Eklektizismus der Berufung auf Schopenhauer in den in diesem Abschnitt abgedruckten Arbeiten wohl noch deutlicher zutage als in den bisher besprochenen. In nahezu allen Fällen handelt es sich um *kritische* Aufnahmen *einzelner Motive und Probleme,* nicht um Tradierung und Wiederholung des Systems insgesamt oder einzelner Teile desselben. Daß dabei Fragen der Ethik und Sozialphilosophie im Vordergrund stehen, ist weder Zufall, noch drückt sich darin eine einseitige Vorliebe des

[52] Die Übergänge zwischen den drei Abschnitten sind fließend, einige Beiträge hätten auch unter einer anderen Rubrik Berücksichtigung finden können, etwa der von Schulz im ersten, die von Horkheimer und Gehlen im zweiten Abschnitt.

Der umfangreiche Band ›Zeit der Ernte‹ belegt die Weite und Vielfalt heutiger Schopenhauer-Rezeption in viel vollständigerer Weise, als es der eine Abschnitt der vorliegenden Dokumentation vermag. W. Schirmacher hat im ›Vorwort‹ zu diesem von ihm herausgegebenen Band drei Tendenzen der gegenwärtigen Beschäftigung mit Schopenhauers Werk hervorgehoben. Es werde wieder viel und gründlich gelesen, man konfrontiere es mit den Ansätzen und Thesen anderer Denker, und es verhelfe und befreie zu eigenem Denken. In den folgenden Beiträgen steht der dritte Aspekt im Vordergrund, aber die beiden anderen sind darin mitgesetzt.

Herausgebers aus. In den philosophischen Richtungen, die sich primär mit dem Menschen befassen bzw. in der Disziplin der Praktischen Philosophie, ist Schopenhauers Denken heute ausgeprägter virulent als in anderen Richtungen bzw. Disziplinen des zeitgenössischen Philosophierens.

Im Denken von Marx und Engels hat Schopenhauers Philosophie keine Spuren hinterlassen, allerdings muß Marx zumindest gelegentlich in den Werken Schopenhauers gelesen haben, wie sein Lob für dessen moralphilosophischen Ansatz zeigt[53]. Marxisten wie Mehring, der frühe Bloch und besonders Lukács haben Schopenhauers Philosophie zurückgewiesen – ihrer Meinung nach macht sie den Beginn jenes Verfallsprozesses bürgerlicher Philosophie aus, den Lukács durch das Stichwort „Zerstörung der Vernunft" charakterisiert hat. Ebeling und Lütkehaus haben in der *Vorbemerkung* zu einem von ihnen edierten Band[54], der das Gespräch zwischen den beiden Traditionen in Gang bringen soll, noch 1980 die Ausgangssituation dafür wie folgt gekennzeichnet:

> Schopenhauer und Marx. Das Thema signalisiert eine Konfrontation, die weder ausgetragen ist noch überboten scheint. ... In der Nachfolge droht jede der beiden Positionen sich in der Verwerfung der Gegenseite zu überstürzen und so dazu beizutragen, daß der Streit selbst als fruchtlos erscheinen kann.

Ihr Band enthält teils eine Bestandsaufnahme der bisherigen Konfrontation, teils erste Schritte zu einer Begegnung und einer sich daraus ergebenden sinnvollen Auseinandersetzung.[55] Daß ein solcher Versuch nicht völlig chancenlos ist, hatte schon zuvor die *Frankfurter Schule* deutlich gemacht, deren Hauptrepräsentanten ihre hegelschen und marxschen Voraussetzungen von früh an durch Motive Schopenhauers ergänzt haben.[56] Keiner hat das so entschieden getan wie Max Horkheimer, der 1966 zum Ehrenmitglied der Schopenhauer-Gesellschaft

[53] Vgl. seine bekannte Äußerung, die Franziska Kugelmann mitgeteilt hat: Kleine Züge im Charakterbild von K. Marx, in: Marx/Engels, Über Kunst und Literatur, 2 Bände, Berlin 1967 und 1968; I, 31.

[54] Schopenhauer und Marx.

[55] Vgl. dazu auch die knappen, aber erhellenden Bemerkungen von Weimer, Schopenhauer, 151 ff.

[56] Vgl. W. Post, Kritische Theorie und metaphysischer Pessimismus.

ernannt worden ist. In seinem zuerst 1961 veröffentlichten Vortrag ›Die Aktualität Schopenhauers‹ hat er seine Beziehung zu dem Philosophen dargestellt und programmatisch erläutert, warum und in welcher Hinsicht er dessen Denken für zeitgemäß hält. Zum einen nimmt er die desillusionierende Wirkung von Schopenhauers Philosophie auf; dieser habe dargetan, daß das philosophische Denken keine Werte setzen und keine Lösungen für die Probleme des Daseins liefern könne. In diesem Punkt stimmt Horkheimer mit den Schlußpartien von Wittgensteins ›Tractatus‹ überein. Zum anderen begrüßt er die begriffliche Klarheit von Schopenhauers Darstellung. Schließlich knüpft er positiv an Schopenhauers Versuch an, jenseits der Möglichkeiten der Reflexion ein Moment der Hoffnung offenzuhalten.[57]

Der in diesen Band aufgenommene Beitrag Horkheimers setzt diese grundlegenden Äußerungen fort und konkretisiert sie hinsichtlich der beiden großen Mächte, die heute den Anspruch erheben, die Gestaltung der Welt und des menschlichen Lebens entscheidend zu prägen – Wissenschaft und Religion. Schopenhauer, so Horkheimer, habe den Anspruch der Wissenschaft, allein legitimer Vermittler verläßlichen und verwertbaren Wissens zu sein, unterstützt. Aber er habe ihren Anspruch verworfen, über ein umfassendes, Herrschaft legitimierendes und zur „Erlösung" führendes Wissen zu verfügen. In beiden Haltungen schließt sich Horkheimer ihm an, im zweiten Fall sogar gegen Schopenhauer selbst, insofern auch dessen Spekulationen über Sinn und Erlösung vor seinem tiefgründigen Zweifel nicht bestehen könnten. Horkheimer bestätigt damit den einen Teil von Gehlens Thesen über Schopenhauers Religionsphilosophie, läßt aber hier das andere, von jenem zu Recht auch betonte Moment außer acht, nämlich die bleibende Bedeutung der subjektiven Religiosität. In anderem Zusammenhang hat er es freilich in Gestalt der „Sehnsucht nach dem ganz Anderen" auch für sich in Anspruch genommen.[58]

Walter Schulz' Vortrag ›Ethisches Handeln – heute‹ eröffnet die Beiträge, in denen die Bedeutung von Schopenhauers Ethik für die gegenwärtige Situation bedacht wird. Dabei rückt wiederholt sein Aufweis

[57] Vgl. dazu A. Hübscher, Denker gegen den Strom, 184f.

[58] Die Sehnsucht nach dem ganz Anderen, hrsg. von H. Gumnior, Hamburg 1970.

des Mitleids als eines Fundaments moralischen Handelns in den Mittelpunkt. Schulz ist nicht primär an Schopenhauer interessiert, vielmehr an der zeitgenössischen Gestalt einer philosophischen Ethik, die er unter das Stichwort „Verantwortung“ stellt.[59] Nach einer kurzen Auseinandersetzung mit moralphilosophischen Positionen, die als wissenschaftlich fundiert ausgegeben werden und von denen aus die Notwendigkeit, ja mitunter sogar die Möglichkeit einer Ethik bestritten werden, arbeitet Schulz Grundbedingungen und wesentliche Strukturen einer zeitgenössischen Ethik der Verantwortung heraus. Dafür nimmt er, direkt oder indirekt, auch Motive Schopenhauers in Anspruch. Er orientiert sich nicht allein, noch nicht einmal im prinzipiellen, an Schopenhauers Ethik, aber diese wird ihm doch zu einer Orientierungshilfe – neben den ethischen Ansätzen von Kant, Hegel und Marx, zum Teil gerade in ihrer kritischen Wendung gegen diese. So könnte Schulz zum Beispiel den von ihm herausgestellten „Hang zum Bösen im Menschen“, der eine Ethik unverzichtbar macht, gewiß auch unter Rückgriff auf andere Denker erläutern, aber Schopenhauers Aufweis von Egoismus und Bosheit als Triebfedern menschlichen Handelns ist dafür gut geeignet. Bezeichnend für die gegenwärtige Schopenhauer-Rezeption ist übrigens die Selbstverständlichkeit, mit der Schulz – zu Recht, wie mir scheint – Vernunft *und* Mitleid als wichtige Voraussetzungen moralischen Handelns herausstellt und sich dabei auf Kant *und* Schopenhauer beruft – während Schopenhauer hier eine Alternative gesehen und die kantische Auffassung entschieden verworfen hat.[60]

Im Rahmen seines Plädoyers für die Unumgänglichkeit einer Ethik hat Schulz von der Unzeitgemäßheit eines solchen Unternehmens gesprochen. Aber schon zur selben Zeit und verstärkt in dem seither vergangenen Jahrzehnt haben Ethik bzw. Praktische Philosophie überhaupt wieder größere Beachtung gefunden.[61] Das gilt insbesondere für den Bereich der Sozialethik. Die Schopenhauer-Gesellschaft hat dieser Ten-

[59] Vgl. die ausführliche Darstellung dieser Position in seinem Werk ›Philosophie in der veränderten Welt‹ ,Pfullingen ²1972, 629ff.

[60] Vgl. meinen Aufsatz ›Erwägungen zur Ethik‹, in dem dieser Punkt ebenfalls hervorgehoben ist.

[61] Vgl. M. Riedel (Hrsg.), Rehabilitierung der Praktischen Philosophie, 2 Bände, Freiburg 1972. – Funkkolleg Praktische Philosophie/Ethik, Bd. 1, hrsg. von K.-O. Apel, D. Böhler, A. Berlich, G. Plumpe, Frankfurt a. M. 1980.

denz Rechnung getragen, indem sie einen Preis für die beste Arbeit über das Thema *Schopenhauer und die soziale Frage* ausschrieb. Neben der Anerkennung der Tatsache, daß Schopenhauers Denken gegenwärtig besonders deutlich in den Diskussionen über Anthropologie, Gesellschaft, Religion und Moral präsent ist, mag dazu auch die Absicht beigetragen haben, die lange vernachlässigte Auseinandersetzung zwischen Schopenhauer und Marx in Gang zu bringen. Von den eingereichten Arbeiten haben „... zwei nach Inhalt und Methode die Erwartungen erfüllt[62]: Karl Pisas ›Schopenhauer und die soziale Frage‹ wurde mit dem 1. Preis ausgezeichnet, Ludger Lütkehaus' ›Schopenhauer. Metaphysischer Pessimismus und „soziale Frage"‹ erhielt „... eine besondere Anerkennung und die Förderung der Schopenhauer-Gesellschaft"[63].

Beide Arbeiten sind von ihrer Thematik und Durchführung her für die Wiedergabe in der vorliegenden Dokumentation besonders gut geeignet; kommt in ihnen doch der Versuch zum Ausdruck, im Anschluß an Schopenhauer ein wichtiges Problem zu analysieren und Vorschläge zu seiner Lösung zu erstellen. Allerdings sind beide ziemlich umfangreich. Im Falle Pisas bot es sich an, seinen Vortrag ›Schopenhauers Ethik. Ein Beitrag zur Bewältigung der Gegenwart‹ aufzunehmen, in dem er seine Untersuchung kurz zusammenfaßt und ein Fazit für die Gegenwart zieht. Aus der Preisschrift von Lütkehaus habe ich die beiden letzten Kapitel ausgewählt.

Beide Autoren, Pisa wie Lütkehaus, haben in ihren Analysen nachgewiesen, daß die „soziale Frage" Schopenhauer weder fremd noch gleichgültig gewesen ist. Beide stimmen auch darin überein, daß sich das mit dem Stichwort „soziale Frage" bezeichnete Phänomen inzwischen in manchem zwar verändert, aufs Ganze gesehen aber eher noch verschärft und vor allem über die gesamte Erde verbreitet hat. In zwei Hinsichten gehen die Tendenzen der beiden Autoren aber auseinander. Pisa hat stärker die faktische gesellschaftliche Situation – zur Zeit Schopenhauers wie in der heutigen Zeit – berücksichtigt und dargestellt. Er gibt nicht nur Schopenhauers explizite Stellungnahmen zu den Hauptübeln seiner Zeit wieder, sondern interpoliert aus dem Werk des Philosophen

[62] Geleitwort des Präsidenten der Schopenhauer-Gesellschaft, in: L. Lütkehaus, Schopenhauer. Metaphysischer Pessimismus und „soziale Frage".

[63] Ebd.

Thesen zu den heutigen Problemen und macht sie sich zu eigen, etwa zu den Folgen des Fortschrittsglaubens, zur Überflußgesellschaft, zur ökologischen Katastrophe etc. Dagegen hat sich Lütkehaus stärker auf die Darstellung und Diskussion der philosophischen Problematik konzentriert. Der zweite Unterschied hängt eng damit zusammen. Lütkehaus stellt Schopenhauers „Sozialphilosophie“ unter ständigem Bezug auf die Marxsche dar, während Pisa fast ausschließlich immanent vorgeht. Das hat Konsequenzen für die Ergebnisse. Pisas Arbeit mündet in dem Hinweis aus, daß Schopenhauers „... Mitleidsethik für den Einzelnen einen unübersehbaren sozialen Aufforderungscharakter“[63a] habe. Das ist gewiß richtig. Aber es enthebt uns nicht der Mühe, einige weitergehende Fragen zu stellen und zu diskutieren, etwa, inwieweit eine solche Haltung dem metaphysischen Grundverständnis Schopenhauers verpflichtet bleiben kann; ob und gegebenenfalls in welchem Maße die Mitleidsethik mit anderen (sozial-)ethischen Ansätzen vereinbar ist; ob es Situationen gibt, in denen das „Schonen“ und „Helfen“ nicht mehr ausreicht usw. Horkheimer, Schulz und andere haben solche Fragen bereits gestellt und diskutiert. Lütkehaus, der vor allem an die Versuche Horkheimers anknüpft, hat sie in den Mittelpunkt gestellt und besonders in dem hier abgedruckten 8. Kapitel seines Essays ventiliert. Das kurze Schlußkapitel verdichtet die gesamte Problematik schließlich in einem „offen“ endenden Dialog zwischen dem Schopenhauerianer Philalethes und dem an Marxscher Gesellschaftskritik orientierten Demopheles.

Etwa gleichzeitig mit der Veröffentlichung seiner Preisschrift hat Lütkehaus zusammen mit Hans Ebeling den bereits erwähnten Band über ›Schopenhauer und Marx‹ herausgegeben und darin seine Überlegungen weitergeführt. In Auseinandersetzung mit der älteren marxistischen Kritik bestreitet er die These, daß Schopenhauers Pessimismus notwendig zum Quietismus führe. Vielmehr lasse sich Schopenhauers Sozialphilosopie als eine „Praxisphilosophie des Als Ob“ verstehen und könne in diesem Verständnis für die heutige Problematik fruchtbar gemacht werden.[64] Auch Hans Ebelings Beiträge zu dem Band kreisen um

[63a] Schopenhauer und die soziale Frage, 28.

[64] Einleitung II: Pessimismus und Praxis. Umrisse einer kritischen Philosophie des Elends, in: Schopenhauer und Marx, 23ff.; hier: 24f.

das Problem einer zeitgemäßen Sozialethik, wobei Ebeling neben Schopenhauer und Marx auch Kant zur Geltung zu bringen sucht.[65] Ebelings hier wiedergegebene Untersuchung holt noch weiter aus. Sie gehört in den Zusammenhang einer „Philosophie nach Heidegger“[66], die sowohl dessen Anregungen und Herausforderungen aufnehmen als auch die „Defizite“ seines Denkens feststellen und ausgleichen will. Die Stichworte Freiheit, Gleichheit, Sterblichkeit deuten an, daß es Ebeling um eine kritische Erneuerung der Ideale der Aufklärung zu tun ist, die er transzendental-pragmatisch zu begründen sucht. Schopenhauer kommt in diesem Versuch deswegen in den Blick, weil er als scharfsinniger und unbestechlicher Kritiker der maßgeblichen Theoretiker einer sich selbst problematisch gewordenen „Moderne“ erscheint:

> Wie treffsicher Schopenhauer als Unmoderner ist, wenn es gilt, die Moderne selbst zu treffen, zeigt sich *erstens* in seiner Perspektive auf Freiheit im Unterschied zu Kant, *zweitens* in seiner Perspektive auf Gleichheit im Unterschied zu Marx, *drittens* in seiner Perspektive auf Sterblichkeit im Unterschied zu Heidegger (301).

Ebeling identifiziert sich nicht mit Schopenhauers Position, aber er hält zu Recht jede Praktische Philosophie für unzureichend, die nicht im Durchgang durch diese dreifache Kritik Schopenhauers gewonnen ist.

Walter Kaufmanns Artikel habe ich schon im Rahmen der Erörterung von Freuds „Schopenhauerianismus“ gestreift. Er ist einer umfangreichen Problemgeschichte der Erforschung der Psyche[67] entnommen. Kaufmann ist, wie Gehlen und Barth, davon durchdrungen, daß eine zeitgemäße Philosophie die Leibgebundenheit der menschlichen Ver-

[65] Einleitung I: Schopenhauer und Marx: Parameter eines Vergleichs, a. a. O. 1ff.; und bes. ›Sind alle „kategorischen“ Imperative tatsächlich nur hypothetisch?‹, a. a. O. 203ff.

[66] Freiheit. Gleichheit. Sterblichkeit. Philosophie *nach* Heidegger, Stuttgart 1982.

[67] Der amerikanische Titel lautet ›Discovering the *Mind*‹. Zur Schwierigkeit, “mind” ins Deutsche zu übertragen, vgl. W. Kaufmann, Nietzsche als der erste große Psychologe, a. a. O. 263. – Ich habe das Wort durch „Psyche“ wiedergegeben, weil es Kaufmann wesentlich darum geht, der Erschließung auch der unbewußten und mitbewußten Teile des menschlichen „Bewußtseins“ nachzugehen.

nunft ernst nehmen muß. Sie muß daher das Unbewußte, die Triebe, Interessen usw. – also alle jene Phänomene, die von der einseitig an der bewußten Vernunft orientierten abendländischen Tradition vernachlässigt worden sind – mit in ihre Reflexionen einbeziehen.

Was Kaufmann von den anderen genannten Interpreten unterscheidet und seine Inanspruchnahme von Schopenhauers Denken unverwechselbar macht, ist die These, daß Schopenhauer weder der erste noch der wichtigste jener Denker gewesen ist, die diesen Umschwung vorbereitet oder mit herbeigeführt haben. Er stellt Hegel, der in der Regel als Kronzeuge für die entgegengesetzte Position in Anspruch genommen wird, in dieser Hinsicht sogar über Schopenhauer.[68] Gegenüber Historikern der Psychologie wie Ellenberger, die Schopenhauer und andere philosophische Vorbereiter der Entdeckung des Unbewußten fast völlig übergehen, nimmt Kaufmann diesen jedoch in Schutz:

> In meinem Buch wird Schopenhauer behandelt, weil ihm in der Tat ein Platz in der Geschichte der Entdeckung der Psyche zukommt (257).

Als wichtige Beiträge Schopenhauers stellt Kaufmann die Metaphysik des Willens und die Theorie über den Wahnsinn heraus. Seine Erörterung der Sexualität scheint ihm dagegen noch ziemlich konventionell zu sein. Kaufmann liebt die pointierten Thesen. Guptas vorsichtigere, aber dafür auch eher konventionelle Darlegungen mögen als Korrektiv dienen. Wichtig und wegweisend ist meines Erachtens, daß Kaufmann überhaupt die Geschichte der Ausweitung der Psyche in den letzten zwei Jahrhunderten zum Thema gemacht hat; daß er dabei Schopenhauers Beitrag sowohl würdigt als auch gegenüber dem anderer Denker, besonders Hegels, relativiert; und daß er schließlich beim Vergleich Schopenhauers mit Freud nicht im Allgemeinen bleibt, sondern die einzelnen Gedanken konkret gegeneinanderhält.

An den Schluß der dritten Abteilung und damit des Bandes insgesamt habe ich zwei Abhandlungen gestellt, die sich von den anderen in zwei Hinsichten unterscheiden: sie sind bisher noch nicht veröffentlicht gewesen, und sie behandeln kein Thema der Praktischen Philosophie. Aber auch Weimers Konfrontation von Schopenhauers Denken mit

[68] Vgl. den 1. Band von: Discovering the Mind: Goethe, Kant, and Hegel, New York et al., 1979.

Hegels Logik und Schneiders Versuch über eine ›Fünfte Wurzel des Satzes vom zureichenden Grunde‹ fügen sich insofern gut in die Reihe der Beiträge ein, als sie, bei selbstverständlicher Anerkennung von Schopenhauers Bedeutung als Denker, auf den von ihnen gewählten Gebieten die Unumgänglichkeit einer kritischen Revision seiner Auffassungen nachzuweisen suchen.

Wolfgang Weimer hat zwei wichtige Bücher über Schopenhauer veröffentlicht, mit denen er wesentliche Lücken der bisherigen Interpretationsgeschichte geschlossen hat. In ›Die Aporie der reinen Vernunft. Schopenhauers Kritik des Rationalismus‹ hat er den ersten umfassenden Versuch unternommen, Schopenhauers Kritik am Grundansatz des Deutschen Idealismus ernst zu nehmen und argumentativ nachzuvollziehen. Das Ergebnis dieser Untersuchung hat er in geraffter Form auch in seine zweite einschlägige Veröffentlichung aufgenommen – in den „Erträge der Forschung" herausarbeitenden Band ›Schopenhauer‹, der darüber hinaus Schritt für Schritt dem System Schopenhauers nachgeht und argumentativ überprüft, wieweit und bis zu welchem Grad sich die wichtigsten Lehren desselben heute vertreten lassen. Dieses Vorgehen erweist sich als überaus fruchtbar. Es hat der Diskussion über die Philosophie Schopenhauers eine neue, verläßlichere Grundlage gegeben und wird, wie ich meine, deren Gewicht für das heutige Denken vergrößern.

In seinem ersten Buch hat Weimer nachgewiesen, daß sich Schopenhauer von seiner Studentenzeit an intensiv und mit beachtenswerten Argumenten mit dem Ansatz Fichtes auseinandergesetzt hat. Dagegen fehlt eine solche Auseinandersetzung mit Hegel. Die polemischen Äußerungen lassen erkennen, daß Schopenhauer diesen als einen schlechten Fichte-Epigonen angesehen hat, auf dessen Denken er sich nicht einzulassen brauche, weil es zugleich mit der „Widerlegung" Fichtes abgetan sei. Die Wirkungsgeschichte hat dieses Vorurteil nicht bestätigt. In vielen Beiträgen, auch in einigen in diesen Band aufgenommenen, wird Hegel mindestens die gleiche Bedeutung zuerkannt wie Schopenhauer. In der hier zum ersten Mal abgedruckten Studie betritt Weimer erneut Neuland. Er hat seinem Beitrag über ›Schopenhauer und Hegels Logik‹ zu Recht den Untertitel ›Einführung in eine noch ausstehende Kontroverse‹ gegeben. Dieser Versuch besticht durch den Nachweis, daß Schopenhauers Kritik an Hegels Logik selbst das Kritisierte voraussetzt, also bei genauerem Zusehn zu dessen indirekter Bestätigung beiträgt:

Einwände in der Art Schopenhauers ... „sind selbst *Voraussetzungen,* die als *konkrete Bestimmungen* die Forderung ihrer Vermittlung und Begründung mit sich führen" (WdL II 503). Aus solcherlei Zurückweisung erhellt, daß eine bestimmte Art von Kritik, wie sie auch Schopenhauer gegenüber Hegel pflegt, von Prämissen lebt, um deren Überprüfung und gegebenenfalls Ableitung es Hegel allererst zu tun ist (346).

Ernst-Otto Schneider kommt in seiner Untersuchung zu einem ähnlichen Ergebnis: Schopenhauer habe eine bestimmte naheliegende Konsequenz seiner erkenntnistheoretischen Darlegungen nicht gezogen, weil sie ihn zu weitgehenden Veränderungen in anderen Bereichen genötigt hätte. Dies wird in der auf eine herausragende Berliner Magisterarbeit zurückgehenden philosophischen Erstveröffentlichung des Autors mit Spürsinn und argumentativer Kraft entwickelt und dargestellt. Schneiders zentrales Thema ist der Satz vom Grund, für den, nach Schopenhauers bekannter These, *vier* Wurzeln nachweisbar sind. Demgegenüber versucht der Autor plausibel zu machen, daß wir zumindest eine fünfte Wurzel annehmen müssen, die die *Disposition* von Objekten der empirischen Welt betrifft, welche in der spezifischen Zusammensetzung dieser Objekte besteht.

Schneider diskutiert dieses Problem nicht nur mit Schopenhauers Texten und mit der einschlägigen Sekundärliteratur, sondern bemüht sich auch um den Nachweis, daß die „fünfte Wurzel" allenthalben benutzt, aber nirgends deutlich als solche herausgehoben wird. Besonders hervorzuheben ist die Kritik am Vorgehen von K. Lorenz, die über das konkrete Thema hinaus die grundsätzliche Problematik „philosophierender Fachwissenschaftler" in Erinnerung bringt.

Besonders weitreichende Folgen hat Schopenhauers ‚Verdrängung' der „fünften Wurzel" auf dem Gebiet der *Naturphilosophie.* Schneider spricht mit gutem Grund von „Schopenhauers schon zu seinen Zeiten ans Anachronistische grenzenden Konzeption von Natur und -wissenschaften" (348). Es verwundert deshalb nicht, daß im Unterschied zu Ethologie und Psychologie die eigentlichen Naturwissenschaften (Physik, Chemie) und die im Gespräch mit ihnen erarbeiteten naturphilosophischen Entwürfe heute so gut wie nicht auf Schopenhauer eingehen. Ähnliches gilt auch für Schopenhauers Ästhetik, die zwar unter historischen und literaturwissenschaftlichen Gesichtspunkten bedeutsam bleibt, weil sie starken Einfluß auf Künstler des vorigen und unseres Jahrhunderts ausgeübt hat, der Sache nach aber wegen ihres Vorrangs der Rezeption und ihrer einseitigen Betonung des Abbildcharakters von Kunst überholt scheint.

Wenn Schopenhauers Erkenntnistheorie, Naturphilosophie und Ästhetik in der vorliegenden Dokumentation nur am Rande und zumeist höchst kritisch berücksichtigt werden, so bedeutet dies zwar nicht, daß sie *überhaupt nicht mehr* von Interesse und *gar nicht* von heutigen Denkern beachtet werden. Die neueren Gesamtdarstellungen und die zum Teil umfangreichen Sammelbände der letzten Zeit gehen auch auf diese Themenkreise ein.[69] Es fehlt auch nicht ganz an spezielleren Arbeiten, selbst in allerjüngster Zeit.[70] Aufs Ganze gesehen haben sie aber zu Recht in der gegenwärtigen Diskussion nicht den gleichen Stellenwert wie die in den von mir ausgewählten Beiträgen behandelten Themen. Der Band spiegelt gerade dort, wo er zu Einseitigkeiten tendiert, den heutigen Stand der „Wege der Forschung" über Schopenhauer.

[69] Besonders die Monographien von Hübscher, Hamlyn und Weimer sowie die von Fox (Schopenhauer. His Philosophical Achievement), Schirmacher (Zeit der Ernte) und Spierling (Materialien) herausgegebenen Sammelbände.

[70] Zur Naturphilosophie vgl. W. Seelig, Wille, Vorstellung und Wirklichkeit. – R. Malter, Schopenhauer und die Biologie; zur Ästhetik U. Pothast, Die eigentlich metaphysische Tätigkeit.

I. WERK UND WIRKUNG

Arnold Gehlen, Theorie der Willensfreiheit und frühe philosophische Schriften. Neuwied und Berlin: Luchterhand Verlag 1965, S. 312–338. Jetzt in: A. G., Gesamtausgabe Bd. 4. Frankfurt a. M.: Vittorio Klostermann Verlag 1983, S. 25–50. Zuerst erschienen in: Gedächtnisschrift für Arthur Schopenhauer zur 150. Wiederkehr seines Geburtstages, hrsg. von C. A. Emge und O. v. Schweinichen (1938).

DIE RESULTATE SCHOPENHAUERS

Von Arnold Gehlen

I

Betrachtet man auf den zahlreichen Photographien der späteren Lebenszeit die imponierende Physiognomie Schopenhauers, so glaubt man geradezu durch verschiedene Schichten dieses Gesichtes hindurchzusehen: eine triumphierende Intelligenz, eine böse und harte Energie liegen über einem Grundzug von Qual oder Trauer. Es ist, als ob man alle Elemente seiner Philosophie ablesen könne: die Welt als Vorstellung, die Welt als Wille und die Welt als Resignation. Dabei sind die Züge aufs vollkommenste durchgeführt, die Haltung überwältigend sprechend: nichts Verschleiertes, Undeutliches, Gehemmtes – ein durchaus ins Äußere getretener starker Charakter. Es ist dieselbe Überzeugungskraft zu spüren, die in seinen Schriften lebt und unsterblich ist, so daß denn an der Harmonie von Philosophie und Charakter, die man gerade bei ihm bestritt, kein Zweifel besteht.

Es wäre daher ganz leicht, die Grundsätze dieser Philosophie auf seine Person, seine Individualität „zurückzuführen", und jeder könnte aus dieser Weltdeutung eine Charakterologie des Urhebers ableiten, womit dann die psychologische Auflösung eines Werkes wieder geleistet wäre, und so leicht, daß es nicht lohnt. Die Drastik, die Durchsichtigkeit und die zwingende „Wahrheit" dieser Philosophie und dieses Mannes, das Suggestive rückhaltloser Offenbarung, das alles verhindert jenes Verfahren epigonischer Psychologie, womit man ein Werk für uneigentlich erklärt um den eigenen, kleinen persönlichen Maßstab anlegen zu können. Gerade jenen Eigenschaften verdankte Schopenhauer seine ganz ungewöhnliche Wirksamkeit; denn alles, was er sagt, ist unmißverstehbar offen und eindringlich: „Der Charakter der Welt würde Falschheit sein, wenn mit der Anschauung des Dinges die eigentliche Erkenntnis seines Wesens nicht vollendet wäre", schreibt der junge Schopenhauer (Genesis des Systems, Deussen, Bd. XI, 114).

So völlig zu Anschauung und zur sichtbaren Welt hingewendet, spricht er nur von Erfahrungen. Die tote und die wachsende Natur, die Antriebe und Leidenschaften im Menschen, die Kunst und die Verzweiflung – das sind die Themen. Seine Intelligenz ist großartig, aber nur als konkrete, nur als durcharbeitend die Erfahrung; denn eine eigentlich abstrakte und begriffliche Denkkraft fehlt ihm, sehr zum Nutzen seiner Popularität, womit sich die völlige Verständnislosigkeit gegenüber Hegel oder Fichte, aber auch seine tiefe Unkenntnis des Wesens der exakten Naturwissenschaft erklärt zu einer Zeit, da Helmholtz, Faraday, Gauß und Neumann die stürmische Entwicklung dieser Wissenschaft schon führten. Auf diesen Umstand werde ich nachher noch eingehen, aber auch zu zeigen haben, welche bedeutende Entdeckung dagegen seine anschauende Denkkraft auf dem Felde biologischer Forschung machte.

Die eben erwähnte, in seiner Stellung zur Physik merkliche Rückständigkeit ist übrigens kein vereinzelter Zug. Sie erstaunt nicht weniger, wenn er zur Zeit des voll entwickelten englischen Imperialismus (täglich die Times lesend) seine idyllische Polizeistaatslehre vorträgt und den Problemen des Industrialismus, der Arbeiterbewegung und der Revolution keinen Gedanken zuwendet. Schopenhauer hat diese Unzeitgemäßheit selbst mit Ostentation in seiner Kleidung vorgetragen und sie besteht, genauer gesehen, in dem Mangel jeglicher Entwicklung bei ihm. Bis 1818 sind die Gedankenmassen in einiger Bewegung: In den Erstlingsmanuskripten (Bd. XI) fehlt von allen wesentlichen Positionen eigentlich nur die Rezeption des Buddhismus, aber es finden sich dort noch zentrale Formulierungen, die später wegfallen, vor allem das sogenannte „bessere Bewußtsein" (XI, 13, 91, 122, 136, 151f.). Mit der Vollendung des Hauptwerkes ›Die Welt als Wille und Vorstellung‹, das 1818 erscheint, ist das System durchdacht und fertig, und er hat ihm bis 1860 nur Anwendungen, Nachträge und Ausbauten hinzugefügt. Das hinderte nicht, daß es elastisch genug ist, um eine innere Wendung vom jugendlichen, ästhetischen Idealismus zum Altersmaterialismus unverändert auszuhalten.

Wenn ich hier nun von den *Resultaten* Schopenhauers sprechen will, so meine ich damit weder die zahllosen, in allen Schriften verschwenderisch ausgestreuten treffenden oder wahren Sätze und auch nichts, was mit seiner sog. geistesgeschichtlichen Bedeutung oder Wirkung, mit dem Ausmaß der an ihn angeknüpften Fragestellungen oder Mißverständnisse zu bezeichnen wäre, sondern ich verstehe unter Resultaten die bei jedem erstrangigen Denker erscheinenden ganz wenigen Grundwahrheiten, die bisher noch nie in ihrer eigentlichen Bedeutung zur Geltung gekommen waren, dann aber für die Philosophie erworben wurden. Die Menschen sehen irgendeine wesentliche Welttatsache in dem durchdringenden Licht eines solchen Geistes wie zum ersten Male, und ist sie festgestellt und ausgesagt, so findet sie jeder, der von sich aus auf sie stößt, bei einem solchen Klassiker zuerst in ihrer Bedeutung erkannt und gewürdigt, wobei es immerhin möglich ist, daß Erkenntnisse in der folgenden Zeit wieder verlorengehen.

Daß nun Schopenhauer nicht nur in diesem Sinne klassisch ist, sondern daß ihm eine geradezu epochemachende Bedeutung zukommt, soll nun gezeigt werden. Das Wort „epochemachend" ist hier buchstäblich gemeint: man muß mit ihm eine neue Periode der Philosophie anheben lassen, und wenn man nach altem Herkommen die neuere Philosophie mit Descartes beginnen läßt, so würde diese Periode bis Hegel reichen und mit Schopenhauer die „neueste" einsetzen, die auf völlig anderen Voraussetzungen steht. Nur weil man den kantischen Überbau des Systems als wesentlich nahm, hat sich diese Tatsache so lange verborgen.

Unter die *Resultate* Schopenhauers, unter die gültigen und prinzipiellen Wahrheiten gehört nun allerdings die These „Die Welt ist an sich Wille" zweifellos nicht, und ebensowenig die ganze reformiert-kantische Erkenntnislehre, mit der Schopenhauer arbeitet, also weder „die Welt als Wille", noch „die Welt als Vorstellung"! Vielmehr liegen seine echten Resultate durchweg auf *anthropologischem* Gebiet, und um sie anzuerkennen, muß der ganze metaphysische Anspruch preisgegeben werden.

Denn, um zuerst die kritische Arbeit zu leisten, so ist der Satz „Die Welt ist an sich Wille" nur durch eine bewußte Übertragung der selbst schon unhaltbaren These „Der Organismus ist, von innen gesehen, Wille" auf das Gebiet der anorganischen Natur zustande gekommen, und zwar durch einen eingeständlichen Analogieschluß (W. a. W. I, § 23), wobei ausdrücklich die Gleichung Naturkraft = Kraft = Wille eingeführt wird. Eine solche Behauptung, daß alle Naturkräfte der Materie

Wille sind, geht nun nicht nur weit über das Verifizierbare hinaus, sondern, was schlimmer ist, sie ist nur bei tiefer Unkenntnis des Verfahrens der exakten Naturwissenschaften möglich, also nur dann, wenn man keine Vorstellung davon hat, wie diese durch Verzicht auf das *nicht* mit Aussicht auf Verifizierung zu Fragende zu ihren sicheren Sätzen kommt. Schopenhauers Versuche, seine Gleichung Naturkraft = Wille mit dem physikalischen Wissen seiner Zeit in Verbindung zu bringen, sind durchaus wertlos, und er hat nie eingesehen, daß die exakte physikalische Methode vor allem den Verzicht auf jede Art der Deutung von Naturtatsachen nach den Bildern des menschlichen Gemütes voraussetzt. Er ist daher stets auf dem Boden der vagen romantischen Naturphilosophie geblieben, mit einer ganz unverständlichen Lehre von „Naturkräften", die einander „am Bande der Kausalität" hervorziehen und die einfach an Alchemie erinnert: die elastischen Körper sind die mutigeren, die Hydraulik eine Charakterschilderung des Wassers, die Gravitation „die aus dem eigenen Inneren der Körper hervortretende Sehnsucht derselben nach Vereinigung". Er redet vom „gewaltsamen Fall eines Stromes über Felsenmassen, und man frage sich, ob dieses so entschiedene Streben, dieses Toben ohne eine Kraftanstrengung vor sich gehen kann und ob eine Kraftanstrengung ohne Willen sich denken läßt". Es ist in der Tat die „größtmögliche Faßlichkeit der Kausalität", wenn gesagt wird, beim Stoß sei „die Empfänglichkeit der Körper so gering, daß die hervorbringende Wirkung ganz und gar aus der Ursache herüberwandern muß"? (Phys. Astronomie.)

Hierbei handelt es sich keineswegs um kleine Schönheitsfehler einer bedeutenden Philosophie, sondern es müssen zwei sehr wichtige Einsichten daraus gefolgert werden: erstens die, daß eine Naturmetaphysik mit *eigenem* Ansatz nur die empirische Forschung hemmt, keineswegs aber bloß harmlose Dichtung ist. Schopenhauer zum Beispiel leugnet einfach die Spektralanalyse. Er geißelt mit stärksten Worten die „Dummdreistigkeit, mit welcher die ganz unerwiesene, grundfalsche und aus der Luft gegriffene Hypothese, daß die Farben auf der verschiedenen Schnelligkeit des ganz hypothetischen Äthers beruhten, verbreitet wird" (Parerga II, § 80; 1850!). Es wäre leicht, noch mehr Beispiele eines solchen Absprechens zu bringen. Zweitens beachte man aber vor allem, welch ungemeinen Nutzen er aus seiner Phantasie-Physik zieht; denn nur mit ihr gelingt überhaupt eine metaphysische *Gesamtdeutung* der Welt. Umgekehrt kann man sagen: eine „Kosmologische Formel" verliert jeden Sinn, wenn man ernsthaft dem Rechnung trägt, was man von der Natur eigentlich wirklich weiß, und wieder kann eine solche kosmologische Formel nur dann Beachtung verlangen, wenn sie auch ins einzelne des Naturwissens sich durchzuführen sucht – aber eben dazu war es zu seiner Zeit bereits zu spät, und gerade noch Leibniz konnte aus seinen metaphysischen Formeln fruchtbare Forschungshypothesen machen, nämlich in einem Zustand der Physik, der ganz wesentlich unentwickelter war und dem noch sozusagen durch Hilfe von jeder Seite gedient war.

Das und soviel zur Begründung des Ausschlusses der Formel „Welt als Wille" von den echten Resultaten Schopenhauers. Um die kritische Arbeit kurz zu Ende zu bringen, werfen wir noch einen Blick auf die „Welt als Vorstellung", also auf den Reform-Kantianismus. Nach meiner Überzeugung ist die ganze kantische Erkenntnislehre, mit der er arbeitet, ein Prokrustesbett für seine wirklichen Einsichten. In der Tat ruht auch seine Erkenntnistheorie im Grunde auf den mehreren Bedeutungen, die das Wort „Subjekt" haben kann, und besonders auf dem unglücklichen Versuch, den *Leib* in den erkenntnistheoretischen Subjektsbegriff hineinzudefinieren. Da aber, wie ich gleich zeigen will, in der Philosophie *vom Leibe aus* der erste große Fund Schopenhauers besteht, so verwickelt er sich in die unverständlichsten Behauptungen. In einer Bedeutung ist Subjekt das denkende, reflektierende Ich, dem die Außenwelt, der eigene Leib und die psychischen Vorgänge des Wollens, Phantasierens usw. *gegenüberstehen.* In dieser Betrachtung argumentiert er idealistisch: die Beziehung zwischen diesem Subjekt und den Objekten ist dann unzurückführbares Urphänomen, die Welt ist Vorstellung: „Dasjenige, was Alles erkennt und von Keinem erkannt wird, ist das Subjekt" (W. a. W. I, § 2). In ganz anderer Bedeutung ist wieder der Mensch, nämlich der empfindende Leib Subjekt, und wenn er den naiven Realismus durchhalten will und zum Beispiel erklären, wie die Wahrnehmungen zustande kommen und wie die Objekte auf die Sinne einwirken, so ist der Leib mit Sinnen und Verstand Subjekt gegenüber den Weltdingen. Zwischen diesen Positionen geht er hin und her und ist unerschöpflich, das Unverträgliche zu vermitteln. Nur in der ersten Relation kann man die Dinge Vorstellungen nennen, aber er bringt es ganz leicht fertig zu erklären, daß „Vorstellungen auf unsere Sinne kausal einwirken" (Satz vom Grunde § 19). Der Satz in § 21 derselben Schrift, „daß die Anschauung in der Hauptsache das Werk des Verstandes sei, welcher, mittelst der ihm eigentümlichen Form der Kausalität und der dieser untergelegten der reinen Sinnlichkeit, also Zeit und Raum, aus dem rohen Stoff einiger Empfindungen in den Sinnesorganen (!) diese objektive Außenwelt allererst schafft und hervorbringt" – dieser Satz ist nicht idealistisch oder realistisch, sondern unverständlich. Allerdings ermöglicht ihm das Hin- und Hergehen zwischen beiden Positionen und ihre Vermittelung in dunklen Formeln (z. B. der Leib ist das Subjekt-Objekt) jene oben erwähnte Chance, innerhalb desselben Systems von der idealistischen zur altersmaterialistischen Haltung überzugehen.

II

Die eben gezeigte und in allen erkenntnistheoretischen Schriften Schopenhauers auftretende Grundschwierigkeit hat ihr wahres Motiv darin, daß es nicht gelingen kann, den kantischen Ansatz beizubehalten, *wenn man die Wirklichkeit des Leibes einbezieht.* Gerade dies ist aber die erste positive und gültige Leistung Schopenhauers: er philosophiert in der Tat „am Leitfaden des Leibes". Die idealistische Philosophie, ob man nun Descartes, Kant oder Fichte ansieht, geht eben vom *Bewußtsein* aus und betrachtet die Welt und auch die eigene Person von ihrer Gegebenheit aus, demnach als Bewußtseinstatsache. In der Philosophie der reinen Vernunft kommt daher der Leib (wie auch die Sprache) nicht zur Geltung, und Fichtes bekannte „Deduktionen" des Leibes sind ja ein warnendes Beispiel. Indem also Schopenhauer genau in das Zentrum der Philosophie die reale *Handlung des Leibes* stellt, hat er den Rahmen der Bewußtseinsphilosophie gesprengt, und da er ihn doch beibehält, ergeben sich die oben gezeigten harten Widersprüche.

Der eine Brennpunkt des ganzen Systems und der Ort, an dem die Welt als Vorstellung und die Welt als Wille zusammenhängen, ist also die *Handlung*: „Jeder wahre Akt des Willens ist sofort und unausbleiblich auch eine Bewegung des Leibes . . . der Willensakt und die Aktion des Leibes sind Eines und Dasselbe, nur auf zwei gänzlich verschiedene Weisen gegeben. Die Aktion des Leibes ist nichts anderes, als der objektivierte, d. h. in die Anschauung getretene Akt des Willens" (W. a. W. I,

§ 18). Dies hat er mit Recht als „eine Erkenntnis ganz eigener Art“, als die κατ' ἐξοχῆν philosophische Wahrheit empfunden, und sie ist in der Tat der Nerv des ganzen Systems. Kein Denker vor ihm hat das Vollzugsbewußtsein der Handlung an den Anfang der Philosophie gestellt, und darin liegt sein erstes Resultat, wenn er es auch sofort nach den Interessen seiner Metaphysik ausdeutet: kommt er doch von hier aus zu der These, daß der ganze Leib ebenfalls Objektivation des Willens und daher, nach Analogieschluß, alle Organismen und endlich auch die anorganische Natur eben Objektivationen des Willens sind. Ohne diese Folgerungen mitzumachen, bemerkt man doch die erstaunliche Neuigkeit: die konkrete Handlung als Ausgangs- und Schlüsselproblem der Philosophie zu setzen. Nicht Gott oder die Welt, die Erkenntnis oder die Idee liefern wie für fast alle Philosophie vorher die Ausgangsthematik, sondern der Mensch und näher der handelnde Mensch. Und damit eröffnet Schopenhauer eine neue Epoche der Philosophie, die über Nietzsche bis zur Gegenwart führt. Bei diesem Punkt muß noch kurz verweilt werden.

Der Sensualismus der Engländer hat ohne Zweifel das Verdienst, die bloß aus Begriffen spinnende Philosophie zerstört zu haben, hat aber mit seinem Gegensatz, dem Rationalismus, noch die gemeinsame Voraussetzung, vom Bewußtsein auszugehen. Nun scheint mir Schopenhauer vom Sensualismus, besonders von Hume, allerdings beeinflußt zu sein, aber nur in sekundären Punkten: so in dem von der *einzigen* Kategorie Kausalität und in der Lehre vom Denken als einer bloßen abstrakten Wiederholung der Wahrnehmung. Der Begriff ist für Schopenhauer „Vorstellung einer Vorstellung“. Besonders zu seinem Satz „Kausalität erkennen ist die einzige Funktion des Verstandes, seine alleinige Kraft“ vergleiche man Hume, Enquiry IV: „Auf die Frage: was ist das Wesen aller unserer Denkakte in betreff von Tatsachen, scheint die richtige Antwort zu sein, daß sie sich auf die Beziehung von Ursache und Wirkung gründen.“

Nun zeigt sich aber die Tiefe Schopenhauers darin, daß er die weitere Entwicklung des Sensualismus zum Materialismus, die in Frankreich vor sich ging, nicht mitmachte, sosehr er gerade wieder dem französischen Sensualismus, nämlich Cabanis und Bichat, verpflichtet war. Nennt er doch an einer versteckten Stelle (Parerga I, § 12) ausdrücklich Kant und Cabanis – und keine anderen – als seine Vorgänger. Was er nun aus Cabanis entnehmen konnte, der als Arzt von den Reflexen biologischer Vorgänge im Bewußtsein redet, waren Argumente gegen die Unterscheidung von Leib und Seele, und bei diesem Thema komme ich nachher auch auf den noch wichtigeren Bichat. Mit seiner Philosophie der Handlung hat Schopenhauer zunächst den Materialismus vermieden, in den der Sensualismus auslaufen mußte, andererseits aber sich über das Leib-Seele-Problem erhoben (s. u. das vierte Resultat), vor allem aber die anthropologische Wendung der Philosophie begründet, die dann Nietzsche als solche programmatisch aufnahm, während sein Meister doch noch in die alte Gewohnheit kosmologischer Weltdeutungen einschwenkte, ohne sehen zu wollen, daß nach Kant eine Philosophie mit dem Thema „Welt" unmöglich geworden war. Kant nämlich wußte, daß die Naturwissenschaften der Philosophie vorgegeben sind, somit eine jede philosophische Aussage über die Natur an diesen Wissenschaften ihren Richter hat und sich deshalb nur an ihrer wissenschaftlichen Fruchtbarkeit verifizieren kann. Aber die Entdeckung der realen Handlung als Ausgangsfrage der Philosophie ist Schopenhauers *erstes* Resultat.

Die Betrachtung des Leibes führt auf eines der letzten Motive dieses Denkers: die Intuition der lebenden organischen Form, der Physis, des stummen Daseins des Gestalteten. Wer in der Anschauung eines Tieres, eines Blattes schon einmal von der ratlosen Verwunderung ergriffen wurde, daß es so etwas gibt, hat eins der Urerlebnisse Schopenhauers verstanden. Bezeichnend dafür ist ja die Geschichte im Treibhause zu Dresden: „einst im Treibhause zu Dresden umhergehend und ganz in Betrachtungen über die Physiognomie der Pflanzen vertieft", habe er sich gefragt, woher diese so verschiedenen Formen und Färbungen der Pflanzen? Was will mir hier dieses Gewächs in seiner so eigentümlichen Gestalt sagen? Er habe vielleicht laut mit sich gesprochen und sei dadurch so wie durch seine Gestikulationen dem Aufseher des Treibhauses aufgefallen. Dieser sei neugierig gewesen, wer denn dieser sonderbare Herr sei, und habe ihn beim Weggehen ausgefragt. Hierauf Schopenhauer: „Ja, wenn Sie mir sagen könnten, wer ich bin, dann wäre ich Ihnen viel Dank schuldig" (20. Jahrb. Schop. Ges., 126).

Ein solches Erlebnis liegt ganz in der sehenden Anschauung beschlossen, denn allein im Gegensatz gegen die Wachheit der Betrachtung entsetzt die Verschlossenheit der stummen und eigensinnigen gewachsenen Formen. Nur sinnlich sehr begabte Menschen mit hoher Kapazität der Wahrnehmung können diese Intuition als Erschütterung behalten, und Schopenhauer besaß die stärkste künstlerische Sinnlichkeit, die noch Goethe erzog. In dem höchst aufschlußreichen Bd. XI der Deußenschen Ausgabe, der die Jugendmanuskripte enthält, findet sich der Satz: „Die Philosophie ist solange vergeblich versucht, weil man sie auf dem Wege der Wissenschaft, statt auf dem der Kunst suchte“ (157). Faßt man seinen Idealismus als Urerlebnis, so ist es nicht der träumende des Descartes, sondern der ästhetische, ja optische Idealismus gedankenreichster Anschauung der lebendigen Formen. Ihm, in dem ein hohes Bewußtsein mit den stärksten Triebkräften stritt, mußte das Rätsel der Welt gelöst erscheinen, wenn er in der Betrachtung eines Tieres oder einer Pflanze die Klarheit der Erscheinung und die grundlose Kraft des Daseins auseinanderfallen sah: „Der Leib des Menschen und Tieres ist nichts als sein Wille in der Erscheinung“ (Genesis 145) – das war der Schlüssel, der ihm die Geheimschrift der Welt zu entziffern schien. Hier sehen wir, wie sein Gebäude der Grundunterscheidung der Welt als Wille und der Welt als Vorstellung auf zwei ganz nahe benachbarten Fundamenten ruht. Das eine ist die eben erörterte Intuition der Handlung: was von innen Willensakt ist, ist von außen sichtbare, in die Erscheinung tretende Aktion des Leibes. Das andere heißt: das Tier, die Pflanze ist in Erscheinung getretener grundloser Wille zum Dasein. Nahm er noch dazu die eigenste persönliche Erfahrung der Unseligkeit des Wollens und des Triumphes des Bewußtseins, so liefen alle Ansätze einer einzigen großen Selbst- und Weltdeutung zusammen.

Ein *zweites* bedeutendes Resultat knüpft an die Intuition des im Tiere erscheinenden Willens an: man hat noch nicht gesehen, daß er die Harmonie von Instinktausstattung, Organbau und Umwelt – eben jene moderne, seit Uexküll geläufige Einsicht der Biologie – zuerst formuliert hat. In dem Kapitel ›Vergleichende Anatomie‹ der Schrift ›Über den Willen in der Natur‹ macht dies ein Beweisthema aus. Hier wird die vollkommene Harmonie des Willens, des Charakters – also des Trieb- und Instinktsystems – einer jeden Tierart, seiner organischen Spezialisierung und seiner Lebensumstände unbestreitbar gezeigt. Es ist die Rede von der „augenfälligen, bis ins einzelne herab sich erstreckenden Angemessenheit jedes Tieres zu seiner Lebensart, zu den äußeren Mitteln seiner Erhaltung", wie „jeder Teil des Tieres sowohl jedem anderen als seiner Lebensweise auf das genaueste entspricht, z. B. die Klauen jedesmal geschickt sind, den Raub zu ergreifen, den die Zähne zu zerfleischen und zu zerbrechen taugen und den der Darmkanal zu verdauen vermag, und die Bewegungsglieder geschickt sind, dahin zu tragen, wo jener Raub sich aufhält, und kein Organ je unbenutzt bleibt". „Man betrachte die zahllosen Gestalten der Tiere. Wie ist doch jedes durchweg nur das Abbild seines Wollens, der sichtbare Ausdruck der Willensbestrebungen, die seinen Charakter ausmachen. Von dieser Verschiedenheit der Charaktere ist die der Gestalten bloß das Bild." Und wieder umgekehrt ist der Bau des Tieres der Umwelt völlig angemessen: „Will er (der Wille) als Affe auf den Bäumen umherklettern, so greift er alsbald mit vier Händen nach den Zweigen und streckt dabei ulna und radius unmäßig in die Länge: zugleich verlängert er das os coccygis zu einem ellenlangen Wickelschwanze, um sich damit an die Zweige zu hängen und von einem Ast zum andern zu schwingen."

Dieses geniale Schema hat sich, in den Grundsätzen unverändert, gerade erst in der neuesten Zeit als unendlich fruchtbar erwiesen, und mit seiner Hilfe hat sich eine Fülle von Tatsachen der Deutung erschlossen, besonders seit man mehr auf die je besondere Ausstattung einer Tierart achten lernte und nun die dem Tier gegebenen Wahrnehmungsausschnitte (Merkwelt) mit seinem Triebleben in Vergleich setzte. Die Idee dieser Fragerichtung hat Schopenhauer angegeben, die Gegenwart sie nur wieder entdeckt, mit dem zusätzlichen Fehler obendrein, den Schopenhauer vermied, diese Umwelttheorie naiv auf den Menschen zu erweitern und damit alle höheren Probleme der Anthropologie sich abzuschneiden. Beim Menschen nämlich ist, was ich hier nur andeuten kann, jenes Harmoniegesetz durchbrochen. Er ist das instinktlose, das organbiologisch unspezialisierte und das unbeschränkt weltoffene Wesen, also das intelligente und handelnde, das bis in die Struktur seiner Antriebe hinein auf orientierte und tätige Bewältigung der Welt und auf Voraussicht angelegt ist.

Im Gegensatz zu neueren Autoren hat also Schopenhauer einen wesentlichen Unterschied zwischen Mensch und Tier gesetzt und darin seine *dritte* Grundwahrheit formuliert, die einen sehr großen Entwurf darstellt, nämlich die von der „Oberflächlichkeit" des Intellekts. Dieser Ausdruck ist in einem streng definierten Sinn bei ihm gemeint.

Der Unterschied zwischen Mensch und Tier, sagt er, bestehe darin, daß das Tier durch anschauliche Motive, also durch Wahrnehmungen in Bewegung gesetzt werde und daher vom jeweils gegenwärtigen Eindruck abhängig bleibe, während beim Menschen infolge der Vernunft die Fähigkeit für nichtanschauliche, abstrakte Motive und damit auch die Unabhängigkeit von der Gegenwart entwickelt sei. „Daher führt er überlegte Pläne aus oder handelt nach Maximen, ohne Rücksicht auf die Umgebung und die zufälligen Eindrücke des Augenblicks“ (W. a. W. I, § 8).

Man gewahrt sofort den inneren Zusammenhang dieser Anschauung mit dem ersten Resultat, der Handlung, und es ist von genialer Einfachheit, wie hier der anthropologische Ansatz weitergeführt wird. Erkenntnis ist zunächst Wahrnehmung und verständige Wahrnehmung, schon beim Tiere, sie ist wesentlich *„Medium der Motive“*. Mit dieser Formel wird die Erkenntnis als sekundär bezeichnet, sie wird beginnende Reaktion oder Phase der Willenserregung, also „oberflächlich“ im Verhältnis zum Willen. Die ganze Wahrnehmungslehre dient dem Nachweis, daß die Wahrnehmung intellektuell ist, daß sie Motive der Aktion vermittelt, also beim Tiere Triebziele anzeigt. In diesem Sinne ist sie als Medium der Motive zweifellos richtig definiert, wenn auch die strenge Trennung von Intellekt und Wille von Schopenhauer nicht begründet wird. Die Erkenntnis schon im tierischen Bereich wird als eine bloße μηχανή des Willens bezeichnet, sie ist Steuerung und Orientierung der Triebe nach den Inhalten der gegenwärtigen Umgebung. Da nun Begriffe nur „Vorstellungen von Vorstellungen“ sind, Vernunft als Vermögen der Begriffe nur eine sekundäre Erkenntnis ist, so bleiben auch die Begriffe des Menschen wesentlich Motive, sie sind ebenfalls nur Auslösungen, Orientierungen von Handlungen. Im Begriffe wird also, wie ich sagen würde, die Wahrnehmung nur verfügbar gemacht, beliebig reproduzierbar oder „leichter zu handhaben“ (Vierfach. Wurz. § 27), wodurch der Mensch der Umgebung gegenüber entlastet und fähig wird, „Unterschiede jeder Art, also auch die des Raumes und der Zeit, beliebig fallenzulassen, wodurch er, in Gedanken, die Übersicht der Vergangenheit und der Zukunft, wie auch des Abwesenden enthält“ (a. a. O.). Schopenhauer hat sogar gesehen, wie diese Funktion der Vernunft, die Welt beweglich, variabel und damit die Handlung unabhängig und willkürlich zu machen, auf der *Sprache* ruht. Er hat dies nur sozusagen en gros gesehen, nämlich in den Worten: „Sprache ist das erste Erzeugnis und das notwendige Werkzeug der Vernunft" – „durch Hilfe der Sprache allein bringt die Vernunft ihre wichtigsten Leistungen zustande, nämlich das übereinstimmende Handeln mehrerer Individuen, das planvolle Zusammenwirken vieler Tausende, die Zivilisation, den Staat" (W. a. W. I, § 8). An der tieferen Erfassung der Leistung der Sprache hinderte ihn wieder der Kantische Apriorismus, der ja überhaupt ohne Sprachphilosophie auskommt und darin seinen tiefsten Fehler hat. Eine weitere Fortsetzung dieses Gedankens würde ihm gezeigt haben, daß in der Sprache die ohnehin, auch beim Tier, gegebene Symbolik der Wahrnehmung selbstbeweglich und verfügbar wird: wodurch einerseits Reiz und Aktion (Sprachlaut) unmittelbar zusammenwachsen, so daß die die Weltoffenheit überströmenden Wahrnehmungsreize nicht mehr gesamttätig, sondern nur noch sprachlich bewältigt werden; andererseits aber die Handlung willkürlich und steuerbar, nämlich nach ihrem vorausgenommenen und vorentworfenen Erfolg hin einsetzbar wird. Deswegen ist doch die Grundansicht von nie gesehener und überraschender Wahrheit: Erkenntnis als Medium der Motive, als Phase der Handlung, und Denken als sekundäre Erkenntnis, jedoch von den äußersten Folgen, die in der Voraussicht und Aktivität gegeben sind.

Den Zusammenhang der ersten drei Resultate sieht man jetzt deutlicher; denn sie machen eigentlich nur *einen* sehr ertragreichen Gedankenkern aus, der sich nach mehreren Seiten hin entwickelt. Eine jede Anthropologie muß den Wesensunterschied von Mensch und Tier definieren und muß dazu vor allem angeben, was Handlung und Erkenntnis in diesem Wesen Mensch bedeuten. Diese drei Probleme sind nur durch einander lösbar, und ich behaupte, daß die Klassizität Schopenhauers in dieser Problemstellung und in der Angabe der grundsätzlich richtigen und überzeugenden Lösungen besteht. Unmittelbar aus diesem Komplex folgt ein *viertes* Resultat, und ein höchst überraschendes, das die größte Revolution der Anthropologie seit den Griechen einleitet: es fällt nämlich die Unterscheidung von Leib und Seele in jedem bisherigen Sinne!

Diese Unterscheidung drängt sich dem ruhig Denkenden mit zwingender Notwendigkeit auf, eben *weil* er kontemplativ und „stillgelegt" denkt. Für die *Reflexion* hebt sich das sich selbst denkende Ich vom äußeren, nicht denkenden Ich, vom Körper, zureichend ab: für dieselbe

Reflexion ist das Ich eben Denken und die andere Seite der Körper. Damit ist der Dualismus festgestellt und darüber hinaus das innere, eigentliche Ich als *wesentlich bewußt* definiert, also als „Seele" mit der Hauptqualität cogitatio. Das alles liegt in der Situation der Reflexion schon darin, indem eben das Innere vom reflektierenden Ich her angegangen wird und damit in jeder weiteren Bestimmung, die man der Seele geben möge, die Bewußtheit und das Sich selbst-Denken miterscheinen muß. Das ist, von Descartes zuerst ausgesagt, für jede Philosophie aus der stillen Reflexion unvermeidlich.

In der *Handlung* dagegen ist die Reflexion unvollziehbar und ausgehängt, und weder im aufmerksamen Hinsehen nach einem interessierenden Gegenstand noch im Zugreifen, noch auch in der Gesamtbewegung nach etwas hin ist es möglich, eine „bewußte" von einer „materiellen" Seite zu trennen. Was wirklich erlebt wird, ist etwas ganz anderes: eine Gesamtbewegung, die als Impuls oder Interesse aufbricht, als Aktion vielgliederig abläuft und vom Denken gesteuert und geführt wird. Dieser Vorgang ist mit dem Begriffspaar „bewußte Seele–Körper" gar nicht beschreibbar, sondern es erfordert mindestens drei Glieder: das Innenerlebnis Antrieb, Willensansatz; die Handlung selbst; die führende Planung, den bewußten Zielentwurf. Es verbietet sich also, dieses „Innen" mit dem denkenden Bewußtsein gleichzusetzen, welches vielmehr deutlich als Medium der Motive und als Orientierungsorgan erscheint, so daß es unmöglich wird, eine innere Seelensubstanz mit dem Hauptmerkmal cogito zu setzen. Vielmehr wird die sogenannte Psychologie zunächst Affekt- und Antriebslehre, und sie ist in unmittelbarem Zusammenhang mit den Handlungsleistungen und Lebensnotwendigkeiten des Menschen zu betrachten, sie wird also „Biologie des Menschen von Innen". Andererseits wird aber die Frage nach dem Zweck, den Leistungen und nach der Notwendigkeit des Bewußtseins in einem solchen Wesen möglich: die Frage nach dem Zweck und den Leistungen, besonders den Orientierungs- und Steuerungsleistungen ist dann ebenfalls eine biologische, worüber man sich klar sein muß. Die Frage nach dem „Zweck" der Seele im ersten Sinne ist gar nicht zu stellen, denn diese ist eben Substanz.

Diese Anschauung ist von äußerster Fruchtbarkeit, und sie wäre das *vierte* Resultat, welches in klarer innerer Beziehung zu den drei ersten steht und derselben Grundkonzeption angehört. Gewisse Bestätigungen dieser Lösung wären unserem Philosophen nach eigenen Aussagen durch *Bichat* nahegelegt worden. In dem Brief an Frauenstädt vom 12. Oktober 1852 und in der Unterhaltung mit Foucher de Careil (20. Jahrb., 363), findet man diese. In dem Brief sagt er: „Mein Zusammentreffen mit Bichat im bekannten Resultat, nachdem wir auf so höchst verschiedenen Wegen dahin gelangt sind, ist eine der schönsten Bestätigungen meiner Wahrheit und war mir, als ich es erst 1838 entdeckte, eine unendliche Herzstärkung . . . Bichat und ich umarmen uns in einer Wüste." – In der erwähnten Unterhaltung kommt Schopenhauer 1859 wieder auf diese Übereinstimmung in einem ungenauen Zitat zu sprechen. Es handelt sich um die Stelle aus den ›Recherches physiologiques sur la vie et la mort‹ (3. Aufl. 1805, S. 54) über die passions:

il est étonnant que les passions n'aient jamais leur terme ni leur origine dans les divers organes de la vie animale; qu'au contraire les parties servants aux fonctions internes soient constamment affectées par elles, et même les déterminent suivant l'état ou elles se trouvent. Tel est cependant ce que la stricte observation nous prouve. Je dis d'abord que l'effet de tout espèce de passion, constamment étranger à la vie *animale,* est de faire naître un changement, une altération quelconque dans la *vie organique.*

Bichat hat nämlich in diesem Buch die Unterscheidung der animalischen und organischen Funktionen (les deux vies) durchgeführt: die animalischen, nämlich Wahrnehmungen, Willkürbewegungen und Laute, würden wir heute als sensomotorische bezeichnen, die organischen, wie Ernährung, Kreislauf usw. als vegetative. Rechnet man nun mit Bichat das Sehen, Hören usw. den animalischen biologischen Leistungen zu, sind «les passions» dagegen organische, so haben wir in der Tat eine Biologie von innen, und es bleibt von allen Fähigkeiten, mit denen man früher die Seele ausgestattet hatte, nur das Denken zurück, womit Schopenhauer diesen Teil seiner großen Theorie bewährt finden konnte.

Damit war auch von der Physiologie her die alte dualistische Entgegensetzung von Leib und Seele überwunden, aber Schopenhauer allein drang dazu durch, dies philosophisch zu durchdenken. Bei Bichat konnte er das nicht finden, der merkwürdigerweise irgendwo noch eine Seele vorhanden sein läßt (« le cerveau est à l'âme ce que sens sont au cerveau », 23), noch die anderen Resultate, in die er diese hineinverwebt. In der obigen Unterhaltung sagt Schopenhauer, er sei nach dreißigjähriger Vereinsamung auf Bichat gestoßen, er konnte also aus diesem, der objektiv immerhin früher ist, nur Bestätigungen holen.

Natürlich hat die eben nachgezeichnete Neuorientierung ihre Fruchtbarkeit sofort ausgewiesen: die unter der Herrschaft der Bewußtseinsphilosophie und Seelenmetaphysik nicht zur Geltung gekommenen Bewegungen des unterbewußten Innenlebens wurden jetzt sichtbar. So hebt mit Schopenhauer die moderne Triebpsychologie an, die von Nietzsche ungemein bereichert und an unser Jahrhundert weitergegeben wurde. Allerdings scheint sie gegenwärtig ihrer Vorgängerin, der Assoziationspsychologie, in den Untergang zu folgen, und zwar aus denselben Gründen wie diese seinerzeit: durch unkritischen, flachen Abusus ihrer Prinzipien, die bloß noch zu einem mechanischen Abtun der Phänomene gebraucht werden, mittels eines monotonen Zurückführens von allem auf zu diesem Zweck erfundene „Triebe". Aber gewisse von der Psychoanalyse verbreitete Anschauungen finden sich bei Schopenhauer zuerst, und André Fauconnet hat sie in der Abhandlung ›Les fondements de la psychoanalyse chez Schopenhauer‹ (21. Jahrbuch Schop. Ges. 1931) dargestellt. Den Mechanismus pathogener Verdrängungen hat Schopenhauer vollständig und sogar mit Verwendung dieses Wortes beschrieben (W. a. W. II, Kap. 32). Der Ursprung des Wahnsinns wird nachgewiesen als ein „gewaltsames ‚Sich aus dem Sinn schlagen' irgendeiner Sache, welches jedoch nur möglich ist mittels des ‚Sich in den Kopf setzen' einer anderen". Selbst den bekannten Ausdruck von der Flucht in die Krankheit hat er bereits („flüchtet sich . . . zum Wahnsinn", W. a. W. I, § 36). Diese Vorstellungen haben ja innerhalb der psychiatrischen Praxis ihre Leistungsfähigkeit, und er vermied durchaus die Übertragung pathogener Mechanismen auf das gesunde Seelenleben.

Bekanntlich war er ebenfalls aufgeschlossen gegenüber den sogenannten okkulten Erscheinungen, denn er hatte in seiner Metaphysik des Willens, zumal in der Lehre von der nur erscheinungshaften und oberflächlichen Individuation ein Schema, welches die Aufmerksamkeit auf diese Dinge wenigstens zuließ und nicht, wie die meisten abstrakten Standpunkte, von vornherein ausschloß. Hier ist besonders an seine strikte Ablehnung des Spiritismus zu erinnern, welcher „von der völlig unberechtigten Annahme ausgeht, daß der Mensch aus zwei grundverschiedenen Substanzen bestehe, einer materiellen, dem Leib, und einer immateriellen, der Seele" (Versuch über Geistersehen). Ebenfalls nur innerhalb einer biologischen Anthropologie war seine gewiß noch zu rohe Lehre von der Erblichkeit des Charakters möglich – kurz, allenthalben gewahrt man den Reichtum der Folgen, den ein tiefer und neuer Gedanke immer zu haben pflegt.

III

In diesem zweiten Teil des Aufsatzes wurden die Resultate erörtert, denen der Verfasser Gültigkeit zuschreibt, d. h. eine höhere wissenschaftlich-theoretische und praktische Leistungsfähigkeit als jeder anderen Ansicht auf dem fraglichen Gebiet. Es handelt sich dabei, wie man sah, um die neuartige anthropologische Grundlegung der Philosophie, in einer von der Handlung ausgehenden Auffassung des Menschen, wobei das Leib-Seele-Problem, die Erkenntnisleistungen und die Abgrenzung vom Tier in wahrhaft originaler Weise neu bestimmt werden. In diesen Dingen ist Schopenhauer ursprünglich, und er hat nicht einmal die parallelen Ansätze gesehen, die an zwei Stellen schon früher, nämlich in der Nikomachischen Ethik und von Hobbes gemacht worden waren.

Um zu diesen Resultaten vorzudringen, mußten wir den ganzen metaphysischen und systematischen Überbau opfern: den übernommenen Kantianismus, die nicht haltbare Erkenntnislehre mit ihren Apriorismen und die kosmologische Willensmetaphysik, die einer nicht mehr vertretbaren Periode der Philosophie angehören, und die teils Sätze enthalten, die inzwischen anfechtbar geworden sind, teils solche, die in ihrer Allgemeinheit keine Verifizierbarkeit mehr haben (Naturkräfte = Wille usw.). Ebensowenig war es nötig, auf den beredten Pessimismus einzugehen, dem er einen großen Teil seiner Wirkung verdankte. Nimmt man jedoch alles zusammen, so versteht man, wie Nietzsche alle Wandlungen seines schicksalsreichen Philosophierens immer wieder an Schopenhauer orientieren und belegen konnte: die Traum- und Wahnphilosophie des Jugendpessimismus, die skeptische Triebpsychologie, die anthropologisch-biologische Wendung und den Willen zur Macht.

In diesem letzten Teil wende ich mich nun der Religionsphilosophie

Schopenhauers zu, der mir auch eine tiefere Gültigkeit zuzukommen scheint, als man glaubt. Diese Gedanken sind nicht weniger revolutionär als die bisher erörterten gewesen. Allerdings verlangen sie eine besondere Behandlung, da man sie nicht, wie die oben erörterten vier Resultate, wörtlich übernehmen darf; vielmehr finde ich hier nicht die inhaltlichen Positionen selbst, sondern die Schnittlinien, die durch das so überaus komplexe Gebiet „Religion" gelegt werden, aufschließend bedeutsam, und man kann diese beibehalten und die so entstehenden drei Fragengebiete doch inhaltlich vollständiger und wohl richtiger denken. Mit besonderer Sorgfalt ist hier die Sachfrage von der historischen Wirkung zu trennen: setzte doch die letztere mit Nietzsche bei dem fraglichsten Punkte, der Lehre von der *Gegennatürlichkeit der Religion* ein.

Die mit der Auflösung des dogmatischen Christentums anhebende Doppelbewegung, entweder durch eine philosophische „Umdeutung" eine zweite, philosophisch begründete Reformation heraufzuführen (Fichte, Schelling, Hegel) oder aber nach einer sogenannten natürlichen Religion zu suchen, die irgendwelche religiösen Inhalte aus der Offenbarung herauszunehmen und in das „natürliche Wesen" des Menschen hineinzudefinieren gestatten würde, machte Schopenhauer überhaupt nicht mit, was zuerst festzuhalten ist. Da gerade jene beiden Versuche inzwischen abgelaufen sind, so kommt seinem dritten Weg eine besondere Chance zu, die ich allerdings der Erörterung für wert halte.

Schopenhauer verstand nun unter Religion eine der Fassungskraft des Volkes gemäße Auslegung oder Deutung der Welt und des Lebens und erklärt diese für eine symbolische, mit gemeinverständlichen und anschaulichen Bildern arbeitende Ersatzmetaphysik, die er durch seine eigene vorgeblich endgültige und wahre Metaphysik ersetzt zu haben überzeugt war. Diese „allegorische Einkleidung der Wahrheit" will ich Religion A nennen. Mit einem zweiten Schnitt trennt er aus dem Gesamtgebiet eine sogenannte *natürliche Moral* ab, die aus dem Mitleid bestehen und die Tugenden der Nächstenliebe, Demut und Opferbereitschaft begründen, jedoch als natürliche Moral durchaus auf sich selbst stehen soll, wenn auch die historischen Religionen sie in sich eingebaut und mit ihren Deutungen (A) verschmolzen haben. Mit einem dritten Schnitt begrenzt er eine Religion B, die in rein persönlichen Charakterveränderungen des Heiligen, in einem Affekt der Askese bestehen soll.

Ein individueller, nichtmitteilbarer und *gegennatürlicher* Akt der „Umkehr des Lebenswillens", der Resignation und Entsagung äußere sich als Verneinung der natürlichen Triebe, in äußersten Einzelfällen als freiwilliger Hungertod. Dieser Akt ist keiner Theorie bedürftig, erscheint unter den Formeln des Christentums oder des Buddhismus und wird von Schopenhauer philosophisch gedeutet. Diese These der Gegennatürlichkeit hat Nietzsche, auf das Christentum zugespitzt und mit seiner Dekadenzlehre verbunden, zu einer großartigen Wirksamkeit gebracht. Im Gegenteil hat ihr Schopenhauer den höchsten Wert beigelegt.

Das wäre die Einteilung des Problems, die ich nun für außerordentlich bedeutend halte, wenn auch jede der drei Einzelthesen in sich inhaltlich ungenügend ist.

Wenden wir uns ihnen nun der Reihe nach zu, und zuerst der Religion A: „Die verschiedenen Religionen sind eben nur verschiedene Schemata, in welchen das Volk die ihm an sich selbst unfaßbare Wahrheit ergreift und sich vergegenwärtigt, mit welcher sie ihm jedoch unzertrennlich verwächst" (Über Religion, Parerga II).

Nun ist es zwar richtig, daß jede Religion einen dogmatischen Teil enthält, der eine Welt- und Lebensdeutung und oft auch eine Selbstauffassung des Menschen ausspricht. Insofern ist sie, selbst als totemistische, ein System von Aussagen über die Wirklichkeit und über die Rolle, die dem einzelnen oder der Gemeinschaft in dieser Welt zukommt und mit einer Metaphysik vergleichbar, die ähnliches leistet. Allerdings erwächst die Religion – wie die Sprache – nicht aus einer, sondern aus mehreren Wurzeln, und durch das *Interesse der Welt- und Selbstdeutung* ist keine Religion allein bestimmt. Vielmehr treten noch zwei große Gruppen von Interessen daneben: die *Interessen der Handlungsformierung* und die *Interessen der Ohnmacht.* Sie bilden den bei allen historischen Religionen immanenten *praktischen* Teil, der die Vorschriften enthält, was zu tun und was zu vermeiden ist, Anweisungen über den Verkehr mit den göttlichen Mächten erteilt, soziale oder religiöse Autoritäten legitimiert, Sanktionen in Aussicht stellt und an den Grenzen der menschlichen Macht Unterstützung leistet, besonders gegenüber den Tatsachen des Mißerfolges, des Leidens oder des Todes.

Eine Religion A als bloße allegorische Metaphysik hat es also nie gegeben. Schopenhauer geht sogar so weit, gewisse Religionen, wie die römische, in denen die Seite der Handlungsformierung besonders entwickelt, der Bestand an ontologischen Deutungen dagegen verhältnismäßig gering war, als Religion zu leugnen: „das nämlich, was wir unter Religion verstehen, hatten die Alten durchaus nicht."

Immerhin ist an der so, wie sie Schopenhauer gibt, historisch und systematisch nicht haltbaren Lehre von der Religion A zweierlei gültig: nämlich die Absonderung gewisser Interessen theoretischer Art, der Welt- und Selbstdeutung, und die noch wichtigere Aussage, daß *diese* Interessen im modernen Bewußtsein von den überlieferten Religionen nicht mehr erfüllt werden.

Ein gewisser Grad allgemeiner Unwissenheit ist die Bedingung aller Religionen, ist das Element, in welchem allein sie leben können. Sobald hingegen Astronomie, Naturwissenschaft, Geologie, Geschichte, Länder- und Völkerkunde ihr Licht allgemein verbreiten und endlich gar die Philosophie zu Worte kommen darf, da muß jeder auf Wunsch und Offenbarung gestützte Glaube untergehen (Über Religion, Parerga II).

Zweifellos hat die Wissenschaft die früher von den Religionen geleistete Seins- und Weltdeutung an sich gezogen. Sie hat dies getan um den Preis des Verzichts auf nicht zu beantwortende Fragen, wie die nach dem Warum des Seins, der Fortdauer nach dem Tode und der Herkunft des Menschen. Daraus darf aber nicht gefolgert werden, der Mensch sei nun bei diesen Fragen auf die Religion und ihre Deutungen angewiesen: vielmehr hat die Gewöhnung des modernen Bewußtseins an präzise Fragen und Tatsachen, hat die Ausbildung, von echten Erfahrungen zu leben, jene Probleme mattgesetzt. Jenseits von Glaube und Unglaube ist ein Leben in der Einsicht möglich, daß man über diese letzten Dinge nichts *wissen* kann.

Mit jener ersten Schnittlinie hat daher Schopenhauer zwar nicht eine Religion A definiert, wohl aber ein umschriebenes Interesse des Menschen abgesondert, ein Interesse an Weltdeutungen und Selbstdeutungen, das, früher von den Religionen miterfüllt, ihnen jetzt entzogen ist. Diese Einsicht ist gültig.

Der zweite in Betracht kommende Punkt wäre der von der „natürlichen Moral". Er erklärte, er könne „die praktischen Zwecke und Notwendigkeiten der Religion, nämlich als einer unentbehrlichen Grundlage aller gesetzlichen Ordnung nicht anerkennen". Vielmehr hat er bekanntlich das Mitleid als das allein echte moralische Motiv und als von allen Religionen unabhängig hingestellt, und andererseits Staat, Polizei und Gesetze als die zureichenden Sicherungen der menschlichen Gesellschaft bezeichnet. Unrecht nämlich sei Einbruch in die Grenze fremder Willensbejahung, als Beraubung, Lüge, Wortbruch, Gewaltantun usw. Den Ausbruch der Neigung zum Unrechttun in die Tat habe der Staat zu verhindern, durch Aufstellung eines Registers von Gegenmotiven (Strafen) zu jedem möglichen Motiv der Ausübung eines Unrechts sowie durch gnadenlose Exekution der Strafen. „Der einzige Zweck des Gesetzes ist Abschreckung von Beeinträchtigung fremder Rechte" (W. a. W. I § 62). Dagegen das Leisten von Wohltaten und Liebeswerken sei Sache der individuellen, unerzwingbaren Moralität, die zuletzt aus dem Affekt des Mitleids erwachse. Die Gesetzgebung, der Staat verhält sich danach zur Sittlichkeit wie ein Negativ: „Die positive Gesetzgebung ist die von der Kehrseite angewandte, reine moralische Rechtslehre"; denn die erstere verhindert, daß jemand Unrecht zu leiden hat, die letztere weist an, kein Unrecht zu tun. Der Staat ist Mittel zur Aufrechterhaltung der abschreckenden Gesetzgebung.

Natürlich ist diese Staatslehre inhaltlich ebenso unzureichend wie die Mitleidsmoral, aber wieder ist die Absonderung eines Gebietes „natürliche Moral – Staat" eine prinzipiell richtige Abgrenzung, und ebenso die Sonderung dieses Bereiches von der Religion, die ihn früher ebenfalls deckte, als sich Staat und Ethik theologisch begründeten. Die hier vorwiegenden *Interessen der Handlungsformierung* bildeten so lange eine der Wurzeln der Religion, als sie eben nicht durch immanente Führungssysteme und Herrschaftsordnungen erfüllt wurden. In einem anderen Bilde: Schopenhauers „Schnittlinien" würden ihn der Behauptung zustimmen lassen, daß von den drei Quellen des religiösen Stromes zwei inzwischen abgeleitet worden sind: die eine zur wissenschaftlichen Weltdeutung, die andere zur immanenten, „natürlichen" Ethik und Politik. Es ist inzwischen durch Tatbeweis gesichert, daß eine immanente Weltanschauung imstande ist, tragende Grundsätze des Handelns aufzustellen und durchzusetzen, ja sogar weit über die von Schopenhauer angegebene Aufgabe des Staates hinaus eine feste Organisation des Wachstums und der Leistung des Volkes aufzustellen sowie notwendige gemeinsame Ziele des Handelns anzuweisen und zu realisieren. Zur Formierung der Handlungen des einzelnen und des Volkes, ethisch und politisch, muß die Religion nicht in Anspruch genommen werden.

Da die inhaltlichen Aufstellungen Schopenhauers zu den eben abgehandelten beiden Punkten durchweg zu eng und einseitig sind, kann die große Leistung, die dennoch in ihrer *Unterscheidung* liegt, am besten so hervortreten, daß man beide Punkte *negativ* formuliert, wodurch sie auch inhaltlich gültig werden. Er würde dann sagen: die Religionen sind keine notwendigen und zureichenden Deutungssysteme der Welt- und Selbstdeutung, sondern haben diese früher übernommene Leistung an die Erfahrung, Wissenschaft und Philosophie abgetreten. Die Religionen sind keine notwendigen und zureichenden Führungsmächte des einzelnen oder des politischen Ganzen, sondern die Moral und Politik kann sich „natürlich" begründen. Ich habe denselben Sachverhalt vermittelst der Begriffe „Interessen der Weltdeutung" und „Interessen der Handlungsformierung" ausgedrückt.

Bleibt noch der dritte Komplex der „Religion B" mit den „Interessen der Ohnmacht".

Hier liegen die Gründe, die Schopenhauer verhinderten, in die abstrakte Irreligiosität abzugleiten, obwohl er das Christentum und die theistische Religion geopfert hatte: er kennt noch gewisse Kräfte im Menschen, die echte religiöse Aktionen immer möglich machen, und zwar so, daß sie vom Wandel des Erkenntnisfortschrittes wesensmäßig unabhängig sind, indem sie mit der Beschaffenheit des Lebens selbst zusammenhängen. Er läßt diesen religiösen Affekt auch als invariant gegenüber jeder bewußten Ausdeutung erscheinen: im Buddhismus und im Christentum ist er genauso möglich wie innerhalb seiner eigenen Metaphysik.

Er bestimmt diese Religion B als *Willensänderung*, Willensumkehr, als Akt der individuellen und endgültigen Verzweiflung und Bruch des Lebenswillens, ausdrücklich die *Gegennatürlichkeit* dieses Aktes betonend, und es ist bekannt, welches Gewicht Nietzsche seinem Angriff auf das Christentum mit diesem Argument verschaffte, besonders in der Zuspitzung „was bedeuten asketische Ideale?"

Ich fasse nun diese Religion B grundsätzlich von der Frage her, was geschieht, wenn die Macht- und Lebensbedürfnisse des Menschen an Grenzen stoßen und sich ihnen gegenüber behaupten wollen (Interessen der Ohnmacht).

Da also auch hier seine inhaltliche Auslegung als zu eng und einseitig erscheint, werde ich das Problem in drei Fragen unterteilen:

a) Sind Interessen der Ohnmacht religionsbildende Mächte? Wenn ja,
b) sind diese Religionen notwendig gegennatürlich?
c) Welche Form der Religion ist zu erwarten, wenn sie als tragende Kräfte allein zurückbleiben?

In dieser Weise sind die Fragen klar zu beantworten.

Zu a: Allerdings sind die Interessen der Ohnmacht Glaubensmotive, und zwar die tiefsten und unzerstörbarsten. Die Mißerfolge des Handelns, die Unerfüllbarkeit der Ansprüche an das Leben, gerade je lebendiger diese Ansprüche sind, die unberechenbar einschlagenden Schicksale, die unausweichlichen Krankheiten und der gewisse Tod sind Punkte dauernder existenzieller Unterlegenheit, und sie sind unaufhebbar, im Wesen des Daseins mitgegeben. Ein Größeres, als der Mensch ist, wird darin fortdauernd und sogar mit reiferem Alter zunehmend erfahren. Dabei macht es nichts aus, daß es in der Tat gelingt, durch systematische Erkenntnis, Beherrschung der Natur und der Lebensverhältnisse die Grenzen der Ohnmacht fortdauernd herauszurücken: denn da dies tätig geschieht, bleibt der Mensch mit diesen Grenzen, die er weiter und weiter abschiebt, eben gerade in Berührung. Hat der Arzt, nach bestem Bemühen, das Menschenmögliche getan, so wartet er auf ein „Gottesurteil", ob er nun diese Macht Natur nennt oder sonstwie. „Name ist Schall und Rauch."

Die zweite Frage, ob die Berührung des Menschen mit den Grenzen der Übermacht notwendig zur Askese, Willensverneinung und zu einer gegennatürlichen Aktion der Resignation führen, ist so entschieden zu verneinen, daß sogar das Gegenteil zunächst zu behaupten ist. Die überall erfahrene Unterlegenheit nimmt der Mensch wesentlich nicht hin, er handelt auf jene größeren Mächte. Und so wie überall die *Phantasie* die vitale Hauptleistung hat, Handlungen vorzuentwerfen, den Menschen in einer virtuellen Bewegung in eingebildete Umstände zu versetzen, Schwungrad der Handlungen zu sein, so ist sie auch die ermutigende Kraft, die den Menschen über das lähmende Bewußtsein seiner Ohnmacht hinausreißt. Es ist *natürlich,* nicht an den Tod glauben zu wollen und Vorstellungen über das Jenseits auszubilden; es ist natürlich, den Raum zwischen dem, was wir in der Hand haben, und dem unlenkbaren Erfolg mit helfenden Wesen der Phantasie zu bevölkern, so wie Pandaros dem Apollon eine Hekatombe gelobte, ehe er den Pfeil abschoß auf Menelaos (Ilias IV, 120). Und es ist natürlich, zu hoffen und auf die Götter oder das Schicksal zu vertrauen. Die Religion der Ohnmacht steht daher im Dienst des Lebens, und die Phantasie des Menschen ist eine lebensfördernde, in die Zukunft tragende, der Resignation entgegenarbeitende Gewalt. Es sind Sonderfälle, wenn im Menschen die vitale Kraft des Hoffens – die Zauberkraft – so tief erschöpft ist, daß der Wille zum Gegenhandeln gegen die Übermächte nach innen schlägt, die Quelle der Enttäuschung, die Lebenstriebe selber, zuschüttet und man endlich nichts mehr erstrebt, um nichts mehr entbehren zu müssen. Diesen Sonderfall hat Schopenhauer zu Unrecht verallgemeinert. Aber man wird sagen dürfen: die Quelle der Religion, die aus den Interessen der Ohnmacht fließt, ist die stärkste von allen, sie ist mit dem menschlichen Leben selbst gegeben und sie ist vorlogisch, invariant gegenüber Namen, Dogmen, Vorstellungen. Nur weil doch irgendeine Vorstellung, und sei es die des Schicksals, gegeben sein muß, an der jenes Interesse tätig wird, halten sich an diesen Bildern und Deutungen noch breite Reste historischer Religionen, deren theoretischer Bestand längst hinfällig geworden ist.

Die „Gegennatürlichkeit“ im oben bezeichneten Sinne hat wohl im Christentum und Buddhismus breitere Möglichkeiten als in den antiken oder primitiven Religionen. Ganz davon zu trennen ist die rein historische Frage, ob die Übernahme einer historischen Religion durch andere Völker entwicklungsfördernd, wesensgemäß war oder nicht: ob jene Völker dadurch von ihrer Natur abgewichen seien und in *diesem* Sinne eine Religion gegennatürlich gewirkt habe.

Endlich die letzte Frage: Welche Form der Religion ist zu erwarten, wenn jene Quelle allein übrig bleibt? Auch diese Frage ist zu beantworten: Sie gerät in eine Art Verpuppungszustand, sie wird individuell, potentiell und scheint in die Zukunft hinauszurücken. Es ist ja dann ganz der persönlichen Lebenserfahrung des einzelnen überlassen, ob diese Interessen in ihm erwachen und wie er sich mit der Übermacht des Schicksals abfindet. Gibt es keine allgemein überzeugenden Deutungen, keine lebenswichtigen Organisationen der Religiosität mehr, so wird sie in den einzelnen stumm, wird Angelegenheit des individuellen Lebenslaufs und möglicher, d. h. meistens als zukünftig erscheinender Lebensresultate. Die Gegenwart hat vollkommen richtig erkannt, daß sie in diesem Sinne „Privatsache“ ist. Sosehr nun im individuellen Falle solche Erfahrungen – auch etwa die von der anscheinenden Absichtlichkeit im Schicksale des einzelnen – sich im Bewußtsein der Menschen in Form irgendwelcher Vorstellungen niederschlagen mögen, so kommt diesen dann genau die von Kant für solche „Ideen“ in Anspruch genommene *praktische* Realität zu, die zu keinen allgemeinverbindlichen Aussagen berechtigt. Wenn Schopenhauer vor dem Bilde des Abbé Rancé sagt: „Das ist Sache der Gnade“, und der Ausdruck Gnade in seinem System keine theologische Bedeutung haben kann, so muß er gemeint haben: Das ist nicht Sache von jedermann. Und im Nichtbetroffenen ist es, vielleicht, Sache der Zukunft.

Ich darf also diesen letzten Teil so zusammenfassen, daß ich sage, Schopenhauer hat nicht inhaltlich, wohl aber in der Struktur und in der gegebenen Dreiteilung den Status praesens der Religion richtig aufgefaßt und die inhaltlichen Bestimmungen immerhin stets partiell gültig, obzwar immer zu eng, gegeben. Man kann nach dieser Erörterung seine gesamte Religionsphilosophie auf drei Thesen bringen, die so zu formulieren wären: 1. Die Religion als verpflichtende und gültige Welt- und Selbstdeutung ist historisch geworden. 2. Die Führung der Handlungen des einzelnen und der Gemeinschaft, des Staates ist mit natürlichen Mitteln aus den Quellen der Erfahrung möglich. 3. Eine individuelle Religion des Willens aus dem Verhältnis des persönlichen Lebens zum Weltlauf kann jederzeit in jedem Menschen aufbrechen.

Mit einer erstaunlichen Sicherheit hat in diesem Resultat Schopenhauer alle die naheliegenden Einseitigkeiten, Abstraktionen und Leerläufe vermieden, in die die Religionsphilosophie des 19. Jahrhunderts sonst allenthalben hineingeriet, ob man nun an die aussichtslosen umdeutenden Restaurationen Hegels und der anderen Idealisten, an die Aufklärung Feuerbachs, an den religionsgeschichtlichen Historismus, an Nietzsche, die sich isolierende Orthodoxie oder sonstwelche Ansprüche auf diesem bunten Felde denken mag: bei der philosophischen Untersuchung dessen, was Religion ist und wie sie lebt, kann man endlich nur auf ihn zurückgreifen.

Die hier gegebene und jetzt beendete Darstellung der Grundwahrheiten der Philosophie Schopenhauers hält sich für vollständig, was vielleicht denjenigen erstaunen mag, der in seiner *Ästhetik* die ungemeine Fülle tiefer und geistreicher Gedanken kennt. Ich kann jedoch die Grundthematik dieser Ästhetik nicht für überzeugend halten, weil sie erstens vom Betrachter und nicht vom künstlerischen Prozeß selbst ausgeht und weil sie die von Kant bereits gegebene Vorfrage aller Ästhetik ignoriert, warum, bei leicht beweisbarer Unmöglichkeit einer wissenschaftlichen Ästhetik, dennoch ein Bedürfnis nach *denkerischer* Bewältigung der Künste besteht, das zu immer neuen Versuchen einer solchen antreibt.

Stimmt man den Ergebnissen dieser Abhandlung zu, so erhebt sich eine besondere und mehr geistesgeschichtliche Frage: warum die eminente Wirkung seiner Philosophie von den fragwürdigen Elementen in erster Linie ausging: von seinem Pessimismus, der Willensmetaphysik, der Majalehre, ja von dem Buddhismus und der Ästhetik eher als von den zwei Punkten, in denen er am größten ist, Anthropologie und Religionsphilosophie. Aber erst die neueste Gegenwart konnte uns an diesem großen Denker das sehen lehren, was in ihm über das 18. und 19. Jahrhundert hinausweist, so daß er auch jetzt eigentlich erst in seiner ganzen Größe sichtbar wird: ein Philosoph mit einem Umfang des beherrschten Gehalts über drei Jahrhunderte.

Hans Barth, Wahrheit und Ideologie. Zürich und Stuttgart: Eugen Rentsch Verlag 1961, S. 192–202 (= Kap. IV); 307–308.

SCHOPENHAUERS „EIGENTLICHE KRITIK DER VERNUNFT"

Von Hans Barth

Arthur Schopenhauer vollzog einen entscheidenden Bruch mit einer jahrhundertealten, kaum angefochtenen Überlieferung der abendländischen Philosophie und Humanität. Dieser Bruch bedeutete die Preisgabe von zwei Vorstellungsbereichen, die bisher für das philosophische Verständnis von Gott, Welt und Mensch als konstitutiv gelten durften. Schopenhauer war sich dieser wesentlichen Differenz durchaus bewußt. Die rückhaltlose Redlichkeit, die das bewundernswerte Merkmal seiner philosophischen Arbeit bleibt, ließ ihn frühzeitig Rechenschaft darüber ablegen, daß die in seinem Hauptwerk vorgetragene Philosophie „mit den Dogmen der jüdisch-christlichen Glaubenslehre in einem zwar nirgends ausgesprochenen, aber sich stillschweigend unleugbar ergebenden Widerspruch" stand.[1] Und ferner bekämpfte Schopenhauer in dem stolzen Bewußtsein, eine philosophische Wendung von säkularer Bedeutung herbeizuführen, den aus dem griechischen Denken stammenden Irrtum, „in allen Naturwesen etwas der Erkenntnis und dem Intellekt des Menschen Analoges nachzuweisen"[2]. „Nach Jahrtausenden des Philosophierens" nimmt Schopenhauer „zum ersten Male" die wesentliche Richtigstellung vor, indem er das Wollen nicht als Funktion des Intellekts, sondern umgekehrt den Intellekt als eine bloße Funktion des Wollens versteht.[3] Der „uralte und ausnahmslose Grundirrtum", dem „alle" Philosophen bis auf Schopenhauer verfallen sind, ruht in der Ansicht, „daß das Ganze der Dinge von einem Intellekt ausgegangen sei".[4]

[1] Brief Schopenhauers an F. A. Brockhaus vom 3. April 1818.

[2] Brief an Julius Frauenstädt vom 16. September 1850.

[3] Schopenhauer, Sämtliche Werke, nach der ersten von Julius Frauenstädt besorgten Gesamtausgabe neu bearbeitet und herausgegeben von Arthur Hübscher, Leipzig 1937–1941, III 222.

[4] VI 101.

Aber „nicht ein Intellekt hat die Natur hervorgebracht, sondern die Natur den Intellekt"[5]. Das Wesen der Natur ist vielmehr der Wille: „Ein blinder Drang, ein völlig grundloser, unmotivierter Trieb"[6].

Schopenhauers Philosophie enthielt eine radikale Absage an den christlichen Theismus. Sie lehnte den Schöpfungsgedanken ab und folglich auch die Anschauung, daß die menschliche Natur ein Abbild des göttlichen Wesens darstelle. Damit verband sich bei Schopenhauer ein ebenso radikaler Verzicht, den Menschen als ein ursprünglich mit Vernunft ausgestattetes und von der Vernunft geführtes Lebewesen zu begreifen. Er vernichtete durch seine Analyse des menschlichen Intellekts den Glauben an die „ursprüngliche Vernünftigkeit unseres Wesens". Die Vernunft galt einst nicht nur als das zuverlässige Vermögen allgemeingültiger Erkenntnis, sie enthielt zugleich das unverbrüchliche Gesetz des sittlichen Verhaltens. In ihrer unwandelbaren Struktur war sowohl die Idee des Wahren als auch die Idee des Guten verankert. „Dieses Dogma von der Vernunft als dem Wesensgrunde des Menschen hat Schopenhauer zerschlagen."[7] In seiner Philosophie, die bereits in den zwanziger Jahren ihre endgültige Gestalt angenommen hatte, tritt eine Anschauung vom Wesen und eine Begründung des Verstandes und der Vernunft in Erscheinung, die für seine Nachfolger, insbesondere für

[5] IV 39.

[6] III 407. Schopenhauers Metaphysik des Willens, von Fichte und Schelling beeinflußt, steht freilich in einem umfassenden geistesgeschichtlichen Zusammenhang, der um das Problem der Beziehung von Verstand und Wille kreist. Vgl. darüber Heinz Heimsoeth, Die sechs großen Themen der abendländischen Metaphysik, 2. Aufl., Berlin 1934, 249ff. und 304.

[7] Georg Simmel, Schopenhauer und Nietzsche, 3. Aufl., München und Leipzig 1923, 28. Vgl. auch Johannes Volkelt, Arthur Schopenhauer, 5. Aufl., Stuttgart 1923, der, Simmels vorzüglicher Analyse folgend, ebenfalls den Gegensatz Schopenhauers zur nachkantischen Metaphysik eines vernünftigen Weltgrundes heraushebt, 170ff. Ernst Troeltsch, Der Historismus und seine Probleme, Tübingen 1922, erklärt (136/7) mit Recht, daß Schopenhauer „die Zerbrechung der ganzen bisherigen Humanität" dadurch eingeleitet habe, daß „inhaltlich sein Wertsystem als erstes aus der Überlieferung der europäischen Humanität, die noch für Kant, Goethe, Hegel und Comte selbstverständlich war, hinausgegangen" sei. Siehe auch Erich Frank, Schopenhauer und Nietzsche, in: Wissen, Wollen, Glauben. Gesammelte Aufsätze zur Philosophiegeschichte und Existentialphilosophie, Zürich und Stuttgart o. J. (erschienen 1955).

Nietzsche, größte Bedeutung gewann. Schon in der ersten Auflage seiner genialen Erstlingsschrift über die vierfache Wurzel des Satzes vom zureichenden Grunde bezeichnete Schopenhauer die Vernunft „nur“ als ein „Werkzeug“.[8] Daher stellt er der Kritik der reinen Vernunft Kants, deren echter Titel überhaupt nach seiner Meinung „Kritik des okzidentalen Theismus“[9] lauten müßte, „Andeutungen zu einer künftigen eigentlichen Kritik der Vernunft“[10] entgegen.

Schopenhauers „eigentliche“ Kritik der Vernunft besteht darin, daß er der Vernunft jegliche Zuständigkeit auf dem Gebiete der religiösen Erkenntnis und des sittlichen Verhaltens abspricht. Die Vernunft enthält weder zeitlose und darum allgemeinverbindliche Grundsätze der Moral, noch vermag sie Einsicht in den Weltgrund zu vermitteln. Die Vernunft ist ausschließlich das „Vermögen der Begriffe“. Sie bildet aus den anschaulichen Vorstellungen unter Zuhilfenahme der Abstraktion Vorstellungen höherer Ordnung, eben die unanschaulichen, allgemeinen Begriffe. Diese gestatten dem Menschen einerseits, Pläne für sein zukünftiges Verhalten zu entwerfen und sein und das Tun der andern vorwegzunehmen; sie bilden anderseits, da jedem Begriff ein Wort zugeordnet werden muß, die Bedingung der zwischenmenschlichen Verständigung und der Mitteilbarkeit von Erkenntnis.[11] Sie sind zwar unerläßlich für Wissenschaft und Philosophie, sie bewahren, einem universalen Gedächtnis vergleichbar, Erkenntnis auf; aber sie erzeugen sie nicht. Die Vernunft bleibt ein notwendiges Werkzeug, das als solches weder gut noch böse genannt zu werden verdient. Eine moralische Qualifikation ergibt sich erst als Folge seines Gebrauches in dem einen oder andern Sinne. In einer Aufzeichnung aus der Berliner Studienzeit, in der Schopenhauer zwischen Verstand und Vernunft offenbar noch keine begriffliche Scheidung vornimmt, vergleicht er den Verstand einem Raubtier, das totgeschlagen werden müsse; denn die einmal ausgebildete Verstandeskraft läßt sich nicht mehr beschwichtigen und greift

[8] Die erste Auflage der Dissertation ist abgedruckt in der Hübscherschen Ausgabe, VII 91.

[9] Arthur Schopenhauers handschriftlicher Nachlaß, herausgegeben von Eduard Grisebach, zweiter, mehrfach berichtigter Abdruck, Leipzig o. J., IV 63. Zitiert: Nachlaß, Band- und Seitenzahl.

[10] Nachlaß, IV 34.

[11] II 63.

mit dem Anspruch auf Erkenntnis des Wesens der Welt auf Gebiete über, für die sie in keiner Weise zuständig ist: „aber dem Verstand ist was außer seinem Gebiet liegt ohne Beziehung auf ihn, also nichts, kann ihm also nichts anhaben: soll er gemordet werden, so muß er sich selbst morden: (Kant nennt es sich selbst seine Gränzen ziehen). Der Selbstmord des Verstandes ist – die Kritik der reinen Vernunft." [12]

Das Wesen der Welt ist für Schopenhauer der Wille. Dieser Wille „drängt und treibt zum Dasein, womöglich zum organischen, d. i. zum Leben, und danach zur möglichsten Steigerung desselben"[13]. Der Wille ist die ursprüngliche, vernunft- und bewußtlose, ewig unbefriedigte und darum nie und in keiner Gestalt des Lebens zur Ruhe kommende Kraft, die sich immer und überall auf Behauptung, Steigerung und Fortpflanzung des Lebens richtet. Da dieser Wille das Wesen des Menschen ist, in welchem er allein zum Bewußtsein seiner selbst kommt, „will jeder alles für sich, will alles besitzen, wenigstens beherrschen, und was sich ihm widersetzt, möchte er vernichten"[14]. Dieser Wille macht „das innere, wahre und unzerstörbare Wesen des Menschen" aus. Im menschlichen Bewußtsein, welches der einzige Ort ist, wo der Mensch mit dem Weltgrund identisch wird, tritt der Wille als das Primäre und Fundamentale auf und behauptet den Vorrang vor dem Intellekt, „welcher sich dagegen durchweg als das Sekundäre, Untergeordnete und Bedingte erweist"[15]. Auch in der anorganischen und organischen Natur manifestiert sich der eine Wille. Aber erst im Tierreich und beim Menschen bildet er „als Bedingung der auf der Stufe der Tierheit notwendig gewordenen Einwirkung bloßer Motive, statt der Reize" das Vermögen der Erkenntnis aus.[16] Die Notwendigkeit und das Bedürfnis der Erkenntnis entstehen dort, wo bewegliche Organismen vor die Aufgabe gestellt sind, sich unter einer Vielfalt von Lebewesen und Weltdingen zurechtzufinden und zu behaupten.[17] Der Intellekt ist also

[12] Nachlaß, IV 17.

[13] III 399.

[14] II 391.

[15] III 222.

[16] IV 71. Über das Erkenntnisproblem bei Schopenhauer unterrichtet zuverlässig Heinrich Hasse, Schopenhauers Erkenntnislehre als System einer Gemeinschaft des Rationalen und Irrationalen, Leipzig 1913.

[17] III 310.

vor allem und ursprünglich ein Instrument im Daseinskampfe. Er hat den Charakter einer „Waffe", die sich ausbildet, weil das Streben des Willens einer solchen bedarf.[18] Er gehört nicht zum Wesen der Welt, das vernunftlos ist, vielmehr enthüllt er sich als „ein bloßes Akzidens unseres Wesens". Der Wille, unser Wesen, erzeugt den Intellekt, der „ein Produkt, ja insofern ein Parasit des übrigen Organismus ist, als es nicht direkt eingreift in dessen inneres Getriebe, sondern dem Zweck der Selbsterhaltung dadurch dient, daß es die Verhältnisse desselben zur Außenwelt reguliert"[19]. Der Intellekt erschöpft sich zunächst in seiner biologischen Leistung. „Dem Dienste des Willens bleibt nun die Erkenntnis in der Regel immer unterworfen, wie sie ja zu diesem Dienste hervorgegangen, ja dem Willen gleichsam entsprossen ist wie der Kopf dem Rumpf."[20] Der Wille ist an sich erkenntnislos, der Intellekt dagegen willenlos. In Wahrheit, sagt Schopenhauer, ist das treffende Gleichnis für das Verhältnis des Willens zum Intellekt, „der starke Blinde, der den sehenden Gelähmten auf den Schultern trägt"[21]. Da der Wille der Herr, der Intellekt der Knecht ist, wird nun offenbar, daß der Intellekt seine Funktion, das Erkennen, nur so lange rein und richtig vollziehen kann, als der Wille schweigt und mit seinen Strebungen aussetzt. Nur dann also, wenn der Intellekt interesselos, das heißt ohne etwas zu begehren, die Welt anschaut, wird er ein ebener Spiegel oder ein brauchbares Instrument objektiver Erkenntnis. Die Steigerung der Intelligenz bedeutet „eine fortschreitende Ablösung des Intellekts vom Willen"[22]. Eine reine Sonderung des Erkennens vom Wollen tritt beim Menschen ein.[23] Erst auf der letzten Stufe des Tierreichs bildet sich infolge der Erhöhung der Ansprüche an den Intellekt und durch dessen unausgesetzte Übung ein „freiwerdender Überschuß" heraus, „der recht eigentlich die Welt gewahr wird, das heißt sie vollkommen objektiv auffaßt und nun danach bildet, dichtet, denkt". Schopenhauer hat zwar ausdrücklich betont, daß der Intellekt seiner eigenen Natur nach

[18] IV 42.
[19] III 224.
[20] II 209.
[21] III 233.
[22] III 331.
[23] III 316.

„auf Wahrheit gerichtet" sei;[24] aber die Auswirkung dieses ursprünglichen Charakters wird durch den Willen beinahe ständig und immer erheblich gestört. Der Intellekt, der einem „unvernünftigen blinden Willen" entstammt, besitzt eine natürliche Tendenz zur „Verunreinigung der Erkenntnis".[25] Er verleugnet seine abhängige Stellung als Werkzeug im Dienste des Willens nie. Die unausbleibliche Beeinträchtigung, welcher der Intellekt ausgeliefert ist, besteht in der Einflußnahme des Willens auf ihn, sobald er am Ergebnis einer intellektuellen Operation „irgend" beteiligt und interessiert ist. Der Wille ist „der heimliche Gegner des Intellekts".[26] Durch jede merkliche Erregung des Willens wird die Funktion des Intellekts gestört, indem jener diesen zwingt, seine Aufmerksamkeit auf gewisse erstrebte Dinge zu richten, aus der Fülle der Eindrücke bestimmte, den Willen ansprechende auszuwählen und alle übrigen zu vernachlässigen. Der Wille „hindert ihn und lähmt ihn, wann er selbst lebhaft erregt ist; er zieht ihn ab vom vorgesetzten Thema zu seinem einstweiligen Lieblingsthema, er besticht ihn unvermerkt, bald gemäß einem Willensinteresse, bald nur gemäß einem theoretischen Interesse". Auf diese Weise wird das Ergebnis der intellektuellen Tätigkeit verfälscht, es vermittelt nicht mehr objektive Erkenntnis. Dem Intellekt kommt auf seiner höchsten Stufe, nämlich dann, wenn er vom Dienst am Willen frei geworden ist, eine doppelte Aufgabe zu: er bleibt wohl das Instrument im Kampfe um das Dasein, das ausschließlich die Zwecke seines Herrn besorgt, er wird jedoch, eben aufgrund seiner Freiheit vom Willen, zum Vermögen einer rein objektiven Auffassung der Dinge.[27] Aber im unvermeidlichen Widerstreit dieser Bestimmungen drängt die Herkunft des Intellekts aus dem Willen immer zur Anerkennung des Vorranges seines ursprünglichen Charakters als eines sekundären, abgeleiteten Produktes. Es besteht im Falle des Konflikts eine nur allzu begründete Vermutung, daß der Wille den Intellekt in den Rahmen seiner primären Funktion zurückzwingt, weil es ihm zunächst nicht um wahre Erkenntnis der Dinge und ihrer Zusammenhänge zu tun ist, sondern nur auf eine solche ankommt, die ihm erlaubt, sich im Dasein zu behaupten, dasselbe zu steigern und allenfalls

[24] III 243.

[25] VI 68.

[26] Nachlaß, IV 386, I 145/6.

[27] V 468.

seine beherrschende Stellung zu bewahren. Der Wille, „der beständige Störer des Intellekts", übt eine „geheime Macht" aus, indem sein Interesse, das sich in den Vorurteilen der gesellschaftlichen Stände, der Klassen, der Nationen und Religionen ausdrückt, unser Urteil bestimmt und verfälscht. Denn unser Intellekt wird jederzeit „durch die Gaukeleien der Neigung betört"[28].

Aus der Stellung des Intellekts als eines vom Willen geschaffenen Apparates ergeben sich bedeutsame Folgerungen auf den Gebieten der Anthropologie, der Staats- und Rechtsphilosophie. Wenn sich im Willen und seinem Charakter das wahre Wesen des Menschen offenbart, so kommt der Tätigkeit des Verstandes keine auf den Willen rückwirkende Kraft zu. Da der Intellekt und damit auch das bewußte menschliche Verhalten sich als ein Erzeugnis der Bedürfnisse und Notwendigkeiten der Lebewesen erweist, ist es nur folgerichtig, wenn er in den Dienst der unabdingbaren Regeln des menschlichen Zusammenlebens gestellt wird. Die intellektuelle Tätigkeit erstreckt sich auf dieser gesellschaftlichen Stufe in zwei Richtungen: sie ist verhüllend und enthüllend zugleich. Einmal bewirkt die unlösbare Abhängigkeit vom Willen, daß seine Erkenntnisse und Urteile dem Verdacht ausgesetzt sind, nur die Interessen bestimmter Gruppen oder Klassen innerhalb eines sozialen Gefüges zum Ausdruck zu bringen. Das Urteil der Menschen „ist meistens bestochen und bloß ein Ausspruch zugunsten ihrer Partei oder Klasse"[29]. Die interessebedingte Subjektivität der Urteile stempelt sie zu *Vor*urteilen, die nicht einen Sachverhalt objektiv zum Ausdruck bringen, sondern diesen gerade verfälschen, indem sie – willkürlich oder unwillkürlich – die Beziehung auf den Nutzen oder den Nachteil des Beteiligten in den Vordergrund rücken. Die Analyse des Intellekts und seiner Abhängigkeit vom Willen führt Schopenhauer zu einer bewußten Rezeption der Idolenlehre Bacons.[30] Die Philosophie erhält demzufolge die Aufgabe, diese in den Vorurteilen versteckte Subjektivität offenbar zu machen, um auf diese Weise ihre verderbliche Wirkung, durch die sie die objektive Erkenntnis gefährdet, nach Möglichkeit auszuschalten. Die Philosophie Schopenhauers ist erfüllt von einem kämp-

[28] III 244.
[29] V 479.
[30] III 244.

ferisch-aufklärerischen Pathos. Es entspricht Schopenhauers Willen zur Redlichkeit, der die Philosophie zur Enthüllung der versteckten Interessen treibt.

Die Darlegung des Verhältnisses von Wille und Intellekt wäre unvollständig, wenn wir nicht zuletzt der Funktion des Bewußtseins überhaupt in Schopenhauers Philosophie der Selbsterkenntnis des Willens gedächten. Schopenhauer hebt immer wieder hervor, daß die Welt nicht lügt und „daß der Charakter der Welt durchaus Ehrlichkeit ist"[31]. Irrtum und Täuschung erscheinen erst in der Sphäre des Bewußtseins. Nur das bewußte Wesen ist imstande, sich selbst und andere zu täuschen, indem es statt den wirklichen Beweggründen seines Verhaltens solche unterschiebt, die, wenn sie das Verhalten verursacht hätten, von einer positiven moralischen Qualifikation durch die Gesellschaft begleitet gewesen wären. „Alles Ursprüngliche, und daher alle Ächte im Menschen wirkt als solches, wie die Naturkräfte, *unbewußt*." Das Bewußtsein gestattet dagegen – allerdings nur in der Vorstellung – die Vertauschung der Motive, wodurch absichtlich oder unabsichtlich ein falscher Schein erzeugt wird, der die sittliche Beurteilung wenn nicht unmöglich macht, so doch beträchtlich erschwert. Dem Bewußtsein haftet daher der Verdacht der Künstlichkeit an. Das Bewußtsein vermag die unmittelbare Auswirkung des Willens im Guten wie im Bösen zu verdecken. Es gehört zum Wesen der Vernunft, daß sie die anschaulichen, in einzelnen Vorstellungen gegebenen Motive durch abstrakte Begriffe, die die Funktion des Motivs übernehmen, zu ersetzen vermag. Die Vernunft zeigt uns überdies im Augenblick der Begierde, die unser Bewußtsein erfüllt, nicht nur unser ganzes Leben als eine ununterbrochene Kette von Entschlüssen und ihren Folgen, sondern sie läßt uns auch die Folgen zukünftiger Entschlüsse vorwegnehmen, weshalb wir durch sie in die Lage versetzt werden, unser Verhalten nach bestimmten Regeln zu ordnen. Die „Vernunft ist das Vermögen der Allumfassung", und als solches begründet sie die Freiheit des Menschen. „Sie macht uns fähig, unser ganzes Leben, Handeln und Denken stets in Verbindung zu betrachten und zu übersehen, und daher nach Maximen überhaupt zu handeln."[32] Nur dadurch kommt ein Abwägen und Vergleichen der

[31] Nachlaß, IV 18, 19, 24; IV 58.
[32] Nachlaß, IV 146/7, IV 22/3.

Motive zustande, welches als Besonnenheit zu bezeichnen ist. Diese Besonnenheit, also

die Fähigkeit, sich zu besinnen, zu sich zu kommen, ist die eigentliche Wurzel aller seiner theoretischen und praktischen Leistungen, durch welche der Mensch das Tier so sehr übertrifft; zunächst nämlich der Sorge für die Zukunft unter Berücksichtigung der Vergangenheit, sodann des absichtlichen, planmäßigen, methodischen Verfahrens bei jedem Vorhaben, daher des Zusammenwirkens vieler zu einem Zweck, mithin der Ordnung, des Gesetzes, des Staates usw.[33]

Die Kehrseite dieser Besonnenheit besteht aber darin, daß sie die Willkür zuläßt, indem nun die Motive zur Herstellung eines falschen Scheins miteinander vertauscht werden können. Das Bewußtsein wird auf diese Weise, im Gegensatz zur Natur, „die nimmer lügen kann", zur Sphäre der Absicht und der Täuschung. „Alles Bewußte der Art ist schon nachgebessert und ist absichtlich, geht daher schon über in Affektation, d. i. Trug."[34] Trug aber ist als absichtlich bewirkte Verhüllung der ursprünglichen Willensrichtung eine Verstellung. Sie ist für Schopenhauer im Interesse des menschlichen Zusammenwirkenkönnens und Zusammenwirkenmüssens notwendig und moralisch zu rechtfertigen, „weil das viele Schlechte und Bestialische unserer Natur der Verhüllung bedarf"[35]. Der Intellekt wird also über die Funktion eines Orientierungsorgans hinaus noch dazu benützt, jene Masken zu produzieren, durch die der Mensch seine persönlichen Interessen und seinen Egoismus verbirgt. Solche Masken sind die Mehrzahl seiner Überzeugungen und Anschauungen. Und in diesem Sinne ist für Schopenhauer „unsere zivilisierte Welt nur eine große Maskerade"[36].

Wie unser Leib in Gewänder, so ist unser Geist in Lügen verhüllt. Unser Reden, Tun, unser ganzes Wesen ist lügenhaft: und erst durch diese Hülle hindurch kann man bisweilen unsere wahre Gesinnung erraten, wie durch die Gewänder hindurch die Gestalt des Leibes.[37]

„Es gibt auf der Welt nur ein lügenhaftes Wesen: es ist der Mensch."[38]

[33] I 101.
[34] IV 637 (§ 340).
[35] V 487.
[36] VI 224.
[37] V 447 (Anmerkung).
[38] VI 617.

Da der Wille als solcher ungebrochen und unverfälscht in Erscheinung zu treten die Tendenz hat, so entsteht die Lüge erst im Medium des Bewußtseins und mit Hilfe des Intellekts. Denn „die Natur, die Wirklichkeit lügt nie: sie macht ja alle Wahrheit erst zur Wahrheit“[39]. Nur der Mensch kann lügen und lügt. Und zwar ist die Quelle der Lüge „allemal die Absicht, die Herrschaft seines Willens auszudehnen über fremde Individuen“[40].

Wir würden uns einer unerlaubten Vereinfachung und Beschränkung schuldig machen, wenn wir die Analyse des Intellekts an dieser Stelle abbrechen wollten. Obgleich zunächst ein „Sklave der Notdurft“, wurde der Intellekt endlich ein Freigelassener des Willens. Ursprünglich als Instrument und Waffe für die Verwirklichung der Zwecke des Willens geschaffen und daher behaftet mit der Tendenz, alles „Gegebene“ im Interesse seines Schöpfers, des Willens, darzustellen und umzuformen, bildete er sich doch zum Vermögen objektiver Erkenntnis aus. Dadurch allein konnte der Weltwille zum Bewußtsein seiner selbst kommen. Nur dadurch, daß sich der Erkennende „plötzlich“ „vom Dienst des Willens losreißt“ und sich in ein reines, willenloses Subjekt der Erkenntnis verwandelt,[41] entsteht das Organ der Wahrheit, welches nun nicht nur den Willen zum Leben in einer unersättlichen Gier und Brutalität erkennt, sondern auch die primär ausschließliche Steuerung des interessebedingten Intellekts durch den Willen aufhebt. Erst der freigewordene Intellekt wird seiner eigenen Lügen und Vorurteile inne, die er als das Werkzeug des Willens für den Menschen immer und überall hergerichtet hat. Und wie die Philosophie in allen Erscheinungen der Natur das eine, sich in unendlichen Gestalten manifestierende Wesen zu entdecken strebt, „welches hinter allen jenen Masken steckt, so dicht verlarvt, daß es sich selbst nicht wieder erkennt“[42], so gelangt das willenlose Subjekt der Erkenntnis zur Aufklärung über sich selbst, wenn es den Produktionsmechanismus seiner Anschauungen analysiert. In der Philosophie „entschleiert“ sich der Wille, indem er sich als das eins und alles begreift.[43] Sie zerstört „die große Maskerade“, als welche sich die

[39] VI 52.

[40] Nachlaß, IV 162.

[41] II 209.

[42] III 362.

[43] III 325.

Welt darstellt. Das bedeutet, daß der Intellekt auf seiner letzten Entwicklungsstufe, dann also, wenn er den „Boden der Reflexion, und mithin der Redlichkeit“[44] betritt, die Lügen und Vorurteile, die er im Interesse des Willens geschaffen hatte, als solche durchschaut und das Geschäft einer radikalen Enthüllung besorgt. Nicht als ob er dadurch die Aufgabe der Moralbegründung leistete oder gar löste; aber er bereitet sie doch vor. Wie bei allen europäischen Moralisten von Rang, deren ruhmvoller Reihe sich Schopenhauer würdig anschließt, geht auch bei ihm der Begründung der Ethik die rücksichtslose Zerstörung aller menschlichen Selbsttäuschungen und die Entlarvung der Vorurteile als interessebedingter, mit dem Schein der Allgemeingültigkeit ausgestatteter Manifestationen des Lebenswillens voraus. In diesem leidenschaftlich aufklärerischen Sinne bekennt Schopenhauer: „Es gibt keine ehrwürdigen Lügen . . . Wir wollen zur Wahrheit und werden ohne remorse selbst eine Vivisektion der Lügen vornehmen.“[45]

Diese „Vivisektion der Lügen“, die sich zur Entlarvung der Masken und Aufdeckung der Vorurteile erweitert, ist das Werk der Intelligenz, die Schopenhauer im Gegensatz zum Weltwillen als „schuldlos“ und „rein“ preist.[46] Denn in Schopenhauers widersprüchlicher Metaphysik wurde angesichts der höchsten Funktion des Intellekts, durch welche er seine ursprüngliche Bestimmung, ein Werkzeug im Lebenskampf zu sein, aufhebt, seine Herkunft aus dem Willen recht eigentlich fragwürdig. Denn er gesteht einmal, daß der Intellekt „eine Ausstattung“ sei, die der Mensch „vom Himmel erhalten hat – das heißt vom ewigen geheimnisvollen Schicksal und dessen Nothwendigkeit, deren bloßes Werkzeug seine Mutter war“.[47] Diese Wendung kann nicht unverständlich sein, wenn man bedenkt, daß allein durch die philosophische Selbsterkenntnis des Willens die als Sinn und Ziel der Weltentwicklung erstrebte Erlösung vom Willen bewirkt wird. Schopenhauer scheint den irrationalistisch-voluntaristischen Monismus, von dem er ausgegangen war, aufgegeben zu haben zugunsten eines Dualismus, in welchem sich das Wesen der Dinge aufspaltet in den Willen und die Intelligenz, die

[44] III 328.
[45] Nachlaß, IV 252.
[46] V 417 (Anmerkung).
[47] V 491 (Anmerkung).

nunmehr als gleich ursprüngliche Attribute des Weltgrundes zu gelten hätten.

Wir können auf die oft bemerkten Widersprüche von Schopenhauers Analyse des Intellekts nicht eingehen. Es blieb nicht verborgen, auch Schopenhauer nicht, daß der Intellekt einerseits – als das Vermögen der Kausalität – zusammen mit den Formen der Sinnlichkeit, Raum und Zeit, als die Bedingung der Vielheit der Dinge begriffen wurde und daß andererseits dieser gleiche Intellekt das Erzeugnis des Lebenswillens war, der seiner auf einer bestimmten Stufe der Entwicklung für die Selbstbehauptung notwendig bedurfte.[48] Es bleibt fragwürdig, wie der vernunftlose Wille die Vernunft aus sich erzeugt und wie die Erkenntnis sich „plötzlich" losreißt von ihrer Fessel, durch welche sie – ein „Sklave der Notdurft" – an den Lebenswillen gekettet ist. Ebensowenig geklärt ist das zweckmäßige Verhalten des Willens, da doch voraussetzungsgemäß der Zweckbegriff eine Funktion des Intellekts ist. Für unsere begrenzte Absicht genügt es, wenn wir aus Schopenhauers Lehre von der Entstehung und Wirkung des Intellekts folgende Zusammenfassung festhalten:

1. Der Intellekt, vom Willen zum Dienst am Willen geschaffen, ist ein Werkzeug und zugleich ursprünglich auf Wahrheit, das heißt auf objektive Erkenntnis gerichtet.

2. Die Wahrheitserkenntnis des Intellekts ist zwar unaufhörlich und unvermeidlich gefährdet, wenn auch nicht grundsätzlich in Frage gestellt, durch den Willen zum Leben. Er setzt dem Intellekt die Ziele, beeinflußt ihn entscheidend in der Wahl der Mittel zu deren Erreichung und bestimmt überhaupt den ganzen Aufbau eines Weltbildes mit seiner geltenden Gesellschaftsmoral, Rechts- und Wirtschaftsordnung und seinen religiösen Inhalten maßgeblich und immer in eigenem Interesse und dem seiner aktuellen Lage.

3. Die Gesamtheit der durch das Interesse bedingten Anschauungen

[48] Zur Kritik an Schopenhauer vgl. Otto Liebmann, Kant und die Epigonen, Stuttgart 1865, 157ff., und die ausgezeichnete Zusammenfassung bei Wilhelm Windelband, Die Geschichte der neueren Philosophie, 7. und 8. Aufl., Leipzig 1922, II 376, wo auch die Abhängigkeit Schopenhauers von der nachkantischen Philosophie trefflich dargestellt wird. Ferner Ernst Cassirer, Das Erkenntnisproblem in der Philosophie und Wissenschaft der neuern Zeit, 2. Aufl., Berlin 1923, III 430.

hat Schopenhauer nach Bacons berühmtem Vorbild unter den Inbegriff der Vorurteile zusammengefaßt. Die Befreiung von den Vorurteilen und ihrer Macht besorgt „eine rücksichtslos auf Wahrheit gerichtete Philosophie“. Die Vernichtung der Vorurteile und Lügen bedeutet die Etablierung der Wahrheit, welches allein auf dem „Boden der Reflexion, mithin der Redlichkeit“ möglich ist.

Kreise um Schopenhauer. Arthur Hübscher zum 65. Geburtstag am 3. 1. 1962 und zum 25-Jahre-Jubiläum als Präsident der Schopenhauer-Gesellschaft im Oktober 1961. Festschrift, hrsg. von Carl August Emge. Wiesbaden: Brockhaus Verlag 1962, S. 11–35.

SCHOPENHAUER-MEDITATIONEN

Von Hermann Glockner

I

Als Schopenhauers Biograph und Testamentsvollstrecker Wilhelm Gwinner den Philosophen am Abend des 18. September 1860 zum letzten Male besuchte, fand er den Zweiundsiebzigjährigen wenig wohl. Schon seit einigen Monaten fühlte er sich nicht mehr so gesund wie bisher. Er litt an Atemnot und neuerdings an den Nachwirkungen einer Lungenentzündung, die ihn Anfang September befallen hatte. Es wäre doch erbärmlich, meinte er, wenn er jetzt sterben sollte. Er habe seinen Schriften noch wichtige Zusätze zu geben. Früher habe er sich vorzüglich seiner Feinde wegen ein langes Leben gewünscht; jetzt lebe er an sich gern im Genusse der echten Anerkennung, die ihm von allen Seiten gezollt werde.

Am 21. September war er wie an den vorhergegangenen Tagen aufgestanden, hatte sich kalt gewaschen, angekleidet und zum selbstbereiteten Kaffee niedergesetzt. Die Haushälterin öffnete ein Fenster, um die frische Morgenluft hereinzulassen, entfernte sich dann aber gleich stillschweigend, wie ihr ein für allemal befohlen war. Als sie wieder hereinkam, fand sie ihren Herrn tot neben dem Sofa liegend.

Nun ruht er seit hundert Jahren auf dem Frankfurter Friedhof unter einer dunklen Granitplatte, die seiner Anordnung zufolge nur die beiden Worte *Arthur Schopenhauer* trägt. Gwinner berichtet, er habe den Philosophen auch gefragt, an welchem Ort er bestattet zu werden wünsche, aber die Antwort erhalten: „Es ist einerlei. Sie werden mich finden."

Um 1850 hatte die „Komödie des Ruhms" begonnen, und der Einsiedler von Frankfurt konnte nun im Hinblick auf die lange Verborgenheit seines plötzlich offenbargewordenen und nicht mehr zu übersehenden Lebenswerkes feststellen, daß „der Nil bei Kairo angelangt" sei. „Der neuerwählte Kaiser der Philosophie", wie ihn der Hegelianer Rosenkranz 1854 scherzhaft nannte, war der Unzerstörbarkeit seiner Daseinsspur gewiß.

Es ist jedoch ein eigen Ding um den Wert der Weltgeltung und das Weiterwirken eines über den naturgemäß kleinen Kreis der wahrhaft Verstehenden und mitgehend Weiterphilosophierenden hinaus berühmtgewordenen Denkers. –

Daß ›Die Welt als Wille und Vorstellung‹ beim Erscheinen (Ende 1818) wenig Beachtung fand und über ein Menschenalter lang so gut wie unbekannt blieb, wurde von Schopenhauer selbst auf die in Deutschland herrschende „Professoren-Philosophie" und vor allem auf den „Hegelianismus" zurückgeführt, dessen Siegeszug mit der Berufung des zuvor wenig erfolgreichen schulmeisterlich-genialen und stiftlerisch-ehrgeizigen langjährigen Nürnberger Gymnasialrektors Hegel nach Berlin (Ende 1818) seinen Anfang nahm.

Mit der deutschen *Professoren-Philosophie* hat es seine Richtigkeit.

Für den großen Leibniz, der in seiner Jugend die Universitätslaufbahn ausschlug, gab es im Vaterland nur ein verschwindend kleines, europäisch gebildetes Gelehrtenpublikum. Erst Christian Wolff gelang es, die Weltweisheit der Aufklärung in weitere Kreise zu tragen, insofern er nicht allein selbst in Halle und Marburg dozierte, sondern schlechterdings an allen Hohen Schulen Deutschlands Lehrstuhlinhaber fand, die seine Gedanken in Kompendien faßten und vom Katheder aus propagierten. Wenn der Kantianismus in der zweiten Hälfte des 18. Jahrhunderts einer liberaleren, nicht mehr von vornherein auf die kirchliche oder weltliche Lehrkanzel zugeschnittenen geistigen Bewegung das Gepräge gab, so hing das mit dem Aufschwung der deutschen Literatur überhaupt zusammen, die sich in den nämlichen acht Jahrzehnten, die Kants Erdendasein währte, mit Klopstock und Wieland, Lessing, Winckelmann und Herder, Schiller und Goethe als deutsche Nationalliteratur neben die englische Nationalliteratur und die französische Nationalliteratur stellte. Für seine Person nahm Kant wenig Notiz von den glänzenden Leistungen der Dichter; geduldig wartete er, bis ihm die Philosophieprofessur an seiner Heimatuniversität endlich zufiel; dem Weltbürger war Königsberg groß genug.

Schopenhauer dagegen war nicht nur in der Idee, sondern auch in

Wirklichkeit ein Europäer. Als Sohn eines Danziger Handelsherrn dreisprachig erzogen und zum Großkaufmann bestimmt, erwarb er sich eigenwillig im Weimar Goethes, der Wahlheimat seiner jung verwitweten Mutter, die gesamte Bildung der Klassiker- und Romantikerzeit. Nicht nur später geboren, sondern auch anspruchsvoller, weil von anderer Art und Herkunft als Fichte, Schelling, Schleiermacher und Hegel (die sämtlich aus ärmlichen Verhältnissen und von der Theologie kamen), paßte Schopenhauer von vornherein nicht recht zu diesen älteren Schulhäuptern, ja vielleicht überhaupt nicht zum Philosophielehrer an einer damaligen Universität. Trotzdem entschloß er sich zur akademischen Laufbahn. Er fühlte sich als Kants einziger und eigentlicher Geisteserbe, der seine Philosophie auch öffentlich bekennen und persönlich vortragen wollte.

Begreiflicherweise zog es ihn nach der preußischen Hauptstadt, wo er als Student Fichte und Schleiermacher gehört hatte und jetzt Hegel fand, der seiner Habilitation nichts in den Weg legte. Aber der hochfahrende Privatdozent wählte absichtlich für sein Kolleg die nämlichen Stunden, in denen auch Professor Hegel las. Im ersten Semester stellten sich nur wenige Zuhörer ein; in den folgenden erschien keiner mehr. Gleichwohl gehörte der unbegehrte Verfasser der ›Welt als Wille und Vorstellung‹ noch elf Jahre lang zur Universität Berlin; erst im Cholerasommer 1831 verzichtete er endgültig, wenige Wochen vor dem unerwartet plötzlichen Hinscheiden Hegels.

Wir stehen vor einem Rätsel. War Hegels Macht und Anziehungskraft wirklich so groß, daß es einem klugen, doch andersdenkenden Dozenten unmöglich war, sich neben ihm durchzusetzen? Schopenhauers erste und einzige Vorlesung ›Die gesamte Philosophie oder Lehre vom Wesen der Welt und vom menschlichen Geiste‹ liegt seit 1913 nach dem wörtlich ausgearbeiteten Manuskript gedruckt vor; sie war geschickt angelegt, verständlich und in jeder Hinsicht hörenswert. Hegel dagegen galt mit Recht für außerordentlich schwierig und bei aller Umständlichkeit keineswegs klar; seinen im breitesten Schwäbisch vorgebrachten, mühsamen und schleppenden Ausführungen vermochten gewiß nur die wenigsten Hörer zu folgen. Trotzdem ging eine eigentümlich suggestive Wirkung von ihm aus; seine Vorlesungen kamen in Mode; es gehörte zum guten Ton, einmal dabeigewesen zu sein: kopfschüttelnd zwar, aber doch davon überzeugt, daß etwas an der Sache sei. Angesehene Regierungsmitglieder, Herren aus dem Unterrichtsministerium saßen in der vordersten Reihe.

Zu einer Weltmacht wurde der *Hegelianismus* jedoch erst nach dem Tode des Meisters – und zwar keineswegs zum Vorteil der durch Kant kritisch geläuterten und wissenschaftlich erneuerten deutschen Philosophie, die sich nun allerdings zu einer europäischen ausweitete, aber um welchen Preis! Die Wortführer des mehr und mehr ins Praktisch-Politische und Technisch-Wirtschaftliche abgleitenden, in die Unfreiheit der materiellen Interessen und eines nur noch quantitativ und mechanisch denkenden Machtwillens versinkenden 19. Jahrhunderts waren weit entfernt davon, im Geiste Kants und Goethes an die Weltanschauung des Barock und des großen Leibniz anzuknüpfen. Vielmehr gelang es ihnen, Hegels gründlich mißverstandene dialektische Geschichtsphilosophie mit dem Positivismus Comtes zu verschmelzen und auf das plattrationale Durchschnittsniveau des vorkantischen 18. Jahrhunderts zurückzubringen. Der Fortschrittsgedanke der Aufklärung siegte über Vernunftkritik und Autonomie, die nie populär gewesen waren.

Der an Kant und Goethe gebildete Schopenhauer durchschaute die plumpe Vergröberung und sprach von „Barbiergesellenphilosophie". In Wirklichkeit schufen jedoch der Aufstand der Massen, Ludwig Feuerbach und die faszinierenden Erfolge der nun vor allem physiologisch ausgerichteten Naturwissenschaft das Weltanschauungsklima, in welchem seine pessimistische, voluntaristische, neukantische und zugleich buddhistische, Erlösung verheißende Lehre mit einem Male gedieh.

Der Weg von Kant über Hegel zu Ludwig Feuerbach führte von der Erkenntniskritik über den Absoluten Idealismus des Geistes zur Anthropologie. Hegel ist nicht ohne Kant, Feuerbach nicht ohne Hegel zu verstehen. „Gott war mein erster, die Vernunft mein zweiter, der Mensch mein dritter und letzter Gedanke", erklärte Feuerbach. Er wünschte Theologie in Philosophie und Philosophie in Anthropologie „aufzuheben". Aber schon Kant hatte in jedem zweiten Semester ›Anthropologie in pragmatischer Hinsicht‹ vorgetragen; es war seine Lieblingsvorlesung, und seine Philosophie überhaupt gewissermaßen eine Ellipse mit den beiden Brennpunkten der transzendentalen Freiheit und des leibhaftigen Menschen. In den Systemen seiner Nachfolger trat die Doppelpoligkeit weniger hervor, aber sie ist vorhanden; Fichte, Schelling, Hegel und Schleiermacher lassen sich sämtlich als Anthropologen darstellen; nicht nur Fries, der als erster bewußt eine Transzendentalanthropologie anstrebte.

Versuchen wir aber, den aus einem Paulus zum Saulus gewordenen ehemaligen Hegelschüler, späteren Hegelgegner Feuerbach erst einmal unter dem Gesichtspunkt zu verstehen, daß er Hegel im Grunde nur ins Anthropologische umschreiben wollte – so schärft sich unser Blick auch für die meist übersehene fundamentalanthropologische Problemstellung, welche der gesamten „deutschen" philosophischen Bewegung von Kant bis Hegel neben der transzendental abgewandelten ontologischen zugrunde liegt und ihre Eingliederung in den umfassenderen Zusammenhang des „europäischen" Philosophierens erleichtert und vielleicht sogar überhaupt erst möglich macht. Vor allem entdecken wir, daß Feuerbach gar nicht allein steht. „Anthropologie" ist Ziel und Schlagwort seiner ganzen Generation; zahlreiche Werke dieses Titels wurden damals veröffentlicht, von denen Immanuel Hermann Fichtes ›Anthropologie‹ (1856) und der als „Versuch einer Anthropologie" bezeichnete ›Mikrokosmos‹ (1856/64) Lotzes die letzten und bekanntesten sind.

Von diesen (wieder kritisch gesonnenen, die Notwendigkeit der erkenntnistheoretischen Selbstbegrenzung einsehenden) Vertretern einer Philosophischen Anthropologie wurde der zum Neukantianismus führende Ruf „Zurück zu Kant!" zuerst erhoben – und zugleich in dem etwa sechzigjährigen Schopenhauer der letzte noch lebende echte Altkantianer entdeckt. Chr. H. Weißes Schüler R. Seydel verfaßte 1856 die erste spezifisch akademische Schopenhauer-Monographie als Lösung einer Preisaufgabe der Universität Leipzig. Der Philosoph selbst wollte nichts davon wissen; er hielt sich lieber an den kleinen Kreis persönlicher Freunde und Anhänger, unter denen er Apostel und Evangelisten unterschied. „Erzevangelist" war Julius Frauenstädt, der in Berlin erst Theologie, dann (von Hegel nicht unbeeindruckt) Philosophie studiert hatte und schon 1840/41 für ›Die Welt als Wille und Vorstellung‹ eingetreten war.

Frauenstädt erbte den handschriftlichen Nachlaß und veranstaltete 1873/74 die erste Gesamtausgabe von Schopenhauers Werken. Unaufhörlich wies er auf ungelöste oder unentschiedene Fragen hin; vor allem auf das fundamentalanthropologische Problem, wie tief wohl die Wurzeln des Individuellen in den all-einen Urgrund des Willens hinunterreichen.

Auch *Richard Wagner,* der wie Frauenstädt im Jahre 1813 zur Welt kam, zählte noch zu den Zeitgenossen unseres Philosophen, die den Auflösungs- und Umwandlungsprozeß des Hegelianismus miterlebten. Er war ursprünglich Anhänger Feuerbachs; sein Übergang zu Schopenhauer (der von Wagners Musik keine Notiz nahm, den Nibelungenring-Text schroff ablehnte) bedeutete keine bedingungslose Gefolgschaft. Der Operndramatiker verband die auf dem Individualitätsprinzip beruhende Liebesphilosophie Feuerbachs in eigentümlich origineller Weise mit der Weltwahnerlösungslehre des Frankfurter Pessimisten und hielt überdies von Anfang an mit der Instinktsicherheit des geborenen Psychagogen an dem allgemein-europäischen christlichen Wurzelgrund fest.

Drei Generationen von Schopenhauerianern sind nun im Lauf eines Jahrhunderts aufeinandergefolgt, deren Typen sich leicht unterscheiden lassen, zumal gegenwärtig noch von allen charakteristische Vertreter auffindbar sind. Jede dieser drei Generationen hat auch eine ihr gemäße neue Schopenhauer-Ausgabe zustande gebracht.

Was die *erste* Anhänger-Generation auszeichnete, sei an dem ungleichen Freundespaar Friedrich Nietzsche und Paul Deussen deutlich gemacht. Nach Herkunft und Bildungsgang entsprechen beide wieder dem Typ des deutschen Universitätsgelehrten der Hegelzeit. In Pfarrhäusern geboren, in Schulpforta zu Philologielehrern herausgebildet, können sie auch als Philosophen die protestantische Predigernatur nicht verleugnen. In Schopenhauer verehren sie den Propheten der nicht mehr religiös verschleierten Wahrheit; seine Erlösungsphilosophie gilt ihnen als ein Evangelium, das Deussen 1877 unter dem Titel ›Elemente der Metaphysik‹ in die dogmatische Form eines Schulbuchs bringt – während sich der allen Gemeinplätzen und jeder Gemeinde abholde Nietzsche alsbald distanziert und als Dionysos–Zarathustra in der übermenschlich-ekstatischen Begegnung des Lebendigsten mit der eigenen Existenz das Ewige Ja erlebt und prophetisch verkündet.

Deussen blieb dem Schopenhauerianismus treu. In seiner Eigenschaft als Universitätsprofessor widmete er den größten Teil seiner wissenschaftlichen Arbeit der Sanskritistik und schrieb eine ›Allgemeine Philosophiegeschichte‹ in sechs Bänden, von denen drei die indische Philosophie darstellen. Im Alter gründete er 1911 die Schopenhauer-Gesellschaft und begann gleichzeitig mit der Veröffentlichung der (noch nicht völlig abgeschlossenen) historisch-kritischen Monumentalausgabe von Schopenhauers Werken, die auch den gesamten Nachlaß und Briefwechsel umfaßt. Die Philosophiegeschichte versprach im Untertitel „besondere Berücksichtigung der Religionen"; unter diesem an die Forschungsrichtung Weißes und Seydels erinnernden Gesichtspunkt ist die Darstellung der biblisch-mittelalterlichen Philosophie (5. Band) am originellsten. Das ganze Werk steht im Dienste der Idee einer Weltreligion, die sich zur lehr- und lernbaren Wissenschaft entwickelt; der Weg führt von der Philosophie des Veda und der Upanischaden über den Buddhismus und das christliche Evangelium zu Schopenhauer. Doch sind auch alle übrigen religiösen Manifestationen, zu denen die Menschheit gelangte, irgendwie eingearbeitet.

Nietzsche durfte seine 1874 veröffentlichte Betrachtung über ›Schopenhauer als Erzieher‹ noch mit einigem Recht als „unzeitgemäß" bezeichnen; als Deussen im Jahre 1894 den 1. Band seiner Philosophiegeschichte vorlegte, war Schopenhauer nicht nur der berühmteste, sondern – im Unterschied zu Hegel, der stets mehr genannt als gelesen wurde – auch der gelesenste Philosoph der Welt. Eine Schar von Künstlern, Dichtern, Schriftstellern hatte das spätromantische Erbe Byrons, Lenaus und vor allem Heinrich Heines angetreten; es war ihnen ernst mit dem Pessimismus, aber die tiefe Unzufriedenheit mit dem Dasein, das Aufbegehren und Anklagen klangen mehr mephistophelisch als faustisch; die Weltflucht entsprang einer halt- und hemmungslosen Weltlüsternheit. Jedoch – konnte das überhaupt anders sein? Hatte Schopenhauer den „Willen an sich" nicht eben gerade als dieses Gelüst, als diesen blinden Drang da zu sein, sozusagen in flagranti ertappt und an den Pranger gestellt: ein mitleiderregendes Jammerbild, das Bild Jedermanns?

Schopenhauer wurde der vielumstrittene Philosoph der Gründerzeit. Auch die stärksten und tiefsten Persönlichkeiten konnten sich in den beiden letzten Jahrzehnten des 19. Jahrhunderts dem Stimmungsgehalt seiner Lehre nicht entziehen. Wilhelm Busch, Wilhelm Raabe, J. V. Widmann (Maikäfer-Komödie!), Hans Pfitzner, Thomas Mann und viele andere wären zu nennen; doch eignet sich zur Charakterisierung dieses *zweiten* Generationstyps keiner besser als Eduard Grisebach, der

Dichter des ›Neuen Tanhäuser‹. Dieser Frau Venus und der Heiligen Elisabeth, der Emanzipation des Fleisches und dem Buddhismus gleich zugeneigte Heine-Epigone besorgte die wohlfeile Schopenhauer-Ausgabe des Reclam-Verlags, deren Vorwort vom 21. September 1890 datiert ist. An diesem Tag erlosch die gesetzliche Schutzfrist.

Hunderttausende lernten den Philosophen seitdem aus den sechs kleinen dicken Büchern kennen, zu denen sich später noch vier Nachlaßbändchen und ein Briefband gesellten. Die *dritte* Generation wuchs heran.

In den wenigen Jahren, die der Jugend bis zum Ausbruch des Weltkriegs noch vergönnt waren, schieden sich die Geister. Nietzsches Einfluß wurde immer stärker; wer einen „Führer“ begehrte und Schopenhauer vor allem wegen seines „heroischen Lebenslaufs“ als persönliches Vorbild verehrte („Was er lehrte, ist abgetan / Was er lebte, wird bleiben stahn / Seht ihn nur an / Niemandem war er untertan!“), ging gewiß bald mit jugendbewegtem Herzen zu dem neuen Propheten über. Eine Stimmungsmacht siegte in diesem Fall über die andere. Das kleine Häuflein der Philosophisch-Begabten jedoch sah rasch ein, daß „von Schopenhauer mehr zu lernen ist als von Zarathustra“, wie Kuno Fischer schon 1897 in der Vorrede zur 2. Auflage seiner vortrefflichen Schopenhauer-Monographie erklärt hatte.

Diese dritte Generation wird heute durch Arthur Hübscher repräsentiert, der sowohl als Herausgeber des Briefwechsels (im Rahmen der Deussenschen Monumentalausgabe) wie als Veranstalter einer musterhaften neuen Hand- und Studienausgabe und Verfasser der heute besten Lebensbeschreibung des Philosophen das von Frauenstädt, Deussen und Grisebach Geleistete fortsetzte, vermehrte und an wissenschaftlicher Zuverlässigkeit übertraf. Als Präsident der an Mitgliederzahl beträchtlich zusammengeschmolzenen Schopenhauer-Gesellschaft und Herausgeber ihres Jahrbuchs hat er wiederholt erklärt, daß er sich auch zum System des Philosophen bekenne – aber die unbedingte persönliche Anhängerschaft dürfte heute für ein *Philosophieren im Geiste Schopenhauers* nicht mehr entscheidend sein. Wir ehren den letzten großen Systematiker der Kant-Goethe-Zeit allgemein und vor allem durch unablässig ernstes Studium seiner Werke, die im Gesamtzusammenhang des europäischen Denkens keineswegs so isoliert dastehen, wie ihr Verfasser meinte. Beglückwünschenswert, wer sich Schopenhauer darüber hinaus zum weisen Lebensberater, Führer und Freund zu gewinnen vermag. Alleinherrscher im Weltreich der Wahrheit hat es nie gegeben. Ein Großer aber war es, der an jenem Septembermorgen die Erde verließ, einer der seltenen, die Anspruch darauf hatten,

> daß der Orkus vernehme: ein Fürst kommt!
> Drunten von ihren Sitzen
> Sich die Gewaltigen lüften.

II

Die beiden wesentlichsten Lehrsätze der Schopenhauerschen Philosophie finden sich bereits im Titel seines Hauptwerkes ausgesprochen. Kern der Welt ist der absolut eine, an sich unbewußte, aber zum Bewußtsein drängende Wille, welcher sich zu materialisieren und „durch Hunger und durch Liebe" als Einzelexistenz zu erhalten begehrt. Dabei gelangt er jedoch nur zur Erscheinung, d. h. zu Objektivationen, die jeweils Vorstellungen eines Subjekts und insofern Illusionen sind. Alles „Wirkliche" erscheint in Raum und Zeit als Mannigfaltiges, welches durch und durch dem Kausalprinzip entspricht, dessen „vierfache Wurzel" Schopenhauer schon 1813 in seiner Doktordissertation dargelegt hatte. Dank seiner reflektierenden Selbsterkenntnis vermag der Mensch die Trostlosigkeit der unaufhörlich neu gewollten Einzelexistenz zu beurteilen und sich durch zeitweiliges oder wohl gar durch radikales Nichtmehrwollen zu erlösen – während seine minder begabten Brüder, die Tiere, ewig „aufs Rad geflochten" bleiben, d. h. sich ebenso unaufhörlich fortpflanzen wie gegenseitig auffressen. Der sittlich Handelnde läßt sich bei seinem selbstsüchtigen Begehren vom Mitleid erweichen; der künstlerisch oder philosophisch Begnadete will in seinen lichtvollen Stunden überhaupt nichts weiter als betrachten und zuschauen; der Heilige vollends geht wie Buddha im Zustand der radikalen Willenserlöschung (Nirwana) zur ewigen Ruhe ein.

Wir bewundern die auf intellektueller Redlichkeit beruhende Kraft, mit welcher Schopenhauer dieses philosophische Evangelium verkündet; ohne Zweifel hatte er als Denker ein reines Gewissen. Auch konnte er von der Wahrheit seiner Lehre in der Tat überzeugt sein, insofern sie auf unerbittlich-illusionsloser Lebensanschauung und unbestechlichkritischer Menschenkenntnis beruhte. Er sah das machtgierige, habsüchtige, lüsterne Heucheltier, welches der Mensch als Gattungswesen (als „politisches Tier“, wie Aristoteles sagt) von Natur ist. Aber er unterschätzte den produktiven Wert der Illusionen; er verkannte den göttlichen Funken, welcher der Einzelexistenz die persönliche Einzigkeit der Individualität verleiht und nicht nur negativ zur Aufhebung des Willens, sondern auch positiv zu schöpferischen „Entwürfen“ befähigt und dadurch von der triebhaft gebundenen Natürlichkeit zwar keineswegs befreit, aber daneben und darüber hinaus das Reich des freien Geistes eröffnet.

Schopenhauer hat zwar den Materialismus als Kantianer aus erkenntniskritischen Gründen abgelehnt, aber seine Denkweise ist die einseitig-positivistische des Naturforschers geblieben. Aus diesem Grunde kennt er auch nur die natürliche Liebe, deren eigentliches Ziel die Fortpflanzung ist und bleibt – allen Verschleierungen und Vorspiegelungen des listigen Eros zum Trotz. Auch die geschichtliche Welt ist ihm stets nur die ebenso fortschrittslos-dumme oder böse wie trostlos-langweilige Welt des kriegerischen Einandertotschlagens oder politischen Einanderbetrügens gewesen; niemals eine Welt der Persönlichkeitsbildung, des individuellen Kulturschaffens und des liebenden Verstehens.

Obwohl er der Welt grundsätzlich keinen Wert zuzugestehen vermochte, freute sich Schopenhauer doch für seine Person an der eigenen Leistung. Und zwar mit Recht. Seine Lehre ist keineswegs abgetan, wie Nietzsche meinte; die düsteren Töne, welche ihm im Konzert der philosophierenden Menschheit anzustimmen der Auftrag ward, sind unentbehrlich – so verdrießlich seine Stimme auch klingen mag, wenn sie aus dem kosmischen Gesamtzusammenhang gelöst und selbst in ihrer Vereinzelung genommen wird. Auch ist das Konzert keineswegs zu Ende. Die Kinder, welche trotz der Erlösungsbedürftigkeit der Gattung homo sapiens immer wieder neu geboren werden, spielen weiter.

III

Auf der Grundlage der Kantischen Kritiken sind schließlich nur zwei vollständige philosophische Systeme entstanden: die 1817 vollendete

Enzyklopädie Hegels und das nur ein einziges Jahr später, also nahezu gleichzeitig abgeschlossene Hauptwerk Schopenhauers. Kant selbst hätte sich weder mit Hegel noch mit Schopenhauer einverstanden erklären können; beide wollten etwas von ihm für unmöglich Gehaltenes, und beide schöpften aus dem Bildungsreichtum der Goethe-Zeit Anregungen, die über das 18. Jahrhundert hinausdeuteten. Hegel und Schopenhauer gehören also allerdings zusammen, so entschieden sich auch der jüngere von dem älteren distanzierte; aber die Gegnerschaft hatte nicht nur persönliche, sondern auch sachliche Gründe.

Es ist oft bemerkt worden und wird heute wohl von keinem mehr bestritten, der auch nur einigermaßen in den philosophiegeschichtlichen Zusammenhängen bewandert ist, daß Kants Lebensleistung auf zwei recht verschiedenen Bildungsvoraussetzungen ruht: auf der englischen Erfahrungsphilosophie und auf der Leibniz-Wolffschen Schultradition. Hegel hatte zu den Engländern wenig Beziehung; er lehnte zwar den Empirismus keineswegs ab, aber wenn er ihn positiv bewertete und die Wahrheit anerkannte, welche in ihm zum Ausdruck kommt, so geschah das doch selbst durchaus im Sinne des großen Leibniz, dessen Metaphysik er auf der Grundlage der Kantischen Freiheitslehre erneuerte, was zugleich eine Erneuerung des Aristotelismus sowie die Verarbeitung der gesamten abendländischen Tradition überhaupt in sich einschloß. Schopenhauer dagegen steht durchaus auf der Seite der Engländer; er setzte fort, was Hobbes, Locke und Hume begonnen hatten, allerdings unter ständiger Berücksichtigung Kants, wobei er in der Kant-Nachfolge wie in der Kant-Kritik ebenso einseitig verfährt wie Hegel, aber als dessen genauer Gegenspieler, der über Bord wirft, was jener erhalten wünscht und weiterbildet, was jener für verfehlt erklärt. Kurz zusammengefaßt könnte man sagen: der Kantianer Schopenhauer verhält sich zu Locke und Hume wie der Kantianer Hegel zu Leibniz.

Das hohe Lob, das Schopenhauer stets John Locke gezollt hat, ist in diesem Zusammenhang ebenso bezeichnend wie die Tatsache, daß er in den Jahren seiner Erfolglosigkeit eine Hume-Übersetzung plante. Humes hochbedeutendes Erstlingswerk war ebenso erfolglos geblieben wie ›Die Welt als Wille und Vorstellung‹. Erst als Hume seine schriftstellerische Begabung in den Dienst einer essayistischen Darstellung seiner Forschungsergebnisse stellte, wurde er berühmt. Ähnliches gilt auch von Schopenhauer. Aber noch bedeutsamer als seine Schicksalsgemeinschaft mit Hume und, was den Pessimismus betrifft, seine Wahlverwandtschaft mit Hobbes ist vielleicht die Tatsache, daß er den von Kant mißverstandenen Berkeley nach Verdienst zu würdigen weiß, so tief auch die Kluft ist, die ihn von dem christgläubigen Spiritualisten Berkeley trennt.

Daß diese Zugehörigkeit Schopenhauers zur englischen und weiterhin dann auch zur französischen Aufklärung mit seiner Jugenderziehung und ganzen weltmännischen Lebenshaltung zusammenhängt, versteht sich von selbst. Kein Wunder, wenn ihm Kant auf weite Strecken als pedantischer deutscher Schulphilosoph erschien, den es zu entrümpeln galt.

Schopenhauer kannte seine Bildungsvoraussetzungen; je älter er wurde, um so mehr zeigte er sich schließlich doch auch geneigt, einen geschichtlichen Traditionszusammenhang auszuarbeiten und geistesverwandten Vorgängern ihr Recht widerfahren zu lassen. Im großen und ganzen freilich betrachtet er sich als Selbstdenker, als ein in einsamer Größe völlig isoliert in seiner Zeit stehendes Original. Hensel sagte einmal im Kolleg:

Schopenhauer machte es wie der Fuchs, der mit dem Schwanz seine Spur verwischt; wir sollen nicht wissen, woher er eigentlich kommt; wie ein Gott will er plötzlich in fertiger Vollendung unter uns erscheinen. Aber der Jäger kennt die Fährte des Fuchses gerade an der Spur des spurenverwischenden Schwanzes und der Philosophiehistoriker glaubt zwar an das ewige Wunder des schöpferischen Geistes, aber nimmermehr an einen absoluten Neubeginn dessen, was das Lehr- und Lernbare an der Philosophie ausmacht.

Als Individualität ist Schopenhauer selbstverständlich einzigartig. Auch beruht die Überzeugungskraft auf der Ursprünglichkeit und Echtheit dieses seines Philosophierens, das immer eigentümlich bleibt, obwohl der Vielsprachige oft genug die Worte eines anderen Autors zitiert. Auch wollen wir ihm gar nichts nehmen von seiner Ursprünglichkeit; wir wollen sein Werk nicht zu erklären versuchen, indem wir auf Quellen hinweisen, aus denen er im einzelnen den Reichtum seiner Gedanken bezog; es ist völlig unwesentlich, woher ein Denker oder Dichter etwas hat; steht die Echtheit seiner Leistung fest, so ist damit auch die Unableitbarkeit alles Wesentlichen aus einem Beziehungszusammenhang von Einzelheiten zugestanden. Nicht Ableitung, sondern Einbeziehung ist die Aufgabe. Weil wir uns sein Werk aneignen, weil wir mit seinen Erkenntnissen weiterarbeiten wollen, müssen wir es zu anderem in Beziehung setzen. Wir wollen seine Philosophie verstehen; zu diesem Zweck müssen wir vergleichen, was an seinen Gedanken vergleichbar ist. Keine Erscheinung kann nur aus sich allein verstanden werden; was in der Welt auftritt, hat sich – seiner Individualität unbeschadet – auch in eine Sphäre begeben, die durch und durch aus der Möglichkeit besteht: unterscheidbar und verknüpfbar zu sein.

„Verwechselt mich nicht!" verwahrte sich Nietzsche immer wieder von neuem. Jedes Individuum spricht so; jedes Individuum möchte am liebsten in seiner Unverwechselbarkeit verstanden werden als das, was es ist und als was es sich zu erhalten strebt: als „dieses Einzige". Es möchte geliebt werden; nur als geliebtes wird das Individuum absolut bejaht und dadurch in seiner Selbsterhaltung bestätigt und bestärkt. So wünscht sich Schopenhauer als diese sich philosophisch äußernde Persönlichkeit Apostel und Evangelisten, d. h. Freunde, die sich ganz und gar zu ihm bekennen, die seine Sache zu der ihrigen machen und für die es eine bare Unmöglichkeit sein würde, ihren Meister zu verleugnen und sein Evangelium gegen ein anderes auszutauschen. Aber gerade um ihn niemals zu „verwechseln", müssen sie ihn doch von anderen „unterscheiden", ja mit anderen „vergleichen". Die Einzigkeit fordert also geradezu den Beziehungszusammenhang der Einundandersheit. Um einen Stern erster Größe in seinem vollen Glanz erscheinen zu lassen, brauche ich das dunkle Himmelsgewölbe, auf dem in allen Abstufungen Sterne unterscheidbar sind. Und unaufhörlich verändert sich der Aspekt in der Folge der Stunden. Von dieser Veränderung weiß auch der Historiker; er weiß, daß die bekannten Sterne, obwohl sie immer die nämlichen sind und bleiben, doch neue Konfigurationen gestatten, sobald Jupiter oder ein anderes besonders strahlendes Gestirn aufgeht, über dem Horizont erscheint und in den Reigen der anderen tritt. Völlig ebenso verändert sich der Gesamtaspekt der Philosophiegeschichte durch das Auftreten einer neuen bedeutenden Philosophenpersönlichkeit. Vieles erscheint nun in einem neuen Licht. Vielleicht alles sogar!

Was ist der Sinn dieses Bildes? Es soll zunächst verdeutlichen, daß mit dem Eingehen des Individuums in die Geschichte keine Abschwächung, sondern eine Intensivierung seiner unverwechselbaren Eigentümlichkeit einsetzt. Die individuelle Leistung verliert nichts durch erklärende Ableitung, aber sie gewinnt durch die Einbeziehung und Einordnung in ein Ganzes, weil sie dieses Ganze in eigentümlicher Weise nicht nur im einzelnen, sondern auch im ganzen verändert.

Die individuelle Persönlichkeit pocht auf ihre Einzigkeit; sie will nicht verwechselt werden, und zwar mit Recht. Jeder Mensch kann das verstehen; denn jeder Mensch ist in dieser Lage. Es geht um sein Eigenstes; sein Mißvergnügen, nur als Pünktlein neben unendlich vielen anderen ebensolchen bloßen Beziehungs- oder Verknüpfungspunkten gelten zu sollen, ist verständlich. In solchem Fall wird die Individualität vernichtet; sie wird absolut relativiert. Ich erinnere an Platens pessimistisches Gedicht, welches schließt: „Jeder sucht ein All zu sein und jeder ist im Grunde nichts." Aber Platen hatte Unrecht, und auch Schopenhauer übersieht das Wesentlichste, wenn er sich wie Platen äußert. Es stimmt eben nicht, daß wir im Grunde nichts sind; wir sind im Grunde nicht nur etwas nicht Zerstörbares, sondern in der Tat absolut, unbedingt, frei, einziges Zentrum dieser jeweils „meinen" individuellen Welt. Diese freie Individualität gilt es zu behaupten, und wir behaupten sie auch mit unmittelbarer Selbstverständlichkeit, solange wir die Reflexion, d. h. den alles relativierenden Verstand, der doch *nur als Moment* des Geistes funktionieren dürfte, nicht als *absoluten* Regenten anerkennen. Er ist mit dem menschlichen Geist nicht identisch, sondern Diener der Individualität, welcher durch Unterscheidung ihre absolut unverwechselbare Einzigkeit, die an sich „klar" ist, auch „deutlich" macht.

Es liegt hier eine echte Aporie vor, deren Auflösung sich anbahnt. Diese Aporie tritt allemal auf, wenn eine starke Persönlichkeit ihre Individualität energisch behauptet, sich jedoch zugleich vor dem Forum des Verstandes zu der Feststellung gezwungen sieht: Ich bin nur ein einzelner, ich bin ein Punkt, ich bin nichts. Bei Schopenhauer tritt der Widerspruch besonders stark in Erscheinung. Er weiß um seine Genialität, er leidet darunter, daß er unbeachtet und unberühmt bleibt, während alle Welt von Hegel spricht. Er ist davon überzeugt, daß das einmal anders wird. Er ist glücklich, wie sich mehr und mehr herausstellt, daß er die Anerkennung tatsächlich noch erlebt – und er spricht doch zugleich verächtlich von der „Komödie des Ruhms", von der Wertlosigkeit der Welt und des Menschenlebens. Goethe erkennt den Widerspruch. Er schreibt in Schopenhauers Album: „Willst du dich deines Wertes freuen, so mußt der Welt du Wert verleihen." Schopenhauer löst die Aporie nur halb, eigentlich gar nicht. Sein Ausweg: Große Dichter wie Goethe und große Philosophen wie ich sind allerdings nicht wertlos. Sie erheben sich über das Weltgetriebe in allen kontemplativen und schöpferischen Augenblicken ihres Lebens. Aber nur das Versinken ins Nichts bringt radikale Erlösung. Hat nicht auch Goethe gedichtet: „Ach, ich bin des Treibens müde . . .“?

Die Lösung der Aporie, welche ich in Vorschlag bringe, gründet sich auf die Unterscheidung des rationalen Gegenständlichkeitsmoments vom Irrationalen: auf die philosophisch-grundsätzliche Unterscheidung der einzigen Individualität von allem Ein-und-Anderen des nicht für sich isolierbaren, sondern nur begrifflich als Moment unterscheidbaren Beziehungszusammenhangs.

Jeder ist in der Tat eine Welt – und stellt sie doch auch wieder „bloß“ individuell vor. Der Widerspruch, welcher in dieser Doppelbehauptung zu stecken scheint, kommt nur zum Ausdruck, wenn ich die beiden Behauptungen als zwei Thesen (Feststellungen) nehme, die im Verhältnis von Position und Negation zueinander stehen. In diesem Fall lege ich jedoch den Widerspruch hinein und darf mich dann freilich nicht wundern, wenn ich ihn darin finde. Gegenständlich genommen, ist kein Widerspruch vorhanden: Als Individuum braucht die Monade keine Fenster und ist sie auch in der Tat fensterlos; erst mit der allerdings allgemein durchwaltenden Unterscheidungsmöglichkeit werden die Grenzen gezogen, welche das eine vom anderen trennen und Brücken bzw. Fenster notwendig machen. Brücken, wenn der Anschauung Gräben, Fenster, wenn ihr Mauern vorschweben. In jedem Fall umgreift die Vorstellung das Hüben und das Drüben; es ist vollkommen wahr, daß der Begriff der Grenze überhaupt nicht gebildet werden kann, ohne sie transzendiert zu haben. Aber wohlgemerkt: ohne sie transzendiert zu *haben;* es handelt sich um eine Voraussetzung, nicht um eine nachträglich zu vollziehende Leistung. Der Verstand stellt nämlich fest: Grenze soll bedeuten, daß Hüben nicht Drüben ist. Nun bekommt auch der Begriff des Transzendierens eigentlich erst seine richtige Verstandesbedeutung, und die Möglichkeit des Transzendierenkönnens wird durchaus problematisch. Wenn ich also in den vorhergehenden Sätzen das Transzendiert*haben* der Grenze als Voraussetzung des Grenzenziehens bezeichnete, so ist das vernünftigerweise so zu verstehen, daß ich ein Ganzes unmittelbar im Bewußtsein hatte (anschaute), das noch gar nicht begrenzt war. Nun gibt es so etwas nicht – und wir scheinen keinen Schritt vorwärts gekommen: die Aporie besteht nach wie vor. Das ist jedoch ein Irrtum. Ich jedenfalls bin vernünftig genug, um klar und deutlich zu sehen, wie sich der trennend-erkennende Verstand in diesem Augenblick über mich lustig macht und mich zur Dialektik zu verführen versucht. Das gelingt ihm nicht. Ich weise ihn folgendermaßen zurecht: Vor mir liegt ein Blatt Papier, welches ich ganz und unaufgeteilt unmittelbar anschaulich im Bewußtsein habe; ich erkenne die Grenzen dieses Papierblattes: ich unterscheide es von der Tischplatte und stelle beziehend fest, daß dieser von anderem als Papierblatt unterschiedene Gegenstand auf der Tischplatte ruht. Und jetzt halbiere ich das Blatt; ich ziehe mit dem Lineal eine die linke von der rechten Seite trennende Grenzlinie. Ohne Zweifel mußte ich das ganze Blatt haben, um diese Grenze ziehen zu können; eben das meine ich, wenn ich feststelle, daß die Grenze gewissermaßen transzendiert 'haben' muß, wer sie zu ziehen unternimmt.[1] Es ist hier ein ganz anderes Moment im Spiel, welches die gegenständliche Geisteswelt ebenso durchwaltet wie die Unterscheidbarkeit, die Begrenzbarkeit, die Möglichkeit, Eines mit Anderem zu verknüpfen aufgrund festgestellter Trennung oder Begrenzung. Auch dieses andere Moment hat allerhand Namen: Leibhaftigkeit, Anschaulichkeit, Ganzheit; vorzügliche Leistung der Imagination, der unmittelbaren Vorstellung; Haben des Ganzen.

Ich wiederhole: Jeder ist in der Tat eine Welt – und stellt sie „bloß" individuell vor, wenn ich nicht das Moment der Welthaftigkeit, sondern das Moment der unterscheidbaren Einzelnheit am Ich anvisiere und in dem gegenständlichen Insgesamt jeweils dieser meiner selbstbewußten Menschen-Monas unterscheidend betone, wozu ich die Freiheit besitze. Aus dieser Freiheit entspringt alle Menschengröße und alle Menschenkleinheit, alle Selbstübersteigerung und alle Selbsterniedrigung, alle Lust und aller Schmerz.

Die Philosophie suchte von jeher nach Ausdrücken zur Verdeutlichung eines derartigen „Verhältnisses", welches im Grunde nicht das

[1] „Haben" bedeutet also kein Vorhergehen im Sinne der Vergangenheit. Es ist nicht von einer zeitlichen Leistung, sondern von einer grundsätzlich gleichzeitigen Bewußtseinsleistung die Rede. Nicht genetisch, sondern transzendental-prinzipiell meine ich, was geschrieben steht.

Verhältnis eines Gegenstandes zu einem anderen Gegenstand ist und auch nicht am Beziehungszusammenhang unterscheidbarer sogenannter Teile am Gegenstand verdeutlicht werden kann – weil einmal die Unterscheidbarkeit und Verknüpfbarkeit, das andere Mal jedoch die unmittelbare Anschaulichkeit oder gar die absolut einzige Individualität gemeint ist. Nur der selbstbewußte, reflektierende Menschengeist ist imstande, diese Momente zu isolieren, weil er Begriffe bilden kann, die zwar als solche auch wieder nur gegenständlich strukturiert sein können, aber doch auch etwas zu bedeuten vermögen, was sich zwar am Gegenstand unterscheiden läßt, aber nicht isoliert in der Welt vorkommt.

Ein solcher philosophischer Ausdruck ist z. B. Repräsentation. Das menschliche Individuum repräsentiert Welt, d. h., diese seine individuelle Welt ist zwar nur seine persönliche Vorstellung, aber es hat an ihr zugleich ein Bild der absoluten Welt. Leibniz meint das nämliche, wenn er sagt, daß jede Monade „die" Welt spiegelt: zwar individuell, aber nichtsdestoweniger absolut. Philosophieren wir über dergleichen, so läßt sich das Ineinander von Einzigkeit und Beziehungszusammenhang, in welchem das Einzige auch wieder nur ein vereinzeltes Eines im Unterschied zu und in Verbindung mit allen Anderen feststellbar auftritt, sehr wohl begreifen – obwohl freilich einige Übung in meditierender Selbstbetrachtung dazu gehört. Schmerzliches ist nicht dabei, sondern die Meditation ist sogar mit der Selbstbefriedigung verbunden: geistig tätig zu sein, wie es dem Geiste entspricht bzw. sich so zu verhalten, wie es nur der Mensch vermag. Wollen wir dagegen etwas, will ich z. B. die Ergebnisse meines Meditierens als philosophischer Schriftsteller anderen Menschen mitteilen in der Absicht, verstanden zu werden, so verhalte ich mich schon nicht mehr rein kontemplativ – und Unlust aller Art steht mir unausweichlich bevor. Sie steht mir in viel höherem Grade bevor als einem Menschen, der von der spezifisch menschlichen Freiheit weniger Gebrauch macht, also seine Individualität seltener oder weniger intensiv einsetzt und also auch viel leichter verstanden werden kann, weil sein Tun und Lassen dem Tun und Lassen der anderen Menschen von vornherein in viel höherem Maße ähnlich ist.

Bei alledem ist nun noch gar nicht berücksichtigt, daß sich die Menschen nicht nur durch ihre verschieden starke Befähigung zur kontemplativen Einsichtnahme, zur gegenständlichen Selbsterkenntnis, sondern auch ethisch unterscheiden. Was heißt das? Schopenhauer würde sagen: durch den Grad der Leidensfähigkeit und der Einfühlung in den Schmerz anderer Wesen.

Wer die Aporie durchschaut, ist jedenfalls noch keineswegs dagegen gefeit, darunter zu leiden, daß er als dieser Einzige nun eben doch auch wieder nur als Einzelner innerhalb der natürlichen Beziehungszusammenhänge an die Mannigfaltigkeit des Verflochtenwerdens und des Wieder-losgelöst-werden-Müssens ausgeliefert bleibt. Je mehr ich dieser sein will, der ich als Individuum bin, um so mehr wird es mich zum Handeln drängen und um so leichter werde ich schuldig werden. Vor allem an das Geltungsbedürfnis ist hier zu erinnern. Ich will als der gelten, der ich bin; ich muß wünschen, daß mich die anderen anerkennen und bestätigen. Von hier aus fällt Licht auf die Tatsache, daß der Pessimist Schopenhauer bei Jugendlichen und bei Künstlern vor allem die Stimmungsbereitschaft fand, die er zur Entfaltung seiner Wirkung nötig hat.

Schopenhauer durchschaut die Aporie kaum. Er versteht unter Individualität in der Tat zunächst nur den Einzelnen, die Einzelnheit, das Vereinzelte. Daß jeder Mensch als Einzelner die Welt bloß vorstellt, ist notwendig und selbstverständlich. Darauf beruht ja die Subjektivität aller unserer Vorstellungen; jeder hat seine Vorstellung zunächst für sich allein. Gleichwohl spricht Schopenhauer von bloßer Vorstellung; das Wörtchen ‚bloß' deutet auf höhere Ansprüche hin, die nicht erfüllt werden können und seltsamerweise doch bestehen; das Individuum möchte über seine Vereinzelung hinauskommen; es strebt über seine subjektive Vorstellung hinaus ins Objektive; das Objektive war für die Griechen und ist noch heute für die meisten Menschen das Allgemeine. Aber selbst wenn das Individuum über alle subjektiven Vorstellungen hinaus eine objektive Sphäre des allgemein erkennbaren Notwendigen erreicht, so findet es sich dadurch doch nicht befriedigt. Seine Existenz erschöpft sich eben nicht in der möglichen Beziehung eines subjektiven Ich zu einer objektiven Welt, sondern solche Beziehung wäre gar nicht möglich, wenn es nicht von vornherein aus dem Weltgrund stammen würde, Welt in sich tragen würde, an sich absolut wäre und nicht bloß relativ auf ein Ansich bezogen. Das christliche Evangelium hat das religiös ausgesprochen; Gotteskindschaft bedeutet nichts anderes. Jeder ist in der Tat ursprünglich absolut oder (was dasselbe bedeutet) frei. Darin besteht die Welthaftigkeit der echten Individualität, und nun ist unsere bereits wiederholt ausgesprochene Behauptung eigentlich erst komplett: Jeder ist in der Tat eine Welt und stellt „die" Welt doch auch wieder „bloß" vor, wodurch sie eben zu einer bloß subjektiven Vorstellungswelt wird.

Nun war Schopenhauer kein Christ. Er glaubte nicht an Gotteskindschaft im christlichen Sinne. Trotzdem war er von der Welthaftigkeit des Individuums überzeugt. Sein unbeweisbarer Glaube kommt in der Lehre zum Ausdruck, daß das Absolute der einzige und all-eine, an sich schlechterdings ungeteilte Urwille sei. Dieser eine und einzige Urwille drängt in die Existenz: er will sich manifestieren, er will zur Erscheinung gelangen, das aber heißt jeweils in Raum und Zeit als Vorstellung eines Subjekts dem Satz vom Grunde gemäß sich derartig individualisieren, daß sich allemal Eins auf Kosten von Anderem erhält, Eins sich von Anderem nährt, zeugend und gebärend aus Anderem neue Existenz gewinnt, indem es Existenz zerstört. Der eine absolute Wille individualisiert sich, d. h., er vereinzelt sich, ist aber als das Ansichseiende in jedem Einzelnen ungeteilt lebendig. Er gebärt und frißt sich ewig; so ist es an sich; wie es in der Welt der Vorstellung erscheint, das fühlt, sieht und weiß jeder. Inwieweit er es erkennt, ist die Frage.

Schopenhauer war davon überzeugt, die Welt insoweit zu durchschauen, als sie überhaupt durchschaut werden kann; er war davon überzeugt, die einzig wahre Philosophie zu lehren. Er wußte, daß unaufgelöste Probleme übrig blieben; immer wieder stellte ihn der eine oder andere Anhänger vor die Frage, wie tief die Wurzeln der Individualität in den Weltgrund hinunterreichen. Reichen sie nicht ins Absolute, bedeutet Individualisierung in der Tat nur Vereinzelung, und kommt solche Vereinzelung lediglich in Raum und Zeit zum Vorschein, so daß also (wie Schopenhauer lehrte) Raum und Zeit principia individuationis sind, so ist nicht recht zu begreifen, wie die Verneinung des Willens, von einem Einzelmenschen geleistet, eine Welterlösung bedeuten kann. In anderen Einzelwesen bleibt die Gefräßigkeit des Willens an sich ja doch erhalten. Ja, es ist überhaupt schwer begreiflich zu machen, daß und wie es der absolute all-eine Wille sein soll, der in jedem Einzelnen in der nämlichen Weise zur Existenz drängt; die allgemeine Einsicht, daß dem so ist, müßte für die ganze Menschheit gelten, obwohl nur dieser und jener Begnadete ihrer fähig ist und ihn diese Fähigkeit noch keineswegs zum Heiligen macht. Wie kann ein Heiliger nicht nur die Welt in sich, sondern auch mit sich erlösen, so daß der Wille überhaupt nicht mehr in Raum und Zeit zur Erscheinung gelangen will? Noch in seinen letzten Lebenstagen gestand Schopenhauer, daß er hier keine Antwort wisse, aber nichtsdestoweniger ein reines intellektuelles Gewissen habe, d. h. von der Wahrheit seiner Lehren unbedingt überzeugt sei, wenn er auch tatsächlich wenig Hoffnung sähe, aus dem Elend des Existierenwollens überhaupt herauszukommen.

Aber er würdigte auch die Tatsache, daß der Erkennende seine Erkenntnisleistung genießt. Er genoß seine Begabung und freute sich nicht nur seines guten intellektuellen Gewissens, sondern auch der anerkennenden Bestätigung durch andere. Er genoß das Glück, eine stark ausgeprägte Philosophenpersönlichkeit zu sein. Ich möchte das nicht als Inkonsequenz bezeichnen, sondern nur als Ausdruck der bereits charakterisierten Aporie. Der Wert, den er sich tatsächlich zuschreiben mußte oder durfte, hätte ihm auch die Welt in einem erfreulicheren Lichte erscheinen lassen müssen: eine Welt, die grundsätzlich erlöst werden kann, ist nicht absolut schlecht; hängt die Erlösung von der Einsicht ab, so hat sich der Wille doch selbst die Organe gebaut, welche die Erschließung, die Enträtselung des Weltgrunds ermöglichten; ein solcher Wille trug in seiner Blindheit doch die Möglichkeit der Erleuchtung. Ist das jedoch einmal zugegeben, so ist auch schon der erste und wesentlichste Schritt getan, den Voluntarismus nicht nur intellektualistisch zu ergänzen, sondern geradezu zu paralysieren.

Die Situation Schopenhauers gleicht der des Jugendlichen, der sich soeben seiner Persönlichkeit bewußt zu werden beginnt und von dem Augenblick an sich auch in gewisser Hinsicht seiner Freiheit bewußt wird. Er hat sein Ich entdeckt; man sollte meinen, das müßte ihn beglücken; in der Tat genießt er Augenblicke eines fast übersteigerten berauschenden Glücks- und Kraftgefühls. Aber es sind nur Augenblicke, die ihn seine Naturgebundenheit, das Triebhafte und Unfreie um so stärker empfinden lassen. Immer neue Niederlagen demonstrieren ihm die Ohnmacht des Geistes. Das Gewissen erwacht ja zugleich mit dem freien Ich; das Leben ist nicht leichter, sondern schwerer geworden durch die beginnende Erkenntnis. Und mehr noch als er sich selbst den natürlichen Beziehungszusammenhängen unterworfen weiß, wird ihm von den Vertretern der Gesellschaft, von Eltern und Erziehern deutlich gemacht, daß er keineswegs eine unbedingt freie Persönlichkeit ist, sondern ein von allen Seiten sowohl durch natürliche wie durch menschliche Gesetze eingeschränktes armseliges Einzelwesen. Ideale Entwürfe entlarven sich als Illusionen. Liest er nun Schopenhauer, so muß er ihm Recht geben.

Die Spannung, welche sich hier dem Jugendlichen aufdrängt, begleitet den Künstler nicht selten durch sein ganzes Leben. Sie wird oft auf die Formel gebracht: Der Einzelne und die Allgemeinheit, das Individuum und die Gesellschaft. Längst ist man dahintergekommen, daß der Einzelmensch kein bloßer Einzelfall ist, sondern von eigentümlicher Prägung; mit einem Wort eine Individualität. Auch die Gesellschaft ist kein bloßes Aggregat, keine bloße Summe; sie läßt sich organisieren, wodurch sie zur Gemeinschaft zu werden vermag, in welche sich das Individuum eingliedern kann. Alledem jedoch liegt grundsätzlich unsere Aporie zugrunde: das Ineinander von Einzelnen und Einzelnem, das einen Beziehungszusammenhang bildet, über dessen Relativität sich allgemeine Aussagen machen lassen, die als Gesetze notwendig gelten – und die Einzigkeit des schlechterdings Individuellen. Daß hier kein Widerspruch besteht und auch keine dialektische Auflösung versucht werden sollte, wurde bereits gezeigt.

Aber auch zur Harmonieseligkeit besteht keine Veranlassung. Es ist durchaus begreiflich, wenn es sowohl zu pessimistischen wie zu optimistischen Äußerungen unter den Menschen kommt, die sich bis zu optimistisch oder pessimistisch gefärbten Weltbildern steigern können. Erklärt Leibniz die Welt für die beste unter allen möglichen, so bezeichnet er sie damit zwar als gut, aber keineswegs als so vollkommen, daß es nicht auch eine Welt wäre, welche alle, d. i. unendlich viele Vollkommenheitsgrade in sich befaßt, insofern in ihr etwas erkannt, d. h. unterschieden und in Beziehung gesetzt wird. Wäre das nicht der Fall, so würde sie weniger vollkommen sein; sie würde der Möglichkeit, das Lichtvolle vom Dunklen zu distinguieren, grundsätzlich entbehren. Damit kein Mangel sei, bleibt alles Einzelne begrenzt; wer nur die Grenze von Allem und Jedem ins Auge fassen würde, hätte eine durchaus materielle, körperliche, aus undurchdringlich starren Atomen zusammengesetzte Welt. Nur in Gedanken gibt es dergleichen. Die wirkliche Welt ist von Leben durchpulst, durchstrahlt. Ebendort, wo wir auf die Materie an sich stoßen, zerfällt sie und erscheint sie als strahlende Kraft wirkend.

Das Leid fehlt in dieser Leibniz-Welt so wenig wie in der Welt Schopenhauers. Die Strahlkräfte erweisen sich in gleicher Weise als weckend und hemmend, lebenfördernd und tötend. Überall tritt die Grenze auf, und was hüben ist, kann nicht zugleich drüben sein, aber freilich waltet auch überall Ganzheit, welche spielend die Gräben und Mauern des Diskreten überbrückt und durchdringt und Kontinua schafft, die aber selbst freilich nimmermehr der Begrenzung entbehren. Und am allerwenigsten will die Einzigkeit des Individuellen entbehrt werden, die überhaupt keinen Vergleich zuläßt und doch nicht charakterisiert werden könnte ohne unterscheidende Distinktion und Hervorhebung dessen, was sie entbehren würde, wenn sie nicht allemal die einzige Mitte der Welt wäre, auf die hin ausgerichtet alles mitgeschaffen ist, insofern überhaupt geschaffen ist: Nicht einst, sondern von Ewigkeit, eine Idee, welche in der Sprache dieses philosophierenden Menschen, der Leibniz hieß, prästabilierte Harmonie lautet.

IV

In meiner kurzen Darstellung der Lehre Schopenhauers schrieb ich, daß der Wille zur „Materialisierung" dränge.[2] Dieser Ausdruck könnte befremden; auch wurde später erklärt, daß Schopenhauer den Materialismus Feuerbachs und der ihm weltanschaulich verbundenen Naturforscher ablehnte. Trotzdem möchte ich meinen, daß von einer „Materialisierung" gesprochen werden darf. Schopenhauer verstand nämlich unter „Materie" völlig das gleiche wie der naive Materialist, der sich ja auch wesentlich auf die Unmittelbarkeit der sinnlichen Wahrnehmung stützt. Als kritischer Erkenntnistheoretiker bezeichnete er dann freilich die gesamte Vorstellungs- und Wahrnehmungswelt als bloße Erscheinung des an sich seienden sogenannten Willens. Er geht dabei so weit, daß er das Gehirn ein bloßes Gehirnphänomen nennt, was außerordentlich paradox klingt, aber von indischen Philosophen ganz ähnlich ausgedrückt wird. Es wird z. B. das Bild gebraucht, daß die Erde von einem Elefanten getragen wird, der auf der Erde steht.

[2] Anfang des II. Abschnitts. – Vgl. auch das Schopenhauer-Kapitel in meiner ›Europäischen Philosophiegeschichte‹ (Reclam), S. 843–870.

Auch die überzeugten Materialisten wissen bekanntlich nicht, was die Materie eigentlich ist; sie erkennen lediglich ihre Funktion, ihren Aufbau, ihre Struktur, also jedenfalls Beziehungszusammenhänge zwischen einem letztlich Positiv-Gegebenen, über das an sich nichts weiter ausgemacht werden kann, da jede Feststellung nur als Feststellung von Relationen möglich ist. Man kann diese positiven Daten als ansichseiend bezeichnen, wer sie materiell nennt, sagt nicht weniger und nicht mehr, als in den Worten ‚positiv' oder ‚real' auch schon liegt.

Nun unterscheidet Schopenhauer in letzter Hinsicht den Willen an sich von seiner Erscheinung, d. i. der Vorstellungswelt. Er betont jedoch, daß das Verhältnis des Willens zur Vorstellung in keinem Sinne kausal zu denken sei. Der Wille ist nicht der Urheber oder die Ursache der Erscheinungswelt, sondern eben ihr Ansich, ihr Wesen, ihr metaphysischer Kern; nicht einmal von einer Analogie dürfte hier gesprochen werden, z. B. von einer Chiffrenschrift.

Dies begriffen und vorausgesetzt, wird der Begriff ‚Erscheinung' vielleicht zunächst einmal am besten so gefaßt werden, wie ihn die Sinnesphysiologie gebraucht. Die Gegenstände sind dann nicht eigentlich so, wie sie erscheinen, was leicht deutlich zu machen ist, wenn man etwa an Lockes Lehre von den sekundären Qualitäten und Johannes Müllers Lehre von den spezifischen Sinnesenergien erinnert. Konsequenter durchgeführt, gelangt man auf diesem Wege zum kritischen Realismus, der sich von einem kritischen Positivismus oder Materialismus wenig unterscheidet, solange es nur um den Gegenstand der Erkenntnis geht. Erst in dem Augenblick, in welchem das Erkenntnisorgan selbst gleichfalls als materiell genommen wird, unterscheidet sich der Materialismus vom Realismus, der auch spiritualistisch gemeint sein kann. Die mittelalterliche Bedeutung dieses Begriffs-Realismus erleichtert diese antimaterialistische Auffassung. – Wie liegt der Fall nun aber bei Schopenhauer?

Wenn er das Gehirn selbst als Gehirnphänomen bezeichnet und zugleich allen spiritualistischen Seelenglauben ablehnt, so kommt er dem Materialismus gewiß nahe. Lehnt er die Bezeichnung ab, so tut er es als Kantianer, der das Ansich für unerkennbar hält, ganz einerlei, ob das nur Vorgestellte nun als spiritualistisch oder als materialistisch bezeichnet wird. Aber – Schopenhauer hat doch den Agnostizismus Kants aufgegeben! Das Ansich ist der Wille; allerdings nicht der vorgestellte

Wille, der erscheinende Wille, sondern der unmittelbare Wille, der konsequenterweise an sich kein bestimmter Wille sein kann, also nicht mein Wollen oder das Wollen eines anderen Menschen, sondern schlechterdings unbewußtes Wollen überhaupt, dessen bestimmte Ziele bereits Illusionen sind: Vorgestelltes, Vorgespiegeltes. Der eine Wille will nur sich selbst; er verzehrt sich in Begierde; aber er ist doch noch etwas anderes, nämlich eben seine eigene Erscheinung, Vorstellung. Ein Kausalnexus besteht nicht, sondern die Welt als Wille und die Welt als Vorstellung sind eine und dieselbe Welt, die einerseits als Vorstellungswelt erscheint, andererseits an sich unbewußtes Wollen ist. So weit die Lehre Schopenhauers. Ist es nun erlaubt zu sagen, daß der an sich unbewußte Wille zum Bewußtsein drängt bzw. sich zu materialisieren begehrt?

Ich meine, daß es erlaubt ist – unter der Bedingung, daß jede Art von Kausalität ausgeschlossen bleibt, also insbesondere der Wille an sich nicht als Ursache der Vorstellung aufgefaßt wird. Der Wille geht der Vorstellung nicht zeitlich voran, sondern die Unterscheidung von Wille und Vorstellung setzt die Vorstellungswelt voraus, die nun aber freilich nicht wäre, wenn sie nicht gewollt wäre. –

Der große Unterschied zwischen Schopenhauer und den anderen Kantianern liegt darin, daß seine Lehre nicht auf die Cogitatio aufgebaut ist bzw. daß er das Sum cogitans nicht von der Cogitatio her interpretiert, sondern dem an sich unbewußten Seinsgrund seine volle Irrationalität läßt. Man könnte sagen: er betont nicht das Cogito, sondern das Esse. Die anderen Kantianer würden allesamt den Einwand machen, daß wir doch von einem Esse schlechterdings nicht wissen ohne denkendes Bewußtsein. Schopenhauer antwortet: Auch wenn wir nichts davon wissen, so sind wir es eben doch; wir sind nicht nur insoweit, als wir uns unser bewußt sind; wir sind auch unbewußt; dieses unbewußte Sein regt sich im reinen Lebensdrang des Willens. Selbstverständlich hütet sich Schopenhauer wohl, dem Satz des Selbstbewußtseins so etwas wie einen Satz des unbewußt selbstsüchtigen Wollens gegenüberzustellen. Aber auf den *Leib* hat er hingewiesen: Auf die *Leibhaftigkeit* des Menschen, von der wir uns zwar Vorstellungen machen, ja sogar wissenschaftliche Feststellungen, und die sich doch auch wieder weitgehend der Kontrolle des Bewußtseins entzieht. Dieses „Unbewußte“ ist keineswegs Nichts, obwohl wir es strenggenommen nicht einmal zu unserem Ich rechnen dürfen. Vielleicht ist nicht einmal „Sein“ der richtige

Ausdruck dafür. Nur von der Cogitatio her stellte ich in der Welt der Vorstellung fest, daß *Ich bin.* Vom Unbewußten aus müßte eine Stimme (wenn da eine wäre) schaurig monoton wie ein hungriges Raubtier heulen: *Es will.*

Was in Raum und Zeit „materiell" wahrgenommen wird, ist Wirklichkeit in des Wortes ursprünglich deutscher Bedeutung: Nicht Stoff an sich (Substanz), sondern nur Stoffwechsel stellen wir vor, der so vollständig in der Form der Kausalität vor sich geht, daß Wirklichkeit durchaus als Wirken und Bewirktwerden zur Erscheinung gelangt. Richtig verstanden, wäre insoweit gegen die Verwendung des Wortes „Materialisierung" nichts einzuwenden. Im Hinblick auf das vorstellende Subjekt jedoch besteht allerdings noch ein gewisses Bedenken, das schon bei der Unterscheidung von Realismus und Materialismus zur Sprache kam. Schopenhauer ist als Kantianer nicht nur Erkenntniskritiker, sondern auch Transzendentalphilosoph. Er unterscheidet das empirische Ich, dessen Vorstellungen in Raum und Zeit dem Satz vom Grunde unterworfen sind, von dem freien transzendentalen Ich, dessen Unbedingtheit dem Willen an sich entspricht, den aufzuheben es darum auch an sich die Freiheit hat. Von dem empirischen Ich gilt grundsätzlich die Subjekt-Objekt-Korrelation. Diese allgemeinste Voraussetzung der Vorstellungswelt wird abgeworfen durch „Verneinung des Willens zum Leben".

Es ist auffallend, daß ein so schöpferischer Denker wie Schopenhauer dem Schöpferischen in seinem Weltbild so wenig Raum gewährte. Seine Welt als Wille und Vorstellung berücksichtigt nur Antrieb und Lenkung. Weil er unter keinen Umständen auf Illusionen hereinfallen wollte, versagte er sich die Würdigung des freien Spiels. Er wollte ein ernster Philosoph sein, kein Spaßphilosoph. Das Wort vom tierischen Ernst stammt von ihm und paßt auf ihn; aber er hatte doch immer noch mehr Humor als Nietzsche, wenn er von seinen leichten Füßen spricht und den Zarathustra tanzen läßt.

Arthur Hübscher, Denker gegen den Strom. Schopenhauer: gestern – heute – morgen. Bonn: Bouvier Verlag 1973, S. 266–285 (= Kapitel XII) und S. 338–339.

HEUTE UND MORGEN

Von Arthur Hübscher

Seit der Mitte des vorigen Jahrhunderts sind zu den entwicklungs- und wirkungsgeschichtlichen Betrachtungen über Schopenhauers Lehre, in verwandter Absicht, Untersuchungen mit verschiedener Zielsetzung und verschiedenen Ranges getreten, in denen nicht der werdende und in der Auseinandersetzung mit den geistigen Mächten seiner Zeit angeblich sich wandelnde Schopenhauer in Rede steht, sondern der höher oder geringer eingeschätzte Einfluß seines Denkens auf Mitwelt und Nachwelt, die Frage, ob es vor neu ins Licht getretenen Tatsachen und Theorien der Erfahrungswissenschaften bestehen könne – im ganzen oder doch in wesentlichen Teilen.[1]

Man hat Schopenhauer an dem Wissensbesitz, den Theorien und den Zielsetzungen wechselnder Zeiten gemessen, man hat sich um den Nachweis von Annäherungen und Berührungen, von Abweichungen und Unterschieden bemüht. Allzuhäufig hat man es in mangelhafter Kenntnis der Bestimmungen getan, nach denen Schopenhauer das Verhältnis von Erkenntniskritik und Erfahrungswissenschaften, von Metaphysik und Physik geordnet hat, und allzuhäufig auch aus mangelnder Einsicht in das von ihm hervorgehobene eigentümliche Schwanken im Fortgang der Naturwissenschaften. Er mußte sehen, wie die Erfahrungswissenschaften, nicht anders als die Geisteswissenschaften, einem

[1] Über Schopenhauers Stellung zu den *Naturwissenschaften* vgl. Ferruccio Zambonini, Schopenhauer und die moderne Naturwissenschaft. 22. Jahrb. (1935), S. 44–91; Karl Wagner, Quantentheorie und Metaphysik. 24. Jahrb. (1937), S. 20–63; Alwin Mittasch, Gedanken über das Wirken in der Natur. 28. Jahrb. (1941), S. 70–133; Karl Wagner, Der lebendige Wille des „Ich". 29. Jahrb. (1942), S. 78–101; Hansjochen Autrum, Der Wille in der Natur und die Biologie heute. 50. Jahrb. (1969), S. 89–101; Hans Voigt, Wille und Energie, 51. Jahrb. (1970), S. 133–137; Kurt W. Geisler, Schopenhauer und die Technik, 52. Jahrb. (1971), S. 59–79.

steten Wandel unterliegen, wie vermeintlich gesicherte Tatsachen vor neuen Theorien, neuen Sinndeutungen auf einmal fragwürdig erschienen, und dann wieder, wie neue Entwicklungen, über allen Wissensbesitz einer jeweiligen Gegenwart hinweg, an anscheinend seit langem überholte Ansichten anknüpften, die nun plötzlich wieder in einer überzeitlichen Geltung sichtbar wurden.

Das Jahrhundert seit Schopenhauers Tod verzeichnet für seine eigene Lehre Umkehren beider Art: zuzeiten über ihn hinaus, und zuzeiten wieder zu ihm zurück. Ein „über ihn hinaus" könnte bereits der Vergleich zwischen den Grundlagensituationen der Naturwissenschaften in den 90er Jahren und in der Gegenwart zeigen. Damals hatte Wilhelm Ostwald für den Bereich der anorganischen Natur die Lehre von der sogenannten qualitativen Energetik aufgestellt: es gebe viele „Arten" von Energien, die Wärme, die Elektrizität, den Chemismus u. a., und diese verschiedenen Arten seien gegeneinander abgeschlossen. Ostwalds Ansichten berührten sich eng mit Schopenhauers Lehre von den Naturkräften, die außerhalb der Zeit und der Kette der Ursachen und Wirkungen liegen, allgegenwärtig und unerschöpflich als jeweils besondere Objektivationen des Weltwillens – ein aussichtsloses Unterfangen, eine Kraft auf die andere und alle schließlich auf die bloß mechanische Wirksamkeit der Materie zurückzuführen. Ostwald selbst hat die Theorie der qualitativen Energetik später widerrufen, und die Naturwissenschaft von heute will von in sich abgeschlossenen, für sich bestehenden Naturkräften nichts mehr wissen. Sie führt die Erscheinungen der unbelebten Natur auf eine gemeinsame Grundlage zurück: die Naturkräfte seien nicht gegeneinander abgegrenzt, so daß, mit Schopenhauer, jede eine andere Manifestation des Willens wäre: Es handle sich um ein Grundgesetz, das sich jeweils nach der verschiedenen Konstellation der Materie verschieden äußere. Physik und Chemie sind heute nicht mehr Sonderwissenschaften, sie sind, genaugenommen, *eine* Wissenschaft geworden, die auf ein einheitliches Grundgesetz abzielt. So will die Wellenmechanik de Broglies und Schrödingers das ganze Weltall auf zwei geheimnisvoll zu einer Einheit gebundene Wellensysteme zurückführen, auf Wellen, die in ihrer Bewegung gehemmt und gleichsam zu Materie erstarrt sind, und auf Wellen, die nicht gehemmt sind: Wir nennen sie Strahlung oder Licht. Und diese beiden Wellenformen sollen auswechselbar sein; die eine kann, wie man gesagt hat, in die andere übergehen, wie die Puppe in den Schmetterling, und, wollte man das Bild in unzulässiger Weise umkehren, wie der Schmetterling in die Puppe. Ein Grundprinzip, eine Grundkraft soll das All beherrschen.

Kein Zweifel: Die Wissenschaft von der unbelebten Natur scheint sich von Schopenhauer zu entfernen; die Erscheinungsweisen ihres einen, einheitlichen Grundgesetzes sind anderer Art als die Objektivationen, in denen sich der Weltwille Schopenhauers darstellt. Und doch bleibt die Frage, ob beide schließlich in eins zu setzen sind, das eine geheimnisvolle Grundgesetz und der eine Urwille – es ist eine Frage, die in das Gebiet der Metaphysik hinüberführt und die kaum besser beantwortet werden kann, als Schopenhauer es getan hätte.

Anders die Wissenschaften von der belebten Natur. In der Lebens- und Seelenforschung ist eine jahrzehntelange entschiedene Abkehr von Schopenhauer seit der Jahrhundertwende einer betonten, wenn auch manchmal nur zaghaft eingestandenen Hinwendung gewichen. Man erinnert sich, daß die Biologie des 19. Jahrhunderts im Zeichen eines entschiedenen Mechanismus stand, daß sie die Lebensvorgänge als jeweils besondere Gruppierungen physikalisch-chemischer Vorgänge betrachtete. Noch heute leben alte Fragestellungen, alte Methoden in einer streng auf das Experiment gegründeten biologischen Forschung fort. Man verneint die Lebenskraft, von der Schopenhauer spricht, und das zufällige Spiel chemischer Kräfte, von dem er nichts wissen will, erscheint als „Leitstern" der Untersuchungen.[2] Der Gedanke eines „Urphänomens" allerdings, einer Gemeinsamkeit des Bauplans aller Lebewesen, hat sich durchgesetzt und wird nicht nur mit Hilfe von Knochen und Organen entwickelt, sondern bis in die molekularen Strukturen hinein verfolgt. Und damit führt die Forschung am Ende doch über Zufall, Chemie und Experiment hinaus. Seit der Jahrhundertwende hat man bereits begonnen, die Berechtigung einer rein mechanischen Erklärung aller Lebensvorgänge in Frage zu stellen, man suchte und man fand Beweise, die gegen die Maschinentheorie des Lebens sprechen, Beweise für eine Autonomie, eine Selbstbestimmtheit oder Eigengesetzlichkeit des Lebendigen, die alle einzelnen Funktionen zu einer Ganzheit ordnet. Dieses ordnende und leitende Prinzip im lebendigen Organismus aber, das Hans Driesch mit dem Aristotelischen Begriff der Entelechie

[2] Vgl. Anm. 1, die Arbeit von Autrum.

bezeichnet hat, ist dem Urwillen Schopenhauers nah verwandt, dessen Erscheinungen vom Ursprung her eine „allgemeine Verwandtschaft und Familienähnlichkeit" erkennen lassen, eine regulierende, schöpferisch ausgleichende *unité de plan*, deren Abbild der Organismus ist. Der Ganzheitstheoretiker von heute faßt durchaus im Sinne Schopenhauers die Lebenserscheinungen als aktive Offenbarungen eines unaufhörlich andauernden Ganzen auf. Und wenn die Biologie des 19. Jahrhunderts noch im höchsten Leben die maschinellen Ablaufregeln des niedrigsten wiederfinden möchte, so führt die Biologie des 20. Jahrhunderts in die Nachfolge Schopenhauers, wenn sie noch im einfachsten Leben Spuren des Seelischen zu finden sucht.

Im Gang dieser Entwicklung ist einer der entscheidenden Gedanken der Schrift ›Über den Willen in der Natur‹, die Harmonie von Instinktausstattung, Organbau und Umwelt, über die vermittelnde Aufnahme in Nietzsches ›Willen zur Macht‹ hinweg, die Grundlage einer ganzen Wissenschaft geworden, der Umweltlehre Jakob von Uexkülls.[3] Schopenhauer hat zum ersten Male die Übereinstimmung zwischen dem Willen, dem Charakter (dem Trieb- und Instinktsystem) einer jeden Tierart, seiner organischen Besonderheit und seiner Lebensumstände festgestellt. Es ist die Rede von der „augenfälligen, bis ins Einzelne herab sich erstreckenden Angemessenheit jedes Tieres zu seiner Lebensart, zu den äußern Mitteln seiner Erhaltung"[4]. „Man betrachte die zahllosen Gestalten der Tiere. Wie ist doch jedes durchweg nur das Abbild seines Wollens, der sichtbare Ausdruck der Willensbestrebungen, die seinen Charakter ausmachen. Von dieser Verschiedenheit der Charaktere ist die der Gestalten bloß das Bild."[5] Und umgekehrt ist der Bau des Tieres seiner Umwelt völlig angemessen. Dieser hellsichtige Entwurf hat sich, in den Grundsätzen unverändert, in jüngster Zeit als unendlich fruchtbar erwiesen. Mit seiner Hilfe hat sich eine Fülle von Tatsachen der Deutung erschlossen, vor allem, seit man immer mehr auf die besondere Ausstattung einer Tierart achten lernte und die eigentüm-

[3] Vgl. zum Folgenden Arnold Gehlen, Die Resultate Schopenhauers. In: Gedächtnisschrift für Arthur Schopenhauer, Berlin 1938, S. 96–118; Arthur Hübscher, Denker unserer Zeit. Bd. 1, 2. Aufl. München 1958, S. 40–51.

[4] N, S. 37.

[5] N, S. 45.

lichen Wahrnehmungsausschnitte, die dem Tier gegeben sind, seine Merkwelt, mit seinem Triebleben in Vergleich setzte. Die Richtung dieser Fragestellungen hat Schopenhauer angegeben, die Gegenwart hat sie nur wieder entdeckt, überdies mit einem von Schopenhauer vermiedenen Fehler, indem sie die Umwelttheorie einfach auf den Menschen übertrug und damit alle höheren Probleme der Anthropologie zunächst verstellte. Erst die Verhaltensforschung der Zeit nach 1945 hat auch diesen Fehler, im Sinne Schopenhauers, korrigieren und dabei zu bemerkenswerten Ergebnissen gelangen können: Karl von Frisch mit dem Nachweis der Tanzsymbolik bei den Bienen, Otto Koehler mit der Feststellung des vorsprachlichen Denkens zählender Vögel, Konrad Lorenz mit seinen Entdeckungen über die „Kumpane", Adolf Portmann mit der Lehre der „Stimmung" in der Tierwelt und den damit verbundenen anthropologischen Aspekten. Solche Erkenntnisse sind nicht, im Sinne des *Behaviorism* Watsons, der Theorie einer zweckhaften, körperlichen, rein biologisch bedingten Funktionsweise der Organismen, dazu angetan, die Grenze zwischen Tier und Mensch zu verwischen, sondern im Gegenteil sie genauer zu bestimmen und damit einer neuen empirischen Anthropologie zu dienen.

So tritt die Umweltlehre, nicht ganz zu Recht, unter ein einheitliches Gesetz für Natur und Menschheit, wie es Schopenhauer aufgeschlossen und zum ersten Mal seit Montesquieu und Rousseau und Herder, und anders als sie, mit fernhin zündender Kraft ausgestattet hat. Schopenhauers Wendung vom Geist zum Willen und seine Einbeziehung des menschlichen Willens in den Willen in der Natur wird in der Philosophie der Gegenwart noch einmal wiederholt: In der thematischen und methodischen Verlagerung der Seinsdeutung vom Geist und der Vernunft zu den Mächten der Anschauung, des Schöpferischen, des Irrationalen, die über Nietzsche hinweg zur Geltung drängen, im Voluntarismus Wilhelm Wundts so gut wie in der Lebensphilosophie Diltheys oder Bergsons, und weiter, in den zwanziger Jahren dieses Jahrhunderts, in den Werken einer neuen philosophischen Anthropologie und in der Existenzphilosophie, in der sich Antriebe und Leitgedanken der Lebensphilosophie mit einer starken Beimischung von Lebensangst zur Einheit binden. Nicht ohne Grund hat Rickert mit dem Spürsinn des Argwohns Schopenhauer als den Ahnherrn der Lebensphilosophie bezeichnen können, und der langwierige Plagiatstreit, der sich im Ersten

Weltkrieg um Bergsons *élan vital* erhob [6], hat die Zusammenhänge noch schonungsloser aufgedeckt. Bergsons *élan vital* und Schopenhauers Wille, Bergsons Begriff der Intuition und Schopenhauers Lehre, daß wahre Erkenntnis die Befreiung von den Formen des Satzes vom Grunde voraussetzt, und bei beiden die Wendung von der Erkenntnis der Dinge von außen zur Erkenntnis von innen – es sind bemerkenswerte Übereinstimmungen, denen allerdings ein Unterschied in der Zielsetzung gegenübersteht: bei Bergson auf die Erkenntnis des Werdens und Fließens hin, bei Schopenhauer auf die Erkenntnis des Seins. Ohne Schopenhauer ist die Wendung zum Vitalismus und weiter zum Neovitalismus schlechterdings undenkbar. Hans Driesch hat von ihm nicht nur die Methode empfangen, das Denken „von unten nach oben" statt des Hegelschen Denkens von „oben nach unten", – man fühlt immer wieder, bei ihm wie bei Pauly, bei den Biologen Reinke oder Uexküll, bei Becher oder bei dem Ungarn Palágyi eine tiefe innere Beziehung zu den Leitmotiven des „Willens in der Natur". Im Zeichen des Vitalismus werden die Lebenserscheinungen nicht mehr aus der physikalisch-chemischen Gesetzmäßigkeit und ihrer Kausalität gedeutet, sondern aus einer eigenen, die physikalisch-chemische übergreifenden Gesetzlichkeit, einer Ganzheitskausalität, die als Autonomie des Lebens bezeichnet und auf seelenartige Kräfte zurückgeführt oder durch die Annahme von Oberkräften (E. v. Hartmann) oder Dominanten (Reinke), eines ganzmachenden Agens, einer Entelechie im Sinne Drieschs oder mit Hilfe einer Teleologie erklärt wird. Oft genug kann diese innere Beziehung geradezu als Einfluß belegt werden – besonders eindringlich wohl bei Palágyi. [7]

Heute greift das Ganzheitsdenken weit in benachbarte Gebiete der Medizin, der Pädagogik, der Seelenkunde über. Der Arzt versucht den Menschen in seinem Gesamtzustande, seinen leiblich-seelischen Wechselbeziehungen zu erfassen, die Ganzheitsmethode formt von erlebten

[6] Illés Antal, Bergson und Schopenhauer. 3. Jahrb. (1914), S. 3–15; Hermann Bönke, Plagiator Bergson, Charlottenburg 1915; Hermann Bönke, Wörtliche Übereinstimmungen mit Schopenhauer bei Bergson. 5. Jahrb. (1916), S. 37–86; Cay v. Brockdorff, Die Wahrheit über Bergson, Berlin 1916.

[7] Vgl. Hans Alfred Wimmer, Biologe im Sinne Schopenhauers. 29. Jahrb. (1942), S. 109–122; Ludwig Schneider, Philosophie im Sinne Schopenhauers. 31. Jahrb. (1944), S. 28–47.

Lebenseinheiten her den gesamten Unterricht, und die Ganzheitspsychologie, im Zusammenhang mit der Gestaltpsychologie, versteht auch die seelischen Akte als strukturierte Ganzheiten.

Um von der Psychologie zu reden: Sie hat sich von der mechanistischen Assoziations- und Elementenpsychologie, die von der Zeit Schopenhauers an bis zur Jahrhundertwende das Feld beherrscht, mehr und mehr gelöst, sie macht die ursprüngliche, noch unentstellte Ganzheit des Seelischen zum Gegenstande ihrer Forschung und findet sich dabei mit Schopenhauer zusammen in der Aufdeckung der früher übersehenen tieferen Schichten der Seele, der wesentlichen Grundkräfte, die jenseits des intellektuellen Oberbewußtseins, des bewußten Ich wirksam sind.[8] Die Psychologie wird zur Lehre von den Affekten und Antrieben, sie weitet sich in den unmittelbaren Zusammenhang mit den Handlungsleistungen und Lebensnotwendigkeiten des Menschen. Schopenhauer ist der Begründer der Triebpsychologie, die von Nietzsche ungemein bereichert und an unser Jahrhundert weitergegeben worden ist. In der Nachfolge Schopenhauers sind die von der alten Bewußtseinspsychologie übergegangenen Regungen des unbewußten Innenlebens sichtbar geworden: in der „voluntaristischen" Auffassung des Tatsachenbereichs der Psychiatrie und weiter in der Lehre von der Verdrängung und in der Neuwertung des Sexuellen und damit in den wesentlichen Ansätzen der Psychoanalyse. Freud selbst hat auf diese Übereinstimmung seiner Lehre mit der Philosophie Schopenhauers hingewiesen. In welchem Umfang aber, eingestandener- und uneingestandenermaßen, sein ganzes Lebenswerk in seinen Haupt- und Grundgedanken von Schopenhauer abhängig ist, haben erst die jüngsten Untersuchungen gezeigt.[9] Schon die Aufgliederung der individuel-

[8] Über Schopenhauer und die neuere *Psychologie:* Otto Juliusburger, Die Bedeutung Schopenhauers für die Psychiatrie. 2. Jahrb. (1913), S. 103–125; Otto Juliusburger, Psychotherapie und die Philosophie Schopenhauers. 3. Jahrb. (1914), S. 121–129; André Fauconnet, Les fondaments de la psychanalyse chez Schopenhauer. 21. Jahrb. (1934), S. 106–116; Wolfram Bernhard, Schopenhauer und die moderne Charakterologie. 50. Jahrb. (1969), S. 25–133; Henry Walter Brann, C. G. Jung und Schopenhauer. 46. Jahrb. (1965), S. 76–87; Aloys Becker, Arthur Schopenhauer – Sigmund Freud. 52. Jahrb. (1971), S. 114–156.

[9] Vgl. Anm. 8, die Arbeiten von Wolfram Bernhard (Kap. 4. Freud und die Tiefenpsychologie, S. 118–123) und Aloys Becker.

len Person Freuds in das Ich und das Es entspricht genau der Unterscheidung Schopenhauers zwischen dem Willen und dem Intellekt. In seinen späteren Schriften hat Freud, noch immer im unmittelbaren Anschluß an Schopenhauer, seine Triebtheorie nochmals umgestaltet: er stellt die Lebenstriebe den Todestrieben gegenüber und erklärt aus dem Miteinander- und Gegeneinanderwirken beider Triebe die Lebenserscheinungen, denen der Tod ein Ende setzt. Und in dieser neuen Trieblehre erklingt noch ein anderer Ton, der bei Schopenhauer einsetzt: das Sterben als „der eigentliche Zweck des Lebens"[10], „das Leben nur ein stets gehemmtes Sterben"[11], „ein steter Kampf mit dem Tode"[12]. Freud leitet diesen Ton in seiner Weise in die Grundstimmung der Existenzphilosophie hinüber, in die Erfahrung des Seins zum Tode, der „Geworfenheit" und Verfallenheit, der grundsätzlichen Unvollendbarkeit der menschlichen Existenz: Das Dasein ist ein Sein zu seinem Ende, die bestimmende Macht im Dasein ist der Tod.

Von Sigmund Freud aber geht der Weg weiter zu C. G. Jung und den Vertretern der Tiefenpsychologie, in der die alten, nicht von Apollon überwundenen chthonischen Gottheiten der Vorzeit ihre Rechte anmelden, die allzu lange unbekannten oder geringgeschätzten Kräfte eines kollektiven Unbewußten – Schopenhauers ›Versuch über das Geistersehn‹ steht auch hier am Anfang der Forschung.[13]

Zweifellos: Die Methode der vergleichenden Untersuchung hat sich – bei aller Oberflächlichkeit, mit der man sie zuweilen anwandte – als fruchtbar erwiesen. Und doch wird es weder gelingen, Schopenhauers Weltbild als Ergebnis literarischer und zeitgenössischer Einflüsse zu erklären, noch wiederum, es aus der Sicht neuer Auffassungen in die Zeitgeschichte zurückzustellen. Der Vergleich mit fremden Gedankengängen und Systemgebilden alter und neuer Zeit kann nur dazu führen, die Eigenart und den Eigenwert seiner Lehre deutlicher ins Licht zu rücken. Es gibt Gedanken, die Schopenhauer zuerst gedacht hat und die unsere Zeit noch einmal entdecken mußte, und wieder andere, die seit Schopenhauer von Geschlecht zu Geschlecht erneuert, vor wechselnde Hin-

[10] W II, S. 732.
[11] HN I, S. 109, 162, 188; W I, S. 367.
[12] HN I, S. 227.
[13] Vgl. Anm. 8, die Arbeit von Henry Walter Brann.

tergründe gerückt und abgewandelt wurden, ohne daß man sich ihrer Herkunft, ihres eigentlichen Urhebers noch erinnerte. Aber ist es damit getan, daß man Schopenhauer die vorlaufende, richtungweisende und wegbereitende Leistung zuerkennt, die man im Banne der alten, zu seinen Lebzeiten so gern geübten Taktik des „Ignorierens und Sekretierens" übergangen hat? Ist es damit getan, aus der Feststellung von Nachwirkungen, mit vielen vergleichenden, abschätzenden Betrachtungen irgendeinen Nutzen für uns abzunehmen?

Es kann um so weniger sein Bewenden dabei haben, als die wechselseitigen Beziehungen von Naturwissenschaft und Philosophie seit den Tagen Schopenhauers die von ihm vorausgesehene bedenkliche Entwicklung genommen haben.[14] In zweieinhalb Jahrtausenden hatte die von den ionischen Naturphilosophen eingeleitete Trennung von Natur- und Geisteswissenschaften sich immer als ein Nebeneinander von zwei einander sinnvoll ergänzenden Aufgabenbereichen dargestellt. Immer wieder hat der Philosoph sich auf die Tatsachenforschung der Naturwissenschaften gestützt, und die Arbeit des Naturforschers hat ihre Erfüllung in den weiterführenden, zusammenfassenden und überhöhenden Ergebnissen der Philosophie gefunden. Wir sehen beide oft in engster Gemeinschaft: In der Zeit des großen Aufschwungs der Naturwissenschaften seit der Renaissance sind es vielfach die gleichen Männer, die als Mathematiker und Physiker und als Philosophen auftreten. Descartes ist zugleich der Schöpfer der analytischen Geometrie und der geometrischen Optik, Leibniz der Begründer der Differential- und Integralrechnung. Erst das 19. Jahrhundert schien im Zeichen eines ernsten Gegensatzes zu beginnen. Im Verein mit der aufstrebenden Technik erlangten die Naturwissenschaften eine Bedeutung, die nach den Worten Schopenhauers jedes philosophische System zwingen mußte, sich an sie anzuschließen; aber sie gerieten auch in die Gefahr einer Selbstherrlichkeit, die Schopenhauer ebenso gesehen und mit harten Worten gekennzeichnet hat: „Die Physiker, die nichts als ihre Elektrisierspielzeuge, Froschkeulen usw. kennen, offenbaren in Sachen der Philosophie eine krasse, ja schusterhafte Unwissenheit und Roheit . . .", wobei sie denn, „nachdem sie Skalpell und Spatel weggelegt

[14] Hier und zum Folgenden Arthur Hübscher: Philosophie im Atomzeitalter, 48. Jahrb. (1967), S. 10–23.

haben, mit ihren bei der Konfirmation überkommenen Begriffen zu philosophieren unternehmen" und nichts als „abgeschmackte, seichte Materialisten" werden.[15]

Wir finden bei Schopenhauer die eindringlichste Verwahrung vor einer rein physikalischen Erklärung der Dinge, im einzelnen aus Ursachen und im allgemeinen aus Kräften. Er wendet sich gegen den seit Leukippos, Demokritos und Epikur und bis zum *Système de la Nature,* zu de Lamarck und zu den Materialisten seiner eigenen Zeit immer wieder erneuerten Versuch, eine Physik ohne Metaphysik aufzustellen.[16] Wohl aber, meint er, lasse die berechtigte, erweiterte und gründlichere Kenntnis der Natur das Problem der Metaphysik immer deutlicher, richtiger und vollständiger hervortreten,[17] – wobei er allerdings die Annahme dieser berechtigten, erweiterten und gründlicheren Kenntnis der Natur aus eigenen Beobachtungen heraus bereits mit manchem Fragezeichen versehen hat. Die spöttische Antithese *Aut catechismus, aut materialismus,* mit der er einmal, gegen Ende seines Lebens, die Zeitlage umschrieben hat[18], kennzeichnet den Fortgang im Verhältnis von Natur- und Geisteswissenschaften noch bis zum heutigen Tage. Die große Umwälzung im Weltbild der Physik zu Anfang unseres Jahrhunderts hat erheblich dazu beigetragen, die Kluft weiter zu vertiefen, obwohl eben jetzt alles zu Verständigung und Zusammenarbeit drängte. Schon i. J. 1905 hatte Albert Einstein, unter dem harmlosen Titel ›Zur Elektrodynamik bewegter Körper‹, eine Arbeit vorgelegt, die dem Mißtrauen zwischen Philosophie und Physik ernsthaft entgegenwirken konnte: Sie rührte an die alten erkenntnistheoretischen Grundfragen von Raum und Zeit. Immer wieder, immer häufiger geschah es, daß die Erörterung physikalischer Probleme ein Verlassen des reinen physikalischen Denkens mit sich brachte, ein Hinüberschreiten auf den Boden philosophischer Überlegungen. Und doch fand man kaum noch zueinander, weil in unseren Tagen kaum noch jemand mit den Tatsachen der physikalischen Forschung ebenso vertraut war wie mit den Denkformen, die eine Übernahme der fachwissenschaftlichen Ergebnisse in den

[15] P II, S. 121; W II, S. 223; N, S. XI.
[16] W II, S. 193 f.
[17] W II, S. 197.
[18] N, S. XI. Anm.

Bereich der Philosophie ermöglichen. Wir verzeichnen auf der Seite der Physiker manchen bedenklichen Übergriff, in einer physikalistischen Erkenntnistheorie und Ontologie, einer merkwürdigen Pseudometaphysik; wir verzeichnen aber auch auf der Seite der Philosophie manchen voreiligen Schluß aus dem augenblicklichen Erfahrungszustand der Naturwissenschaften, manchen Versuch, ein neues Weltbild zu errichten, in der Weise der von Theodor Litt verspotteten Elektronenmythologie. Und je weniger man zusammenfand, um so mehr mußte sich die von Weizsäcker beklagte Neigung verstärken, im Alltag einer selbstgenügsamen Forschungsarbeit die Grundfragen auf sich beruhen zu lassen und damit die Philosophie, und das heißt den niemals ruhenden Versuch, die Grundfragen zu stellen, als nutzloses Beginnen abzuweisen.

Heute wie ehedem aber führt ein ernsthaftes Besinnen zu der Einsicht, daß den Fortschritten der Naturwissenschaft unabweisbare Grenzen gezogen sind. Schopenhauer hat davon gesprochen, daß die Naturwissenschaften, auch wenn sie zur Vollendung gediehen wären, doch immer nur eine Erscheinung aus einer anderen erklären könnten, die ganze Reihe der Erscheinungen aber unerklärt lassen müßten. Es verhalte sich so, als befinde sich jemand in einer Gesellschaft von lauter ihm unbekannten Personen, von denen jeder ihm, der Reihe nach, immer den anderen als seinen Freund und Vetter vorstellte, er selbst aber, wenn er auch jedesmal sich über den Vorgestellten zu freuen versicherte, doch ständig die Frage auf den Lippen hätte: Wie, zum Teufel, komme ich denn zu der ganzen Gesellschaft?[19] Der berühmte Physiker und Astronom Jeans hat einen ähnlich eindrucksvollen Vergleich gezogen. Er hat den Naturwissenschaftler mit einem Einödbauern verglichen, der noch nie etwas vom Meer gehört hat. Sein Rundfunkgerät übermittelt ihm rätselhafte Botschaften über den Standort eines Schiffes. Er könnte in der Abfolge dieser Botschaften Gesetze entdekken, er könnte vielleicht sogar Voraussagen über den Weg des Schiffes machen, und doch würde er nie zu einer Vorstellung von Meer und Schiff gelangen.

Die Naturwissenschaft arbeitet mit Denkmodellen, von denen wir nicht wissen, ob sie der Wirklichkeit entsprechen. Wesensbestandteil

[19] W I, S. 117.

ihres Denkens ist noch immer das Hinausverlegen von wenigen bekannten Tatsachen auf einen Gesamtzusammenhang. So bleibt es fraglich, ob die Physik mit Experimenten und Messungen und mit den Weltformeln Einsteins und Heisenbergs oder der von Weizsäcker entwickelten „Theorie der Urobjekte" zur Vollendung zu führen sei – Weizsäcker will es hoffen: Aber die denkbare Vollendung der Physik bedeutet, nach seinen eigenen Worten, keineswegs die Vollendung oder auch nur die Vollendbarkeit des geistigen Weges der Menschheit. Mit den Methoden der Naturwissenschaft ist das Rätsel der Welt nicht zu lösen. Und so kann die Frage nach dem letzten Grund des Geschehens, von dem die Physiker, die Astronomen, die Atomforscher reden, die Frage nach dem Sinn und Ziel unseres Daseins, wohl eine Zeitlang durch die stürmisch vorwärtsdrängenden Leistungen der Erfahrungswissenschaften zum Schweigen gebracht, niemals aber endgültig unterdrückt werden. Wir bleiben in der Rolle des Menschen in fremder Gesellschaft, in der Rolle des Einödbauern, der die Umwelt mit Hilfe seines Rundfunkgerätes erforscht.

In dieser Lage erweist sich das Zeitgemäße in Schopenhauers Haltung. Er ist zeitgemäß, nicht im Sinne eines weiteren Vorantreibens einer verflachenden, entseelenden Entwicklung, sondern zeitgemäß als Mahner und Warner, als Erzieher gegen eine Zeit, die im Niedergang ihres Denkens den allgemeinen Niedergang ihres Lebensgefühls, die Rat- und Hoffnungslosigkeit ihrer Wunschgebilde offenbart.

Wer die rechte Antwort auf die Frage nach seiner überzeitlichen Geltung finden will, wird sie nicht mit Hilfe von vergleichenden Betrachtungen über Teilbereiche seiner Wirkung finden. Eine andere, umfassendere Weise ist erforderlich, um sich seiner geistigen Gestalt, der Ausstrahlungskraft seiner Lehre zu versichern. Es geht darum, das Ursprüngliche und Ganze dieser Lehre in den Blick zu nehmen, dieses Ganze aus Erkenntnistheorie, Naturphilosophie, Ästhetik und Ethik, das sich in der Werdezeit zur Einheit gefügt hat und sich vor den wechselnden Meinungen und Wunschbildern der Folgezeiten behaupten will. Wir müssen es als Einheit sehen, in seiner großartigen inneren Geschlossenheit: als ein Bauwerk, vor dem die Frage verstummt, wo seine Steine herkommen und ob manche dieser Steine vielleicht im Laufe der Jahre schadhaft geworden sind, ob ein Gesims erneuerungsbedürftig, eine Verzierung abgebrochen ist. Wer Schopenhauer verstehen, und mehr noch: wer sein Weltbild in das eigene Leben aufnehmen, wer Trost und Kraft aus ihm gewinnen möchte, der wird nicht daran denken, es in seine Teile zu zerlegen und in den Teilen Aufschlüsse zu suchen, die nur das ungeteilte Ganze geben kann. Er wird nicht die erkenntnistheoretischen Voraussetzungen des Systems übergehen, um sich ohne Umschweife der Ästhetik zuzuwenden, er wird nicht glauben, die naturwissenschaftlichen Ansätze Schopenhauers seien heute überholt, nur die Ethik habe noch ihren Wert. Er wird nicht handeln wie die Fellachen, die aus dem großen, für Jahrtausende bestimmten Bauwerk die Steine für ihre armseligen Behausungen herausbrechen.

Schopenhauers Werk ist kein erstarrtes, lebloses Gebilde. Es hat nicht, wie so viele philosophische Systeme der Vergangenheit, mit der Einordnung in geistesgeschichtliche Zusammenhänge seinen Tod gefunden. Es trägt noch immer die Kraft der Jugend in sich; es steht lebensvoll und lebenspendend, anregend, erneuernd, richtungweisend im Auf- und Niedergang der Zeiten.

„Ich bezweifle sehr", schreibt Schopenhauer am 22. Juli 1852 an Adam von Doß, „daß man jemals über mich wird hinauskommen können, d. h. in der Länge; in der Breite wird manches zu tun sein, an Erläuterungen, Bestätigungen, Verknüpfungen, Ausführungen usw." Ein merkwürdig hellsichtiges Wort. Es weist auf vieles voraus, was Natur- und Geisteswissenschaften seit dem Tode Schopenhauers uns gebracht haben, aber es weist auch auf die Unberührbarkeit eines Denkens, das einem tieferen Einverständnis mit dem Weltgrunde entwachsen scheint, einer Fähigkeit, „hinter das Reich der Täuschungen" zu blicken. Schopenhauer hat von den Tiefen der Welt etwas gesagt, was ihm niemand vor- und niemand nachgesprochen hat. Er ist ein Zerstörer jedes Wahnglaubens und aller bequemen Lebenslügen. Seine Sorge ist nicht das jeweilige Zeitalter, nicht die jeweilige Gesellschaftsform, sondern die Sorge aller, die seit Jahrtausenden von den Fragen nach dem Sinn des Daseins bedrängt worden sind. Er verkörpert einen der großen Typen der Weltanschauung, die nach einem Wort Diltheys selbstmächtig dastehen, unbeweisbar, unzerstörbar, durch keine späteren Meinungen und Wünsche anzufechten – Repräsentanten einer Möglichkeit menschlischen Seins, die kraft eigenen Rechtes fortwirken. Bisweilen treten sie für ein Zeitbewußtsein zurück, dann wieder ergreifen und beherrschen sie die Geister mit starker Kraft und erfüllen Weltansicht und Lebensform.

Wir bringen gerne und mit Recht die Grundformen des Denkens mit ihren Schöpfern in Verbindung. In einem Gespräch mit Johannes Falk, dem merkwürdigen Begründer der inneren Mission, hat Goethe die Meinung geäußert, daß alle Philosophie gelebt werden müsse und daß die Philosophen ihrerseits vor allem Lebensformen darbieten. So sehr ein philosophischer Gedanke im Streit der Meinungen stehen mag, er bleibt wahr und gültig, wenn er ein wesentliches Menschentum verkörpert. Auf dieses Wahre und immer Gültige zielt Friedrich Nietzsche, wenn er nicht das Denken, sondern den Denker Schopenhauer rühmt, das Vorbildhafte, Beispielhafte an ihm, seine Unabhängigkeit von den herrschenden Gewalten, von Staat und Gesellschaft, seinen harten Tatsachensinn, seine furchtlose Wahrheitsliebe. Nietzsche vergleicht ihn mit Dürers Ritter mit Tod und Teufel, der seinen Weg allein und unbeirrt zu nehmen weiß: Er will die Wahrheit, und es gibt nicht seinesgleichen. Nietzsche nimmt das Dürer-Gleichnis aus der ›Geburt der Tragödie‹ wert- und ranggebend in die Zukunft mit. Über allen Wandlungen seines Verhältnisses zur Lehre Schopenhauers bleibt das Vorbild des Lehrers erhalten. Zehn Jahre nach der Niederschrift der Dritten Unzeitgemäßen Betrachtung ›Schopenhauer als Erzieher‹ sagt ein Sinnspruch von dem damals längst „überwundenen" Schopenhauer mit einem kaum zufälligen Anklang an die Luthersche Freiheit eines Christenmenschen, der als Herr über alle Dinge „niemandem untertan" ist: „Was er lebte, wird bleiben stahn." Und noch einmal nimmt die ›Genealogie der Moral‹ von 1887 das Gleichnis aus der ›Geburt der Tragödie‹ auf, dort, wo sie von einem „wirklich auf sich gestellten Geist wie Schopenhauer" redet, einem „Mann und Ritter mit erzenem Blick, der den Mut zu sich selbst hat, der allein zu stehen weiß".

Man hat einen Widerspruch zwischen dem Leben und der Lehre Schopenhauers sehen wollen, einem Leben, das in anscheinend geruhsamer Betrachtung dahinging, und der Lehre von Weltelend und Weltentsagung. Man hat gemeint, er hätte die letzterreichbare Einheit von Leben und Lehre, die er im Bild des Heiligen vor uns hingestellt hat, auch in sich selbst verwirklichen sollen. Schopenhauer hat um sein Weltbild schwer gerungen und gelitten. Ein Heiliger war er nicht, unter den neueren Denkern aber war er der einzige, der mit seinem Denken wirklich ernst gemacht hat: Er hat die Lebenshaltung des erkennenden Menschen festgelegt und durchgeführt. So hat ihn, noch tiefer vielleicht als Nietzsche, Jacob Burckhardt verstanden: Burckhardt hat neben der Illusionslosigkeit gegenüber der Welt eben den Ernst und die Echtheit des Menschen in ihm gespürt, den tiefen Ernst eines freien Geistes, in dem die Freiheit nicht als Gedanke sich erfüllt hat, als Kunstwerk, als Dichtung oder Forderung, sondern als gelebte Wirklichkeit. Alle anderen hatten ihr Amt oder Weib und Kind oder sonst eine Fessel, oder die Not, die sie band – alle waren sie etwas neben und außer ihrer Berufung. Bei Kant war es die Professur, bei Goethe die Bürde selbstauferlegter Ämter und Pflichten, der höfischen und gesellschaftlichen Rücksichtnahmen, und Burckhardt selbst hatte sich mit seinem Lehramt abzufinden. Nur Schopenhauer war ganz er selber, zu keinem Zugeständnis an vorgegebene Richtlinien und Leitsätze, an Absichten und Zwecke jeder Art willig und bereit. Ein Glücksfall, daß ihm die Gunst des Schicksals die äußere Unabhängigkeit geschenkt hat. Sein Ruhmestitel aber, daß er diese Gunst dankbar genutzt hat im Dienst an der selbstgewählten Aufgabe und Arbeit seines ganzen Lebens. Darin liegt seine Größe und freilich auch der Grund für seine Einsamkeit, eine bejahte Einsamkeit, die ihm der letzte Beweis für die Wahrheit und Echtheit seines Werkes ist.

So läßt sich Schopenhauer weder dem Typus des mit so vielen Absichten und Rücksichten belasteten akademischen Philosophen seiner Zeit zuordnen, noch kann er die Leit- und Vorbildgestalt für die vielen, in die Betriebsamkeit wechselnder Zeit- und Alltagsaufgaben gebundenen Vertreter des heutigen Philosophierens abgeben. Mahnend und warnend weist er darauf hin, daß unser Dasein im Banne der gleichen Gegebenheiten und Verhaltensweisen steht, die er mit sicherem Blick erfaßt hat – der heute in den unheimlichsten Erscheinungsweisen offenbargewordenen Ambivalenz von Schmerz und Langeweile. Im Doppelzwang der immer weiter um sich greifenden Vermassung, der immer unheilvoller ausgedehnten Herrschaft der Technik und einer Lebensbequemlichkeit, die den einzelnen aufs kläglichste verarmen, das Menschliche in immer größere Gefahr geraten läßt, zeigt sich unsere Zeit unruhiger und gedankenärmer, als der schroffste Pessimismus es erwarten ließ. Das Kulturgefüge ist auf einen tiefsten Stand gesunken.

Die Philosophie aber als sinngebende Macht, als oberste Schiedsrichterin und freie Anregerin der Forschung scheint ihre Rolle ausgespielt zu haben. Der Philosoph ist nicht mehr Herrscher und Führer, er ist

Diener seiner Zeit geworden. Man denkt zurück. Im 16., im 17. und noch im 18. Jahrhundert ist es der Weltmann, der den philosophischen Gedanken trägt und hütet, von Montaigne über Descartes und Leibniz bis zu Hume und dem durchaus nicht professoralen, nur sehr urbanen Kant. Im 19. Jahrhundert macht der Weltmann dem akademischen Philosophen Platz, der in Schopenhauers Streitschrift ›Über die Universitäts-Philosophie‹ angeprangert ist. Das schöpferische Philosophieren weicht der forschenden und kommentierenden Wiederholung aller geschichtsbildenden Gedanken, die von den „Selbstdenkern" gefaßt worden sind, von Platon zu Aristoteles, von Aristoteles zu Augustinus, von Augustinus zu Thomas, von Plotin zu Bruno, von Bruno zu Spinoza. Das Leben des akademischen Philosophen – es ist, im besten Falle, Arbeiten, Lehren, Bücherschreiben, eine Hingegebenheit an die einmal gesetzte Aufgabe, die der Verbindung mit der Wirklichkeit mehr und mehr enträt. Der weltferne Denker – wir sehen ihn noch heute gelegentlich auf einer Tagung. Leise, in sich versunken spricht er zu uns, gleichsam aus der Ferne dessen, was ihn sein Leben lang bewegt hat. Raum und Zeit versinkt für ihn, er meint für alle zu sprechen und spricht doch nur für sich, manchmal verliert sich seine Stimme vollends, dann ruft er sich gewaltsam wieder auf, beginnt von neuem in dem Versuch, sich mitzuteilen, er fühlt nicht, wie die Stunde hingeht, er kann kein Ende finden, gegen alle Zeichen der Unruhe verfolgt er seinen Weg, er kann nicht anders. Mit hilfloser Geste räumt er seinen Platz, als man ihn veranlaßt, abzubrechen. Er wird fortfahren, wo er halt gemacht hat, irgendwo, mitten im Satz, morgen oder übermorgen, an ihm soll es nicht fehlen. Er weiß nicht, daß er nicht einmal die Fachgenossen überzeugen kann.

Das 20. Jahrhundert bringt noch einmal ein gewandeltes Bild: Der Professor verläßt den Katheder, seine Lehrtätigkeit, seine Forschungsaufgaben rücken in den Hintergrund, wir finden ihn auf Vortragsreisen, auf Kongressen und Tagungen in aller Welt, er tritt als Sachverständiger, als Berater auf. ... Er hat sich der Zeit und ihren Aufgaben geöffnet. Teilnehmend, mitwirkend, wegeweisend stehen die Denker unserer Zeit im Kreise aller Bedürfnisse und Forderungen des Tages: als Publizisten, als Pädagogen, als fordernde Psychologen, als Schöpfer politischer Doktrinen, als Diplomaten, als politisch Handelnde. Sie kommen aus weiten Bereichen der Tatsachenforschung, sie sind Mathematiker, Naturwissenschaftler, Physiker, Biologen. Sie holen immer wieder auch zu größeren Entwürfen aus, sie suchen zu Grundfragen des Daseins vorzudringen, aber allzugern ermattet der Versuch in der Neigung, die Grundfragen auf sich beruhen zu lassen. Sie sind alles, meint Ortega, nur nicht Philosophen.

Die Philosophie ist die ins Altenteil verwiesene Mutter vieler Einzelwissenschaften geworden, die ihren eigenen Haushalt führen und sich nur ungern beaufsichtigen und überprüfen lassen. Psychologie, Charakterkunde, Soziologie, Erziehungswissenschaften und Ästhetik – sie alle haben sich längst aus dem übergreifenden Zusammenhang gelöst. Die mathematische und symbolische Logik, die Logistik, die Semantik, die Sprach- und Begriffsanalyse, die Kybernetik als neue Grundwissenschaft, die diese Disziplinen alsbald steuern und bestimmen wird, alle erheben sie ihren Anspruch auf Alleingeltung. In den angelsächsischen Ländern und im Osten hat der logische Positivismus bereits die Philosophie verdrängt. Die Philosophie soll der Tatsache dieses Auseinanderlaufens in viele Selbständigkeiten Rechnung tragen, aber sie soll es nicht etwa im Schaffen von Querverbindungen tun, im Suchen nach einem einigenden Band, man stellt ihr andere, in den letzten Jahren immer schamloser in den Vordergrund gespielte Aufgaben, die ihren Niedergang im Ansatz schon besiegeln. Sie soll die Analyse und Kritik der Einzelwissenschaften geben und ihre theoretischen Grundlagen erarbeiten, sie soll die Forschungslage insgesamt und bestimmte verdächtiggewordene Forschungssysteme besonders überdenken, sie soll sich mit Prognosen und Planungen beschäftigen. Wirtschaftliche und gesellschaftliche Theorien tragen immer neue Forderungen heran, und immer unverhohlener wird der Philosophie eine eindeutig politische Funktion zugesprochen: Sie soll eine Kritik der Gesellschaft geben, sie soll als Ideologiekritik die Beziehung zu den sozialen Lebensformen herstellen, sie soll die sogenannte Herrschaftsideologie der sogenannten spätkapitalistischen Gesellschaft zerstören – und eben darin, daß sie diesen ihr wesensfremden Aufgaben auf verschiedenen Wegen nur unvollkommen und häufig nur unwillig nachzukommen weiß, will man das Merkmal ihres Verfalls erkennen. Überholt und fast schon unzulässig der Gedanke, daß der Niedergang der Philosophie gerade aus der Zuweisung dieser Aufgaben kommt, mit denen sie in eine dienende Funktion gezwungen wird: Genehme Tatsachen sollen gerechtfertigt, Gewolltes soll ins

Bewußtsein der Massen und der Völker gehoben werden. In manchen Abwandlungen entwickelt die politische Philosophie die lockenden Zukunftsvisionen eines künftigen Zustandes von Glück und Freiheit, denen die Gegenwart und das Dasein der Menschen selbst bedenkenlos geopfert werden.

Im Gang dieser Entwicklungen verdeckt ein oft nur scheinbarer Gewinn an Wirklichkeitsbezügen einen kaum abzuleugnenden Verlust. Noch immer ist die Philosophie der Gegenwart reich an Einzelerkenntnissen, an überraschenden Hinweisen und Deutungen, als Ganzes aber ist sie arm: fortbildend und umgestaltend, erklärend und bestreitend, was irgendwoher zufließt und dem Tagesbedürfnis dienstbar gemacht wird. Immer häufiger die Aneignung überlieferter Gedanken auf eigene, besondere Ziele hin, immer spürbarer das Abgleiten eines ordnenden Bemühens in benachbarte Bereiche des Kunstschaffens und der literarischen Kritik; immer hoffnungsloser der Substanzverlust an echten philosophischen Fragestellungen und Methoden, der Sinnverlust, der sich allenthalben in einem mühevollen Hin- und Herschieben von Begriffen, im Ausspinnen immer neuer kategorialer Schemata, im wechselweisen Aufzwingen des jeweiligen Tagesjargons bekundet. Man hat vergessen, daß Philosophie ihrem ursprünglichen Wesen nach etwas anderes ist als eine Art von Grundlagenforschung, Prinzipien- und Methodenlehre, etwas anderes als die gefällige Wegbereiterin sich wandelnder, vorübergehender gesellschaftlicher, wirtschaftlicher, politischer Theorien, daß sie aus der Verwunderung über die Rätselhaftigkeit, das Dunkle und Unberechenbare des Daseins gekommen ist und nur im Zeichen dieser Verwunderung bestehen kann: daß sie, nach Schopenhauer, mit einem Mollakkord beginnt und sich im Wissen um den Tod und in der Betrachtung des Leidens und der Not des Lebens entfaltet. Die großen alten Fragen der Philosophie, die Fragen nach den ersten und letzten Dingen der Welt und des Menschenlebens, nach den Grundtatsachen von Alter, Krankheit und Tod sind mit den Mitteln der Massenpsychologie, der Gesellschaftskunde, der Wirtschafts- und der politischen Wissenschaften nicht zu beantworten. Sie werden an jeden einzelnen für sich gerichtet, und jeder für sich selber muß mit ihnen fertig werden. Es sind die Fragen, die Kant in der ›Kritik der reinen Vernunft‹ und mehrfach in seinen Vorlesungen in die berühmte Dreiheit geschlossen hat: Was kann ich wissen? Was soll ich tun? Was darf ich hoffen? Diese Fragen sollen den Umfang der Philosophie ausmessen, aber alle drei sollen in einer vierten aufgehen: Was ist der Mensch?

Bemerkenswert, daß der vielseitigen Geschäftigkeit, die das Zeitbild kennzeichnet, das Merkmal des raschen Hinschwindens, der Vergänglichkeit beigegeben ist. Die Namen, die im ersten, im zweiten Jahrzehnt nach der Jahrhundertwende genannt wurden, sind heute schon vergessen. Auch der Geist der goldenen zwanziger Jahre ist nur als dunkle Erinnerung wach, und die mit weltweitem Anspruch aufgetretene Existenzphilosophie der Nachkriegsjahre ist längst wieder in den Hintergrund getreten. Viele der Männer, von denen man gesagt hat, daß sie die geistige Physiognomie der Zeit bestimmt haben: Gabriel Marcel, Jean Wahl, Lavelle, de Waelhens, Mounier und Camus und beinahe auch schon Sartre – ihre Stimmen, die noch den Menschen anriefen, den Menschen für sich und in seiner Umwelt, haben sich rasch entfernt, der Nacht entgegen. Mit 86 Jahren ist Karl Jaspers verstorben – ein Mann vergangener Tage: Seit langem schon hat sich das individualistische Freiheitspathos seines Philosophierens in politische Kritik, in Kritik an der Zeit, an der Demokratie und zuletzt noch in manchen beschwörenden Appell verloren, der wirkungslos verhallte. Wenige Monate später hat der 80. Geburtstag Martin Heideggers zeigen können, wie sehr die einmal begierig aufgenommenen Herausforderungen seiner Sprache, seiner Werkinterpretationen sich bereits erschöpft haben, wie still es um ihn geworden ist.

Und schon treten auch die Männer einer wirkungsmäßig später einsetzenden Epoche, die sich willig der allgemeinen Unruhe hingegeben und ihr für kurze Zeiten Leitbilder geschaffen haben, die Neomarxisten Marcuse, Bloch, Adorno und andere, in die Vergangenheit, von den Geistern, die sie riefen, verlassen und oft genug verraten. Das Bemühen, Theorie und Praxis der neuen Gesellschaftsphilosophie in einen Geltungs- und Wirkungszusammenhang zu bringen, ist gescheitert. Nur die Unruhe ist geblieben, eine in end- und fruchtlosen Methodenstreitigkeiten sich erschöpfende Unruhe, die in einem Schaltschema persönlicher Beziehungen sorglich unterhalten und in einer Sprache abgesichert wird, die nach einem Wort Karl Poppers Einfaches kompliziert und Triviales schwierig auszudrücken sucht: Die Parallelen zu Schopenhauers Philippika gegen die Philosophieprofessoren sind leicht zu finden.

Was dem Tage dient, geht mit dem Tage unter. Wir finden heute kaum mehr eine Erscheinung, die über flüchtige Wirksamkeit hinaus einige Beständigkeit verheißt und kaum mehr irgendwo den Willen und die Fähigkeit, die großen bleibenden Gedanken der Vergangenheit gegenwärtig zu erhalten, sie fruchtbar werden zu lassen auch für unsere verarmte Welt. Man hat von einer Umschichtung der großen geistigen Begabungen gesprochen, von einer Abwanderung des Geistes in die Bereiche der technischen Produktion, – allgemeingenommen: zu den Aufgaben, die das technisch-industrielle Zeitalter in immer größerem Umfang stellt und die den Forscher, den Wissenschaftler, den Denker in die einzige Lebensnähe bringen, die eine entgötterte, in immer schnellere Bewegung geratene technische Welt zu bieten hat, eine trügerische, bedrohliche Lebensnähe. Es liegt im Wesen des technischen Eros unserer Zeit, daß er das führende Wort nicht mehr den „Lehrern" überläßt, die von den Gegebenheiten und Verrichtungen des Daseins zu den übergreifenden Zusammenhängen zu leiten wissen, sondern den Führern der Produktionsgemeinschaften, den Managern und Propheten der technischen Gesellschaftsform, denen Unruhe und Krisen entscheidende Triebkräfte des Lebens sind und Ruhe und Sicherheit geradezu vom Übel. Im Sinn des technischen Eros werden naturwissenschaftliche Forschungsergebnisse ohne erkenntnistheoretische und metaphysische Voraussetzungen und Folgerungen und ohne den Anspruch auf die Erfordernisse unseres Wissens vom Menschen, einfach nach den Grundsätzen der mathematischen Logik oder der Logistik, einem primitiven Weltbild zugeordnet. Im Sinn des technischen Eros werden aber auch die treibenden Gefühlswerte, die in den Denkbemühungen unserer Tage ihren Ausdruck finden, in anspruchsloseren und unverbindlicheren Formen ausgesprochen: in der lyrischen oder psychologischen Enthüllung, im literarischen Essay, in dienenden Formen also, die der Führungsmacht des Geistes entglitten sind und nur zuweilen noch, mitten im unablässigen Produktionsprozeß, ein Unbehagen hinterlassen – das Unbehagen, das aus der Mißachtung der entscheidenden Beziehungen zwischen Welt und Mensch erwächst und uns immer wieder vor die Frage stellt, ob es gelingen wird, der Verführung durch die Technik noch in letzter Stunde zu entrinnen.

Es war nötig, das Bild dieser an Sinn und Hoffnung armen Zeit nachzuzeichnen, um die Gegenwartsbedeutung Schopenhauers, jenseits des

Bereichs seiner geistesgeschichtlichen Wirksamkeit, sichtbar zu machen.

Der Prozeß der Reinigung und Klärung, der die Niedergangserscheinungen in der Philosophie der Gegenwart beenden könnte, müßte bei der Grundhaltung Schopenhauers einsetzen, die in der unermeßlichen Vielfalt, dem Bunten, Zerrissenen, Unversöhnten der Welt die Einheit eines in sich geschlossenen Denkbildes sucht. In dieser Grundhaltung muß sich der Philosoph noch immer wie zur Zeit der Antike von Menschen anderer Art und Prägung unterscheiden. Wenn das Denken, das Streben, das Tun der Menschen im Alltag den vielen kleinen und großen Gegenständen zugewendet ist, die das Leben ihnen zuträgt: den Fragen des Broterwerbs, den täglichen Geschäften und Vergnügungen, den Problemen gesellschaftlicher Konventionen, des Sports, der Politik; wenn man die Wissenschaft nach ihrem wirtschaftlichen Nutzen schätzt und nützt und sein Genügen im äußeren Wohlstand findet, so geht das Sinnen des Philosophen, auf den vielen Wegen, die er nehmen kann, auf das Ganze der Welt- und Lebensfragen. Philosoph ist, wer vom Geheimnis des Weltganzen ergriffen wird, wer es in seiner Unerschöpflichkeit, seiner Widersprüchlichkeit und Undurchsichtigkeit aufzuhellen weiß und die großen, seit Jahrtausenden immer gleichen Fragen nach dem Sinn des Daseins in sich, für sich und damit für die Mit- und Nachwelt zur Klarheit bringt.

Der Denker kann das Ganze dieser Fragen kaum noch überblicken, er ist gehalten, es aus gegebenen Teilstücken zu erschließen. Viele Tatsachen wandeln sich im Lauf der Zeiten – immer neue Erkenntnisse treten ins Bewußtsein, alte Irrtümer verschwinden –, an der Aufgabe, die Gesamtheit der Erscheinungen und ihrer tieferen Gründe in das Blickfeld zu bekommen, ändert sich nichts. Unter welchen Formen der philosophische Geist die Ganzheit der Welt betrachtet, ob er die Substanz, den Sinn, den Zweck, den Wert ins Auge faßt, immer sucht er einen Einheitspunkt in den Wirrnissen und Gegensätzlichkeiten der Erscheinungswelt zu fassen, eine Stelle – mit Georg Simmel zu reden –, an der die Fremdheit der Realitäten vor ihrer Verwandtschaft zurückweicht. Dabei bleibt in allem Wandel der Ziele und Methoden immer etwas stehen, das dem Wandel nicht unterworfen ist. So wirkt in die Bemühungen unserer Tage, der großen Aufgabe nachzukommen, vielseitig die Vergangenheit hinein. Wir sehen die großen Denker früherer Zeiten ihren Kampf weiterkämpfen: Descartes und Spinoza, Kant und Schopenhauer sind keine in den Raum der Geschichte zurückgetretenen Gestalten, denen mit ihrer Einordnung in die Lehrbücher Genüge getan wäre, und noch die Denker der alten Zeit reden in unseren Tagen oft deutlicher als viele der Lebenden. Als der letzte große Vertreter einer von Platon und Aristoteles her über mehr als zwei Jahrtausende hinwegführenden Denkbewegung steht Schopenhauer heute beispielgebend für Macht und Würde einer Philosophie, die uns fast schon verloren ist. Er hat sein Werk, in der Nachfolge Kants, als die eigentliche Kritik der Vernunft verstanden – es soll fortführen und vollenden, was Kant begonnen hat. Schopenhauer nennt diese eigentliche Vernunftkritik eine „Vivisektion der Lügen", er erklärt, in trotziger Kampfansage an seine Zeitgenossen, an ihre Schein- und Spaßphilosophen, er stelle sich auf den Boden der Reflexion, mithin der Redlichkeit. Er will der Wahrheit dienen, um der Wahrheit willen. Dem Streben nach gültiger Erkenntnis aber ist die lebensführende Aufgabe beigegeben, der sich die Denker unserer Zeit nur allzu gern und allzu leicht entziehen. Schopenhauer bescheidet sich nicht bei einem gedanklichen Erfassen und der begrifflichen Zergliederung von Welt- und Lebenszusammenhängen, seine Philosophie hat das Ziel, unmittelbar auf unser Leben einzuwirken, sie ist, wie es die großen Denker der Antike wollten, als Wegweiser zur Lebensgestaltung und Lebensmeisterung gemeint. Schopenhauer lehrt uns die Welt kennen und durchschauen. Er richtet das Bild des Menschen auf, das wir dieser Welt entgegenhalten können und hat ihm alle Züge des Erreichbaren aufgeprägt. Er ruft zur Entfaltung höherer Daseinsformen auf, die nach den höchsten Vorbildern gelebt werden und in denen das Vieldeutige und Dunkle unseres Daseins, Leben und Tod aufgehoben werden. Man kann mit seiner Philosophie leben – und mit ihr sterben, sie ist, nach dem Worte Thomas Manns, geeignet, „in der letzten Stunde standzuhalten, und zwar mühelos, ohne Denkanstrengung, ohne Worte standzuhalten". Aber keiner findet seine Rechnung bei ihm, der etwas anderes sucht als einfach die Wahrheit.

Er sagt den Menschen Wahrheiten, die sie nicht hören wollen, er entlarvt ihre Vorurteile, er entwertet altgeheiligte Irrtümer und zerstört die liebsten Wunschträume. „Wo ist eine Eitelkeit, die ich nicht gekränkt hätte?" schreibt er an Frauenstädt. „Man kann nicht der Welt und der Wahrheit zugleich dienen."

II. DIE GROSSEN „SCHÜLER“

43. Jahrbuch der Schopenhauer-Gesellschaft, hrsg. von Arthur Hübscher. Frankfurt a. M. 1962, S. 27–41.

SCHOPENHAUER UND DIE MODERNE EXISTENZPHILOSOPHIE

Von Alwin Diemer

I

Die geschichtliche Verfassung des Menschen, wie sie sich in der jeweiligen geschichtlichen Situation bekundet, zeigt ein Janusgesicht von eigentümlich dialektischem Charakter. Geschichtliche Gegenwart ist so zunächst Handeln und Werken, das immer nach vorne gerichtet ist, auf die Zukunft und auf Neues ausgeht. Zugleich ist sie aber auch rückschauendes Denken, Gedenken und Erinnern. Dadurch aber, daß diese Reflexion immer in der jeweils sich ändernden Situation gründet, wandeln sich entsprechend die leitenden Horizonte geschichtlicher Besinnung; geistige Gestalten und Gegebenheiten tauchen auf, treten in das Gesichtsfeld, ja können es zuweilen so überschatten, daß für nichts sonst Platz mehr vorhanden ist. Dann aber weichen sie wieder zurück, verharren mehr oder minder vage im Hintergrund und können zuweilen ganz verschwinden. Das hindert allerdings nicht, daß sich dasselbe bei gegebener Situation von neuem wiederholt.

Anscheinend Vergangenes und Vergessenes ersteht dann wieder neu, ersteht dann aber mit neuem Gesicht, ja sogar mit neuem Wesen. Dies geschieht dadurch, daß an den erinnerten Gestalten Anderes und Neues entdeckt wird und daß dadurch sie selbst anders gesehen werden. Hierbei sind es weniger die jeweils gebotenen Lösungen als vielmehr die offengebliebenen Fragen und Probleme, die die neue Verlebendigung bedingen und ausmachen. Diese Wiederholung gestaltet dann aber ihrerseits im dialektischen Spiel die Gegenwart neu, was wieder zu neuer geschichtlicher Besinnung und Entdeckung führen kann.

Zu groß ist die Zahl möglicher hier zu erwähnender Beispiele, als daß auf Einzelheiten eingegangen werden könnte. Nur an Hegels Schicksal sei erinnert: Kaum hatte der positivistische Wissenschaftsgeist des 19. Jahrhunderts das leere, fleischlose Skelett klappernder Hegelscher Dialektik feierlich zu Grabe getragen, da vollzog sich schon im Rahmen der erwachenden Lebensphilosophie die Neugeburt eines neuen, jugendlichen und lebensphilosophischen Hegel.

Gilt dies Gesagte, dann erwächst auch das Thema „Schopenhauer und die Existenzphilosophie" einer, d. h. unserer geschichtlichen Situation. Dann fragt es sich aber, warum diese Frage wohl gerade jetzt erhoben wird. Denn sieht man näher zu, dann ergibt sich eine seltsame Paradoxie: Man muß sich nicht darüber wundern, daß man diese beiden Philosophien überhaupt miteinander in Beziehung bringt, sondern umgekehrt darüber, daß man nicht schon lange das gegenseitige Verhältnis näher beleuchtet hat. Denn – abgesehen von mittelbaren Zusammenhängen etwa über Nietzsche – schon die oberflächlichste unmittelbare Betrachtung läßt offenkundige Parallelen in die Augen springen: die „Negativität des Daseins", die Sinnlosigkeit und Absurdität von Welt, Wirklichkeit und menschlichem Sein und Leben, das Herausheben bestimmter menschlicher Grundstimmungen wie Not, Ekel und vor allem der Langeweile – alles dies sind Grundideen nicht erst der Existenzphilosophie: sie finden sich zunächst bei Schopenhauer selbst. – Oder wer denkt nicht an Sartres ›Geschlossene Gesellschaft‹, wenn es heißt, die Welt sei anzusehen als „eine Hölle, welche die des Dante dadurch übertrifft, daß einer der Teufel des anderen sein muß" – oder wie existentialistisch (das Wort sei hier erlaubt) mutet die Fabel von den Stachelschweinen an, die die mitmenschliche Situation charakterisieren soll: An einem kalten Wintertage drängen sie sich, wärmesuchend, zusammen; gerade das bedingt, daß sie sich mit ihren Stacheln gegenseitig bedrängen, „so daß sie zwischen beiden Leiden hin- und hergeworfen wurden, bis sie eine mäßige Entfernung voneinander herausgefunden hatten, in der sie es am besten aushalten konnten"[1].

Nun darf allerdings nicht übersehen werden, daß man an dem allem nicht gänzlich vorbeigegangen ist: Bereits in den dreißiger Jahren hatte Gehlen die anthropologische Seite in Schopenhauers Philosophie aufgezeigt und dabei auf die Entdeckung des Leibes und der Leiblichkeit des

[1] Parerga und Paralipomena, II § 396, ed. Hübscher, Bd. VI, S. 690.

Handelns hingewiesen.[2] Auch in der unmittelbaren Historie und Kritik der Existenzphilosophie finden sich zuweilen Hinweise. Ja, bereits 1949 bezeichnet der Italiener Moretti Costanzi Schopenhauer direkt als Stammvater der „existentialistischen Familie" und spricht von einem „Heideggerschen Schopenhauerismus", wogegen Heidegger selbst sich aber schärfstens wehrt.[3]

Doch erst in der unmittelbaren Gegenwart mehren sich zunehmend die Stimmen, die hier Zusammenhänge sehen wollen und sie zu erhellen versuchen (Hübscher, Brunner, neuerdings Thyssen[4]).

II

Wenden wir uns nach dieser Vororientierung dem eigentlichen Thema zu, so handelt es sich dabei um die Bestimmung eines Verhältnisses, um einen Vergleich. Ein solcher bedarf zunächst einer Ausgangsbasis. Diese könnte an sich bei Schopenhauer selbst gesucht werden, und man könnte von da aus möglichen Zusammenhängen nachgehen. Die Vorüberlegungen lassen es aber als angebracht erscheinen, von der Gegenwart, d. h. von der Existenzphilosophie selbst, auszugehen.

Dazu ist es erforderlich, zunächst diese – wenn auch gerafft – einmal im Gehalt ihrer Grundideen, zum anderen in ihrer geschichtlichen Entwicklung zu betrachten. Was das erste betrifft, so verstehen wir dar-

[2] A. Gehlen: Die Resultate Schopenhauers. In: Gedächtnisschrift für A. Schopenhauer, 1938.

[3] Th. Moretti Costanzi: L'Ascetica di Heidegger, Roma 1949. Der Verf. hat dann Auszüge aus einem Schreiben Heideggers in einem weiteren Aufsatz veröffentlicht (Circa un giudizio dello Heidegger sulla mia ‚Ascetica di Heidegger' in: Teoresi, Anno VI, N. 1–2, 1951). H. schreibt: „Mit Schopenhauer hat mein Denken nicht das geringste zu tun. Man braucht nur Schopenhauers Interpretation der beiden Denker, die er als seine Philosophen nennt – Plato und Kant – zu kennen, um den abgründigen Unterschied, der zwischen Schopenhauers Philosophie und meinem Denken besteht, zu sehen . . . . . . Nötig ist, freilich, daß man erst die Diskussionen aus dem Horizont des ‚Existentialismus' und der ‚Existenzphilosophie' herausdreht" (ebd. S. 12).

[4] J. Thyssen: Schopenhauer zwischen den Zeiten. In: Kant-Studien, Bd. 52, H. 4 (1960/61), S. 387–400.

unter eine typisch geistige bzw. philosophische Einstellung des Menschen, die ihren prägnantesten Ausdruck in der modernen Existenzphilosophie findet. Nur von dieser soll hier die Rede sein.

Doch auch bei dieser Beschränkung muß noch schärfer unterschieden werden; denn es kann jetzt ein Gesamtkomplex geistiger Erscheinungen gemeint sein, der zwar einen philosophischen Kern besitzt, der aber in seinen unmittelbaren und mittelbaren Ausläufern weit in die Theologie und Literatur hineinreicht. Hier soll es nur um den Kern gehen.

Bewegen wir uns so im rein philosophischen Raum, so muß vor allem auf die Dreiheit von Existenzphilosophie im engeren Sinne, Existentialphilosophie und Existentialismus hingewiesen werden. Wenn wir auch auf die näheren Differenzierungen nicht näher eingehen können, so muß doch der Unterschied zwischen der Existenzphilosophie im engeren Sinne und der Existentialphilosophie gesehen werden, da er für die folgenden Betrachtungen, wenn auch nicht von letzthinniger, so doch nicht zu übersehender Bedeutung ist. Dazu kommt noch, daß – wie das Heideggerzitat zeigt – die Existentialphilosophie es ablehnt, als Existenzphilosophie angesprochen zu werden. Beide Formen unterscheiden sich dadurch, daß es sich bei der Existenzphilosophie um eine spezifische Metaphysik, d. h. philosophische Letztsicht der Welt, der Wirklichkeit und vor allem des Menschen handelt und daß sie selbst im Philosophieren existentiell „engagiert" ist. Die Existentialphilosophie ist demgegenüber – zumindest im primären Ansatz – rein theoretische Transzendentalphilosophie, der es um die Konstitution der Wirklichkeit, also um eine „Ontologie" geht. Allerdings stimmen beide wieder darin überein, daß sie als letzten Sinngrund der Wirklichkeit den Menschen ansetzen und daß sie dann auch dessen Wesen in gleicher Weise bestimmen. So gesehen kann die Existenzphilosophie im Sinne einer spezifischen Metaphysik bzw. Anthropologie verstanden werden, die als Kern allen genannten Bestrebungen gemeinsam ist.

Ihr ideeller Grundgehalt läßt sich auf drei Grundideen reduzieren:

(1) Die erste ist die totale Reduktion allen Philosophierens auf den Menschen, was sich schon an der Reduktion des allgemeinen Begriffes Existenz auf den der menschlichen Existenz zeigt. Nur der Mensch ist Thema, sonst nichts.

(2) Die menschliche Grundsituation wird dann im Gegensatz zur gesamten Tradition, der antiken wie der christlichen, aber auch der neu-

zeitlichen, anders gesehen. Das Wesen des Menschen gründet nicht mehr in einem Höheren, in Geist, Bewußtsein oder dgl.; es besteht vielmehr einzig und allein in der „nackten Existenz". Das Adjektiv „nackt" erscheint als die beste Näherbestimmung, vor allem auch deswegen, weil sich dann der ursprüngliche Ansatz dieser Bewegung im Gesamt seiner geschichtlichen Situation besser verstehen läßt. Nacktheit aber bedeutet: Ledigkeit von allem Äußeren, von bürgerlicher Existenz, Beruf, Glaube usw. Der Mensch ist das, was er faktisch ist, angefangen von seiner unmittelbar erfahrenen Leiblichkeit, die jetzt neu gesehen wird, bis hin zu diesem inneren, letztlich leeren Kern, der als Existenz i. e. S. angesprochen wird.

(3) Diese Bloßheit wird dann noch grundsätzlich negativ bestimmt: Menschsein heißt Geworfensein in die irrationale Faktizität des Daß, des Jetzt und Hier. Um es herum ist nur das weite dunkle Meer der Sinnlosigkeit, der Nichthaftigkeit und der Absurdität, die sich in der Lebens- und Todesangst bekundet und die letztlich im Ausgeliefertsein an den Tod kulminiert. Gerade dieser erfährt hier seine entscheidende Umdeutung: War er bislang immer Tür und Durchgang zu einem höheren und ewigen Jenseits, so ist das Tor zum Jenseits endgültig zugefallen. Der Mensch ist zurückgeworfen in seine Endlichkeit, in der er letztlich nur noch sich selbst finden kann.

Diese drei Grundideen – totale Reduktion auf die menschliche Existenz – nackte Existenz – Negativität des Daseins – sind die entscheidenden. Alles weitere ist entweder Besonderung oder stellt einen Versuch dar, den ursprünglichen Ansatz umzudeuten oder zu überwinden. Das gilt vor allem für solche Bemühungen wie etwa eine christliche Existenzphilosophie.

Versuchen wir nun, diese Bewegung in das Geschichtsfeld des 19. und 20. Jahrhunderts einzugliedern, so sah man bislang in ihr meist eine isolierte Reaktionserscheinung im Umbruch des 19. Jahrhunderts, eine Bewegung, deren Wurzeln verschieden angesetzt werden: im Sturm und Drang, der Romantik, der Lebensphilosophie, vor allem aber in den Stammvätern Kierkegaard und Nietzsche. Doch die neuere Geistesgeschichte hat hier nun einen gewissen Wandel geschaffen. Man sieht die ganze Bewegung nicht mehr als Einzelerscheinung, sondern als Moment und Glied eines Gesamtgeschehens, das sich nach dem Zusammenbruch des deutschen Idealismus – oder der Neuzeit oder gar des abendländischen Denkens überhaupt, darüber streitet man sich – vollzog: Beethovens, Goethes und Hegels Todesjahre symbolisieren das Umbruchsdatum. Von der Höhe idealistischer Spekulation ist man hinabgestiegen oder hinuntergestürzt in die Niederung des unmittelbaren Lebens, der nackten Existenz. Wir verstehen das Eigentliche dieser geistigen Revolution, wenn wir die daraus erwachsenen metaphysischen Neugestaltungen nebeneinanderstellen: den Sozialismus, den modernen Pragmatismus und schließlich die Existenzphilosophie.

Die Differenzen lassen das Gemeinsame noch stärker hervortreten: Der Sozialismus nimmt seinen Ausgang von der Lebenswirklichkeit der materiellen Situation: Aus der Doppelsinnigkeit des Begriffes des Materiellen entwickelt sich einerseits ein naturalistischer Materialismus, andererseits ein Ökonomismus, der seinerseits wieder stark das Gesellschaftliche herausstellt. Hier begegnet er sich mit dem Pragmatismus; auch dieser ist ein Ökonomismus, wenn freilich auch verfeinerter Art. Sosehr auch hier das gesellschaftliche Moment bestimmend ist, so wird es doch wieder durch einen Individualismus kompensiert, der es nie zu einer gesellschaftlichen Diktatur kommen läßt.

Im Individualismus begegnet sich der Pragmatismus seinerseits mit der Existenzphilosophie. Diese unterscheidet sich von ihm aber in der Näherbestimmung des Individuums: Nicht im Äußerlichen, in der gesellschaftlichen Funktion und Rolle, sondern im Inneren, in der Tiefe des Herzens sieht sie das Eigentliche. Geht sie so konform mit den beiden anderen Bewegungen in der Kritik an der geschichtlich-gesellschaftlichen Situation, so unterscheidet sie sich grundsätzlich durch ihr Wollen: Jene wollen neue Verhältnisse, sie will neue Menschen.

Es mag von daher kommen, daß der Existenzphilosophie erst als letztem der drei Ansätze der Durchbruch zur größeren Breitenwirkung gelingt, dann erst, als nach zwei Weltkriegen alles zusammengebrochen war.

III

Unter dieser Voraussetzung wenden wir uns nun Schopenhauer zu: Hatte sich die Existenzphilosophie als eine Bewegung im Rahmen der geistigen Gesamtentwicklung der beiden letzten Jahrhunderte erwiesen, so fragt es sich jetzt, welche Rolle hier Schopenhauer zukommt.

Zusammengefaßt läßt sich sagen: Er ist es, der nicht nur wie Marx die Hegelsche Philosophie, sondern die gesamte bisherige abendländische Philosophie auf den Kopf, d. h. in seinem Sinne auf die Füße stellt. Bisher war als gültiger Weltengrund immer ein überirdisches und überweltliches Prinzip angesetzt worden: nenne man es Gott, das Göttliche, Geist, Vernunft oder sonstwie. Die unmittelbar gegebene Wirklichkeit, vor allem ihr Ursprung sowie der des Menschen, wurde dann als Abstieg oder gar als Abfall von diesem Grunde angesehen. Menschsein und Philosophieren als dessen höchste Vollendung bestand dann darin, diese Welt zu er- oder sogar zu überhöhen, um sie wieder in das Geistige und Göttliche heimzuholen.

Jetzt ist es gerade umgekehrt: Eine metaphysische Umorientierung ist erfolgt. Das unmittelbare Leben, am Menschen in seiner Leiblichkeit repräsentiert, ist die eigentliche Wirklichkeit. Dieses gelebte und erlebte Leben erweist sich dabei als Kulminationspunkt eines Geschehens, dessen Grund unter der Welt im Gesamten und unter dem Bewußtsein im Menschen liegt. Es gibt so kein Über-uns, kein Hinaus mehr, sondern nur noch ein Hinunter.

An diesem Tatbestand müssen zunächst zwei Momente näher herausgestellt werden: der Ausgang vom konkreten Leben und die Näherbestimmung des Weltengrundes. Zum ersten hatten schon die Idealisten, etwa Fichte, gefordert, man müsse von den unmittelbaren „Bewußtseinstatsachen“ ausgehen. Aber diese waren als Bewußtseinsgegebenheiten einmal ausschließlich theoretischer Natur, waren bewußtes Sein, nicht Sein selbst – zum anderen, und das ist entscheidender, wurde das unmittelbare Subjekt, d. h. der jeweils erlebende Mensch in seiner faktischen Gegebenheit, immer schon übersprungen. Es wurde immer nur von einem transzendental-spekulativen Modellsubjekt gehandelt.

Demgegenüber entwickelt Schopenhauer einen anderen Lebensbegriff: Leben ist nicht mehr Leben des Geistes, wie es Hegel gelehrt und wie es auch die romantische „Philosophie des Lebens“ eines Friedrich von Schlegel entwickelt hatte, Leben ist unmittelbar erlebtes Leben, wie es im Fühlen und Wollen uns gegeben ist. Es selbst ist autonom, hinter es kann nicht mehr zurückgegangen werden. Schopenhauer ist so der Vater der „Lebensphilosophie“, wie man im einzelnen dann auch diesen Begriff näher verstehen und bestimmen mag.

Es gibt damit eine neue Metaphysik des Lebens. Dessen allgemeine

Charakterisierung ist so bekannt, daß Hinweise genügen: Es ist ungeistig, ist Drang, abgründiger Wille. Alles sogenannte „Höhere", wie Geist oder besser Intellekt, ist erst sekundäres Produkt und Hilfsmittel des Lebens selbst.

Sieht man nun näher zu, so ergibt sich in der Bestimmung des absoluten Prinzips eine gewisse Unklarheit bzw. Zweideutigkeit: Einerseits hat es den Anschein, als sei der absolute Wille ein absolutes Weltprinzip, das analog wie der Hegelsche Weltgeist ebenso teleologisch agiert und fungiert. Die Erscheinungswelt wäre dann ein Moment an ihm, der Mensch selbst letztlich Funktionär des Weltwillens.

Andererseits betont aber Schopenhauer, daß er gerade keine Bestimmung des Willens an sich geben könne:

> Meine Philosophie redet nie von Wolkenkukuksheim, sondern von *dieser* Welt: d. h. sie ist *immanent,* nicht transcendent . . . Sie lehrt, was die Erscheinung sei, und was das Ding an sich. Dieses aber ist Ding an sich bloß *relativ,* d. h. in seinem Verhältniß zur Erscheinung . . . Was aber das Ding an sich *außerhalb* jener Relation sei, habe ich nie gesagt, weil ich's nicht weiß: in derselben aber ist's Wille zum Leben.[5]

Dieses aber erweist sich dabei im letzten als eine anonyme und im Grunde substanzlose Urmacht, die ihrem Wesen nach ein Nichts darstellt – ein Nichts, dessen nähere Charakterisierung zwischen der des Nichts in der Mystik und der des Nichts im modernen Nihilismus schwankt. So gesehen, ist die Wirklichkeit dieses Grundes eigentlich ein Abgrund, ein sinnloser und absurder Abgrund, dem sich der Mensch gegenüberbefindet.

Beide Auffassungen lassen sich bei Schopenhauer finden, es hat aber den Anschein, als sei die zweite für sein weiteres Philosophieren bestimmender. Dies zeigt sich etwa, wenn man seine Konzeption der synkretistischen Konstruktion eines absoluten Weltprinzips im Sinne von Eduard von Hartmann gegenüberstellt. Dieser Charakterzug wird später wichtig, wenn von der menschlichen Grundsituation zu handeln sein wird. Jetzt müssen wir unser Augenmerk noch kurz der Weiterentwicklung der Lebensmetaphysik als solcher zuwenden.

In ihrer Begründung beruht Schopenhauers Bedeutung für das 19. Jahrhundert. Im allgemeinen hat hier Nietzsche so sehr die Sicht

[5] Schopenhauer an Frauenstädt, 21. August 1852, D XV, S. 155.

verstellt, daß der Ursprung nicht mehr gesehen wird. Aber eigentlich sollte Nietzsche – ohne seine weitere Bedeutung schmälern zu wollen – zunächst als nur eine der Erscheinungen einer neuen Metaphysik in der zweiten Hälfte des 19. Jahrhunderts angesehen werden –, einer neuen Metaphysik, die primär einen Durchbruch durch bzw. hinter die positivistische Vordergründigkeit darstellt. So gesehen, steht neben Nietzsche die moderne Psychoanalyse so gut wie der Durchbruch der modernen Kunst. Schopenhauers Bedeutung in der Entwicklung der letzteren ist fast kaum bekannt, man kennt nur Zusammenhänge im Rahmen der Musik (Wagner z. B.); daß er in der Entwicklung der modernen französischen Malerei, die ja besonders stark auch theoretisierte (F. Bernard, Gauguin, die Nabi, die Schule von Pont-Aven)[6], eine entscheidende Rolle spielte, ist kaum bekannt. Sie alle sehen in ihm ihren kunstmetaphysischen Meister.

Dieser kleine Exkurs mag deswegen erlaubt sein, weil sich dadurch spätere Rückbesinnungen der Existenzphilosophie unter neuen Gesichtspunkten betrachten und beurteilen lassen.

Vor diesem metaphysischen Hintergrund wird dann nach dem Wesen des *Menschen* gefragt bzw. genau gesagt, vom Menschen aus wird der Hintergrund erst erhellt.

Von diesem allgemeinen anthropologischen Ausgang war bereits die Rede. Wenn man Parallelen ziehen wollte, die sich bis in die Art der Diktion weiter verfolgen ließen, könnte man sagen: Schopenhauers Ansatz verhält sich zu demjenigen von Kant so wie die Heideggersche Wende auf das konkrete Dasein zum Husserlschen Ausgang von der transzendentalen Subjektivität. Ja, Schopenhauer ist hier noch radikaler, um nicht zu sagen einseitiger auf den konkreten Menschen eingestellt. Gerade durch diesen radikalen Anthropologismus zeigt sich in der Gemeinsamkeit des Ausganges vom konkreten Dasein auch wieder der Unterschied gegenüber Heidegger: Schopenhauer ist im ersten Ansatz transzendentalphilosophisch eingestellt, es geht ihm um Wirklichkeitskonstitution, am Ende aber ist er existentiell engagiert, es geht ihm jetzt um die Erlösung.

[6] Vgl. H. H. Hofstätter: Die Entstehung des „Neuen Stils“ in der französischen Malerei um 1890. Diss. Freiburg 1954. 39. Kap. Begründung bei Schopenhauer.

Von dieser konkreten Gegebenheit aus wird dann das Wesen des Menschen und seine allgemeine metaphysische Grundsituation bestimmt: zunächst sein *Wesen*. Entsprechend der neuen metaphysischen Orientierung kann es nicht mehr in einem Höheren gesucht werden. Notgedrungen muß die Eigenbestimmung daher in der Unterscheidung zum Tier herausgearbeitet werden: Wichtige anthropologische Momente werden dabei genannt. Der Mensch kann lachen und weinen, was dem Tier abgeht, er kann sich im Unterschied zu diesem auch verstellen und kann lügen, eine Feststellung, die für die spätere Daseinsanalytik und Demaskierung wichtig wird. Diese Fähigkeit gründet in seinem spezifischen Kern, seiner Geistigkeit oder, besser gesagt, seinem Intellekt. Durch ihn löst sich der Mensch von seiner unmittelbaren Verhaftetheit an Welt und Augenblick, er wird dadurch frei, frei aber nicht so sehr zur Autonomie und Autarkie als frei für sein Schicksal, das sich vor allem im Wissen um die Zukunft und Wissen um Tod bekundet.

> Gleich sehr übertrifft er [sc. der Mensch] sie [sc. die Tiere] an Macht und an Leiden. Sie leben in der Gegenwart allein; er dabei zugleich in Zukunft und Vergangenheit. Sie befriedigen das augenblickliche Bedürfnis; er sorgt durch die künstlichsten Anstalten für seine Zukunft, ja für Zeiten, die er nicht erleben kann ... Er kann sich verstellen, bis zur Unerforschlichkeit, und sein Geheimnis mit ins Grab nehmen ... Das Tier lernt den Tod erst im Tode kennen; der Mensch geht mit Bewußtsein in jeder Stunde seinem Tode näher, und dies macht selbst dem das Leben bisweilen bedenklich, der nicht schon am ganzen Leben selbst diesen Charakter der steten Vernichtung erkannt hat.[7]

Wenn es dann weiter heißt, daß aus dem Wissen um den Tod und das Nichts letztlich auch die Religion und die Philosophie entspringen, so wird damit zwar ein alter Gedanke wiederbelebt, den bereits Platon vortrug. Aber vor dem neuen metaphysischen Hintergrund und der neuen Sinnbestimmung des Todes gewinnt diese Bestimmung eine neue Bedeutung.

Sie ergibt sich aus der Bestimmung der menschlichen Grundsituation, die allgemein als die „Negativität des Daseins" charakterisiert ist. Von ihr war bereits die Rede: das faktische Bestehen des Leids und Leidens in der Welt, das alle positiven Momente bei weitem überwiegt, die

[7] W. a. W. u. V. I, ed. Hübscher, Bd. II, S. 43f.

Bestimmung des Glückes als eines negativen Zustandes, nicht eines positiven Eigengehaltes usw.

Doch wichtiger als diese einfachen vordergründigen Feststellungen ist die Durchleuchtung desselben, das Enthüllen des „Schleiers der Maya", der um die menschliche Grundsituation gelegt ist bzw. diese in ihrem Wesensgehalt verhüllt. Philosophie wird hier zum ersten Male zur *Daseinsanalytik;* die idealistische transzendentale Analytik des Bewußtseins wird zur Analytik des Daseins, die dessen verborgene Strukturen und Grundelemente enthüllen soll. So heißt es von der Langeweile:

> Die Langeweile, das Leere, Oede, das uns bisweilen in der Einsamkeit überfällt . . . ist nichts weiter als die dem Leben . . . wesentliche und ursprüngliche eigene Nichtigkeit, Jammer und Erbärmlichkeit, in ihrer Nacktheit und Wahrheit. Die Arbeit, Not, Mühe des Lebens sind Vorhänge, welche uns sonst jene Leere verbergen: wir strengen uns unablässig an um solche wegzuschaffen, überzeugt, dahinter stecke das Eldorado und sie nur seien uns im Wege. Sind sie weggeschafft, so zeigt sich uns die Basis des Lebens, der dürre Sand, auf dem alles ruht, die unverhüllte Leere, das Nichts ohne weitre Entschuldigung. Wir gleichen dem Affen, der nach zwanzig abgewickelten Papieren einen Stein gefunden hat. Nun schaffen wir, nach Wegräumung der ursprünglichen, neue künstliche Vorhänge an, drappieren sie so perplex als möglich, daß man immer viel Beschäftigung finde ehe man zum Leeren durchdringe . . . Aber sie sind eine dürftige Hülle: Wer sie braucht, weiß schon, daß dahinter so wenig als davor steckt, die Leere schimmert immer durch.[8]

Dieses Durchleuchten kreist letztlich um die und kulminiert letztlich in der Frage nach dem Menschen selbst. Dabei stellen sich vor allem zwei Probleme: das *Erkennen* des Selbst und dessen *Erlösung*.

Ihnen geht zunächst die Frage nach eben diesem *Selbst* voran. Was wird als Selbst erkannt? Welches Selbst wird erlöst? Zwei mögliche Antworten bieten sich an: das Selbst des jeweiligen Menschen als solchen und das absolute metaphysische Selbst. Interpretiert man Schopenhauer im Rahmen des deutschen Idealismus, dann käme nur die zweite in Frage, da nur es wirklich existiert. Einzig und allein dessen Erlösung zu bewerkstelligen und zu vollenden, wäre dann die Aufgabe des Menschen. Klar und deutlich finden wir diesen Standpunkt später bei

[8] Erstlingsmanuskripte, D XI, § 89, S. 66f.

dem Epigonen Eduard von Hartmann. Ausführungen, die eine solche Interpretation andeuten, dürfen auch bei Schopenhauer selbst nicht übersehen werden. Dies gilt vor allem dann, wenn sich zeigt, daß die Individualität als solche nicht von eigentlich metaphysischem Charakter ist, sondern nur Erscheinung und Phänomen, wenn auch umgekehrt dies wieder nicht absolut gilt. Damit scheint die Antwort in Richtung auf das Absolute zu gehen.

Doch dem steht anderes entgegen: Verfolgt man die Intention der Ausführungen, vor allem im Hauptwerk, so muß zunächst auffallen, daß in zunehmendem Maße vom „Wir" und vom „Ich" gesprochen wird. Und kulminieren die Ausführungen letztlich in der Lehre von der Erlösung, so wird dabei gerade nicht gesagt, daß es sich um die des Absoluten handle, es geht vielmehr immer um die eigene Existenz, um den jeweiligen Menschen im „Jetzt" und „Hier", um mich selbst. Und in diesem Sinne wird auch das Gesamtwerk abgeschlossen, wie das Zitat zeigen wird, das am Ende dieses Abschnittes erst gebracht werden kann. – Damit ist die Philosophie wirklich Daseinserhellung, und wir können uns den beiden Fragen zuwenden.

Die *Erkenntnis* zielt letztlich auf die des Menschen als dieses Wesens in seiner Individualität in Raum, Zeit, Körperlichkeit, Geschichte usw. ab. Sie vollzieht sich in zwei Stufen, die wieder im engsten Zusammenhang stehen: Erkenntnis ist einmal *Eigen*-erkenntnis; sie führt dazu, im jeweiligen Ich das Wesen im Willen zu sehen. Damit ist aber die zweite Stufe, die Erkenntnis des *Anderen,* verbunden. Indem ich dabei sehe, daß auch im anderen der gleiche Wille gegeben ist bzw. ihm zugrunde liegt, kann ich gerade erkennen, daß uns beiden ein Gemeinsames vorgegeben ist und daß dadurch meine Individualität selbst nur vordergründig ist.

Mit diesem anscheinend klaren Übergang von der Erscheinung zum metaphysischen Ansichsein taucht aber ein Problem auf, das vielleicht das offenste, wenn auch vielleicht wichtigste Problem Schopenhauers überhaupt ausmacht: Es ist charakterisiert durch Begriffe wie Individuum, Individualität, Charakter, Wesen, Selbst, Wille. Zunächst zeigt sich dabei, daß die anscheinend klare Scheidung in Vorder- und Untergrund, in Phänomen und Wesen, in Individualität als Erscheinung und Wille als Ansichsein zwar an vielen Stellen von Schopenhauer ausdrücklich genannt wird. In der weiteren Entwicklung tauchen dabei aber immer mehr Fragen auf, schließlich wird die Näherbestimmung einerseits offengelassen und andererseits sogar behauptet, die Individualität reiche sogar in den metaphysischen Bereich hinein.

Die Individualität ist aber nicht durch und durch bloße *Erscheinung*, sondern sie wurzelt ... im Willen des einzelnen: Denn sein Charakter selbst ist individuell. Wie tief nun aber hier ihre Wurzeln gehn, gehört zu den Fragen, deren Beantwortung ich nicht unternehme ... Vielleicht wird nach mir einer diesen Abgrund beleuchten.[9]

Ja, schließlich wird diese „Frage, wie tief die Wurzeln der Individualität gehn, unter den unlösbaren angeführt"[10].

Schwankt so die Bestimmung der Tiefe der Individualität, so auch die des Verhältnisses von empirischer Gegebenheit und apriorischem bzw. intelligiblem Ansichsein.

Wie dem aber auch sei, als allgemeine Bestimmung läßt sich folgendes sagen: Die Individualität ist auf jeden Fall mehr im Sinne einer Erscheinung verstanden; das gilt auch dann, wenn noch weiterhin zwischen der Erscheinung der Individualität als solcher und der Individualität als Erscheinung des absoluten Prinzips unterschieden wird. Entscheidend ist dabei nicht so sehr die Charakterisierung der einzelnen Elemente, sondern die dynamische Sicht des Gesamtkomplexes.

Das zeigt sich vor allem dann bei der Frage der *Erlösung*. Daß es sich immer um die der einzelnen Existenz, des individuellen Daseins handelt, ist bereits gesagt worden. Nur die Individualität als solche ist Problem. Ihre Erlösung kann drei mögliche Wege einschlagen: die ästhetische geht in die Kunst, die ethische in die Mitwelt, und die metaphysische schließlich vollzieht sich in der totalen Entsagung – eine Unterscheidung, die irgendwie an Kierkegaards Dreiheit der ästhetischen, ethischen und religiösen Existenzform erinnert. Sosehr bei Schopenhauer die beiden ersten als Wege der Erlösung auch nur Vorstufen sind, sowenig dürfen sie übergangen werden. Am vordergründigsten bleibt der *ästhetische* Weg. Die Kunst ist reine Objektivation, sei es der Ideen, sei es des reinen Willens an sich in der Musik. Kunstbegegnung als reine

[9] Parerga und Paralipomena II, Bd. VI, S. 242 – Handschr. Nachlaß IV, ed. Grisebach, S. 166.

[10] Brief an Frauenstädt vom 30. Oktober 1851, D XV, S. 76 (Bezugnahme auf W. a. W. u. V. II, ed. Hübscher, Bd. III, S. 734).

Erkenntnis ist ein erstes Heraustreten aus der Willensgebundenheit und Verfallenheit in eine Sphäre der Freiheit des reinen Anschauens. Aber sie ist immer nur augenblicksgebunden und vorübergehend. Sie ist eher ein Vergessen des Wollens als eine eigentliche Enthebung desselben.

Eine Stufe tiefer geht die *sittliche:* Sie besteht in der Erkenntnis der Gleichbeschaffenheit aller Lebewesen und insofern aller Menschen. Die Gemeinsamkeit besteht dann – und das ist das spezifisch Neue Schopenhauerschen Denkens – nicht in einer brüderlichen Geschöpflichkeit der Gotteskinder wie im Christentum, nicht in einer alles umfassenden und verbindenden Idee einer Menschheit überhaupt, die in der Vernunft gründet, sondern in der schicksalhaften Kameradschaftlichkeit der absurden Leidenssituation menschlich-weltlichen Daseins überhaupt. Das Verbindende ist so das Negative, die Irrationalität, die Nacht der faktischen Existenz. Sittliche Erlösung besteht dann darin, zunächst alle Wesen wie vor allem dann den Mitmenschen in der Solidarität dieser Situation überhaupt anzuerkennen. Aus der Erkenntnis fließen dann Gerechtigkeit und Liebe als das wahre Verhalten zum Mitmenschen. Liebe ist dabei aber nicht glückhafte Erfüllung zwischenmenschlicher Begegnung, sondern von allem Eros gelöstes Mitleiden mit dem Du. Im Mitleiden mit allen wird mein eigener Wille nicht nur vergessen, sondern ich erkenne gerade dabei die totale Nichtigkeit allen Wollens überhaupt. Das bedeutet zugleich, daß ich dabei auch den anderen als er selbst sein lasse, indem ich ihn gerade meinem wollenden Zugriff enthebe.

So erst wird Freiheit geschaffen für die eigentliche, die *metaphysische* Erlösung. Die von Schopenhauer ausführlich diskutierte Möglichkeit des Selbstmordes muß deswegen hier genannt werden, weil sie in der modernen Existenzphilosophie fast unter analogen Aspekten auftaucht (vgl. Camus). Von beiden wird der Selbstmord aber als Flucht und damit als Verfehlung abgelehnt.

Die eigentliche Erlösung wird in der totalen Radikalisierung der Einsicht und Erkenntnis erreicht, die nur noch Erkennen ist und damit allem Wollen entsagt. Erlösung als Erlösung des Menschen ist dann totale Rücknahme auf sich selbst: Er handelt nicht mehr in die Welt und Wirklichkeit hinein, er praktiziert nicht mehr den Willen zum Leben und zur Macht, sondern ruht gelassen in sich:

Der Mensch gelangt zum Zustande der freiwilligen Entsagung, der Resignation, der wahren Gelassenheit.[11]

Er blickt nun ruhig und lächelnd zurück auf die Gaukelbilder dieser Welt, die einst auch sein Gemüt zu bewegen und zu peinigen vermochten, die aber jetzt so gleichgültig vor ihm stehn, wie die Schachfiguren nach geendigtem Spiel, oder wie am Morgen die abgeworfenen Maskenkleider, deren Gestalten uns in der Faschingsnacht neckten und beunruhigten.[12]

IV

Kommen wir nun zur eigentlichen Frage zurück: Schopenhauer und die Existenzphilosophie – so ergibt sich ein unbestimmtes zwielichtiges Bild: vordergründig eine unbestreitbare Gemeinsamkeit der Situationsaussicht, tiefer gesehen aber doch entscheidende Unterschiede. Wie steht es also?

Auf die Gemeinsamkeiten in der Sicht der menschlichen Situation ist bereits zweimal hingewiesen worden, so daß eine Wiederholung nicht erforderlich ist.

Herauszustellen ist dann als ein weiterer Punkt, daß beide das Eigentliche im Menschen nicht in einem vordergründigen oder äußerlichen Bereich ansetzen, sondern in einem metaphysischen Raum. Dabei zeigen sich dann die Unterschiede, dann nämlich, wenn wir die metaphysische Bestimmung der menschlichen Individualität mit der der Existenz in der Existenzphilosophie vergleichen. Was in dieser wesentlich ist, die Einmaligkeit, die Unüberholbarkeit, die Einzigartigkeit und persönliche Individualität, das ist bei Schopenhauer gerade vordergründig. Das gilt auch dann, wenn auf die letztlich fluktuierende Abgrenzung zwischen der Individualität und dem Absoluten hingewiesen wird.

Entscheidend ist dabei letztlich der Unterschied des philosophischen Engagements. Das, was in den Augen der Existenzphilosophie das Eigentliche ist, die Existenz, ist für Schopenhauer das Vordergründige und daher zu Überwindende. Eine Hingabe an sie wäre Verfall an das Unwesentliche. – Umgekehrt ist Schopenhauers Überwindung der

[11] W. a. W. u. V. I, ed. Hübscher, Bd. II, S. 448.

[12] W. a. W. u. V. I, ed. Hübscher, Bd. II, S. 462.

Individualität gerade Verfall an ein Nichts oder das Man, wäre Flucht in eine Metaphysik und dadurch gerade Verlust der Existenz.

Damit scheint bei aller vordergründigen Gemeinsamkeit in der eigentlichen Fragestellung zwischen Schopenhauer und der Existenzphilosophie eine absolute Kluft zu bestehen. Doch in der Philosophie bzw. der philosophischen Begegnung sind im letzten nicht die Lösungen, sondern die *Probleme* das Entscheidende. Und hier gerade scheint der entscheidende Punkt der geschichtlichen Begegnung im Sinne geschichtlicher Besinnung zu liegen. Für beide, Schopenhauer wie die Existenzphilosophie, ist die Individualität Grundproblem. Ja, man kann direkt sagen, daß Schopenhauer überhaupt erst die individuelle Existenz entdeckt. In der Frage nach dem Rätsel wie der Erlösung der Individualität sind sich beide Philosophien einig, wenn auch ihre Wege verschieden sind.

Doch gerade diese Gemeinsamkeit geht noch tiefer. Unsere ursprüngliche Darstellung der Existenz war von der üblichen Auffassung ausgegangen, d. h., die Angaben betrafen die Grundideen, wie sie in der heute wohl als klassisch anzusehenden, d. h. für uns so gut wie abgeschlossenen Form vorgetragen wurden. Für diese war es selbstverständlich, daß als Grundthema die menschliche Existenz anzusehen ist und daß als primäres Anliegen deren Erhellung sowie die existentielle Selbstwerdung postuliert wird. Diese Selbstverständlichkeit der Existenz bzw. Existenzverfassung ist heute aber gerade problematisch geworden. Die Erhellung der Existenz führte nämlich zur Einsicht in die totale Subjektivität des Subjektes und ließ die radikale Isoliertheit und Egozentrizität des existentiellen Menschen fragwürdig werden. Und so läßt sich seit einigen Jahren allenthalben eine „Überwindung“ der klassischen Existenzphilosophie feststellen.

Das Gemeinsame aller dieser Versuche besteht zunächst darin, einen neuen, umgreifenden Horizont zu finden, in dem sich Mensch und menschliche Existenz neu begründen lassen. Die dabei eingeschlagenen Wege führen in drei Richtungen bzw. setzen drei typische neue Begründungsbereiche an: ein metaphysisches Umgreifendes, die Kunst oder die menschliche Mitwelt. In den einzelnen Ausführungen können sie sowohl für sich als auch in ihrer Gesamtheit beschritten werden.

Für die deutsche Existenzphilosophie führt der neue Weg weitgehend zu einem metaphysischen *Umgreifenden.* Jaspers hatte immer schon die

Existenz als mit einer – wenn auch noch so unbestimmten – Transzendenz verbunden angesehen; jetzt wird alles in ein metaphysisch Umgreifendes hineingestellt. Es ist zu wenig bekannt, daß Jaspers so gut wie nicht mehr von einer Existenzphilosophie, wohl aber von einer Philosophie der Vernunft oder gar von einer Periechontologie, d. h. Lehre vom Umgreifenden spricht. – Entschiedener ist die Kehre bei Heidegger; Die bislang absolut in ihrer Endlichkeit und Weltlichkeit insistente Existenz wird nun zu einer Ek-sistenz, d. h. Offenheit aufgebrochen. In dieser „Lichtung“, wie es jetzt heißt, entbirgt sich das Sein, dessen Näherbestimmung im Sinne eines absoluten Grundes im einzelnen umstritten ist. Entscheidend bleibt, daß nicht mehr die Existenz eigentliches Thema ist, daß nicht mehr der Mensch als Sinngrund der Wirklichkeit angesehen wird, sondern daß er eher als „Hirt“, „Hüter“ oder wie man es nennen will, eben dieses absoluten Seins fungiert. Es mag daher nicht von ungefähr kommen, daß Heidegger in seinem neuen Ansatz offen und versteckt auf den deutschen Idealismus zurückgreift. Betont herausgestellt wird Hegel wie auch der Dichter Hölderlin, dessen Grundideen dem deutschen Idealismus ja entspringen. Ganz im Hintergrund geblieben ist der Zusammenhang mit Schelling, vor allem seiner Spätphilosophie, etwa seit der Philosophie der Freiheit. Das zeigt sich an Äußerlichkeiten wie der zeitweiligen Schreibung von „Sein“ mit Ypsilon, der Verwendung von Titeln wie „Holzwege“ u. ä., das zeigt sich auch in der Verwendung Schellingscher Dualismen wie Geist und Grimm usw. Zusammenhänge mit Schopenhauer bestreitet Heidegger ausdrücklich.

Auf ein weiteres Moment des metaphysischen Aufbruchs zu einem Umgreifenden mag zum Schluß wenigstens hingewiesen werden: die Kontaktaufnahme mit dem asiatischen Denken. Das gilt, was die deutsche Philosophie betrifft, gleicherweise für Jaspers wie vor allem für Heidegger. Sie vollzieht sich dabei sowohl von der europäischen wie von der asiatischen Seite her. Auffällig ist besonders die Tatsache, daß man vor allem das buddhistische „Nichts“, wie es im einzelnen auch immer näher verstanden wird, in Analogie setzt, um nicht zu sagen identifiziert mit dem Heideggerschen „Sein“, das ja auch als identisch mit dem Nichts angesehen wird, oder auch mit Jaspers' Umgreifendem.

Der zweite Weg der Überwindung führt in die *Kunst:* Hatte der ursprüngliche Ansatz der Existenzphilosophie aus der Welt in das Subjekt zurückgeführt und die Welt nur als Zeug und Mittel angesehen, so führt die neue Sicht dazu, die Dinge in ihrer Eigenständigkeit und Eigenwertigkeit neu zu sehen, wie sie gerade dem packenden Zugriff des Menschen entzogen sind. Die vollendete Eigenständigkeit besitzt nur das Kunstwerk. – Auch für diese Wende lagen bereits früher Ansatzmöglichkeiten vor: So hatte der französische Existentialismus immer schon in engster Verbindung mit der Dichtung gestanden. Allerdings ergibt sich jetzt ein neues Verhältnis: Früher war sie Mittel und Sprachrohr zur Verkündigung der eigenen Ideen, jetzt wird sie Medium, in dem das Neue, die neue Welt entsteht, sie erhält Eigenwert – Dichtung schafft Welt. Das kann sogar so weit führen, daß man die Dichtung sogar über die Philosophie stellt, wodurch umgekehrt diese in weitem Maße als Dichtungsinterpretation genommen wird. Es reicht ein weiter Bogen von Sartre, von Camus, dem frühen wie dem späten, bis hinüber zu Heideggers halb hymnischen Ausführungen und Dichtungsinterpretationen. Rein inhaltlich läßt sich hierbei eine eigenartige Idee eines neuartigen Universismus finden, eines Humanismus, der sich nicht mehr an der griechischen Klassik, sondern an der griechischen Vor- und Urzeit, der Zeit des Mythos orientiert, ein Humanismus, der vielfach im Sinne eines „mittelmeerischen Geistes" näher bestimmt wird.

Der dritte Weg führt schließlich in die *Mitwelt.* Er wird besonders dort eingeschlagen, wo man ein Jenseits und Metaphysisches ablehnt, vor allem also in den sog. atheistischen Existenzphilosophien. Wieder sind es in erster Linie die Franzosen, aber auch die deutsche Existenzphilosophie machte keine Ausnahme: Jaspers hatte immer schon von der „Kommunikation" gesprochen. Anders Heidegger. Er hatte die Mitwelt als „Man" und Möglichkeit des Verfallens radikal abgelehnt, jetzt heißt es: „seit ein Gespräch wir sind".

Radikaler und konkreter ist der französische Ansatz. Man sucht eine neue kameradschaftliche Solidarität in einer Welt der Absurdität, der Angst, der Hölle und des Nichts. Nur von da her kann man es recht verstehen, wenn viele französische Denker zunächst den Weg zum Sozialismus, Marxismus und Kommunismus fanden. Allerdings erwies er sich für viele von ihnen bald als Irrweg und neue Form der Entfremdung: Nicht ein Wir wurde gefunden, sondern die Masse und die Diktatur. So bricht man zu einer neuen Solidarität durch, zu einem neuen Du. Miteinandersein und Mitsein heißt Mitleiden, heißt aber auch Sichmitverantwortlichfühlen, um gegebenenfalls gegen die Unterdrükkung zu revoltieren. „Ich revoltiere, also sind wir", erklärt Camus programmatisch und formuliert ausdrücklich in Analogie zu Descartes' Grundthese: „Ich bin mir meiner bewußt, also bin ich".

V

Überblicken wir die drei Wege, die zur Überwindung der Existenzproblematik eingeschlagen werden und blenden auf Schopenhauer zurück, dann ergibt sich ein Fazit, das zu klar und durchsichtig ist, als daß man es ohne weiteres annehmen könnte. Es sind die drei Wege, die Schopenhauer als Überwindung des individualistischen Willens angegeben hatte: der Weg in die Kunst, in die Mitwelt und in das Metaphysische; bei dem letzten hatte auch er die Enge der abendländischen Metaphysik überwunden und das asiatische Denken miteinbezogen.

Damit erweist sich das Thema „Schopenhauer und die Existenzphilosophie" nicht als ein beliebiger Vergleich zwischen zwei beliebigen Philosophien, sondern es hat den Anschein, als stelle es sich in einer bestimmten geistesgeschichtlichen Situation mit einer geschichtlichen Notwendigkeit – es ist ein Anliegen geschichtlicher Besinnung.

Ein anderes allerdings ist es, was aus dieser Begegnung resultiert: Voran steht die Frage, ob Schopenhauers Denken als solches in dieser Situation überhaupt etwas und, wenn ja, was dann zu sagen hat; ob eine solche Rückbesinnung auf Schopenhauer genauso der Zeitsituation vorweg, d. h. verfrüht ist wie das Erscheinen seines Hauptwerks, das bekanntlich zunächst eingestampft wurde, um vierzig Jahre später zum großen geistigen Bestseller zu werden. Die Antwort muß hier offenbleiben. – Offenbleiben muß auch eine weitere: Es fragt sich, welcher von den genannten Wegen als der maßgebliche eingeschlagen wird. Der Weg in die Kunst wird zwar anscheinend vielfach versucht, aber gerade hier erhebt sich immer die Frage, ob er nicht eine Flucht in eine *„splendid isolation"* und damit eine Flucht von der konkreten Wirklichkeit darstellt. Dann hätte Schopenhauer gerade recht, der ihn als den Weg des Vergessens bezeichnete. Es bleiben dann die beiden anderen, der Weg in die Mitwelt und in das Metaphysische. Welcher von beiden die Lösung bringen wird, darüber kann erst die Geschichte entscheiden, wir selbst können nur ahnen und vermuten.

Nietzsche-Studien 2. Berlin: Verlag Walter de Gruyter 1973, S. 109–126.

SCHOPENHAUERS EINFLUSS AUF NIETZSCHES ›ANTICHRIST‹

Von Jörg Salaquarda

Daß Nietzsche den Titel 'der Antichrist' in einer Bedeutung versteht, die . . . ziemlich allgemein als Träger einer neuen, aus der Umwertung aller Werte entspringenden Position beschrieben wurde, mag trotz der guten Belege für diese These befremden. Es verliert einiges von seiner Befremdlichkeit, wenn wir sehen, daß er diesen Sprachgebrauch nicht willkürlich und ohne Anknüpfungspunkte einführt. Nietzsches Sprachgebrauch ist primär bestimmt durch Aufnahme der Schopenhauerschen Definition des 'Antichrist' und gewinnt seine Präzision in ständiger Auseinandersetzung mit dieser. Schopenhauer gibt seine Definition im Rahmen einiger nachträglicher Bemerkungen zu seiner Ethik.[1] Die Stelle lautet: „Daß die Welt bloß eine physische, keine moralische, Bedeutung habe, ist der größte, der verderblichste, der fundamentale Irrthum, die eigentliche *Perversität* der Gesinnung, und ist wohl im Grunde auch Das, was der Glaube als den Antichrist personificirt hat."[2]

[1] Schopenhauers Werke werden zitiert nach der von Arthur Hübscher besorgten Ausgabe, die im großen und ganzen mit der ersten Gesamtausgabe von Frauenstädt übereinstimmt (7 Bände, Leipzig 1937ff.). – Zur Ethik hat Schopenhauer zwei 'Preisschriften' verfaßt, die er unter dem Titel ›Die beiden Grundprobleme der Ethik‹ zusammengefaßt hat (IV, 2. Hälfte). Außerdem sind die ethischen Partien der beiden Bände seines 'Hauptwerks' (›Die Welt als Wille und Vorstellung‹ I, §§ 53ff.; II, 319ff. und II, Kap. 40ff.; III, 527ff.) und der ›Pagerga und Paralipomena‹ (bes. II, Kap. 5 und 8; VI, 105ff. und 214ff.) heranzuziehen.

[2] Parerga II, § 109; VI, 214. – In einem Brief an Frauenstädt vom 31. 10. 1856 schreibt Schopenhauer, eine von ihm zurückgewiesene und kritisierte ethische Theorie laufe „darauf hinaus, daß moralisch es bloß auf die physische Tat ankomme, gleichviel aus welchen Motiven sie geschehe"; er fährt fort: „Sehen Sie, dies ist der niedrige, infame Realismus, der, von dem ich rede Parerga II § 109." (GBr, S. 403).

Diese in der bisherigen Nietzsche-Forschung kaum beachtete Stelle[3] hat Nietzsches Verständnis des Wortes 'Antichrist' geprägt. Die folgenden Ausführungen werden dies im einzelnen nachweisen.

Auch Nietzsches Verhältnis zu Schopenhauer kann im Rahmen der vorliegenden Untersuchung nicht in aller Ausführlichkeit behandelt werden, was freilich weniger problematisch ist als im Fall der Auseinandersetzung mit dem Christentum, da die Forschung in dieser Frage einen gewissen Konsensus erreicht hat. Die frühe Überschätzung von Schopenhauers Einfluß ging meist Hand in Hand mit polemischer Abwertung von Nietzsches eigenständigem Denken;[4] demgegenüber haben schon die ersten der ernstzunehmenden Nietzsche-Interpreten die Maßstäbe zurechtgerückt, z. B. Hans Vaihinger, Raoul Richter, Georg Simmel[5] u. a. Im Gegenzug neigen Jaspers und Heidegger dazu, den

[3] Erst nach Konzipierung der Grundgedanken dieser Untersuchung habe ich Schopenhauers ›Antichrist‹-Stelle in der Nietzsche-Literatur zitiert gefunden, nämlich bei Peter Heller, Chemie der Begriffe und Empfindungen. Studie zum ersten Aphorismus von ›Menschliches, Allzumenschliches I‹, in: Nietzsche-Studien 1, 1972, 210ff.; hier: 211, Anm. 5. – Die folgenden Nachweise können, wiewohl nicht durch Heller angeregt, als eine konkrete Durchführung seiner von mir geteilten Forderung genommen werden, man müsse „jeweils nicht nur die Punkte an[zu]geben, in denen Nietzsche sich von Schopenhauer distanziert, sondern auch die weiterhin bestehenden Affinitäten" (ebd.).

[4] Es sei beispielsweise an die besonders drastischen Äußerungen Adelbert Düringers erinnert. Obwohl Nietzsche „schon frühzeitig an seinem Meister Kritik übte", ist er nach Meinung dieses Autors „aus dem Banne der Schopenhauerschen Philosophie . . . nie mehr herausgekommen"; er verdanke dieser alles, was an seiner Lehre diskutabel sei. Denn „überall da, wo dieser unvollkommene Denker sich von dem Gängelbande seines Lehrers und Meisters losmacht und eigene Wege zu gehen versucht", komme „etwas ganz unmögliches und unbrauchbares, jeder Realität und jedem Vernunftgebot widerstreitendes, aller historischen Entwicklung zuwiderlaufendes, allem gesunden, sittlichen und ästhetischen Empfinden direkt konträres" heraus (Nietzsches Philosophie und das heutige Christentum, Leipzig 1907, 9 und 21). – Die Vertreter der 'Schulphilosophie' qualifizierten Nietzsche, sofern sie überhaupt von ihm Notiz nahmen, sarkastisch als eine Art 'übergeschnappten Schopenhauerianer' ab. Ein anschauliches Beispiel dafür findet sich in Kuno Fischers Schopenhauer-Darstellung, in der Nietzsche mit Max Stirner in eins gesehen wird (Geschichte der neuern Philosophie, Band 8: Arthur Schopenhauer, Heidelberg 1893, 483f.).

[5] Georg Simmels Vortragszyklus ›Schopenhauer und Nietzsche‹, München

Einfluß Schopenhauers völlig herunterzuspielen. Obwohl es sich dabei um eine der wenigen Gemeinsamkeiten dieser so verschiedenen, je auf ihre Weise eindringlichen Nietzsche-Interpretationen handelt, ist auch diese Extremposition nicht überzeugend. Weder das Beiseitelassen des Problems durch Jaspers[6] noch Heideggers aus seiner Abneigung gegen Schopenhauer erwachsende Denunzierung des Einflusses[7] werden dem

und Leipzig 1907, ²1920, ist insofern bedeutsam, als in ihm Nietzsches Philosophie von einem 'Fachphilosophen' ernst genommen wurde. Es ist außerdem positiv hervorzuheben, daß Simmel sogleich zum Kern von Nietzsches Auseinandersetzung mit Schopenhauer, zur Ethik überhaupt und zum Problem des 'Wertes des Daseins' im besonderen, vordringt. Sein Verständnis der Philosophie Nietzsches bleibt freilich ziemlich oberflächlich und ist in einigen Punkten, z. B. was die Bewertung des Lebens als solchen betrifft, sogar falsch. Seine Darstellung leidet vor allem daran, daß er Nietzsches direkte Äußerungen über Schopenhauer kaum berücksichtigt.

[6] Jaspers findet es nicht einmal der Mühe wert, Schopenhauers Einfluß zu bestreiten. In seiner Nietzsche-Monographie (Nietzsche. Einführung in das Verständnis seines Philosophierens, Berlin ³1950) taucht der Name Schopenhauer im biographischen Teil einige Male schlagwortartig auf, etwa wenn er von der Nietzsche und Rohde gemeinsamen „Liebe zu Schopenhauer und Wagner" spricht (48). Im eigentlich philosophischen Teil des Buchs taucht 'Schopenhauer' nur noch zweimal auf (256 und 350); beide Male gelegentlich einer Polemik Nietzsches gegen Schopenhauers Willensbegriff, ohne daß Jaspers diese Problematik zum Anlaß einer weiteren Erörterung nähme.

[7] Heidegger hat sich vor allem in der Vorlesung ›Der Wille zur Macht als Kunst‹ (Nietzsche, 2 Bände, Pfullingen 1961, hier: I, 11 ff.) über Schopenhauer geäußert. Er veruteilt das „maßlose[n] und geschmacklose[n] Geschimpfe, mit dem Schopenhauer zeit seines Lebens Hegel und Schelling bedacht hat" (44), vor allem schon deswegen, weil Schopenhauer seiner Meinung nach „inhaltlich ... von denen [lebt], die er beschimpft" und diejenigen, die er nicht beschimpft, nämlich Plato und Kant, „von Grund aus ... mißversteht" (127, vgl. 182). Infolgedessen faßt Heidegger Schopenhauers späten 'Triumph' über die Denker des Deutschen Idealismus nach 1848 ganz anders auf als Schopenhauer selbst. Dieser kam seines Erachtens „in der Philosphie um diese Zeit nicht deshalb obenauf, weil seine Philosophie den deutschen Idealismus philosophisch besiegte, sondern weil die Deutschen vor dem deutschen Idealismus erlagen, seiner Höhe nicht mehr gewachsen waren" (75). – Heidegger leugnet nicht völlig, daß Nietzsche durch Schopenhauer *angeregt* worden sei (vgl. z. B. 44), aber er beurteilt sein Denken, solange und sofern es in den von Schopenhauer vorgezeichneten

Sachverhalt gerecht. Einleuchtender ist, was schon frühere Interpreten dazu ausführten, die, indem sie Nietzsches Entwicklungsgang in die bekannten drei Phasen unterteilten, sein Verhältnis zu Schopenhauer dialektisch deuteten. Ich führe beispielsweise einige Äußerungen Vaihingers an,[8] in denen das Verfahren besonders deutlich zum Ausdruck kommt. „Nietzsches Lehre" ist für Vaihinger „positiv gewendeter Schopenhauerianismus", zu dem der Philosoph im Durchgang durch eine zunächst ziemlich unkritische Schopenhauer-Verehrung ('Thesis') und durch eine sich anschließende intellektualistische Bestreitung seines 'Lehrers' (Antithesis) vorgedrungen sei. Das Resultat (die Synthesis) dieser Entwicklung beschreibt Vaihinger wie folgt: „In der dritten Periode kehrt Nietzsche ... wieder zu Schopenhauer zurück", indem er „wieder dessen Willenslehre annimmt. ... Damit haben wir nun den innersten Kern der spezifischen Nietzscheschen Lebensanschauung gefunden: es ist dies eben die Schopenhauersche Willenslehre, aber mit positivem Vorzeichen versehen ..."[9] Diese Nietzsche-Deutung ist zwar in vielen Zügen problematisch oder sogar falsch; Nietzsche hat natürlich nicht die Schopenhauersche Willensauffassung einfach übernommen und nur anders bewertet. Problematisch ist auch die oberflächliche Periodisierung von Nietzsches Entwicklungsgang[10] und ihre an Hegel orientierte dialektische Deutung[11]. Vaihinger sieht aber

Bahnen bleibt, negativ (vgl. 126f.). Man könnte sagen, daß er die These Düringers (vgl. oben Anm. 4) genau umkehrt, wobei ich mir allerdings nicht nur des Unterschieds, sondern der völligen Unvergleichlichkeit des Niveaus der beiden 'Interpreten' bewußt bin.

[8] Ähnlich Raoul Richter, Alois Riehl, Richard H. Grützmacher u. a.

[9] Hans Vaihinger, Nietzsche als Philosoph, Berlin ^{4}1916, 32, 37 und 39.

[10] Ich stimme darin Müller-Lauter zu, der ausführt: „Versuche der entwicklungsgeschichtlichen Betrachtung Nietzsches stehen angesichts eigentümlicher Diskrepanzen zwischen Niederschriften und Notizen, die teilweise in spätere Veröffentlichungen eingegangen sind und dem zur Zeit solcher Niederschriften Veröffentlichten vor ganz ungewöhnlichen Schwierigkeiten" (Nietzsche. Seine Philosophie der Gegensätze und die Gegensätze seiner Philosophie, Berlin–New York 1971, 36, Anm. 13).

[11] Das Interesse an der Geschichte der Philosphie und in seinem Gefolge an der Darstellung philosophiegeschichtlicher Zusammenhänge ist bekanntlich am nachhaltigsten durch Hegel angeregt und motiviert worden. Bis in unser Jahr-

richtig, daß Nietzsche einerseits zeitlebens Schopenhauers Denken vor Augen hatte und sich fast ständig, positiv oder negativ, auf es bezog, daß er andrerseits aber nie bloßer Schopenhauerianer war. In diesen beiden Punkten stimmen die meisten heutigen Interpreten überein. Die ausführlichste Darstellung von Nietzsches erster Aufnahme des Schopenhauerschen Werks, von seiner Begeisterung und seinem 'Missionseifer', zugleich aber von seiner fast zur gleichen Zeit einsetzenden Kritik hat Karl Schlechta gegeben.[12] Er konnte dabei zum Teil auf bis dahin wenig bekanntes Material zurückgreifen, zum Teil hat er schon Bekanntes zusammengefaßt. Den zweiten Aspekt, daß Nietzsche in Zustimmung und Auseinandersetzung bis zum Ende seines Schaffens auf Schopenhauer bezogen blieb, hat in überzeugender Form, nämlich ohne in irgendwelche Schematisierungen zu verfallen, Michael Landmann herausgearbeitet.[13] Dieser Autor hat auch Simmels Einsicht, daß Nietzsches 'Diskussion' mit seinem philosophischen Lehrmeister sich zwar

hundert hinein haben selbst Gegner und Kritiker Hegels (z. B. Rudolf Haym und Richard Kroner) ihren philosophiegeschichtlichen Darstellungen dessen dialektisches Schema zugrunde gelegt. Daß eine sich an Nietzsches Verständnis von Geschichte und Philosophie orientierende Darstellung ganz anders vorgehen müßte, bedarf keines Nachweises.

[12] Karl Schlechta, Der junge Nietzsche und Schopenhauer, in: Schopenhauer-Jahrbuch XXVI, 1939, 289ff.

[13] Michael Landmann, Nietzsches Schopenhauer-Erlebnis, in: ders., Geist und Leben. Varia Nietzscheana, Bonn 1951, 9ff. – Außerdem sei auf die in Anm. 3 zitierte Äußerung Peter Hellers verwiesen. Beachtenswert ist, was Joan Stambaugh zu diesem Thema bemerkt (Untersuchungen zum Problem der Zeit bei Nietzsche, Den Haag 1959). Ihre ständige Bezugnahme auf Grundgedanken Schopenhauers „soll Zeugnis dafür ablegen, wie sehr Nietzsche mit ihnen sein Leben hindurch rang. Seiner Wahrhaftigkeit und seiner ganzen Art entsprechend waren diese Grundgedanken nicht mit einer schlüssigen 'Widerlegung' als 'falsch' . . . abzutun, Nietzsche geht es nicht um ein 'wahres' oder 'falsches' System der Philosophie, sondern um reale Möglichkeiten des *Lebens.* Die Metaphysik Schopenhauers bleibt für ihn eine dieser Möglichkeiten" (8). – Das zuletzt Gesagte gilt m. E. freilich nur in dem Sinn, daß Nietzsche einen 'europäischen Buddhismus' propagiert, der Lebensmöglichkeiten für die 'Schwachen' offeriert, aus denen keine Denunziation der Lebensbejahung der 'Starken' resultiert.

nicht nur, aber zu einem wesentlichen Teil auf dem Feld der Ethik abspielt,[14] wieder zur Geltung gebracht.

Schopenhauers Interpretation des neutestamentlichen 'Antichrist' ist aus dem Zusammenhang seiner Ethik und seiner moralischen Deutung des Christentums[15] heraus verständlich und einleuchtend. Im Christentum haben sich seiner Meinung nach zwei heterogene Momente lose und jederzeit voneinander ablösbar 'verbunden': der durch Gesetzlichkeit und Optimismus gekennzeichnete Judaismus des Alten Testaments und ein eigentümliches 'christliches' Moment, dessen Kern eine quietistische Moral darstellt. Während Schopenhauer den Judaismus (mit der einzigen Ausnahme der Sündenfalls-Lehre) toto coelo ablehnt, beurteilt er das 'eigentliche' Christentum positiv, wofür die christlichen Dogmen allerdings nicht ihrem Wortsinn nach, sondern allegorisch aufzufassen sind. Wenn die Dogmen auch „an sich der Philosophie fremd sind"[16], so zeigen sie, richtig verstanden, auf denselben Sachverhalt, den auch die philosophische Ethik (Schopenhauers) herauszustellen bemüht ist und der auch in den fernöstlichen Religionen im Zentrum steht: auf Askese und schließlich Verneinung des Selbst. „Die Verbindung des Neuen Testaments mit dem Alten ist im Grunde nur eine äußerliche, eine zufällige, ja erzwungene ... In Wahrheit ist nicht das Judenthum, ... sondern Brahmanismus und Buddhaismus sind dem Geiste und der ethischen Tendenz nach, dem Christenthum verwandt. Der Geist und die ethische Tendenz sind aber das Wesentliche einer Religion, nicht die Mythen, in welche sie solche kleidet."[17]

Wörtlich genommen ist die neutestamentliche Rede von '*dem* Antichrist' für Schopenhauer natürlich bloße Mythologie. Indem er sie aber, dem wesentlichen Grundzug des Christentums folgend, allegorisch interpretiert, bekommt sie einen plausiblen Sinn. '*Der* Antichrist' bestreitet nicht dies oder das im Christentum, sondern dessen wesentlichen

[14] Vgl. den Abschnitt IV von ›Nietzsches Schopenhauer-Erlebnis‹, a. a. O. 26ff. – Ich setze im folgenden bei diesem Problemkreis ein.

[15] Schopenhauers Äußerungen über das Christentum sind vorwiegend in den folgenden Passagen zu finden: Die Welt als Wille und Vorstellung I, § 68 und II, Kap. 48; II, 446ff. und III, 692ff., insbes. 707ff.; Parerga II, 15; VI, 343ff.

[16] Welt als Wille und Vorstellung I; II, 483.

[17] Welt als Wille und Vorstellung II; III, 713, 716.

Kern, also die Moral und deren Zusammenhang mit der Welt im Ganzen. '*Der* Antichrist' leugnet also jede moralische Bedeutung der Welt und faßt diese als lediglich physisches Geschehen. Das ist für Schopenhauer offenkundiger Nihilismus. „Physikalische Wahrheiten können viel äußere Bedeutsamkeit haben", heißt es kurz vor der 'Antichrist'-Passage, „aber die innere fehlt ihnen. Diese ist das Vorrecht der intellektuellen und moralischen Wahrheiten."[18] Und in zum Teil wörtlicher Übereinstimmung mit der Statuierung der eigentlichen Bedeutung des Wortes 'Antichrist', allerdings ohne Verwendung dieses Wortes, sagt Schopenhauer an anderer Stelle: „Der heut zu Tage oft gehörte Ausdruck ‚die Welt ist Selbstzweck', läßt unentschieden, ob man sie durch Pantheismus oder durch bloßen Fatalismus erkläre, gestattet aber jedenfalls nur eine physische, keine moralische Bedeutung derselben, indem bei Annahme dieser letzteren, die Welt allemal sich als *Mittel* darstellt zu einem höheren Zweck. Aber eben jener Gedanke, daß die Welt bloß eine physische, keine moralische Bedeutung habe, ist der heilloseste Irrthum, entsprungen aus der größten Perversität des Geistes."[19]

Es kann kein Zweifel daran bestehen, daß Nietzsche von einer ganzen Reihe Schopenhauerischer Gedanken und Motive nachhaltig und bleibend beeinflußt wurde. Schopenhauerisches Erbe sind jedenfalls die moralische Deutung des Christentums, die Identifizierung des 'weltflüchtigen' Christentums (nach Nietzsche des Christentums Jesu) mit dem Buddhismus, die Identifizierung beider mit den Moralvorstellungen Schopenhauers etc.[20] Noch wichtiger ist, daß Nietzsche in Schopenhauers ethischen Schriften und Aufzeichnungen das Problem kennenlernte, das er selbst als sein zentrales Problem bezeichnete. In der Vorrede zur ›Genealogie der Moral‹ weist Nietzsche die Meinung

[18] Parerga II; VI, 214.

[19] Parerga II; VI, 108.

[20] Für die beiden ersten Behauptungen ist Abschnitt III dieser Untersuchung heranzuziehen [Nietzsche-Studien 2 1973, 99–103]. Zur Identifizierung von Schopenhauers Ethik mit der des Buddhismus vgl. z. B. JGB 56, wo Nietzsche ausführt, er wolle „jenseits von Gut und Böse, und nicht mehr, wie Buddha und Schopenhauer, im Bann und Wahne der Moral" philosophieren; KGW VI 2, 72. – [Nietzsches Schriften und Werkausgaben werden unter Verwendung der in den ›Nietzsche-Studien‹ üblichen Siglen nachgewiesen].

zurück, er habe sich bei Abfassung der Aphorismen zu ›Menschliches, Allzumenschliches‹ von Paul Rée beeinflussen lassen bzw. sich auch nur mit diesem auseinandergesetzt. Es verhielt sich anders, wie er rückblikkend ausführt: „Im Grunde lag mir gerade damals etwas viel Wichtigeres am Herzen . . . Es handelte sich für mich um den *Werth* der Moral, – und darüber hatte ich mich fast allein mit meinem grossen Lehrer Schopenhauer auseinanderzusetzen, an den, wie an einen Gegenwärtigen jenes Buch, die Leidenschaft und der geheime Widerspruch jenes Buchs sich wendet.“[21] Im Rückblick wird Nietzsche selbst seine ›Geburt der Tragödie‹ schon zu einem ersten Versuch, in Auseinandersetzung mit Schopenhauer eine neue, unmoralische Interpretation der Welt zu erstellen.[22] Diese erst im ›Versuch einer Selbstkritik‹ veröffentlichte Einsicht hatte Nietzsche schon wesentlich früher gewonnen. In einem Nachlaßfragment aus dem Jahre 1880 heißt es: „*Versuche einer außermoralischen Weltbetrachtung* früher zu leicht von mir versucht – eine *aesthetische* (die Verehrung des Genies –).“[23]

Es ist zweifellos das Problem einer ‘Umwertung aller Werte’, das Nietzsche in diesen Selbstinterpretationen faßt und in engen Zusammenhang zu seiner Auseinandersetzung mit Schopenhauer, vor allem mit dessen Ethik, bringt. Es ließen sich noch viele ähnliche Zitate anführen.[24] Für die Absicht dieser Untersuchung mag das bisher Gesagte genügen: Es sollte den Rahmen abstecken, innerhalb dessen sich der folgende philologische Nachweis bewegt.

[21] GM, Vorrede 5; KGW VI 2, 263f.

[22] Die dazugehörende ‘Antichrist’-Stelle wurde bereits zitiert [hier nicht abgedruckt]. – Auf den ›Versuch einer Selbstkritik‹ komme ich in späterem Zusammenhang noch ausführlicher zu sprechen.

[23] 1 [120]; KGW V 1, 361. – In einer etwas später zu Papier gebrachten Aufzeichnung heißt es: „*Geburt der Tragödie* . . . gegen Schopenhauer und die moralische Deutung des Daseins, – ich stellte *darüber die ästhetische, ohne die moralische zu leugnen* oder zu ändern.“ (Nachlaß 1881/82; KA XII, 212 = 1. Hälfte, Nr. 445).

[24] Z. B. FW 357; KA V, 301ff., Nachlaß Herbst 1887, 9[42]; KGW VIII 2, 18 (eine gekürzte Fassung: WM 1005; KA XVI, 362f.), Nachlaß Herbst 1887, 10 [150]; KGW VIII 2, 205f. (eine gekürzte Fassung der ersten Hälfte: WM 411; KA XV, 439f., der zweiten Hälfte entspricht WM 17; KA XV, 153f.) u. a.

Daß Nietzsche Schopenhauers Ausführungen zur Ethik gekannt hat, bedarf keines Nachweises. Neben den bekannten biographischen Nachrichten[25] geben seine zahlreichen Äußerungen zu diesem Thema in den veröffentlichten Schriften wie im Nachlaß davon deutliches Zeugnis. Ob er eine bestimmte einzelne Stelle genau kannte und im Gedächtnis hatte, dies ist natürlich nicht so einfach vorauszusetzen. Den besten Nachweis dafür gibt ein direktes Zitat. Zitate aus den ethischen Schriften Schopenhauers finden sich bei Nietzsche in der Tat häufig, allerdings hat Nietzsche längst nicht alle als solche ausgewiesen.[26] Manchmal, wie z. B. in der folgenden Nachlaß-Notiz, die auch inhaltlich für unser Thema interessant ist, hat Nietzsche sozusagen 'vollständig' zitiert, also den Text in Anführungen gesetzt und Schrift und Seite (nach der Frauenstädt-Ausgabe) notiert. „Die philosophischen wie die religiösen Systeme sind darüber einig, dass die ethische Bedeutsamkeit der Handlungen zugleich eine *metaphysische* sein müsse u. s. w. Schopenhauer, Grundprobleme der Moral, p. 261. Perikles vor dem Tode: die Gedanken nehmen eine moralische Richtung."[27] Weniger vollständige Zitierweise, nämlich Fehlen der Angabe von Schrift und Seite oder selbst Fehlen der Anführungen, sehr häufig natürlich Paraphrasierung, finden sich in allen Schriften und in vielen Nachlaßfragmenten. Ich gebe dazu einige Beispiele. Der Satz „ist Schadenfreude teuflisch, wie Schopenhauer sagt?" ist Paraphrase mehrerer Äußerungen Schopenhauers zu diesem Thema.[28] Bei „pereat mundus, dum ego salvus sim!" hat Nietzsche Schopenhauers Text zwar umgestellt, im übrigen aber wört-

[25] Vgl. bes. den in Anm. 12 genannten Aufsatz Schlechtas, ferner Richard Blunck, Fr. Nietzsche. Kindheit und Jugend, München/Basel 1953, bes. 136ff.

[26] Einen Eindruck davon vermittelt der von Mazzino Montinari verfaßte Kritische Apparat zur Abteilung IV der KGW (IV 4, 109ff.). Der Herausgeber hat eine Vielzahl von Belegen beigebracht, die deutlich machen, mit welcher Selbstverständlichkeit Nietzsche damals Wagner, Burckhardt, Goethe und Schopenhauer zitierte, zumeist ohne ausdrückliche Kennzeichnung der Zitate.

[27] Nachlaß; GA XIII, 96 (Nr. 229).

[28] MA I 103; KGW IV 2, 98. Vgl. dazu Schopenhauer, Die beiden Grundprobleme der Ethik; IV, 2. Hälfte, 200 und 225 sowie Parerga II; VI 231. – Die Zitatnachweise sind hier wie in den folgenden Anmerkungen dem Kritischen Apparat zur Abteilung IV der KGW entnommen (vgl. Anm. 26).

lich und korrekt zitiert.[29] In der folgenden Passage sind sowohl ein wörtliches Zitat als auch eine Paraphrase zu finden: „Schopenhauer macht jene treffliche Unterscheidung, mit der er viel mehr Recht behalten wird, als er sich selber eigentlich zugestehen durfte: ‚die Einsicht in die strenge Notwendigkeit der menschlichen Handlungen ist die Gränzlinie, welche die *philosophischen* Köpfe von *den anderen* scheidet.' Dieser mächtigen Einsicht, welcher er zu Zeiten offenstand, wirkte er bei sich selber durch jenes Vorurtheil entgegen, welches er mit den moralischen Menschen (*nicht* mit den Moralisten) noch gemein hatte und das er ganz harmlos und gläubig so ausspricht: ‚der letzte und wahre Aufschluß über das innere Wesen des Ganzen der Dinge muss nothwendig eng zusammenhängen mit dem über die ethische Bedeutsamkeit des menschlichen Handelns', – was eben durchaus nicht 'nothwendig' ist . . ." [30] Diese Auswahl verschiedener Zitierweisen mag genügen. Daß bei dieser ziemlich willkürlichen Auswahl zwei Zitate thematisch stark an das hier verhandelte Problem anklingen, ist ein erster Hinweis dafür, wie sehr Nietzsche gerade die Position beschäftigte, die Schopenhauer als die des 'Antichrist' bezeichnet hat.

Hat Nietzsche die 'Antichrist'-Definition Schopenhauers so gekannt, daß seine Kenntnis sich in bestimmten Äußerungen niedergeschlagen hat und aus diesen nachweisen läßt? Die Frage läßt sich meiner Überzeugung nach mit ja beantworten.[31] Nietzsche hat zwar nirgends die ganze Stelle zitiert; aber er hat zwei Wendungen, die dort stehen, wiederholt 'zitiert', wobei die jeweilige Art des Zitierens, der oben erläuterten Gewohnheit Nietzsches entsprechend, variiert. Es handelt sich um die Wendungen „Perversität (der Gesinnung)" und „moralische Bedeutung". Die m. E. überzeugendste und durchschlagende Belegstelle findet sich in der späteren Vorrede zur ›Geburt der Tragödie‹, in der Nietzsche die beiden genannten Wendungen und auch das Wort 'Anti-

[29] VM 26; KGW IV 3, 27. Vgl. dazu Schopenhauer, Die beiden Grundprobleme der Ethik; IV, 2. Hälfte, 266 sowie Parerga II; VI 236.

[30] VM 33; KGW IV 3, 31. Vgl. dazu Schopenhauer, Die beiden Grundprobleme der Ethik; IV, 2. Hälfte, 182 und 109.

[31] In Nietzsches Exemplar der ›Parerga‹ ist die Stelle zwar nicht unterstrichen; Nietzsche hat aber den oberen Rand der Seite ein wenig eingeknickt, was er häufig tat, wenn er auf eine Stelle später zurückkommen wollte (ich verdanke die Kenntnis dieser Tatsache sowohl als ihrer Interpretation Mazzino Montinari).

christ' gebraucht. – Das hier vorwegnehmend Angedeutete soll im folgenden ausführlich dargelegt werden.

Die früheste Bezugnahme, die ich eruieren konnte, hat Nietzsche 1876/77 zu Papier gebracht. Sie nimmt die Wendung „Perversität der Gesinnung" auf.[32] „Schopenhauer hat seine Position vielfach mit Flü-

[32] Das Wort 'Perversität' kommt bei Schopenhauer m. W. dreimal vor: neben „Perversität der Gesinnung" findet sich in gleicher Bedeutung, nämlich als Leugnung der moralisch-metaphysischen Bedeutung der Welt, „Perversität des Geistes" (Parerga II, § 69; VI 108, vgl. oben S. 148 und Anm. 19). Ein paar Seiten nach der 'Antichrist'-Stelle heißt es schließlich „Perversität des Herzens" (Parerga II, § 114; VI 223). – Nietzsches Verwendung des Wortes ist deutlich erkennbar an der Schopenhauers orientiert. „Perversität der Gesinnung" findet sich außer an der oben zitierten Stelle noch im ›Versuch einer Selbstkritik‹ (dazu später). An zwei Stellen verwendet Nietzsche nur „Perversität", im einen Fall derart, daß er das Wort im Rahmen einer immanenten Kritik gegen Schopenhauer kehrt. Dieser habe aus seiner metaphysischen Grundposition eine Konsequenz gezogen, die ihr eigentlich widerspreche. „Das Mitleiden, wie es Schopenhauer schildert, ist, von seinem Standpunkte aus, die eigentliche Perversität, die gründlichste aller möglichen Dummheiten" (Nachlaß Frühjahr 1880, 3 [102]; KGW V 1, 405). Im andern Fall verwendet Nietzsche das Wort schon 'umgewertet', indem er es auf Sokrates anwendet: „. . . die Entnatürlichung der Moralwerthe hatte zur Consequenz, einen entartenden *Typus des Menschen* zu schaffen, – 'den Guten', 'den Glücklichen', 'den Weisen'. Sokrates ist ein Moment der *tiefsten Perversität* in der Geschichte der Menschen" (Nachlaß Frühjahr 1888, 14 [111]; KGW VIII 3, 81. Eine leicht veränderte Fassung, am Schluß steht z. B. „Werthe" statt „Menschen": WM 430; KA XV, 458f.). – In der ›Genealogie‹ sagt Nietzsche, daß Wagner bei der Einführung in das Problem des 'Parsifal' „eine Art intellektueller *Perversität* . . . ebensowenig erspart (blieb) als einem schwangeren Weibe die Widerlichkeiten und Wunderlichkeiten der Schwangerschaft" (GM III 4; KGW VI 2, 361). – Eine frühe Verwendung des Wortes 'Perversität' findet sich im Zusammenhang von Nietzsches Charakterisierung des Parmenides in seiner unvollendet und unveröffentlicht gebliebenen ›Philosophie im tragischen Zeitalter der Griechen‹: „Die einzige Form der Erkenntniß aber, der wir sofort ein unbedingtes Vertrauen schenken und deren Leugnung dem Wahnsinne gleichkommt, ist die Tautologie A = A. Aber eben diese tautologische Erkenntniß rief unerbittlich ihm zu: was nicht ist, ist nicht! Was ist, ist! Plötzlich fühlte er eine ungeheure logische Sünde auf seinem Leben lasten; hatte er doch ohne Bedenken immer angenommen, daß es negative Eigenschaften, überhaupt Nichtseiendes *gäbe*, daß also, formelhaft ausgedrückt A =

chen und Verwünschungen und fast überall mit Pathos verschanzt; ohne diese Mittel würde seine Philosophie vielleicht wenig bekannt geworden sein (z. B. wenn er die eigentliche Perversität der Gesinnung es nennt, 'an keine Metaphysik zu glauben')."[33] Es ist eigenartig, daß Nietzsche das offensichtliche Zitat „die eigentliche Perversität der Gesinnung" ohne Anführungen, die Wendung „an keine Metaphysik zu glauben" dagegen in Anführungen notiert. Das von ihm als Zitat behandelte Diktum konnte ich in dieser Form bei Schopenhauer nicht finden, wenn es auch die Qintessenz verschiedener Äußerungen formuliert, vor allem dessen, was Schopenhauer gegen Ende seiner zweiten 'Preisschrift' über die „metaphysische(n) Auslegung des ethischen Urphänomens" sagt.[34] Daraus läßt sich schließen, daß Nietzsche aus dem Gedächtnis zitiert. Die Formulierung „die eigentliche Perversität der Gesinnung" kann Nietzsche aber nur von seiner Lektüre des § 109 des zweiten Bandes der ›Parerga‹ her im Gedächtnis gehabt haben; sie findet sich in *dieser* Form nur dort.

Für das Thema dieser Untersuchung ist von großem Interesse, daß Nietzsche aus Schopenhauers im Wortlaut doch recht maßvollen Formulierungen „Flüche(n) und Verwünschungen" heraushört. Die 'negativen' Begriffe 'Antichrist' und 'Perversität' müssen ihm als solche gegolten haben. Es findet sich auch schon relativ früh eine Stelle, die deutlich macht, daß Nietzsche diesen 'Fluch' Schopenhauers bewußt auf sich nimmt, daß er sich also dazu bekennt, jene „Perversität der Gesinnung" zu vollziehen, die ihn zu '*dem* Antichrist' stempelt. „Ich habe die Verachtung Pascals und den Fluch Schopenhauer's auf mir! Und kann man anhänglicher gegen sie gesinnt sein als ich! Freilich mit jener Anhänglichkeit eines Freundes, welcher aufrichtig bleibt, um Freund zu bleiben und nicht Liebhaber und Narr zu werden!"[35] Sagt Nietzsche mit diesen Worten nicht genau dasselbe, was wir schon in anderem Zusammenhang gehört haben: „Wollen Sie einen neuen Namen für mich?

nicht A sei: was doch nur die volle Perversität des Denkens aufstellen könne. Zwar urtheilt, wie er sich besann, die ganze große Menge der Menschen mit der gleichen Perversität: er selbst hatte nur am allgemeinen Verbrechen gegen die Logik theilgenommen." (KGW III 2, 313f.)

[33] Nachlaß Ende 1876 – Sommer 1877, 23 [38]; KGW IV 2, 513.

[34] Die beiden Grundprobleme der Ethik; IV, 2. Hälfte, 260ff.

[35] Nachlaß Ende 1880, 7 [191]; KGW V 1, 686.

Die Kirchensprache [sc. in der Interpretation, die ihr Schopenhauer gegeben hat, Zusatz des Vfs.] *hat* einen. Ich bin – der *Antichrist.*“?[36]

Nietzsches Kenntnis der Schopenhauerischen ‘Antichrist’-Stelle bezeugen, wie gesagt, auch einige andere Stellen, an denen er die Wendung „moralische Bedeutung“ aufnimmt und reflektiert. Da sich diese Wendung bei Schopenhauer freilich häufiger findet[37] als „Perversität der Gesinnung“ und da Nietzsche diese Wendung, wie Schopenhauer selbst, stark variiert[38], haben die im folgenden angegebenen Stellen eine

[36] Vgl. im 4. Abschnitt der vorliegenden Untersuchung [Nietzsche-Studien 2, 1973] S. 108 und Anm. 68.

[37] Daß die Welt nicht nur eine physische, sondern auch und vor allem eine moralische bzw. metaphysische Bedeutung habe, sagt für Schopenhauer im Grunde dasselbe wie die These, daß die Welt Wille *und* Vorstellung sei. Als Vorstellung oder physisch betrachtet, folgt sie dem Satz vom Grunde, ist nezessitiert und läßt keinen Raum für moralisches Handeln. Als Wille oder moralisch-metaphysisch betrachtet, ist die Welt die sich im Ganzen ausgleichende Abfolge von Schmerz und Lust, Verbrechen und Sühne, Vergehen und Werden etc. des *einen* Willens. Im ersten Band seines Hauptwerks hat Schopenhauer diese Problematik wie folgt zusammengefaßt: „die Welt selbst ist das Weltgericht. Könnte man allen Jammer der Welt in *eine* Waagschale legen und alle Schuld der Welt in die andere, so würde gewiß die Zunge einstehen“ (Welt als Wille und Vorstellung I, § 63; II, 415f.). Im ergänzenden zweiten Band der ›Welt als Wille und Vorstellung‹ (Kap. 47; III, 677) nimmt Schopenhauer diesen Gedankengang in einer Formulierung auf, die der hier thematischen schon näher kommt: „Die Kraft, welche das Phänomen der Welt hervorbringt, mithin die Beschaffenheit derselben bestimmt, in Verbindung zu setzen mit der Moralität der Gesinnung und dadurch eine *moralische* Weltordnung als Grundlage der *physischen* nachzuweisen, – dies ist seit Sokrates das Problem der Philosophie gewesen.“ In der zweiten ‘Preisschrift’ ist von der „ethische[n] Bedeutsamkeit der Handlungen“ und der „unleugbaren ethisch-metaphysischen Tendenz des Lebens“ die Rede (Die beiden Grundprobleme der Ethik; IV, 2. Hälfte, 261 und 262). In den Partien des zweiten Bandes der ›Parerga‹, die Ethik und Religion behandeln, finden sich ähnlichlautende Formulierungen des öfteren; außer an der ‘Antichrist’-Stelle und ihrer Parallele im § 69 heißt es z. B. im § 108: „Physikalische Wahrheiten können viel äußere Bedeutsamkeit haben; aber die innere fehlt ihnen“ (VI, 214). Und im § 111 steht, das Christentum habe „die Grundtendenz des Lebens als eine moralische nachgewiesen“ (VI, 219).

[38] Nietzsche spricht von ethischem Sinn, ethischer Bedeutung oder Bedeutsamkeit, von sittlicher oder moralischer Bedeutung bzw. Bedeutsamkeit etc. –

geringere Beweiskraft. „Sittlich leben und sichs dabei sauer werden lassen mag gut sein, aber wenn daraus immer, wie es scheint, die Forderung entsteht, daß das Leben durchaus einen ethischen letzten Sinn haben müsse, so müßte man es sich verbitten, denn es wäre dann die Quelle der größten Unverschämtheit."[39] In der ›Morgenröte‹ steht der folgende, „Alles hat seine Zeit" überschriebene Aphorismus: „Als der Mensch allen Dingen ein Geschlecht gab, meinte er nicht zu spielen, sondern eine tiefe Einsicht gewonnen zu haben: – den ungeheuren Umfang dieses Irrthums hat er sich sehr spät und jetzt vielleicht noch nicht ganz eingestanden. – Ebenso hat der Mensch Allem, was da ist, eine Beziehung zur Moral beigelegt und der Welt eine *ethische Bedeutung* über die Schulter gehängt. Das wird einmal ebenso viel und nicht mehr Werth haben, als es heute schon der Glaube an die Männlichkeit oder Weiblichkeit der Sonne hat."[40] Eine andere Passage lautet: „Wie Viele schliessen immer noch: ‚es wäre das Leben nicht auszuhalten, wenn es keinen Gott gäbe!' (oder, wie es in den Kreisen der Idealisten heisst: ‚es wäre das Leben nicht auszuhalten, wenn ihm die ethische Bedeutsamkeit seines Grundes fehlte!') – folglich *müsse* es einen Gott (oder eine ethische Bedeutsamkeit des Daseins) geben!" Diese Notiz ist deswegen besonders interessant, weil Nietzsche sie stärker als die anderen zum Anlaß nimmt, seine Kritik zu formulieren und damit zum Problem der 'Umwertung' überzuleiten: „In Wahrheit steht es nur so, dass, wer sich an diese Vorstellungen gewöhnt hat, ein Leben ohne sie nicht wünscht: dass es also für ihn und seine Erhaltung nothwendige Vorstellungen sein mögen, – aber welche Anmaassung, zu decretiren, dass Alles, was für meine Erhaltung nothwendig ist, auch wirklich *da sein* müsse! Als ob meine Erhaltung etwas Nothwendiges sei! Wie, wenn Andere umgekehrt empfänden! wenn sie gerade unter den Bedingungen jener beiden Glaubensartikel nicht leben möchten und das Leben dann nicht

Unter ausdrücklichem Verweis auf Schopenhauer verwendet Nietzsche eine derartige Formulierung schon in der ›Philosophie im tragischen Zeitalter der Griechen‹: „. . . wer, wie Schopenhauer, auf den ‚Höhen der indischen Lüfte' das heilige Wort von dem moralischen Werthe des Daseins gehört hat . . ." (KGW III 2, 290).

[39] Nachlaß Frühjahr 1880, 2 [3]; KGW V 1, 364.

[40] M 3; KGW V 1, 15f.

mehr lebenswerth fänden! – Und so steht es jetzt!“[41] Nietzsche versteht sich als derjenige, der diesen Übergang zum ‘jetzt’ befördert und zuspitzt. Da er die noch in einem moralisch-metaphysischen Schlummer Liegenden aufwecken will, hat er dem folgenden Aphorismus den Titel ›Vom Traume erwachen‹ gegeben: „Edle und weise Menschen haben einmal an die Musik der Sphären geglaubt: edle und weise Menschen glauben noch immer an die ‚sittliche Bedeutung des Daseins‘. Aber eines Tages wird auch diese Sphärenmusik ihrem Ohre nicht mehr vernehmbar sein! Sie erwachen und merken, dass ihr Ohr geträumt hatte.“[42]

Etwa zur selben Zeit, der die zuletzt gebrachten Zitate entstammen, hat Nietzsche auch eine Bemerkung niedergeschrieben, die noch einmal deutlich herausstellt, wie sehr alle diese Überlegungen durch seinen früheren Meister und nunmehrigen Antipoden angeregt wurden: „Schopenhauer, der letzte der die ethische Bedeut[ung] des Daseins vertritt: er fügt seine triftigen Trümpfe bei, ohne welche er uns nichts schenkt und welche in den Augen der einen Gattung seiner Leser seine Glaubwürdigkeit ebenso verstärken als sie dieselbe in den Augen einer anderen Gattung verringern.“[43] Nietzsche, der sich zu der zweiten Gattung zählt, gelangt durch die Auseinandersetzung mit Schopenhauers Ethik

[41] M 90; KGW V 1, 79f. – Im Nachlaß zur ›Morgenröte‹ findet sich eine Aufzeichnung, die eine Vorstufe zu dem im Text zitierten Aphorismus sein dürfte. Nietzsche schreibt, daß viele geglaubt hätten und daß einige immer noch glaubten, „es müsse einen Gott geben, weil die Menschen ihn *nöthig haben*“ und nennt paradigmatisch M. von Meysenbug, deren ‘Memoiren einer Idealistin’ sie als Vertreterin der von ihm nunmehr verworfenen Weltsicht ausweisen. Für sie „wäre das Leben nicht auszuhalten, wenn alles nur eine letzte physische Bedeutung hätte“. Nietzsche fügt hinzu: „In Wahrheit ist es umgekehrt: *weil* man an Gott oder an die ethische Bedeutung des Daseins gewöhnt ist zu glauben, vermeint man, ‘der Mensch’ habe sie nöthig, es sei sonst nicht zu leben möglich“ (Nachlaß Sommer 1880, 4 [57]; KGW V 1, 443).

[42] M 100; KGW V 1, 87f.

[43] Nachlaß Anfang 1880, 1 [82]; KGW V 1, 355. – Schopenhauers ‘triftige Trümpfe’ sind die von ihm behauptete Übereinstimmung seiner Ethik mit der christlichen und der fernöstlichen. Schopenhauer hat dies mit besonderer Deutlichkeit im ersten Band der ›Welt als Wille und Vorstellung‹ ausgesprochen (§ 71; II, 483). Seine Ethik sei zwar „dem Ausdrucke nach . . . neu und unerhört“, „dem Wesen nach“ stimme sie aber völlig überein „mit den ganz eigentlich christ-

zu der Erkenntnis: „Mit der *moralischen* Interpretation ist die Welt unerträglich."[44] Daher ist seiner Meinung nach nicht „der *Pessimismus* ... die große Gefahr ..., sondern die *Sinnlosigkeit* alles Geschehens! Die moralische Auslegung ist zugleich mit der religiösen Auslegung hinfällig geworden: das wissen sie freilich nicht, die Oberflächlichen! Instinctiv halten sie, je unfrommer sie sind, mit den Zähnen an den moralischen Werthschätzungen fest. Schopenhauer als Atheist hat einen Fluch gegen den ausgesprochen, der die Welt der moralischen Bedeutsamkeit entkleidet."[45] Dieses zuletzt gebrachte Zitat ist übrigens nicht nur durch die Wendung 'moralische Bedeutsamkeit' der Schopenhauerischen 'Antichrist'-Stelle sehr nahe; es enthält außerdem noch das 'Fluch'-Motiv, das schon oben anklang und das sich als Verständnishorizont für den Untertitel von Nietzsches Spätschrift ›Der Antichrist‹ herausstellen wird.

Die Behauptung oder Leugnung einer „moralischen Bedeutung" der Welt bzw. der Weltentwicklung und -geschichte[46] wurde für Nietzsche zu dem entscheidenden *discrimen,* mit dessen Hilfe er eine Lehre als aus der décadence erwachsend zurückwies oder als eine aus Wohlgeratenheit und Stärke resultierende begrüßte. Nietzsche hat in diesem Zusammenhang eine große Zahl pauschaler Verwerfungen (sozusagen 'Flüche') notiert, in denen er, mit oder ohne ausdrückliche Nennung Schopenhauers, ethische Theorien wie die Herbert Spencers und anderer englischer Utilitaristen, Eduard von Hartmanns, Darwins und der Darwinisten etc. zurückweist. Dem ist hier nicht im einzelnen nachzu-

lichen Dogmen"; noch eindeutiger lasse sich die Übereinstimmung konstatieren „mit den wieder in ganz anderen Formen vorgetragenen Lehren und ethischen Vorschriften der heiligen Bücher Indiens." – Es ist einsichtig, daß für 'den Antichrist' Nietzsche eine derartige Übereinstimmung keine Bestätigung, sondern eine Widerlegung von Schopenhauers Ethik darstellte.

[44] Nachlaß WM 845; KA XVI, 262.

[45] Nachlaß 1885/86; GA XIII, 90 (Nr. 228).

[46] Nietzsche ist bekanntlich nicht bei der ungeschichtlichen Weltsicht Schopenhauers stehengeblieben, sondern hat in seinem Denken dem Werden, der Entwicklung und der Geschichte große Bedeutung beigemessen. Den entscheidenden Anstoß dazu hat er wohl von Heraklit empfangen; später hat er in diesem Zusammenhang mitunter auch auf Hegel verwiesen, dessen Werke er freilich nie ernsthaft zur Kenntnis genommen hat.

gehen. *Eine* derartige Auseinandersetzung ist jedoch auch für den hier vorgelegten Nachweis von Interesse. Nietzsche las 1887 Jean Marie Guyaus Buch ›Esquisse d'une Morale sans Obligation ni Sanction‹ und fand darin die Lehre von der „moralischen Bedeutung" der Welt sozusagen in klassischer Weise formuliert. Nach der Lektüre notierte er auf dem Titelblatt: „Dies Buch hat einen *komischen* Fehler: in dem Bemühen, zu beweisen, dass die moralischen Instincte ihren Sitz im Leben selbst haben, hat Guyau übersehen, dass er das Gegenteil bewiesen hat, – nämlich dass *alle* Grundinstincte des Lebens *unmoralisch* sind, eingerechnet die sogenannten moralischen."[47] Mit einer Art liebevoller Ironie nahm Nietzsche zur Kenntnis, daß Guyaus Beschreibung der Weltwirklichkeit des öfteren seiner Auffassung nahekommt, daß der Franzose aber, im Banne des 'christlichen' (oder Schopenhauerschen) Ideals, zu entgegengesetzten Wertungen kommt. In einer von Guyau als möglich beschriebenen, aber verworfenen Position erkennt Nietzsche seine Position, die Position '*des* Antichrist' wieder. Er hat die im folgenden zitierte Stelle zum Teil unterstrichen und am Rand „moi" notiert. „Im tiefsten Grunde des universellen Monismus kann man eine Art sittlichen Atomismus annehmen, den Kampf einer Unzahl von Einzelbestimmungen. In diesem Falle würde es in der Natur soviel Zentren wie Atome geben, soviel Zwecke wie es Einzelwesen oder wenigstens soviel Zwecke wie es bewußte Gemeinschaften gibt; alle diese Zwecke könnten einander widersprechen, und der Egoismus wäre dann das allgemeine Grundgesetz der Natur. Dann fiele die normale Willensrichtung aller Wesen mit dem zusammen, was man beim Menschen 'unmoralisch' nennt. Das wäre vielleicht der tiefste moralische Skeptizismus."[48]

[47] Nachlaß, GA XIII, 112f. (Nr. 254). – Die Passage ist auch im Anhang der 1909 erschienenen deutschen Übersetzung von Guyaus Buch abgedruckt (Sittlichkeit ohne Pflicht, Leipzig 1909, 279).

[48] In der in der vorigen Anm. zitierten deutschen Übersetzung auf S. 63. – Guyaus Beschreibung des 'tiefsten moralischen Skeptizismus' trifft in frappierender Weise Nietzsches Lehre von den unmoralischen, in beständigem Kampf und in zeitweiliger Koaliton die *eine* Weltwirklichkeit konstituierenden Machtwillen (vgl. dazu W. Müller-Lauter, Nietzsche, a.a.O. 26ff.; erst durch Müller-Lauters nicht-metaphysische Interpretation 'des' Willens zur Macht ist das tatsächliche Maß der Übereinstimmung voll zutage getreten).

Nietzsches Aufnahme von Schopenhauers 'Antichrist'-Definition und seine Auseinandersetzung mit der darin gemeinten Sache ist jetzt so weit nachgezeichnet worden, daß der formale Sinn der 'Umwertung aller Werte' deutlich herausgetreten ist. Nietzsche kommt zu der Einsicht, daß mit Behauptung oder Bestreitung einer „moralischen Bedeutung" der Welt die wesentliche und grundlegende philosophische Entscheidung fällt. Gegenüber der breiten Front von dem ersten Anschein nach zwar sehr verschiedenen, von dieser entscheidenden Grundlage her aber übereinstimmenden ethischen 'Systemen', die die moralische Bedeutung bejahen, vollzieht Nietzsche die entscheidende 'Umwertung': für ihn ist die Welt und ihre Entwicklung ein 'bloß' physisches Geschehen. Diese grundlegende 'Umwertung' läßt *nichts* unverändert – von ihr her müssen '*alle* Werte' umgewertet werden. Nietzsche versteht sich als '*der* Antichrist' im schopenhauerischen Sinne und nimmt als solcher alle negativen Kennzeichnungen, Verwünschungen und 'Flüche' seines 'Antipoden'[49] und aller mit ihm im Grunde Übereinstimmenden auf sich. 'Umwertung' ist aber keine bloße Umkehrung. Indem Nietzsche das bisher Verneinte und Verworfene als das Positive bejaht und das bisher Hochgehaltene, die „moralische Bedeutung", bekämpft und verneint, verändern sich ihm beide 'Positionen' auch in sich. Er verneint nicht aus Lust am Verneinen, sondern er verneint, und zwar mit zunehmender Heftigkeit, weil in sich Nichtiges allenthalben herrscht und durch seine Herrschaft das in sich Positive denunziert und an der Entfaltung hindert. Nietzsche sieht sich aus der Logik der 'Umwertung' heraus gezwungen, die 'Flüche' zurückzugeben.[50] In einer schon in anderem Zusammenhang genannten Passage benutzt Nietzsche sogar die Schopenhauerische Wendung „Perversität (der Gesinnung)", um einen 'Fluch' gegen denjenigen zu schleudern, der seines Erachtens einer der entscheidenden Promotoren der moralischen Ausdeutung der Welt war, nämlich gegen Sokrates. „... die Entnatür-

[49] Nietzsche trug sich eine Zeitlang mit dem Gedanken, die ›Götzendämmerung‹ ins Englische übersetzen zu lassen. Als Übersetzerin versuchte er Helen Zimmern zu gewinnen, die vorher schon Werke Schopenhauers übersetzt hatte. Er schrieb über sie an Gast (vom 9. 12. 1888; GBr IV, 427): „sie hat Schopenhauer den Engländern entdeckt: warum nicht erst recht dessen *Antipoden*?"

[50] Von daher ist der Untertitel zu verstehen, den Nietzsche zuletzt dem ›Antichrist‹ gegeben hat.

lichung der Moralwerthe hatte zur Consequenz, einen entartenden *Typus des Menschen* zu schaffen ... Sokrates ist ein Moment der tiefsten Perversität in der Geschichte der Menschen."[51] Indem Nietzsche den zunächst auf sich genommenen 'Fluch' zurückgibt, ist Entscheidendes geschehen; in nur scheinbarer Paradoxie kommt gerade darin zum Ausdruck, daß aus dem 'Anti' von '*der* Antichrist' das 'Pro' des Exponenten eines dionysischen Weltverständnisses geworden ist.[52]

Was im letzten Absatz in schematisierender Zusammenfassung vorweggenommen wurde, findet einen deutlichen Ausdruck in Nietzsches Arbeiten aus dem Jahre 1886 – in ›Jenseits von Gut und Böse‹ und im fünften Buch der ›Fröhlichen Wissenschaft‹, vor allem aber in den neuen Vorreden zu den älteren Büchern Nietzsches. Für das Hauptthema dieses Abschnitts, also für den Nachweis von Nietzsches Kenntnis und Reflexion von Schopenhauers 'Antichrist'-Definition, kommt dem ›Versuch einer Selbstkritik‹, der Vorrede zur ›Geburt der Tragödie‹, die größte Bedeutung zu. Diese Vorrede enthält nicht nur eine übersichtliche Darstellung der 'Umwertungs'-Problematik; in ihr finden sich sowohl Zitate aus dem § 109 der ›Parerga‹ II als auch das Wort 'Antichrist'.[53]

Nietzsche meint, im Rückblick konstatieren zu können, daß er seine Frühschrift zwar unter dem beherrschenden Einfluß von Vorstellungen und Begriffen Schopenhauers verfaßt habe, daß er sich aber schon in ihr im Grundsätzlichen von Schopenhauer abgewandt und gegen dessen moralisches Weltverständnis gestellt habe.[54] „Bereits im Vorwort an

[51] S. Anm. 32.

[52] Vgl. den aufschlußreichen Dialog in M 477: „B: du hast eben *aufgehört*, Skeptiker zu sein! Denn du *verneinst*! – A: ‚Und damit habe ich wieder *Ja-sagen* gelernt' " (KGW V 1, 288).

[53] Wie im folgenden ausgeführt wird, zitiert Nietzsche im Abschnitt 5 ausdrücklich (indem er Anführungen setzt) „Perversität der Gesinnung" und zitiert in Paraphrase (ohne Anführungen) „*moralische* Ausdeutung und Bedeutsamkeit des Daseins". Das Wort 'Antichrist' kommt auch im selben Abschnitt und im selben Duktus des Gedankens vor; Nietzsche selbst setzt es aber nicht in *direkten* Zusammenhang mit dem vorher Zitierten. Im Abschnitt 5 des ›Versuch[s] einer Selbstkritik‹ findet sich somit zwar der eindeutigste philologische Beleg für die hier entfaltete These, aber auch hier handelt es sich, strenggenommen, um einen Indizienbeweis.

Richard Wagner wird die Kunst – und *nicht* die Moral – als die eigentlich *metaphysische* Thätigkeit des Menschen hingestellt. . . . Die Welt, in jedem Augenblicke die *erreichte* Erlösung Gottes, als die ewig wechselnde, ewig neue Vision des Leidendsten, Gegensätzlichsten, Widerspruchsreichsten, der nur im *Scheine* sich zu erlösen weiss: diese ganze Artisten-Metaphysik mag man willkürlich, müssig, phantastisch nennen –, das Wesentliche daran ist, dass sie bereits einen Geist verräth, der sich einmal auf jede Gefahr hin gegen die *moralische* Ausdeutung und Bedeutsamkeit des Daseins zur Wehre setzen wird. Hier kündigt sich, vielleicht zum ersten Male, ein Pessimismus ‚jenseits von Gut und Böse' an, hier kommt jene ‚Perversität der Gesinnung' zu Wort und Formel, gegen welche Schopenhauer nicht müde geworden ist, im Voraus seine zornigsten Flüche und Donnerkeile zu schleudern, – eine Philosophie, welche es wagt, die Moral selbst in die Welt der Erscheinung zu setzen, herabzusetzen . . . unter die ‚Täuschungen', als Schein, Wahn, Irrthum, Ausdeutung, Zurechtmachung, Kunst."[55] Die sich anschließenden Äußerungen Nietzsches zeigen noch einmal, daß er Schopenhauers These, derzufolge dessen Ethik mit der rechtverstandenen christlichen völlig übereinstimmt, vorbehaltlos übernimmt. Der die 'Umwertung' vollziehende Kampf gegen Schopenhauer ist deswegen zugleich ein Kampf gegen das 'Christentum' und vice versa. Es ist wichtig, sich dies vor Augen zu halten, wenn man zu einem angemessenen Verständnis von Nietzsches später 'Kampfschrift' ›Der Antichrist‹ kommen will. Nietzsche schreibt: „Vielleicht läßt sich die Tiefe dieses *widermoralischen* Hanges am besten aus dem behutsamen und feindseligen Schweigen ermessen, mit dem in dem ganzen Buche das Christenthum behandelt ist, – das Christenthum als die ausschweifendste Durchfigurirung des moralischen Thema's, welche die Menschheit bisher anzuhören bekommen hat." Indem Nietzsche 'im Grunde' anders wertet als Schopenhauer und indem er das 'Christentum' mit feindseligem Schweigen übergeht, hat er, wenn auch vielleicht noch nicht in voller Deutlichkeit, sein entscheidendes Thema gefunden. „*Gegen* die Moral also kehrte sich

[54] In diesem Sinne heißt es zu Ende der ›Götzendämmerung‹ (Was ich den Alten verdanke 5; KGW VI 3, 154), die ›Geburt der Tragödie‹ sei Nietzsches „erste Umwerthung aller Werthe" gewesen!

[55] GT, Versuch einer Selbstkritik 5; KGW III 1, 11f.

damals, mit diesem fragwürdigen Buche, mein Instinkt, als ein fürsprechender Instinkt des Lebens, und erfand sich eine grundsätzliche Gegenlehre und Gegenwerthung des Lebens, eine rein artistische und *antichristliche.* Wie sie nennen? Als Philologe und Mensch der Worte taufte ich sie, nicht ohne einige Freiheit – denn wer wüsste den rechten Namen des Antichrist? – auf den Namen eines griechischen Gottes: ich hiess sie die *dionysische.*"[56]
Die „Philosophie des Antichrist", von der Nietzsche zur gleichen Zeit in ›Jenseits von Gut und Böse‹ spricht[57], ist eine positive, aus dem „fürsprechende[n] Instinkt des Lebens" erwachsende Lehre, eine 'dionysische Weltsicht'. Sie erscheint nur dem als negativ, der sie vom Boden der in sich negativen 'christlichen' (Schopenhauerischen etc., also überhaupt: décadence-) Moral aus abschätzt: „denn vor der Moral (in Sonderheit christlichen, das heisst unbedingten Moral) *muss* das Leben beständig und unvermeidlich Unrecht bekommen, weil Leben etwas essentiell Unmoralisches *ist* . . ."[58]

Diese gesamte Problematik wird auch in den anderen Vorreden und im fünften Buch der ›Fröhlichen Wissenschaft‹ ausführlich behandelt, ohne daß sich vergleichbar deutliche Rückverweise auf Schopenhauers 'Antichrist'-Stelle fänden. Ich führe noch eine Passage an, da sie Aufnahme und Umprägung Schopenhauerischer 'Begriffe' an einem anderen Beispiel demonstriert, nämlich anhand des Stichworts 'Teufel'[59]. Im Rückblick auf sein erstes Aphorismenbuch schreibt Nietzsche, er habe

[56] Ebd., KGW III 1, 12f.
[57] JGB 256; KGW VI 2, 211.
[58] GT, Versuch einer Selbstkritik 5; KGW III 1, 13.
[59] Schopenhauer identifiziert an vielen Stellen die Welt mit dem Teufel bzw. die Welt mit der Hölle und die Menschen in ihr mit Teufeln, freilich mit 'Teufeln', die immer auch die Opfer ihrer eigenen 'Teufelei' sind (z. B. Welt als Wille und Vorstellung I; II, 383 und II; III, 663, 666; Parerga I; V, 433 und II; VI, 107, 319, 391). Auch hierin meint Schopenhauer nur die 'Wahrheit' der 'christlichen' (und der persischen) Mythologie formuliert zu haben (vgl. Welt als Wille und Vorstellung II; III, 717f.) und er zitiert etwa zustimmend Joh. 12, 32, wo der Teufel „Fürst dieser Welt" genannt wird. – Für Nietzsche dürften einige andere Stellen noch aufschlußreicher und 'anstößiger' zugleich gewesen sein, an denen Schopenhauer konkreter wird und den 'Teufel' als die personifzierte Verlockung zum Leben ansieht (Welt als Wille und Vorstellung I; II, 464) bzw. ihn, noch

gehört, daß man aus dessen Lektüre „nicht ohne eine Art Scheu und Misstrauen selbst gegen die Moral" hervorgehe, und er fügt bestätigend hinzu: „In der That, ich selbst glaube nicht, dass jemals Jemand mit einem gleich tiefen Verdachte in die Welt gesehn hat, und nicht nur als gelegentlicher Anwalt des Teufels, sondern ebenso sehr, theologisch zu reden, als Feind und Vorforderer Gottes . . ."[60]

spezieller, mit dem Geschlechtstrieb in eins setzt (Parerga I; V, 524). In Entsprechung zu der zuletzt genannten Stelle heißt es im zweiten Band der Parerga (§ 166; VI, 335): „der Beischlaf ist sein [sc. des Teufels] Handgeld und die Welt ist sein Reich."

Nietzsche hat auch das Wort 'Teufel' von Schopenhauer übernommen und im Zusammenhang der Umwertungsproblematik verschiedentlich benutzt. Wie er den 'Antichrist' ins Positive wendet, so auch den 'Teufel'. Er will nicht bloß „Anwalt des Teufels", sondern auch dessen „Ehrenretter" sein (Nachlaß Herbst 1887, 10 [105]; KGW VIII 2, 180). Im Kontext eines oben gebrachten und erörterten Zitats heißt es folgerichtig, im Blick auf Schopenhauers Ethik: „Populär geredet: Gott ist widerlegt, der Teufel nicht" (Nachlaß 1885/86, GA XIII, 90f., Nr. 228; vgl. oben Anm. 45). – In ›Jenseits‹ hat Nietzsche diesen Gedanken weitergeführt. Zunächst heißt es auch dort im Anschluß an eine Beschreibung der Welt als „ 'Wille zur Macht' und nichts ausserdem" (JGB 36; KGW VI 2, 51, vgl. dazu den Schluß von Nachlaß, WM 1067; KA XVI, 402): „Wie? Heisst das nicht, populär geredet: Gott ist widerlegt, der Teufel aber nicht –?" Da diese Folgerung jedoch nur dann Gültigkeit besäße, wenn die Schopenhauersche Wertung gültig bliebe, Nietzsche aber von der schon vollzogenen 'Umwertung' her denkt, fährt er fort: „Im Gegentheil, meine Freunde! Und, zum Teufel auch, wer zwingt euch, populär zu reden! –" (JGB 37; KGW VI 2, 52). Eine wichtige Rolle spielt der 'Teufel' in ›Also sprach Zarathustra‹, was hier nicht weiter verfolgt werden soll. – Nietzsches sich steigernde Empörung über die Denunzierung und 'Verteufelung' der Geschlechtlichkeit durch das 'Christentum', die sich besonders prägnant im vierten Satz des 'Gesetzes wider das Christentum' niedergeschlagen hat, dürfte zu einem beträchtlichen Teil aus seiner fraglosen Identifizierung von christlicher und Schopenhauerscher Ethik erwachsen sein: „Die Predigt der Keuschheit ist eine öffentliche Aufreizung zur Widernatur. Jede Verachtung des geschlechtlichen Lebens, jede Verunreinigung desselben durch den Begriff 'unrein' ist die eigentliche Sünde wider den heiligen Geist des Lebens" (AC; KGW VI 3, 252).

[60] MA I, Vorrede 1; KGW IV 2, 7.

R. K. Gupta, Freud and Schopenhauer. In: Schopenhauer. His Philosophical Achievement, ed. by Michael Fox. Brighton, Sussex/Totowa, New Jersey 1975, S. 226–233. Aus dem Englischen übersetzt von Karl Nicolai.

FREUD UND SCHOPENHAUER

Von Rajender Kumar Gupta

Daß Freud mit vielen Gedanken Schopenhauers vertraut war und Schopenhauer bewunderte, ist ziemlich bekannt. Weniger bekannt ist das volle Ausmaß und die Reichweite der geistigen Verwandtschaft, die zwischen diesen beiden bedeutenden Denkern besteht. In den Schriften Schopenhauers finden sich viele der tiefen Einsichten, die später von Freud entwickelt und ausgearbeitet wurden. Dieser schöpferische Prozeß ist so komplex, daß er sich auf keine simple Formel bringen läßt, und Freud besaß einen Geist von höchster Absorptionsfähigkeit, der Gedanken aus verblüffend vielfältigen Quellen aufnahm und umgestaltete; deshalb gehe ich nicht so weit zu behaupten, Freud habe einige seiner Einsichten von dem großen pessimistischen Philosophen *übernommen*. Ich will lediglich darauf hinweisen, daß in vielen entscheidenden Fragen zwischen den beiden eine – wie ich glaube – bemerkenswerte Ähnlichkeit des Denkens und der Betrachtungsweise besteht.

1. Es besteht eine auffallende Ähnlichkeit zwischen Schopenhauers Auffassung des Willens und Freuds Begriff des Es. Sowohl Schopenhauer als auch Freud kämpften gegen die vorherrschende Überschätzung der Vernunft und des Intellekts im Menschen, und beide erblickten die wirkliche Triebkraft seines Handelns in den dunklen Tiefen des Unbewußten. Während Hegel die Vernunft in der Geschichte zu einer neuen Gottheit erhebt und die Vernunft mit der letzten Wirklichkeit gleichsetzt, ist die letzte Wirklichkeit bei Schopenhauer eine blinde, triebhafte Kraft: der Wille. Schopenhauer übernimmt die Theorie seines Lehrers Fichte, der Wille sei die Grundsubstanz der Welt und das Weltganze sei ein Wille, der sich in unendliche Formen des Seins differenziere. Aber während Fichte den Willen als ein rationales Prinzip ansieht, betrachtet ihn Schopenhauer als blind, ziellos und unersättlich, ein Schreien und Toben in der Dunkelheit. Obwohl Leibniz den Begriff des „Unbewußten" vor Schopenhauer benutzte, sieht erst Schopen-

hauer das Unbewußte als eine ursprüngliche Kraft von ungeheurer Macht. Bei Schopenhauer ist der unbewußte Wille die Quelle alles Geschehens. Der Intellekt ist nur ein Werkzeug, ein Instrument, ein Organ, das dem Willen gehorcht; dieser ist die schöpferische Kraft des Universums. Mit seiner Überzeugung, die Vernunft sei nur ein Instrument zu dem Zweck, die gebieterischen Bedürfnisse des Willens zu befriedigen, kommt Schopenhauer Freuds Theorie der Rationalisierung nahe. Wie George Boas gezeigt hat, ist es „zumindest wahrscheinlich", daß Freuds „Glaube an die Unterordnung der Vernunft unter den Willen von Schopenhauer inspiriert wurde".[1]

Der Wille ist das „Innere" der Welt, das Noumenon; er objektiviert sich im Phänomenon, und die Vielfalt der Phänomena ist „Vorstellung", das Äußere der Welt. Deshalb objektiviert sich der Wille, der Makrokosmos, in jedem Individuum, dem Mikrokosmos. Der Wille bildet also die Gesamtsumme der Realität – ein Gedanke, den Schopenhauer mit ziemlichem Nachdruck ständig wiederholt. „*Ding an sich* aber ist allein der *Wille*"[2], „das innere Wesen jeder Erscheinung"[3]. „Das innere Wesen eines jeden Dinges [ist] *Wille*"[4], und Schopenhauer „will jede Kraft in der Natur als Wille gedacht wissen". „Das Wort *Wille* [soll] uns, wie ein Zauberwort, das innerste Wesen jedes Dinges in der Natur aufschließen." Der Wille ist nicht nur „das Innerste, der Kern jedes Einzelnen und ebenso des Ganzen"[5], sondern er ist so gebieterisch in seinen Bedürfnissen, daß wir nur in seltenen Pausen von seinem beherrschenden Druck, seinem drohenden Grollen und seinem brodelnden Ungestüm frei sind. Er ist jedoch so unersättlich, daß „keine auf der Welt mögliche Befriedigung hinreichen könnte, sein Verlangen zu stillen, seinem Begehren ein endliches Ziel zu setzen und den bodenlosen Abgrund seines Herzens auszufüllen"[6].

[1] Dominant Themes of Modern Philosophy, New York 1957, 545.

[2] Schopenhauer, Die Welt als Wille und Vorstellung I (im folgenden zitiert als W I), 131. Alle Schopenhauerzitate nach Arthur Schopenhauer, Sämtliche Werke, hrsg. von Arthur Hübscher, 3. Aufl. Wiesbaden 1972.

[3] W I, 129.

[4] W II, 221.

[5] W I, 131–133.

[6] W II, 657.

Vor allem diese Interpretation entwickelt Freud in seiner Darstellung des Es, der Urquelle der psychischen Energie des Menschen und des Kerns seines geistigen Apparates. Das Es ist der Sitz der Triebe, „letzte Ursache jeder Aktivität"[7]. Es ist ozeanisch, weil es – wie das Meer – alles umschließt. Deshalb spricht Freud vom Es als der wahren seelischen Realität. „Den Kern unseres Wesens bildet . . . das dunkle *Es*."[8] Ebenso wie Schopenhauers Wille kein rationaler, zielbewußter Willensakt ist, sondern eine blinde, triebhafte Kraft, ist auch Freuds Es „primitiv und irrationell"[9], vernünftiger Ermahnung nicht zugänglich, „der dunkle, unzugängliche Teil unserer Persönlichkeit", „ein Chaos, ein Kessel voll brodelnder Erregungen"[10]. Wie der Wille, so denkt auch das Es nicht; es begehrt nur oder handelt. Außerdem ist es, wie der Wille, unersättlich – ein endloses, rastloses, gequältes Streben nach Befriedigung. „Die Macht des Es drückt die eigentliche Lebensabsicht des Einzelwesens aus. Sie besteht darin, seine mitgebrachten Bedürfnisse zu befriedigen."[11] Das Es „hat keine Organisation, bringt keinen Gesamtwillen auf, nur das Bestreben, den Triebbedürfnissen unter Einhaltung des Lustprinzips Befriedigung zu verschaffen"[12]. Das Es ist daher „sozusagen zerfahren, seine einzelnen Strebungen verfolgen ihre Absichten unabhängig von- und ohne Rücksicht aufeinander"[13]. „Das Es gehorcht dem unerbittlichen Lustprinzip."[14] Es ist ebenso amoralisch wie Schopenhauers Wille. „Das Lustprinzip . . . [beherrscht] uneingeschränkt den Ablauf der Vorgänge im Es." Das Es kennt daher „keine Wertungen, kein Gut und Böse, keine Moral". „Für die Vorgänge im Es gelten die logischen Denkgesetze nicht, vor allem nicht der Satz des Widerspruchs." „Triebbesetzungen, die nach Abfuhr verlangen, das, meinen

[7] Freud, Abriß der Psychoanalyse (im folgenden abgekürzt ›Abriß‹). Gesammelte Werke, hrsg. von Anna Freud u. a., Frankfurt a. M. 1950ff., Bd. XVII, 70.

[8] Abriß. GW XVII, 128.

[9] Freud, Neue Folge der Vorlesungen zur Einführung in die Psychoanalyse (im folgenden abgekürzt ›Neue Folge‹). GW XV, 81.

[10] Neue Folge. GW XV, 80.

[11] Abriß. GW XVII, 70.

[12] Neue Folge. GW XV, 80.

[13] Freud, Die Frage der Laienanalyse. GW XIV, 223.

[14] Abriß. GW XVII, 129.

wir, sei alles im Es." Da das Es „die ungezähmten Leidenschaften"[15] vertritt und der Sitz der Triebe ist, gleicht es in seiner elementaren Irrationalität dem gebieterischen Willen bei Schopenhauer. C. G. Jung weist auf diese entscheidende Ähnlichkeit hin. Wenn Freud behauptet, „das Bestreben des Unbewußten suche schrankenlose und unmittelbare Befriedigung ohne Rücksicht auf andere", deckt sich das – nach Jung – „mit der Ansicht Schopenhauers vom Egoismus des blinden Willens, der so stark sei, daß ein Mensch seinen Bruder erschlagen könne, nur um mit dessen Fett sich die Stiefel zu schmieren"[16]. Freud selbst führt als seinen Vorgänger den „großen Denker" Schopenhauer an, „dessen unbewußter ,Wille' den seelischen Trieben der Psychoanalyse gleichzusetzen ist"[17]. In seinem Aufsatz ›Eine Schwierigkeit der Psychoanalyse‹ (Imago 1917) sagt Freud, die Psychoanalyse habe der Eigenliebe der Menschheit einen schweren Schlag versetzt, indem sie schlüssig nachwies, daß die Fähigkeit des Menschen zur Beherrschung seiner Gedanken und Impulse weit geringer ist als dieser glaubte. Als Karl Abraham von diesem Artikel sagte, er sei offenbar ein persönliches Dokument, erwiderte Freud:

> Sie haben recht, daß die Aufzählung in meinem letzten Aufsatz den Eindruck machen muß, als beanspruchte ich einen Platz neben Kopernikus und Darwin. Ich wollte aber wegen dieses Anscheins nicht auf den interessanten Gedanken verzichten und habe darum wenigstens Schopenhauer vorgeschoben.[18]

Natürlich sollten wir diese Ähnlichkeit nicht zu sehr pressen und darüber wichtige Unterschiede zwischen den beiden übersehen. Zum Beispiel hat Freuds Es seinen Sitz in der individuellen Persönlichkeit; Schopenhauers Wille dagegen ist eine universale Kraft, die in der gesamten Natur herrscht, und zwar so sehr, daß durch ihre Aktivität selbst die Lebensfunktionen von Pflanzen und Tieren zu erklären sind. Zweitens: Freuds Es muß durch das Ich geschützt werden; Schopenhauers Wille hingegen besitzt selbst die Kraft, um sich zu schützen und zu überleben.

[15] Neue Folge. GW XV, 80–83.

[16] C. G. Jung, Der Ödipuskomplex. Gesammelte Werke, hrsg. von F. Riklin, L. Jung-Merker und E. Rüf, Zürich 1969, Bd. IV: Freud und die Psychoanalyse, 182.

[17] Eine Schwierigkeit der Psychoanalyse. Imago 5 (1917), 7.

[18] Zitiert bei Ernest Jones, Das Leben und Werk von Sigmund Freud, Bern/Stuttgart/Wien 1978, Bd. II, 270.

Und drittens: Schopenhauer fordert dazu auf, den Willen zum Leben durch Verzicht und Askese – die einzigen Mittel zur Erlösung aus einer bösen Welt – zu verneinen; Freud dagegen empfiehlt eine vernünftige Reduzierung der Spannung der Triebbedürfnisse als ein Mittel, um eine befriedigende Persönlichkeitsanpassung zu erreichen. Aber die grundsätzliche Verwandtschaft ihrer Betrachtungsweise, die als innerste und letzte Wirklichkeit eine blinde, brodelnde Kraft sieht, ist deutlich und bemerkenswert.

2. Eine weitere auffallende Ähnlichkeit zwischen den beiden besteht in ihren Ansichten über die Sexualität. Sowohl Freud als auch Schopenhauer vertreten die Auffassung, dem Geschlechtstrieb komme bei der Bestimmung des menschlichen Verhaltens eine überragende Bedeutung zu, und beide betonen den ungeheuren Einfluß unbewußter sexueller Motive auf das Tun und Treiben der Menschen. Im Geschlechtstrieb, „jenem heftigsten aller Triebe und Wünsche“[19], drückt sich nach Schopenhauer „die entschiedenste Bejahung des Willens zum Leben“[20] aus. Die Hälfte der Menschheit, sagt Schopenhauer, ist während des größeren Teiles ihrer Lebenszeit mit der Liebe beschäftigt.

> Der Geschlechtstrieb ist anzusehn als der innere Zug des Baumes (der Gattung), auf welchem das Leben des Individuums sproßt, wie ein Blatt, das vom Baume genährt wird und ihn zu nähren beiträgt: daher ist jener Trieb so stark und aus der Tiefe unserer Natur.[21]

Das Verhältnis der Geschlechter ist „eigentlich der unsichtbare Mittelpunkt alles Tuns und Treibens . . . und [guckt] trotz allen ihm übergeworfenen Schleiern überall hervor“[22]. Er ist „der eigentliche und erbliche Herr der Welt“, „der Kern des Willens zum Leben, mithin die Konzentration alles Wollens“, „die heftigste der Begierden, der Wunsch der Wünsche, die Konzentration alles unseres Wollens“[23]. „Der Brennpunkt des Willens, d. h. die Konzentration und der höchste Ausdruck desselben, [ist] der Geschlechtstrieb und seine Befriedigung.“[24] Deshalb ist der Geschlechtsakt „als der deutlichste Ausdruck

[19] W II, 652.
[20] W I, 387.
[21] W II, 585.
[22] W II, 588.
[23] W II, 588f.
[24] W II, 655.

des Willens ... der Kern, das Kompendium, die Quintessenz der Welt"[25].

In seiner Analyse der Bedeutung der Sexualität im menschlichen Leben war Schopenhauer ein unerschrockener Bahnbrecher, der Ideen vertrat, die seiner Zeit weit voraus waren. C. G. Jung wurde von ihm unmittelbar beeinflußt, und zwei Koryphäen der Sexualwissenschaft, Havelock Ellis und Iwan Bloch, bewunderten ihn sehr und zitierten ihn häufig. Teilweise aufgrund der Bemühungen seines Schülers Eduard von Hartmann waren Schopenhauers Gedanken zur Sexualität in Europa weit verbreitet, bevor Freud zu schreiben begann. Freud war mit diesen Ideen vertraut und hielt sie für sehr bedeutend. „Der Philosoph Schopenhauer hatte die unvergleichliche Bedeutung des Sexuallebens in Worten von unvergeßlichem Nachdruck betont"[26], sagt uns Freud. Die Bedeutung sexueller Motive im Lehrgebäude Freuds ist so bekannt, daß eine ausführliche Darstellung oder Illustration hier überflüssig ist. Freud weist darauf hin, „daß die Regungen des Geschlechtslebens zu jenen gehören, die ... von den höheren Seelentätigkeiten am schlechtesten beherrscht werden"[27], und er glaubt, eine Neurose lasse sich immer auf ein gestörtes Sexualleben zurückführen: „Unter den Ursachen und Anlässen der nervösen Erkrankungen [spielen] Momente des Geschlechtslebens eine überaus wichtige, eine überragende, vielleicht selbst eine spezifische Rolle."[28] Überdies kann der Sexualtrieb nach Freud auch durch den Prozeß der Sublimierung in viele Bereiche der menschlichen Tätigkeit eindringen. In seinem ›Leonardo da Vinci‹ schreibt er:

Die Beobachtung des täglichen Lebens der Menschen zeigt uns, daß es den meisten gelingt, ganz ansehnliche Teile ihrer sexuellen Triebkräfte auf ihre Berufstätigkeit zu leiten. Der Sexualtrieb eignet sich ganz besonders dazu, solche Beiträge abzugeben, da er mit der Fähigkeit der Sublimierung begabt, das heißt imstande ist, sein nächstes Ziel gegen andere, eventuell höher gewertete und nicht sexuelle, Ziele zu vertauschen.[29]

Sowohl Schopenhauer als auch Freud bieten eine düstere Auffassung

[25] W II, 654.

[26] Die Widerstände gegen die Psychoanalyse. GW XIV, 105.

[27] Drei Abhandlungen zur Sexualtheorie. GW V, 48.

[28] Die Frage der Laienanalyse. GW XIV, 235.

[29] Eine Kindheitserinnerung des Leonardo da Vinci. GW VIII, 145.

von der Sexualität und betrachten sie als eine unwürdige Knechtschaft gegenüber der Natur. Man darf daran erinnern, daß Schopenhauer die Sexualität als den Köder sieht, mit dem die Natur das Individuum dazu verlockt, zu ihrem ruchlosen Ziel der Erhaltung der Spezies beizutragen. Der Fortpflanzungstrieb des Individuums schmiedet uns an das Rad des Lebens. Dem Einzelnen, so erklärt Schopenhauer, bereitet der Geschlechtsakt bei weitem nicht soviel romantische Lust, wie er selbst erwartet hätte, und häufig folgen auf ihn sogar Gefühle der Enttäuschung und des Ekels. Tatsächlich bezeichnet Schopenhauer alle Lust als ihrem Wesen nach negativ, da sie in Wahrheit nur eine Unterbrechung des Schmerzes ist. „Daher kann die Befriedigung oder Beglükkung nie mehr sein als die Befreiung von einem Schmerz, von einer Not“[30], meint er und fügt an einer späteren Stelle hinzu, daß „jede Befriedigung nur ein hinweggenommener Schmerz, kein gebrachtes positives Glück ist“[31].

Freud vertritt eine ähnlich strenge Auffassung von der menschlichen Sexualität. In seinen drei ›Beiträgen zur Psychologie des Liebeslebens‹ kritisiert er die romantische Liebe, und seine sexualwissenschaftlichen Schriften zeigen, daß er unablässig mit der Vorstellung beschäftigt war, die Sexualität sei im Grunde Anfälligkeit und der Sexualtrieb lasse sich von der kultivierten Sensibilität nicht kontrollieren. Überdies hat Freud eine feine Empfindung für die kurze Dauer der sexuellen Befriedigung – er spricht davon, „daß etwas in der Natur des Sexualtriebes selbst dem Zustandekommen der vollen Befriedigung nicht günstig ist“[32] – und in seinen ›Drei Abhandlungen zur Sexualtheorie‹ bezeichnet auch er die sexuelle Lust als ein negatives Phänomen: eine Befreiung von sexueller Spannung, weiter nichts. Die Sexualität, so erklärt er uns, ist im Grunde eine „entspannende“ Tätigkeit, und da die sexuelle Erregung eine Form von Spannung ist, muß sie „zu den Unlustgefühlen“ gerechnet werden.[33] Freud betrachtet daher das Streben nach sexueller Lust als ein Sichwehren gegen das Anwachsen der Spannung; seine Auffassung des Sexuallebens ist also, wie die Schopenhauers, alles andere als schmei-

[30] W I, 376.
[31] W I, 443.
[32] Über die allgemeinste Erniedrigung des Liebeslebens. GW VIII, 89.
[33] Drei Abhandlungen zur Sexualtheorie. GW V, 110.

chelhaft. Für beide bleibt sexuelle Betätigung ein Geschäft von Narren. Dieses biologische Bedürfnis ist jedoch so dringend und akut, daß der Mensch sich ungestüm und unüberlegt dazu treiben läßt, seine Befriedigung zu suchen.

Da Schopenhauer und Freud diese illusionslose Auffassung des menschlichen Sexuallebens gemeinsam haben, ist es kein Wunder, daß beide auch über die Frauen geringschätzig denken. Schopenhauer betrachtet bekanntlich die Frauen vor allem als Mittel zur Fortpflanzung der Spezies: „Im Grunde [sind] die Weiber ganz allein zur Propagation des Geschlechts da." Frauen sind „kindisch, läppisch und kurzsichtig"; es mangelt ihnen „an Vernünftigkeit und Überlegung"; daher „bleiben die Weiber ihr Leben lang Kinder". Sie sind „von der Natur nicht auf die Kraft, sondern auf die List angewiesen: daher ihre instinktartige Verschlagenheit und ihr unvertilgbarer Hang zum Lügen"[34]. Für den Mann ist deshalb die Ehe eine Schuldverpflichtung, die er in der Jugend eingeht und die er im Alter einlösen muß.

Auch Freud zeichnet ein äußerst negatives Bild der Frau. Er meint, die Frauen seien intellektuell unzureichend ausgestattet und sinnlicher als die Männer (Schopenhauer nennt das weibliche Geschlecht das „unästhetische"). Die Frauen, erklärt Freud, „vertreten die Interessen der Familie und des Sexuallebens", die Männer hingegen „die Ansprüche der Kultur".[35] Er schreibt den Frauen „ein höheres Maß von Narzißmus" zu, „so daß geliebt zu werden dem Weib ein stärkeres Bedürfnis ist als zu lieben".[36] Frauen besitzen eine größere Eitelkeit und nur „wenig Sinn für Gerechtigkeit"; „ihre sozialen Interessen [sind] schwächer und ihre Fähigkeit zur Triebsublimierung geringer als die der Männer". Sie neigen zu früher „psychischer Starrheit und Unveränderlichkeit"[37] und sind anfälliger für Neurosen. In Wirklichkeit, sagt Freud in ›Massenpsychologie und Ich-Analyse‹, gleichen sie den Massen. Wie es das tiefste Bedürfnis eines Volkes ist, regiert zu werden, so sehnt sich eine Frau zutiefst danach, beherrscht zu werden.

3. Die auffallende Ähnlichkeit des Denkens und der Betrachtungs-

[34] Parerga und Paralipomena II, 651–655.
[35] Das Unbehagen in der Kultur. GW XIV, 463.
[36] Neue Folge. GW XV, 141 f.
[37] GW XV, 144.

weise erstreckt sich auch auf andere wichtige Aspekte des Werkes von Schopenhauer und Freud. So betrachten beide übermäßige Verdrängung als schädlich für die menschliche Persönlichkeit. Schopenhauer hatte ein starkes Interesse am Studium der Geisteskrankheiten, und während seiner Zeit als Privatdozent der Philosophie an der Universität Berlin besuchte er häufig die Geisteskranken in der Charité. Nachdem er über diesen Gegenstand viel nachgedacht hatte, kam er zu dem Ergebnis, daß die Geisteskrankheit in zahlreichen Fällen durch Verdrängung hervorgerufen werde. Wenn ein Mensch seine Triebe und Neigungen zu sehr unterdrückt, werden diese – so glaubte Schopenhauer – leicht zu fixen Ideen und führen schließlich in die Irrenanstalt. Freud hielt zwar die Verdrängung für ein nützliches Mittel, um eine Anpassung der Persönlichkeit zu erreichen; aber auch er glaubte, wenn man sich zu sehr auf sie verlasse, könnten ernsthafte Störungen entstehen. Freud geht sogar so weit, die Verdrängungstheorie als Grundlage seines Verständnisses der Neurosen zu betrachten. Verdrängung ist „im Grunde ein Fluchtversuch" und zugleich ein Prozeß, der „eine ständige Anstrengung" verlangt, sagt Freud in ›Das Problem der Angst‹; deshalb kann es schädliche Auswirkungen haben, wenn man sich zu sehr darauf verläßt. Der Schaden besteht darin, daß „die verdrängte Triebregung jetzt isoliert [ist], sich selbst überlassen, unzugänglich, aber auch unbeeinflußbar. Sie geht ihren eigenen Weg." [38] Dadurch wird das seelische Gleichgewicht gestört, und „es gelingt dem Verdrängten, irgendwo durchzudringen, zum Bewußtsein oder zur Motilität oder zu beiden. Dann sind wir . . . nicht mehr normal. Dann entwickeln wir die ganze Reihe neurotischer und psychotischer Symptome." [39] In seiner ›Geschichte der psychoanalytischen Bewegung‹ betont Freud, er habe seine Lehre von der Verdrängung selbständig entwickelt, später jedoch bei Schopenhauer eine Bestätigung dafür gefunden:

> Ich weiß von keiner Beeinflussung, die mich in ihre Nähe gebracht hätte, und ich hielt diese Idee auch lange Zeit für eine originelle, bis uns O. Rank die Stelle in Schopenhauers ›Welt als Wille und Vorstellung‹ zeigte, in welcher sich der Philosoph um eine Erklärung des Wahnsinnes bemüht. Was dort über das Sträuben gegen die Annahme eines peinlichen Stückes der Wirklichkeit gesagt ist, deckt

[38] Die Frage der Laienanalyse. GW XIV, 230.

[39] Meine Berührung mit Josef Popper-Lynkeus. GW XVI, 263.

sich so vollkommen mit dem Inhalt meines Verdrängungsbegriffes, daß ich wieder einmal meiner Unbelesenheit für die Ermöglichung einer Entdeckung verpflichtet sein durfte.[40]

Schopenhauers Auffassung, daß die Kindheit einen entscheidenden Einfluß auf die Einstellungen des erwachsenen und reifen Menschen habe, stimmt interessanterweise ebenfalls mit den Gedanken Freuds überein. Schopenhauer sagt:

Die Erfahrungen und Bekanntschaften der Kindheit und frühen Jugend ⌊werden⌋ nachmals die stehenden Typen und Rubriken aller späteren Erkenntnis und Erfahrung ... So bildet sich demnach schon in den Kinderjahren die feste Grundlage unserer Weltansicht, mithin auch das Flache oder Tiefe derselben: sie sind ausgeführt oder vollendet, jedoch nicht im Wesentlichen verändert.[41]

Freud hat seine Gedanken zu diesem Gegenstand in einem Abschnitt seiner Schrift ›Der Mann Moses und die monotheistische Religion‹ (Abhandlung III, Teil II, Abschnitt F: Die Wiederkehr des Verdrängten) ausführlich dargelegt. Dort sagt er,

daß die Erlebnisse der ersten fünf Jahre einen bestimmenden Einfluß auf das Leben nehmen, dem sich nichts Späteres widersetzen kann ... Was die Kinder [in diesem Alter] erlebt ... haben, ... bricht zu irgendeiner späteren Zeit mit Zwangsimpulsen in ihr Leben ein, dirigiert ihre Handlungen, drängt ihnen Sympathien und Antipathien auf, entscheidet oft genug über ihre Liebeswahl, die so häufig rationell nicht zu begründen ist ...

Wir haben aus den Psychoanalysen von Einzelpersonen erfahren, daß ihre frühesten Eindrücke, zu einer Zeit aufgenommen, da das Kind noch kaum sprachfähig war, irgend einmal Wirkungen von Zwangscharakter äußern, ohne selbst bewußt erinnert zu werden.[42]

Natürlich deutet Schopenhauer die Kindheit viel allgemeiner als Freud; außerdem nimmt er nicht jene sorgfältige und penible Analyse der Kindheit vor, die zu Freuds großen Leistungen gehört. Aber sein Glaube an den entscheidenden Einfluß von Kindheitsfaktoren nimmt die Theorien Freuds und der modernen psychoanalytischen Schule vorweg.

[40] GW X, 53.

[41] Parerga und Paralipomena I, 509 (Aphorismen zur Lebensweisheit, Kap. VI: Vom Unterschiede der Lebensalter).

[42] GW XVI, 234–238.

Schließlich läßt sich eine begrenzte Übereinstimmung zwischen Schopenhauer und Freud in bezug auf die Religion feststellen. Freuds Abhandlung ›Die Zukunft einer Illusion‹ schließt sich so eng an Schopenhauers Dialog ›Über Religion‹ an, daß wir fast mit Sicherheit annehmen können, Freud habe das Werk Schopenhauers gelesen. Schopenhauer und Freud gehen beide davon aus, daß der religiöse Glaube für vernünftige Menschen absurd sei. Während jedoch Schopenhauers Dialog anzudeuten scheint, daß religiöse Illusionen um der Kultur willen notwendig sind, vertritt Freud die Auffassung, die Religion sei eigentlich eine den Fortschritt und die Höherentwicklung der Menschheit hemmende Kraft. Auch an anderer Stelle beurteilt Freud die Religion weit härter als Schopenhauer. In seiner Vorlesung ›Über eine Weltanschauung‹ sagt Freud,

> daß der Wahrheitsgehalt der Religion überhaupt vernachlässigt werden darf . . . Ihre Lehren tragen das Gepräge der Zeiten, in denen sie entstanden sind, der unwissenden Kinderzeiten der Menschheit. Ihre Tröstungen verdienen kein Vertrauen . . . Versucht man, die Religion in den Entwicklungsgang der Menschheit einzureihen, so erscheint sie nicht als ein Dauererwerb, sondern als ein Gegenstück der Neurose, die der einzelne Kulturmensch auf seinem Wege von der Kindheit zur Reife durchzumachen hat.[43]

Obwohl Schopenhauer über die Religion viel toleranter urteilt als Freud, schlägt sogar er vor: Wenn Religionen „den Fortschritten der Menschheit in der Erkenntnis der Wahrheit sich entgegenstellen wollen, so müssen sie mit möglichster Schonung beiseite geschoben werden“[44].

4. Vielleicht ist es nicht allzu phantastisch, wenn wir zum Schluß behaupten, den ähnlichen Ansichten Schopenhauers und Freuds über diverse Gegenstände (die in ihren Denksystemen teils eine zentrale, teils eine periphere Rolle spielen) liege eine ähnliche allgemeine Einstellung zum Leben zugrunde. Diese läßt sich als eine Haltung der Enttäuschung und der Hoffnungslosigkeit beschreiben. Schopenhauer, der Erzpessimist, nennt das Leben „ein Geschäft, das nicht die Kosten deckt“[45] und den Menschen „ein Wesen, dessen Dasein eine Strafe und Buße ist“[46].

[43] GW XV, 181.
[44] W II, 185.
[45] W II, 658.
[46] W II, 666.

Das Leben, so erklärt er uns, schwingt wie ein Pendel zwischen Schmerz und Langeweile hin und her. Dem Willen zum Leben verfallen, strebt der Mensch blind und vergeblich danach, die Begierden eines unersättlichen Triebs zu befriedigen. Auch Freud enthüllt implizit, aber unverkennbar die tragische Natur des menschlichen Schicksals. Seine düstere Vision des zum Kampf gerüsteten Ich und sein Bild des menschlichen Geistes als eines Hauses, das mit sich selbst uneins ist, decken sich völlig mit der durchgehenden Stimmung und Richtung von Schopenhauers Denken. Obwohl Freud theoretisch die Möglichkeit einer befriedigenden Persönlichkeitsanpassung zugab, hatte ihn lange, schmerzliche Erfahrung gelehrt, daß diese befriedigende Anpassung in der Praxis nur selten erreicht wird. Er wußte, daß die Menschen, irregeführte und unwissende Geschöpfe, es vorziehen, die Stimme der Vernunft zu ignorieren und an ihren Illusionen festzuhalten. Er kannte diese Illusionen und zog gegen sie zu Felde:

die Illusionen des Es: Vertrauen, Liebe, Glück, Harmonie; die Illusionen des Über-Ich: die vollkommene Gesellschaft, Fortschritt, Brüderlichkeit, das Vaterideal und schließlich sogar die Gesundheit; die Ich-Illusion der Vernunft, tatkräftig, unabhängig und zielbewußt inmitten eines ziel- und sinnlosen Universums.[47]

So zeigt Freud eine Sicht der *conditio humana,* die mit dem allgemeinen Schema und der Struktur von Schopenhauers Philosophie völlig übereinstimmt. In einer von Thomas Mann und anderen unterzeichneten Glückwunschadresse zu Freuds 80. Geburtstag wurde der Jubilar zutreffend so beschrieben:

Ein ganz auf sich selbst gestellter Geist, ein 'Mann und Ritter mit erzenem Blick', wie Nietzsche von Schopenhauer sagt, ein Denker und Forscher, der allein zu stehen wußte und dann freilich viele an sich und mit sich zog, ist er seinen Weg gegangen und zu Wahrheiten vorgestoßen, die deshalb gefährlich erschienen, weil sie ängstlich Verdecktes enthüllten und Dunkelheiten erleuchteten.[48]

Es wäre natürlich völlig falsch, zu ignorieren, daß in einer ganzen Reihe von Fragen zahlreiche Unterschiede zwischen den beiden Denkern bestehen und daß ihre Betrachtungsweise (sowie der Akzent, den sie setzen) grundsätzlich verschieden ist. So zeigt Schopenhauer ein um-

[47] Philip Rieff, Freud: The Mind of the Moralist, New York 1961, XXII.
[48] Zitiert bei Ernest Jones, a.a.O. III, 245.

fassendes, stark verallgemeinerndes Bild des Menschen und der Welt im Rahmen einer systematischen Philosophie. Freud hingegen begnügt sich damit, das nicht mehr so unergründliche Funktionieren des menschlichen Geistes zu erforschen. Ferner ist die Methode Schopenhauers weitgehend intuitiv und sein Stil daher passenderweise poetisch, voll von Leidenschaft, Beredsamkeit und großartigen, evokatorischen Bildern. Die Methode Freuds ist dagegen im wesentlichen analytisch, und er entwickelt seine Gedanken in einer nüchternen, leidenschaftslosen Monotonie. Diese Unterschiede dürfen bei einem Vergleich der beiden natürlich nicht außer acht gelassen werden. Trotzdem bleibt die Tatsache, daß die beiden in einer ganzen Reihe höchst wichtiger Fragen bemerkenswert ähnliche Ansichten zeigen. Man könnte sagen, daß Schopenhauer aus der Philosophie eine Psychologie machte, während man von Freud behaupten könnte, er habe aus der Psychologie eine Philosophie gemacht. Dabei ergab sich ein kompakter Bereich von Interessen, Ideen und Einsichten, der beiden gemeinsam ist, so daß Schopenhauer oft das Verdienst zugeschrieben wird, viele der großen Entdekkungen Freuds vorweggenommen zu haben. Das ist freilich keineswegs ein Wunder, denn wie Freud selbst im Hinblick auf Schopenhauer sagte: „Warum sollte nicht ein kühner Denker erraten haben, was dann nüchterne und mühselige Detailforschung bestätigt?"[49]

[49] GW XV, 114f.

Icilio Vecchiotti, Schopenhauer nella considerazione degli indiani moderni. In: I. V., Arthur Schopenhauer: Storia di una filosofia e della sua ,fortuna'. Firenze 1976, S. 108–117. Aus dem Italienischen übersetzt von Bettina Wahrig.

SCHOPENHAUER IM URTEIL DER MODERNEN INDER

Von Icilio Vecchiotti

1. Wer im JSG des Jahres 1938 den Artikel von Prabhu Dutt Shastri liest,[1] gewinnt den Eindruck, als hätten die Inder Schopenhauers Denken als Teil ihrer philosophischen Tradition akzeptiert. Bei näherem Hinsehen bemerkt man jedoch, daß ein solches Urteil jeder Grundlage entbehrt, und zwar sowohl von Schopenhauers Seite her gesehen[2] als auch im Hinblick auf die indische Philosophie: Was nämlich den Anschein der Konvergenz erweckte, war ein Standpunkt der mehr oder weniger okzidentalisierten Inder, die der *Gesellschaft* angehörten und galt nicht für jene, die sich innerhalb der Grenzen und Werte der traditionellen indischen Philosophie bewegten. Dies betrifft ebenso den Aufsatz von Kaikhuskru Tarachand,[3] auch wenn er viele gute Gedanken enthält. Außerdem ist Tarachand als Iraner zwar Orientale, aber die geistige Atmosphäre, aus der er kommt, ist mit derjenigen der indischen Philosophie nicht zu vergleichen. Eine Stimme des Dissenses findet sich schließlich im Jahrbuch mit dem Artikel von B. V. Kishan[4]: Der Autor betont, daß die pessimistischen Reflexionen Buddhas und Schopenhauers völlig unterschiedliche Wurzeln haben.[5] Sicherlich von größerem

[1] Admiration for Schopenhauer, JSG 1938, S. 74–76.

[2] Vgl. mein Buch ›La dottrina di Schopenhauer‹ – le teorie Schopenhaueriane considerate nella loro genesi e nei loro rapporti con la filosofia indiana, Roma: Ubaldini 1969, S. 605.

[3] Stray Observations on Schopenhauer's Philosophy, JSG 1945–48, S. 140–48.

[4] A. Schopenhauer and Indian Philosophy, JSG 1964, S. 24.

[5] Kishan präzisierte seinen Versuch noch im JSG 1972, S. 185–90, indem er wiederholte, daß die „Grundpostulate Schopenhauers und des Buddhismus völlig verschieden sind", was natürlich dem Versuch, Analogien auf einer globalen Ebene zu finden, die Glaubwürdigkeit entzieht, denn auf der Ebene der Abstrak-

Kaliber sind die beiden Essays, die ein Gelehrter wie Kanti Chandra Pandey, der berühmte indische Ästhetiker, im JSG von 1967 veröffentlichte.[6] Der erste zeigt das individuelle Interesse des Verfassers an der Philosophie Schopenhauers und erhebt den Anspruch, Analogien zwischen einzelnen, aus dem Zusammenhang gerissenen Momenten der Philosophie Schopenhauers und dem kaschmirischen Denken zu finden. Uns interessiert aber mehr die zweite Schrift[7], die ziemlich „optimistisch" ist: in der Bewertung des Interesses an Schopenhauer und in dessen Beurteilung. Es ist schon beeindruckend, zu sehen, wie Schopenhauer eine Genauigkeit des Urteils und der Bezüge zugesprochen wird, die dieser gar nicht besitzen konnte, einfach deshalb, weil seine Zeit sie nicht besaß. Auch verblüfft es zu lesen – ohne die geringste kritische Anmerkung –, es sei die Meinung Schopenhauers gewesen, „der innerste Kern des Christentums" sei „identisch mit demjenigen des Brahmanismus und des Buddhismus": ohne Zweifel war dies, innerhalb eines wohldefinierten begrifflichen Rahmens, die Meinung des Philosophen, aber es war auch seine fehlerhafteste. So ist es also Schopenhauer bei Pandey ergangen[8] – und wir sehen: vor Scheuklappen muß alle Bildung haltmachen. Pandey projiziert seine persönlichen Meinungen auf die anderen, macht so aus ihnen quasi eine Repräsentation der indischen Philosophie und kann dann leicht behaupten, mehrere Gelehrte in Indien seien seiner Ansicht gewesen. Er schließ die Schrift, indem er daran erinnert, daß Radhakrishnan in seiner ›Indian Philosophy‹ (I, 633) einen Ausspruch von Schopenhauer über die Upanischaden zitiert. Dies zeugt

tion läßt sich das fruchtlose Spiel des Aufsuchens von Analoga zwischen allen möglichen Denkern beliebig fortsetzen. Glücklicherweise räumt Kishan ein, daß bestimmte anscheinend analoge Begriffe in Wirklichkeit *toto caelo* verschieden sind. Zu sagen, daß Schopenhauer Zugang zu allen Texten des ursprünglichen und des mahayanischen Buddhismus hatte, heißt daher nur, die Geschichte der indologischen Kultur im Abendland zu ignorieren.

[6] Svatantryavada of Kashmir and Voluntarism of Schopenhauer, S. 159–67 und vor allem ›Interest in Schopenhauer's Philosophy in India‹, S. 167–69.

[7] Interest . . ., a. a. O.

[8] Orig.: „Questa era comunque la ‚fortuna' che lo Schopenhauer aveva presso Pandey." Ital. „fortuna" heißt wie frz. „fortune" sowohl Schicksal als auch Glück. Der Leser wird jeweils darauf aufmerksam gemacht, wie Vecchiotti das Wort verwendet [Anm. d. Übers.].

aber viel mehr vom Schicksal[9] der indischen Philosophie in Europa als von demjenigen Schopenhauers in Indien. Und wenn er daran erinnert, daß Chatterjee und Datta Schopenhauer einen „berühmten Philosophen“ genannt haben, dann ist das ziemlich mager, denn es wäre schwierig gewesen, eine andere gleich naheliegende Bezeichnung zu finden. Ansonsten zitiert der selige Pandey sich selbst.

2 Aber gerade diese Abhandlung lädt uns dazu ein, aus ihr den gegenteiligen Sinn herauszulesen. Wir müssen nämlich erst einmal feststellen, ob die Kenntnis Schopenhauers in Indien verbreitet war und falls ja, in welchen Kreisen. Bei diesen kann es sich nur um die Sphäre der brahmanischen und *kṣatriyaischen* und in begrenztem Ausmaß der *vaisyaischen* gehobenen Kultur handeln. Und so müssen wir jedenfalls von einer Rezeption auf einem hohen Niveau ausgehen, bedenkt man den stark vermittelnden Charakter, den ideologische Literatur dieser Herkunft haben muß.

Der erste Hinweis, den wir hier aufgreifen müssen, betrifft Vivekānanda (den Philosophen, der die Mission von Rāmākṛṣṇa begründet hat), der in der Tat während seiner Reise nach Europa gelegentlich seines Besuchs bei Paul Deussen in Kiel von Schopenhauer Notiz nahm. Eine erste Spur davon finden wir in dem Brief an E. T. Sturdy vom Dezember 1895.[10] Aber das Urteil, das sich Vivekānanda bildet, ist darum noch keinesfalls positiv. In dem Vortrag ›The Absolute and Manifestation‹ (London 1896) bemerkt er streng: „Angenommen, daß es überall dieselbe Energie ist, so wird sie Wille, wenn sie die Ebene des Bewußtseins erreicht; und sie Willen zu nennen, bevor sie sich auf diese Ebene erhoben hat, heißt einen unangemessenen Begriff benutzen. Dies erzeugt ein erhebliches Maß an Verwirrung in der Philosophie Schopenhauers.“[11] – Außerdem nimmt er an[12] (was man aber bestreiten könnte), daß Schopenhauer die Idee der Unerkennbarkeit des Erkennenden, der Unmöglichkeit der wissenschaftlichen Untersuchung des Subjekts aus den ›Brhadāranyakaupanishad‹ entnommen hat. In dem sehr viel späteren Aufsatz ›A study of the Sāmkhya-Philosophy‹[13] stellt er einen

[9] Ital. „fortuna“ [d. Übers.].

[10] Complete Works, vol. VIII, S. 362.

[11] C. W. II, 131.

[12] In ›Yājñavalkya and Maitreyî‹, S. 417.

[13] C. W. II, bes. 443–45.

Unterschied zwischen der „indischen Philosophie" und derjenigen Schopenhauers heraus, der beide in direkten Gegensatz zueinander bringt: während der Wille für Schopenhauer den Urgrund alles Seienden bilde, sei er für die indische Philosophie etwas Abgeleitetes, den Nervenströmen Entsprechendes, dem Selbst und vielen anderen Dingen Untergeordnetes. Da Vivekānanda in der brahmanischen Tradition stand und dazu neigte, den buddhistischen Beitrag zur Geschichte der indischen Philosophie für weniger bedeutend zu halten, war er nicht wie andere der – irrigen – Meinung, daß es eine Ähnlichkeit gebe zwischen dem *Willen* und der *tanhā* (dem buddhistischen „Willen zum Leben"). Aber die Abwertung des Buddhismus hinterläßt einen bitteren Nachgeschmack in einer Zeit wie der unseren, in der man dazu neigt, die Unterschiede zwischen Brahmanismus und Buddhismus zu verringern. Es stimmt zwar, daß Vivekānanda in ›Reincarnation‹[14] Schopenhauer zitiert, insoweit dieser sich über die Wiedergeburt äußert, aber er zitiert ihn zusammen mit Fichte und Hume, d. h. ohne ihm irgendeine besondere Bedeutung zuzuschreiben. In ›Vedic Religious Ideals‹[15], also noch in derselben Zeit, sagt er jedoch etwas völlig Anderes und Unerwartetes, nämlich, daß die Idee des Willens „der Eckstein sowohl der buddhistischen als auch der vedantischen Systeme ist, von wo aus sie in die deutsche Philosophie eingedrungen ist und die Grundlage des philosophischen Systems von Schopenhauer bildet". Auch erwähnt er, daß die Veden die Vorstellung der Begierde als Keim und Ursprung des Bewußtseins enthalten. Aber Vivekānanda will durchaus nicht die Begierde mit dem Brahman identifizieren, was notwendig wäre, um die Philosophie Schopenhauers in brahmanische Termini zu übersetzen. Er macht statt dessen aus der Begierde – hauptsächlich weil er vor einer Aporie steht und an dieser Stelle in Anlehnung an Deussen den Willen mit der *tṛṣṇā* (dem brahmanischen und sanskritischen Äquivalent der buddhistisch-palischen *tanhā*) identifiziert hat – den dynamischen Faktor der Vielheit. Er ist also der Aporie entkommen, indem er Schopenhauer eine gewisse Analogie mit dem Buddhismus zuschreibt, aber wie wir sahen eben auch, indem er voraussetzt, daß Schopenhauer sich der Quellen, die zu seiner Verfügung standen, für die Entwicklung seiner

[14] 1896, C. W., IV, S. 226f.
[15] C. W., I, S. 350.

Vorstellungen auch bedient hat. Dabei hat Schopenhauer mit Recht immer erklärt, seine Ideen hätten sich in autonomer Weise herausgebildet, und er habe erst später einige Analogien mit dem „orientialischen" Denken gefunden. Wir müssen hier noch anfügen, daß Vivekānanda Gift und Galle auf die Übersetzung der Upanischaden speit, in welcher Schopenhauer sie kennenlernte (Dara-Shekoh = Anquetil-Duperron) und trotzdem das Urteil wiederholt, das dieser über sie fällte – „Trost des Lebens und des Todes".[16] Was nun ›The Vedānta in all its phases‹[17] angeht, so wird hier in Polemik gegen Max Müller einerseits daran erinnert, daß der erste, der die māyā als raum-zeitlich-kausale Struktur aufgefaßt hat, Šankara und nicht Kant gewesen ist, und wir möchten rückblickend hinzufügen, daß sich Schopenhauer durch das Buch von Windischmann hierüber hätte informieren können. Andererseits wird Schopenhauer auf dieselbe Ebene wie Hegel gestellt, aber nur um zu zeigen, daß sich in der langen Geschichte der indischen Philosophie schon alle diejenigen Begriffe finden, die sich dann auch in der Geschichte der abendländischen Philosophie herausgebildet haben, nur daß zufällig gewisse Begriffe wie etwa die vom hegelianischen Typ in Indien keine große Anhängerschaft hatten, obwohl sie dort präsent waren.

3. Hier können wir ruhig ein Resümee ziehen und feststellen, daß Vivekānanda sicherlich nicht leugnet, weil er etwas so Offensichtliches nicht leugnen kann, daß *gewisse* Analogien zwischen indischen Lehren und Aspekten der Schopenhauerischen Philosophie (wie übrigens auch anderer Philosophien) existieren. Gestützt auf die heute nicht mehr gültigen Beobachtungen von Deussen vertritt er jedoch die Ansicht, daß diese Analogien abgeleitet sind, d. h., sie sollen aus der Information herrühren, die Schopenhauer von der indischen Philosophie hatte. Und gerade in diesem Zusammenhang nennt der indische Philosoph neben Schopenhauer auch andere Philosophen und Dichter! Auf alle Fälle bedeutet Analogie zwar Ähnlichkeit, aber nicht Identität, und Vivekānanda bestreitet für alle von ihm untersuchten Begriffe die Möglichkeit,

[16] C. W., III, S. 109, ‚First Public Lectures in the East', Januar 1897; aber s. auch S. 435. – Das Zitat nach P II (W VI, 422): „. . . sie ist der Trost meines Lebens gewesen und wird der meines Sterbens seyn."

[17] C. W., III, S. 341 f.

sie mit solchen indischer Herkunft gleichzusetzen, angefangen von dem für die Philosophie Schopenhauers grundlegenden des Willens. Diesen kann er deshalb nicht als Absolutes fassen; er mißt ihm nur die abgeleitete und zweitrangige Bedeutung zu, die er in der brahmanischen spekulativen Philosophie hat und betrachtet dann aus dieser Perspektive in abstrakter und partikulärer Weise seine Funktion im Buddhismus, die zwar im weitesten Sinne metaphysisch zu nennen ist, aber nicht mit der Rolle identifiziert werden kann, die der Wille bei Schopenhauer spielt. Im großen und ganzen behandelt er Schopenhauer wie die anderen abendländischen Philosophen auch, die *alle* etwas geschrieben haben sollen, das die Inder schon zuvor gesagt haben. Schopenhauer hat daher, trotz Deussen, keine privilegierte Position, geschweige denn diejenige des höchsten Repräsentanten indischen Denkens im Abendland.

4. Es gibt einen präzisen Grund dafür, daß sich dieser Standpunkt in Indien im Hinblick auf Schopenhauer durchzusetzen beginnt. Während in Europa die Krisen anfangen, einander abzulösen, während eine Ideologie der Krise in immer neu abgewandelten, manipulierten und manipulierenden Gestalten auf die verschiedenen durch diese Situation hervorgerufenen Bedürfnisse antwortet, indem sie deren Befriedigung und den Ausweg aus der Krise in einer Flucht in die Vergangenheit zu bewältigen sucht, kann zum gleichen Zeitpunkt in Indien die Krise mit einem Wort benannt werden: Kolonialismus. Folgerichtig reagiert Indien, indem es versucht, die eigene Identität wieder zu bekräftigen. Für diese Vermittlung von Indiens Vergangenheit durch seine Zukunft eignet sich kein Weg, der über Europa führt.[18] Insofern kann auch Schopenhauer[19] niemandem etwas nutzen. Vivekānandas „Reduktion" der Schopenhauerischen Philosophie, die gleichzusetzen ist mit einem neuen „Nein" gegenüber einer Kultur wie der europäischen, wird von einem solchen Standpunkt aus verständlich. Es ist der Standpunkt einer Kultur, die Vermittlungen auf ihre eigene Weise erfahren will, ohne zuerst die Gegenseite zu Rate zu ziehen.

Andererseits wird Schopenhauer auch Menschen wie Tilak oder

[18] In einem Band über ein ganz anderes Thema werde ich zeigen, wie Versuche dieser letzten Art (z. B. Ram Mohan Roy) verschmäht und zum Schweigen gebracht wurden.

[19] – der sich sogar gegen Roy äußert: er nennt ihn einen Überläufer –.

Gāndhī oder Nehru nicht interessieren können, die in die härtesten Kämpfe verwickelt sind. Und tatsächlich verbarg sich unter dem Etikett des Pessimismus auch für die indische Ideologie eine mögliche Gefahr. Jene hat in der Tat einen depressiven Gehalt, welcher sich nicht gerade für ein Volk eignet, das im Kampf um die eigene Autonomie begriffen ist und später noch viel schwerere Kämpfe wird auf sich nehmen müssen. In diesem Zusammenhang erschien 1930 in der Schriftenreihe der Universität von Kalkutta das temperamentvolle, aber sehr beachtenswerte kleine Buch ›The Philosophy of the Upanishads‹ von S. C. Chakrabarti, der apodiktisch verneint, daß der Pessimismus als Etikett für die indische Philosophie herhalten könne. Und Chakrabarti verficht die These, daß nicht nur die Veden das freudvolle Gefühl des Lebens bejahen, was übrigens unbestreitbar ist, sondern auch die Upanischaden,[20] was nur eingeschränkt zutrifft. Sicherlich hatte die These, so wie Chakrabarti sie vertrat, etwas Übertriebenes. Aber sie dokumentiert auch eine direkte Reaktion auf den Menschen, der, wenngleich ohne sich selbst darum gedrängt zu haben, als Vermittler auf dem Felde des philosophischen Bewußtseins zwischen Indien und Europa eingesetzt war. Und es ist eine ganz andere Reaktion, als der selige Pandey uns weismachen will. Auch um Chakrabarti herum sind die Stimmen nicht viel anders. Wenn wir den Band ›The Chief Currents of Contemporary Philosophy‹[21] von Dhirenda Mohan Datta von der Universität Patna aufschlagen, dann sehen wir, daß sich die einzige Erwähnung Schopenhauers in einem Zitat von K. C. Bhattacarya findet[22]; und der Sammelband ›Contemporary Indian Philosophy‹[23] enthält bei so vielen Autoren, die immerhin an die Formen des traditionellen Denkens gebunden sind, gerade drei Bezugnahmen auf Schopenhauer. Die erste stammt von Abhedānanda, der Schopenhauer zusammen mit Platon, Spinoza, Kant und Hegel nennt, nur um zu sagen, daß all diese Denker nicht in der Lage gewesen seien, die Höhen des vedantischen Denkens zu erreichen.[24] Haridas Bhattacharyya schreibt in einem sehr fremdartig anmu-

[20] S. auch mein Buch ›Pensatori dell'India Contemporanea‹, Rom 1959, S. 28f.

[21] Kalkutta 1950.

[22] A.a.O., S. 126: Place of Indefinite in Logic, S. 2.

[23] London [2]1952.

[24] Ebd., S. 56.

tenden Passus[25] dem Voluntarismus besondere Möglichkeiten für die Interpretation der Verwandlung, des Prozesses und der Bewegung zu, die Idealismus und Realismus nicht hätten; unter die Vertreter des „Voluntarismus“ rechnet er aber neben Schopenhauer Eduard von Hartmann „und andere“ – was ausreicht, um jenem keine privilegierte Stellung zuzuweisen. Drittens schließlich wirft N. G. Damle Schopenhauer in einen Topf mit Schiller.[26]

Diese Denker, die ich hier kurz zusammen dargestellt habe, gehören derselben traditionalistischen Denkrichtung an. Die kulturelle Atmosphäre ist immer dieselbe, auch wenn die Art, auf sie zu reagieren, verschieden ist, je nach den unterschiedlichen Bedürfnissen der einzelnen Gruppen, die zur Zeit der englischen Kolonialherrschaft oder kurz danach versuchten, die Sitten und Formen der brahmanischen Kultur wieder zu befestigen. Es wäre die Aufgabe einer anderen Schrift, die ideologischen Differenzierungen präziser anzugeben. Jedoch müssen wir hier noch die Tatsache herausstellen, daß zwei so verschiedene Persönlichkeiten wie Raju und Wadia zu Bewertungen kommen, die von einer erstaunlichen Nonchalance zeugen. Was den ersten betrifft,[27], so schreibt er, daß „Bergson gegen den Intellektualismus der allgemeinen europäischen Tradition polemisiert [. . .]. Seine Intuition ist eine Art schöpferischer Kraft [. . .]. Vor ihm versicherte Schopenhauer, daß die Welt Manifestation des absoluten Willens sei, und er ist der größte Verteidiger dieser absolutistischen Konzeption, in der die Wirklichkeit als Wille behandelt wird“: folglich ist Schopenhauer für ihn lediglich Repräsentant des Voluntarismus; daß er in gewisser Weise die indische Philosophie in Europa repräsentiere, dringt zu Recht noch nicht einmal ins Vorzimmer seines Gehirns. Nicht anders – von einem bestimmten Standpunkt aus gesehen – ist die Position von A. R. Wadia in ›Religion as a quest for values‹[28], der Schopenhauer in die Gesellschaft einer ganzen Reihe von (europäischen) Philosophen bringt, unter ihnen Bergson, die „gezwungen“ seien, „die Existenz einer bestimmten Kategorie des Denkens, also etwa des logischen Begriffs der Philosophie zuzugeben

[25] Ebd., S. 82f.
[26] Ebd., S. 182.
[27] P. T. Raju, Idealistic Thought of India, London 1953, S. 56.
[28] Kalkutta 1950, S. 21.

[. . .], aber auch einzugestehen, daß dieser seiner letzten Natur nach ein Geheimnis bleibt". Eine weitere Erwähnung Schopenhauers betrifft in Wirklichkeit alle Religionen.

5. Wenn wir uns der Schule von Aurobindo Ghose zuwenden, so hören wir wieder dasselbe Lied. Der Kürze halber erinnern wir nur an den Band eines berühmten Schülers, S. K. Maitras, und zwar ›The meeting of the East and West in Śri Aurobindo's Philosophy‹[29]. Schopenhauer wird erwähnt als „Haupt der romantischen Revolte gegen Hegel", aber es zeugt sicherlich nicht von großer Achtung vor dem Philosophen, wenn wir kurz danach lesen: „Seine Devise war: irgend etwas, nur nicht die verhaßte Vernunft mit ihrem Prinzip der Kontinuität. Es kümmert ihn nicht, ob sein Prinzip dies oder jenes war. Es sollte irgend etwas (?!) sein, aber nicht diese vermaledeite Vernunft."[30] Auf diese Weise zeigt Maitra nicht nur, daß er Schopenhauer nicht gelesen hat, sondern er tut ihm auch noch Unrecht. Sein Glück[31] kann Schopenhauer bei ihm nicht machen.

6. Zum Schluß wollen wir uns mit Radhakrishnan selbst beschäftigen, der von Pandey zitiert wird. Wenn wir sein Buch ›An idealist view of life‹[32] aufschlagen, so lesen wir, Schopenhauer versichere, „daß wir in unserem Inneren etwas gewahren, das mehr ist als Erscheinung: den Willen", und außerdem finden wir noch einen Hinweis auf die Schopenhauerische Theorie des künstlerischen Ausdrucks;[33] des weiteren erwähnt der Autor Schopenhauers Achtung vor dem Glauben an die Wiedergeburt[34]. Es handelt sich um verstreute Elemente, und nicht durch meine Schuld gewinnt man den Eindruck, die Schopenhauer-Zitate seien hier kaum mehr als gelehrtes Beiwerk. Auch im ›Kommentar zu den Upanischaden‹[35] gibt es einen allgemeinen Verweis; im ›Kommentar zum Brahma-Sūtra‹[36] finden wir einen Hinweis zum Thema

[29] Pondicherry 1956.

[30] Ebd., S. 27f.

[31] „La ‚fortuna' di Schopenhauer non è troppo garantita presso di lui" [Anm. d. Übers.].

[32] London ⁴1951, S. 141.

[33] S. 196 u. 208.

[34] Ebd., S. 287.

[35] London 1953, S. 17f.

[36] London 1960, S. 206.

Wiedergeburt, der mit dem oben genannten identisch ist, während jener in ›Indian Philosophy‹ Bd. II[37] kaum mehr als eine Anspielung darstellt. Was den ersten Band desselben Werks angeht, der ins Italienische übersetzt worden ist,[38] so finden wir eine größere Anzahl von Zitaten und Erwähnungen, aber die Perspektive verändert sich nicht. Auf der einen Seite gibt Radhakrishnan den Schopenhauerischen Angriff auf die optimistischen Denktraditionen wieder,[39] aber auf der anderen Seite bemüht er sich aufzuzeigen,[40] daß es in der indischen Philosophie nebeneinander ein optimistisches und ein pessimistisches Moment gebe, ja er spricht vom „Vorwurf" des Pessimismus, was um so schwerer wiegt, bedenkt man die gängige Art, Schopenhauer zu lesen. Die restlichen Bezugnahmen können in zwei Gruppen aufgeteilt werden. In der ersten findet sich eine heftige Polemik gegen Paul Deussens Interpretationsversuch der Upanischaden,[41] und diese Deutung war doch nichts anderes als der Versuch, die Upanischaden mit einer Schopenhauerischen Brille zu lesen: Besonders die Polemik gegen das Prinzip der Subjektivität und gegen dasjenige des Nichts stehen in diesem Zusammenhang. Es geht uns hier nicht darum, in dieser Sache für eine der beiden Positionen zu plädieren; wir wollen nur illustrieren, daß Radhakrishnan gerade die Grundbegriffe der Subjektivität, des Pessimismus und des Nichts für völlig unannehmbar hält. Man muß bedenken, daß er Verfechter einer Linie war, die, obzwar sicherlich aristokratisch-brahmanisch, doch große Kompromißfähigkeit betreffs der rigiden weltlichen Praxis besaß, welche noch Brahmanismus und Buddhismus einander gegenüberstellte, indem er sich dabei einer überholten sozialen Polemik bediente. Dabei stellte der letztere aber tatsächlich gar keine soziale Gefahr mehr dar, weil er in Indien nicht mehr existierte. Radhakrishnan hat sich deshalb zum Verfechter eines Systems gemacht, das gleichermaßen die brahmanische wie die buddhistische Tradition berücksichtigen wollte, welch letztere aber praktisch in jener zusammengefaßt, absorbiert und neutralisiert war, so daß in Wirklichkeit dennoch die neobrahmanische Ideologie privilegiert blieb. – Dies ist auch der Sinn der anderen Gruppe von

[37] Bd. II, ⁴1956, S. 633f.

[38] Turin 1974.

[39] Übs., ebd., S. 45ff.

[40] Ebd., S. 33e.

[41] Ebd., S. 176–82 und 260 Anm. 149.

Bezugnahmen. Und hier finden wir nun eine Behauptung, die historisch völlig ungerechtfertigt ist, nämlich daß „die moderne pessimistische Philosophie, jene Schopenhauers und Hartmanns, nur eine revidierte Version des alten Buddhismus ist, sogar kaum mehr als vulgarisierter Buddhismus, wie man gesagt hat", und Radhakrishnan fügt hinzu, daß sogar, „was die dynamische Auffassung des Lebens angeht, der Buddhismus eine wunderbare Antizipation des schöpferischen Evolutionismus von Bergson ist". Wir wollen uns nicht dabei aufhalten, daß die Herausbildung von Schopenhauers Lehre ganz anders vor sich gegangen ist und daß unser Philosoph eine Dummheit nach der anderen geschrieben hätte, wäre er gezwungen gewesen, die buddhistische Literatur um 1810 zu benutzen.[42] Außerdem wäre eine Vulgarisierung des Buddhismus in den Begriffen Schopenhauers das Gegenteil einer Vulgarisierung – von der Theorie des Bewußtseins und derjenigen der Ästhetik, die nicht hierher gehören, ganz zu schweigen. Wichtig ist nur, daß Schopenhauer hier wie gewöhnlich mit verschiedenen anderen Denkern zusammengestellt wird. Er ist durchaus kein bevorzugter oder genialer Schüler der indischen Philosophie; Radhakrishnan scheint ihm sogar jenen Bergson vorzuziehen, der im Mittelpunkt einer scharfen Polemik in der *Schopenhauer-Gesellschaft* gestanden hatte. Jedenfalls gilt ihm Schopenhauers Lehre als Ausdruck einer Analogie zum Buddhismus und nicht zum Brahmanismus, und damit können wir auch erklären, warum wir das folgende *quid pro quo* bei ihm finden. Während gewöhnlich diejenigen, welche einer indisierten Interpretation Schopenhauers zuneigen, den Willen mit der *tṛṣṇā* zu vergleichen suchen, legt Radhakrishnan[43] den Buddhismus aus und sagt: „Dieselbe Kraft wirkt überall: Schopenhauer bezeichnet sie als ‚Willen', Buddha nennt sie *karman*". Nun ergibt sich folgender Fall: Im Buddhismus ist dieser Begriff geradewegs verbunden mit dem des *tanhā* oder *tṛṣṇā*, aber im Brahmanismus kommt dies nur in einigen Fällen und in einer ausgesprochen vermittelten Form vor. Auf der anderen Seite ist *karman* für *tṛṣṇā* kein *lapsus:* später[44] nähert Radhakrishnan Schopenhauer an den Buddhismus gerade wegen des Willens zum Leben an, und es wird klar, daß er

[42] S. mein Buch ›La dottrina di Schopenhauer‹.
[43] Übs., ebd., S. 378.
[44] Ebd., S. 387 u. 414.

sich damit gegen die Darstellung Schopenhauers als Schüler des Brahmanismus wendet, um diesen vor einer Einführung der Thematik des Illusionismus und des Schmerzes zu schützen. Für ihn ist – im Gegensatz zu Schopenhauer – die Philosophie der Upanischaden im wesentlichen eine Philosophie der Freude am Leben, und die indische Philosophie ist *keine* Philosophie des Pessimismus.[45] In diesem Sinne – und gegen Schopenhauer – „erlöst" übrigens Radhakrishnan den Buddhismus selbst, indem er ihn in die dynamische Geschichte des hinduistischen Geistes wieder einfügt und ihn zu dessen Moment macht. Die Parallelen mit Schopenhauer verlieren an diesem Punkt jeglichen Wert, auch den des Vergleichs von Nebenlinien. Und der Grund liegt wiederum darin, daß ein Volk, das in einen Kampf verwickelt ist (oder besser die Klasse, die es führt und im Kampf um die Vorherrschaft begriffen ist), sich nicht die Ruhe und die Erschlaffung erlauben kann, die eine pessimistische Ideologie impliziert.

7. In der von Schillp herausgegebenen Sammlung kritischer Schriften über Radhakrishnan zitiert Robert W. Browning einen Passus von Hiriyanna, der sich zustimmend auf Radhakrishnan bezieht und in dem daran erinnert wird, daß Šankara geschrieben hatte, der „ästhetische Standpunkt" sei „gekennzeichnet durch die Elimination des *kāma* und des *karma,* so daß nur deren latente Form, die *avidyā* (das metaphysische Unwissen) übrigbleibt, während der Standpunkt des Befreiten gekennzeichnet ist durch die völlige Elimination der *avidyā* selbst": es ist Browning, ein Okzidentale, und nicht Radhakrishnan, der sagt, es gebe eine Analogie zu der Schopenhauerschen Lehre. Außerdem: wenn Šankara von Kunst sprach, dann dachte er sicherlich nicht an eine solche vom abendländischen Typ. Die Kunst, die er kannte, hatte eine direkt oder indirekt metaphysische Bedeutung.

8. Im selben Band zitiert Raju noch einmal Schopenhauer auf eine Weise, die viel bedeuten kann und niemanden bevorzugen will.[46] Es ist jedoch klar: auch wenn Schopenhauer durch viele einzelne Zitate und Bezugnahmen geehrt wird, so sind diese mehrheitlich durch die Präsentation und Darstellung Schopenhauers im Abendland bedingt und nicht durch die Weise, wie die indische Kultur ihn sieht. Wir können

[45] Ebd., S. 33.
[46] Ebd., S. 529.

daher durchaus nicht einverstanden sein mit den Schlußfolgerungen Pandeys, den wir am Anfang dieses Kapitels zitiert haben, es sei denn, man versteht „Schicksal“[47] *(vox media)* in völlig negativem Sinn. Während man jedoch im Abendland das Lamento der Entwurzelung[48] anstimmte, das im Moment seiner Entstehung bereits Zeichen von Deformation an sich trug, wäre dies in Indien nicht verstanden worden, bedenkt man die verschiedenen sozialen Bedingungen der Produktion. Wir werden Grund haben, wieder darüber zu sprechen, wenn Indien den Gipfel der Krise erreichen sollte. Pandeys Betrachtungen könnten dann rückblickend als entferntes Vorgeplänkel erscheinen.

[47] Ital. „fortuna“ [Anm. d. Übers.].
[48] Ital. „stassellamento“, aus „tassello“ (= „Dübel“) [Anm. d. Übers.].

J. S. Clegg, Logical Mysticism and the Cultural Setting of Wittgenstein's ›Tractatus‹. In: 59. Schopenhauer-Jahrbuch, hrsg. von Arthur Hübscher. Frankfurt a. M. 1978, S. 29–47. Aus dem Englischen übersetzt von Karl Nicolai.

DER LOGISCHE MYSTIZISMUS UND DER KULTURELLE HINTERGRUND VON WITTGENSTEINS ›TRACTATUS‹

Von JERRY S. CLEGG

I

Seit langem haben die Leser von Wittgensteins ›Tractatus logico-philosophicus‹ Schwierigkeiten mit einem scheinbaren Wechsel im Standpunkt des Verfassers. Nach etwa siebzig Seiten, die hauptsächlich der Logik, einer Theorie der Sprache und einer Philosophie der Naturwissenschaften gewidmet sind, beginnt plötzlich ein etwa fünf Seiten umfassender Schlußteil mit dunklen Sätzen über das Mystische, Gott, einen transzendenten Willen, den Tod, den Sinn des Lebens und über die Unmöglichkeit, Aussagen der Ethik, der Ästhetik und der Philosophie zu formulieren. Dieser scheinbare Wechsel der Perspektive und der Interessen Wittgensteins hat seine Kommentatoren veranlaßt, sich zu fragen, welche Beziehung zwischen seinen logischen Lehrsätzen und seinen mystischen, ästhetischen und ethischen Maximen bestehen könnte. Im allgemeinen wird die Auffassung vertreten, der ›Tractatus‹ zeige einen Dualismus von gegensätzlichen Anliegen; jedoch herrscht keine Übereinstimmung darüber, wie dieser Dualismus zu bewerten ist.

Die meisten Kommentatoren behaupten, der ›Tractatus‹ enthalte schlicht zwei nicht zueinander in Beziehung stehende, nicht miteinander zu vereinbarende Richtungen der Philosophie; die eine lasse sich auf Wittgensteins Interesse an den Arbeiten Freges und Russells auf dem Gebiet der Logik, die andere auf sein Interesse am ethischen und ästhetischen Mystizismus Schopenhauers zurückführen. Hacker bringt diese klassische Auffassung auf eine gute Formel: Wittgensteins erste Philosophie sei zwar ein schopenhauerscher Idealismus gewesen; aber nicht dieses Interesse an Schopenhauer habe ihn zu seinen ersten Untersuchungen geführt, sondern eine durch Russell, Frege und andere angeregte Beschäftigung mit der Logik; und das periphere Vorhandensein mystischer Gedanken im Schlußteil seines Buches beweise lediglich einen verspäteten Einfluß Schopenhauers auf seine Lehrsätze, der jedoch seine grundsätzlichen Meinungen nicht bestimmt habe.[1] Eine Minderheit der Kommentatoren lehnt diese Bewertung des ›Tractatus‹ ab und behauptet, die Zweiteilung seines Inhalts stelle eine logisch kohärente, moralisch anspruchsvolle philosophische Position dar. Wittgenstein wollte – so argumentieren Janik und Toulmin – alles Nachdenken über Tatsachen vom religiösen, ästhetischen und ethischen Denken trennen. Seine Sprachtheorie sollte die Unterscheidung zwischen Tatsachen und Werten verteidigen, auf der Kierkegaard, Tolstoi, Schopenhauer und sein eigener Zeitgenosse Karl Kraus so nachdrücklich bestanden hatten. Sein Motiv sei gewesen, das Reich der Werte vor der entwürdigenden Einbeziehung in das Reich der Tatsachen zu bewahren. Der „Ethiker" Wittgenstein sei daher mit dem „Logiker" Wittgenstein in Einklang zu bringen, indem man zur Kenntnis nehme, daß sein ›Tractatus‹ Teil einer langen und weitreichenden kulturellen Bemühung ist, den wissenschaftlichen und den unwissenschaftlichen Bereich des Lebens streng voneinander abzugrenzen. Der abrupte Wechsel von logischen zu ethischen Themen im Schlußteil des ›Tractatus‹ sei ein Sinnbild für seine wichtigste These.[2]

Diese Urteile darüber, wie die beiden Teile des ›Tractatus‹ miteinander zu verbinden seien, haben eine zweifelhafte Annahme gemeinsam. Gewiß glaubte Wittgenstein, daß Tatsachen keinen Wert haben; es trifft auch zu, daß Menschen mit höchst verschiedenen Anschauungen und Interessen sein Werk beeinflußten. Aber der ›Tractatus‹ läuft weder stillschweigend auf eine Trennung der ‚logischen' Gegenstände von den ‚ethischen' oder ‚ästhetischen' hinaus, wie Hacker meint, noch zielt er offen auf diese Trennung ab, wie Janik und Toulmin annehmen. Vielmehr vergleicht der ›Tractatus‹ den Rang der Logik mit dem der Ethik und der Ästhetik. Ästhetische Wertungen befassen sich nicht mit Tatsachen (6.41), aber logische Sätze ebensowenig (6.1222; 6.124). Wie es

[1] P. M. S. Hacker, Insight and Illusion: Wittgenstein on Philosophy and the Metaphysics of Experience, Oxford 1972, S. 2; S. 82.

[2] Alan Janik and Stephen Toulmin, Wittgenstein's Vienna, New York 1973, S. 26; S. 89.

keine Sätze der Ethik oder Ästhetik gibt (6.42), so gibt es auch in der Logik keine echten Sätze (4.243; 4.462; 6.3751). Ethik und Ästhetik sind transzendental (6.421). Die Logik ist transzendental (6.13). Daß Logik „die Welt erfüllt", zeigt, daß das, was der Solipsismus meint, aber nicht sagen kann, richtig ist (5.62; 5.633) und daß ein metaphysisches Subjekt existiert, das nicht in der Welt ist (5.61; 5.633) – ein Subjekt, dessen Wille vermutlich der unnennbare Träger des Ethischen ist (6.423). Zweifellos haben Hacker, Janik, Toulmin und andere einen Vergleich als Gegensatz verstanden. Sowohl der Hinweis auf die Unterscheidung zwischen Tatsachen und Werten als auch der Hinweis auf heterogene historische Einflüsse, die der ›Tractatus‹ miteinander verbinde, ohne besonderes Gewicht darauf zu legen, versuchen eine Beziehung zwischen getrennten Themen und getrennten Anliegen zu erklären, die für Wittgenstein offenbar überhaupt nicht getrennt sind. Der ›Tractatus‹ ist mehr als ein unbekümmerter, launenhafter Versuch, die Logik mit dem Solipsismus, der Ethik, der Ästhetik und anderen gegen Ende der Abhandlung eingeführten „mystischen" Gegenständen zu verknüpfen. Wer daher die Frage erörtert, inwiefern Wittgenstein (sei es durch einen geschichtlichen Zufall oder in bewußter, philosophischer Absicht) Logiker und inwiefern er Mystiker war, verzerrt seine Position. Er war ein mystischer Logiker, der zwischen Gegenständen und Standpunkten, die gemeinhin als sehr verschieden gelten, eine bedeutsame Ähnlichkeit zu sehen glaubte. Eine angemessene Diskussion darüber, wie die beiden Teile des ›Tractatus‹ miteinander zu verbinden sind, würde sich beispielsweise mit den Fragen beschäftigen, worin jene Ähnlichkeit besteht und ob es im Werk anderer vielleicht Parallelen gibt, die Wittgensteins rätselhafte Vergleiche in historischer Perspektive und nicht ganz so fremd erscheinen lassen würden. Diese Fragen will ich in der vorliegenden Abhandlung zu beantworten versuchen. Meine Antworten werden darauf hinauslaufen, daß man den ›Tractatus‹ als eine Erwiderung auf Schopenhauers wenig schmeichelhafte Einschätzung der Logik und der Logiker verstehen sollte – eine Erwiderung, die freilich Parallelen hat in bedeutenden Bemühungen anderer Schriftsteller, gewisse von ihnen geschätzte Berufe gegen die eindrucksvollen, aber sarkastischen Angriffe Schopenhauers in ›Die Welt als Wille und Vorstellung‹ zu verteidigen. Um dieses Argument so klar wie möglich zu machen, will ich zunächst umreißen, welchen Platz die Logik und einige verwandte Gegenstände im System Schopenhauers einnehmen [II]. Dann will ich einige Beispiele für historisch bedeutsame Reaktionen anführen, die durch Schopenhauers Werk hervorgerufen wurden [III]. Schließlich will ich nachzuweisen versuchen, daß der ›Tractatus‹ selbst ein Beispiel für eine solche Reaktion ist [IV].

II

Schopenhauer war Idealist. Er glaubte mit Berkeley, daß die Wahrnehmung ihre Objekte hervorbringe und daß diese ganze Welt nur eine Ansammlung von Ideen bzw. subjektiven Vorstellungen sei (I, 3).[3] Um zu erklären, wie unsere Sinne ihre schöpferischen Kräfte dazu benutzen, alle Phänomene des Lebens hervorzubringen, verwies er auf die Ähnlichkeit, die zwischen dem normalen, gewöhnlichen Erkennen und dem Vorstellen besteht. Nach seiner Auffassung besitzen wir alle die Fähigkeit, aus Wolkenfetzen, aus Schaum oder aus den Eiskristallen, die an einem Wintermorgen auf unseren Fensterscheiben erscheinen, Figuren von Tieren oder Pflanzen zu bilden. Durch bloßes Anschauen einer zufälligen Anordnung von Eiskristallen können wir diese als Blume, als Gesicht, als Fisch (oder was immer wir uns vorstellen) sehen. Die Gebilde, die wir auf diese Weise hervorbringen, „sind . . . nur für uns da" und liefern somit ein Beispiel dafür, wie ein erkanntes Objekt von einem erkennenden Subjekt abhängt (I, 214). Obwohl wir uns oft nicht darüber im klaren sind, ist das gewöhnliche Sehen in Wirklichkeit eine Form dieser Erkenntnisweise. Wir alle sehen die Dinge als etwas, das von dem verschieden ist, was sie wirklich sind. Was wir sehen (oder auf irgendeine Weise wahrnehmen), ist ein Gebilde, dessen metaphysischer Status dem einer Eisblume auf einer Fensterscheibe gleicht.

Weil die Welt in Wirklichkeit eine Ansammlung von Vorstellungen oder Ideen ist, ist sie auch eine Äußerung des Willens. Einen der Unterschiede zwischen dem normalen Erkennen und dem Vorstellen kann jeder leicht feststellen: Was für Vorstellungen wir sehen, ist von unserem Willen abhängig; was für physische Objekte wir sehen, ist es dagegen

[3] Alle Schopenhauerzitate nach Arthur Schopenhauer, Sämtliche Werke, hrsg. von Arthur Hübscher, 3. Aufl. Wiesbaden 1972.

nicht. Es ist einfach, eine Eisblume in ein Gesicht zu verwandeln; es ist unmöglich, allein mit Hilfe des Willens und des Sehvermögens eine wirkliche Blume in ein wirkliches Gesicht zu verwandeln. Schopenhauer hatte sich jedoch festgelegt auf seine Analogie zwischen dem normalen Erkennen und dem Vorstellen. Deshalb behauptete er, die physische Welt sei in gleichem Maße Ausdruck des Willens des Erkennenden wie ein Phantasiegebilde. Um einen wohl unvermeidlichen Einwand gegen seine Behauptung zu widerlegen, verließ Schopenhauer sich auf ein Argument, das Berkeley lange vor ihm verwendet hatte:

> . . . Was für eine Macht ich auch immer über meine eigenen Gedanken haben mag, so finde ich doch, daß die Ideen, die ich gegenwärtig durch die Sinne wahrnehme, nicht in einer gleichen Abhängigkeit von meinem Willen stehen. Wenn ich bei vollem Tageslicht meine Augen öffne, so steht es nicht in meiner Macht, ob ich sehen werde oder nicht, noch auch, welche einzelnen Objekte sich meinem Blick darstellen werden, und so sind gleicherweise auch beim Gehör und den anderen Sinnen die ihnen eingeprägten Ideen nicht Geschöpfe meines Willens. Es gibt also einen *anderen* Willen oder Geist, der sie hervorbringt.[4]

Für Berkeley war dieser „andere Wille oder Geist" natürlich Gott. Schopenhauer sprach vom Willen und behauptete, in seinem Bewußtsein sei die Welt enthalten. Der Wille verhält sich zur Welt wie ein einzelnes Auge zu seinem Blickfeld (I, 233) oder wie die Linse einer Zauberlaterne zu dem reflektierenden Schirm, auf den sie ihre Bilder projiziert (I, 182). In diesem Sinne ist die gesamte Welt der „Spiegel" des Willens (I, 315). Auf diese Weise wird die Analogie zwischen dem normalen Erkennen und dem Vorstellen gewahrt, mit einem einzigen Vorbehalt: Das normale Erkennen ist in Wirklichkeit nicht das Erkennen individueller Personen, wie es den Anschein hat, sondern das Erkennen eines kosmischen Ich-Auges, das die Welt durch unsere Augen sieht, wie es sie sehen will. Aus seinen Vorstellungen besteht die Welt.

Da Schopenhauer behauptete, das Vorstellen und das gewöhnliche Erkennen seien sich darin gleich, daß beide dem Willen (wenn auch dem Willen verschiedener Akteure) unterworfen seien, folgerte er, jeder

[4] George Berkeley, A Treatise Concerning the Principles of Human Knowledge, Dublin 1710, §29. Zitiert nach der deutschen Übersetzung von Friedrich Überweg, Eine Abhandlung über die Prinzipien der menschlichen Erkenntnis. Philosphische Bibliothek N. F. Bd. 20, Hamburg 1957, S. 40f.

Mensch sei in Wirklichkeit eine doppelte Persönlichkeit mit einer doppelten Beziehung zur Welt. Wenn ich aus einem zufälligen Wolkenfetzen ein Gebilde schaffe, mache ich etwas, was meinen individuellen Willen ausdrückt und was niemand sonst zur Kenntnis nehmen muß; wenn ich jedoch in der normalen Art des Erkennens ein physisches Objekt schaffe, bringe ich etwas hervor, was einen kosmischen Willen ausdrückt und was jeder zur Kenntnis nehmen muß. Es existiert für die anderen ebenso wie für mich. So kam Schopenhauer zu dem Schluß, das Pronomen „Ich" sei doppeldeutig. In einem Sinne beziehe es sich auf mich als ein Individuum mit einem Platz in Raum und Zeit; in einem anderen Sinne beziehe es sich auf mich als den einen Schöpfer der Welt – Berkeleys Gott. Wir alle, behauptete Schopenhauer, bestehen aus einem empirischen und einem intelligiblen oder noumenalen Charakter (I, 128). Der empirische Charakter ist einem jeden eigen; der intelligible Charakter aber muß allen gemeinsam sein. In einem gewissen Sinne des Pronomens „Ich" sind wir alle das numerisch gleiche Ich. Falls jemand die Wahrheit dieses Solipsismus bezweifelt, sollte er – so schärft Schopenhauer ein – verschiedene religiöse Texte des Ostens oder (noch besser) das Zeugnis seiner eigenen Empfindungen zu Rate ziehen, wenn er jene geheimnisvolle Gleichgültigkeit gegenüber allen irdischen Freuden und Schmerzen erfährt, die zusammen mit einem intensiven ethischen oder ästhetischen Erlebnis auftritt. Dann kann jeder begreifen, daß er „das *eine* Weltauge, was aus allen blickt", ist (I, 233).

Nachdem er aus dem Argument, daß das normale Erkennen und das Vorstellen einander ähnlich seien, diese Schlußfolgerungen gezogen hatte, erweiterte Schopenhauer seine Metaphysik und kehrte zu der Unterscheidung zurück, die er mit seiner Beweisführung ursprünglich angezweifelt hatte. Falls das normale Sehen tatsächlich eine Form des „Sehens-als" ist, kann diese Welt nur ein Reich des Scheins und der Täuschung sein; denn wenn wir Eiskristalle als eine Blume, eine Wolke oder ein Tier sehen, sehen wir sie als etwas, was sie nicht sind. Das normale Erkennen sieht die Welt falsch. Aber wo es Schein und Irrtum gibt, da muß es auch Wirklichkeit und Wahrheit geben. Deshalb behauptete Schopenhauer, daß es eine Art der Erkenntnis gibt, die nicht Vorstellen ist, und daß sie es uns ermöglicht, die Wirklichkeit zu entdecken und sie richtig zu identifizieren. Diese Erkenntnisweise hat zwei Eigenschaften, die wir gewöhnlich (aber fälschlicherweise) dem normalen Erkennen zuschreiben: sie bringt ihre Objekte nicht selbst hervor, und sie ist nicht vom Willen abhängig. Da die Erscheinungswelt insgesamt Ausdruck des Willen ist, sind nur diejenigen Menschen zu dieser richtigen Erkenntnisweise fähig, die den Willen erfolgreich verneint haben, indem sie gegenüber allem, was in Raum und Zeit geschieht, gleichgültig wurden. Ein mystischer Quietismus ist unerläßlich, wenn man die Welt so sehen will, wie sie ist. Nur das vom Willen gereinigte Erkennen wird „zum hellen Spiegel des Wesens der Welt" (I, 219). Dieser Quietismus ist charakteristisch für den Heiligen, den tragischen Künstler und den ehrlichen, sokratischen Philosophen, der durch seinen Tod Zeugnis abgelegt hat. Diese drei Gestalten sind die Helden im philosophischen System Schopenhauers. Er nennt sie – in der Terminologie Kants und Goethes – Genies und behauptet, nur sie seien in der Lage, den „Schleier der Maja" zu zerreißen und – allein durch Wahrnehmung und ohne jede Verunreinigung des Denkens – zu erfassen, was wirklich der Fall ist. Nur sie betrachten auch jemals die Welt „im Ganzen" und gelangen auf diese Weise so nahe wie möglich zu einem Verständnis des Weltwillens, der „im Ganzen" ein zielloses und endloses Streben ist (I, 195). Sie erfassen den wichtigen Punkt, daß obwohl alle individuellen Vorgänge einen Zweck haben, das Leben im Ganzen keinen Zweck und kein Ziel kennt. Deshalb hören sie auf zu fragen, was der Sinn des Lebens sei. Natürlich erkennen sie diesen Sachverhalt nicht als Individuen mit Geburtsdaten und Adressen, sondern als reines, zeitloses und nunmehr willenloses „Subjekt der Erkenntnis" (I, 209). Die Objekte ihrer willenlosen Kontemplation sind – dies ist ebenfalls klar – nicht die Vorstellungen der Erscheinungswelt, sondern unveränderliche Dinge, die wirklich sind – Schopenhauer nennt sie Platonische Ideen. Diese verhalten sich zu physischen Objekten wie Eiskristalle zu Eisblumen und Eisgesichtern – das heißt wie etwas Ewiges und Wirkliches, aber Immanentes und Wahrgenommenes sich zu einer vergänglichen Illusion verhält.

Da die elementarsten Themen Schopenhauers empiristischen Traditionen der Philosophie entstammen, überrascht es nicht, daß er seine Metaphysik abschloß, indem er sich eine empirische Erkenntnistheorie zu eigen machte. Er vertrat die Auffassung, alle Begriffe würden aus gewöhnlichen Wahrnehmungen abgeleitet durch einen Prozeß der „Sublimierung", der im Gehirn eines Menschen abstrakte, allgemeine Bilder fixiere. Ein Begriff war für ihn eine „Vorstellung einer Vorstellung“ – eine sekundäre, allgemeine Vorstellung, die die ursprünglichen, konkreten Vorstellungen der Wahrnehmung widerspiegelt (I, 49). Alles Denken ist begrifflich, und deshalb stellt es die Erscheinungswelt immer so dar, wie es Porträts und Spiegelbilder tun. Auf diese Weise kam Schopenhauer dazu, drei Arten von Vorstellungen zu unterscheiden: Platonische Ideen (sie machen die Wirklichkeit aus), gewöhnliche Vorstellungen (sie bilden die Erscheinungswelt) und Vorstellungen von Vorstellungen (sie können entweder geistige oder physische Abbilder von Erscheinungen sein). Die Beziehungen, die zwischen diesen drei Kategorien von Dingen bestehen, sind seiner Meinung nach ähnlich: Wie das Denken gewöhnliche Wahrnehmungen abbildet (hierin den meisten Porträts und Bildern vergleichbar), so müssen gewöhnliche Vorstellungen – die selbst schon Abbildungen sind – die Objekte der mystischen Intuition darstellen. Die Erscheinung verhält sich zur Wirklichkeit wie die Erscheinungen der Erscheinung sich zur Erscheinung selbst verhalten. Die vorgestellte Erscheinungswelt ist in Wahrheit eine Ansammlung ständig wechselnder Bilder, die irgendwie die immanenten, archetypischen Ideen Platons darstellen (I, 154).

Diese dreistufige Metaphysik mit ihrem mystischen Solipsismus führte Schopenhauer dazu, boshafte Vergleiche zwischen gewissen Berufen anzustellen. Der Heilige, der tragische Dichter und der mystische Philosoph kommen in seinen Untersuchungen gut weg, denn sie besitzen die Einsicht des Genies in das wahre Wesen der Dinge. In ihnen hat die Erkenntnis das Joch des Willens abgeworfen und ist zu einem reinen, beseligenden „Spiegel der Welt“ (I, 181, 210, 339, 377; II, 230, 320) geworden. Dagegen ist der empirische Naturwissenschaftler übel dran. Nach dem Urteil Schopenhauers ist er ein Opfer der Illusion. Er untersucht nur die „horizontalen“ Kausalbeziehungen zwischen den Bildern des Lebens auf dem Spiegel des Raums; er gleicht daher einem Beobachter bei einer gesellschaftlichen Veranstaltung, der erfaßt, *wie* die Anwesenden sich zu ihm und zueinander verhalten, der aber nicht herausfindet, *wer* sie sind. Weil er sich nur mit den Relationen zwischen Phänomenen beschäftigt, bleibt ihm alles unverständlich (I, 39; I, 119). Er betrachtet nur das Wo, das Wann, das Warum und das Wozu der Dinge, nicht das *Was* (I, 145; I, 210). Kurz, er erkennt nie etwas richtig, weil ihm die abbildhafte, „vertikale“ Qualität des Lebens entgeht.

Infolgedessen findet er nie den Schlüssel zum „Rätsel der Welt" (I, 119; II, 206). Seine Untersuchungen haben natürlich einen praktischen Wert; aber das ist ein merkwürdiger Zufall, denn selbst seine Erklärung des Wie und des Wozu der Dinge ist falsch. Die Erklärung dafür, warum die Welt so ist, wie sie ist, liegt in dem Willen, und dieser ist außerhalb der Welt. In der Welt gibt es überhaupt keine echte Kausalität. Wie ein Bild auf dem Schirm einer Zauberlaterne nicht das Bild hervorruft, das an seine Stelle tritt, so wirkt ein physischer Gegenstand niemals auf einen anderen ein. Der Glaube an eine empirische Kausalität ist ein Aberglaube. Jede „natürliche Ursache" ist, wie Malebranche es ausdrückte, nur „Gelegenheitsursache" (I, 164). Deshalb sagt uns die empirische Wissenschaft nie, was die Welt bedeutet. Sie läßt alle wichtigen Fragen des Lebens unbeantwortet, und was sie uns sagt, besitzt zwar praktischen Wert, wurzelt jedoch in finsterem Aberglauben. Das Problem des Naturwissenschaftlers ist im Grunde seine Bindung an den Willen und an die gewöhnliche Erkenntnisweise, die ihrem Wesen nach Illusionen produziert. Um die Welt richtig zu sehen und um ihre Rätsel zu lösen, müssen wir sie aus einer unbeteiligten, willenlosen Perspektive betrachten; die Naturwissenschaften aber sind grundsätzlich aufs Praktische gerichtet und daran interessiert, die Lebensbedürfnisse zu befriedigen. Deshalb ist der Naturwissenschaftler ein Knecht des Willens, und der Quietismus – eine Vorbedingung für die Klarsicht des Genies in bezug auf die Existenz – ist ihm fremd und wird ihm stets fremd bleiben.

Noch schlechter als die Naturwissenschaftler kommen bei den Wertungen Schopenhauers diejenigen weg, die sich mit den Medien beschäftigen, die die Erscheinungswelt abbilden. Da diese Welt selbst schon eine jenseits von ihr liegende Wirklichkeit darstellt, bildet jede Darstellung eines empirischen Gegenstandes eine Abbildung ab. Sie ist – im wahrsten Sinne des Wortes – eine Nachahmung, die sich zur Welt ebenso verhält wie die Kopie eines Bildes zu dessen Original. Indem er sich zur Begründung seiner Ansichten auf Platons Kritik an den schönen Künsten berief, überhäufte Schopenhauer diejenigen mit Spott, die sich nachahmenden Tätigkeiten hingeben. Eingeschlossen in seine Attacken waren alle Künstler, die in ihren Werken empirische Gegenstände abbilden; aber er beschimpfte auch Angehörige gewisser anderer Berufe. Insbesondere kehrte er Platons Verteidigung der Dialektik um und prangerte die Vertreter der Mathematik, der Geometrie und der

Logik als die schlimmsten Nachahmer an, deren rein begriffliche Arbeit Mißtrauen verdiene. Er argumentierte, daß die „Sublimierungen" des Denkens immer empirische Wahrnehmungen abbilden, die selbst schon Abbilder sind. „Sublimieren" heißt „imitieren". Das Denken ahmt also die Wahrnehmung nach, und alle, die sich mit den Abstraktionen des Denkens befassen, äffen lediglich nach, was sie bereits kennen. Da der Logiker mehr als irgend jemand sonst sich mit Begriffen und deren Beziehungen zueinander beschäftigt, ist er der Nachahmer *par excellence* – vergleichbar denjenigen, über die Platon geringschätzig sagte, sie seien nicht Künstler, sondern nur Taschenspieler. Ja, gerade wenn der durchschnittliche Künstler versucht, bei seiner Arbeit – nach Art des Logikers und des abstrakten Denkers – von Begriffen auszugehen, verfällt er in die ästhetischen Fehler des parasitischen Nachahmers und Manieristen (I, 278). Begriffe sind in der Kunst stets unfruchtbar und sollten gemieden werden, obwohl Künstler häufig gegen dieses Gebot verstoßen (I, 72). In der Logik lassen sich Begriffe jedoch nicht vermeiden; die Folge davon ist, daß der Logiker uns nie etwas Bedeutendes zu sagen hat. Die Logiker und Mathematiker „lehren eigentlich nur das, was jeder schon von selbst . . . weiß" (II, 202). Die Logik ist ohne praktischen Nutzen für die Philosophie (I, 56). Geniale Individuen streben nach Intuition und haben eine Abneigung gegen das logische Vorgehen der Mathematik (I, 222). Die anschauliche Erkenntnis, d. h. die Einsicht in die Platonischen Ideen, „steht der vernünftigen oder abstrakten [Erkenntnis] gerade entgegen" (I,223).

Dadurch, daß er diese empiristische Auffassung der Logik und des Denkens sich zu eigen machte, mußte Schopenhauer zu der Schlußfolgerung kommen, daß das Genie, das durch Intuition das Rätsel des Lebens gelöst hat, seine Lösung mittels der gewöhnlichen Sprache nicht mitteilen kann. Worte bekommen ihren Sinn durch die mit ihnen verbundenen Begriffe; sie sind, wie das Denken selbst, ein nachahmendes Medium, das lediglich die Erscheinungswelt abbilden kann. Die Einsicht des Philosophen, des tragischen Dichters und des Heiligen ist im wesentlichen wahrnehmend, wortlos und unaussprechlich. Sie läßt sich nicht lehren, sondern bloß üben; denn man kann sie – wie eine Wahrnehmung – mit niemandem teilen (II, 79 f.). Deshalb können der Weise und das Genie sich anderen nicht erklären; der Weise lebt einfach „in einer anderen Welt" als der Tor, und das Genie sieht „eine andere Welt" als der Stumpfsinnige (II, 80). Ihre Antworten auf die fundamentalen Fragen des Lebens lassen sich nicht auf intellektuellem Wege begreifen. Trotzdem, meinte Schopenhauer, lassen sie sich begreifen. Wo die gewöhnliche Sprache versagen muß, können andere Mittel Erfolg haben. Mystische Philosophen und Heilige haben gelegentlich Mittel und Wege gefunden, um mit Hilfe von Paradoxa und Gleichnissen eine bedeutsame Botschaft mitzuteilen, die die normalen Grenzen der Sprache übersteigt; die erfolgreichste Methode aber ist die des Komponisten. Musik, die nicht das Leben zu imitieren sucht, ist stets tragisch in der Stimmung und verkündet eine Botschaft ohne Worte. In der komischen Oper zum Beispiel findet man immer einen teleologischen Konflikt zwischen dem komischen Willen zum Leben in der Handlung und der tragischen Verneinung dieses Lebens in der Musik (II, 514). Für diejenigen, die den Willen zum Leben verneint haben und daher die Welt nicht nur als Vorstellung wahrnehmen können, ist die Musik das wirksamste Medium der Kommunikation. Die Musik hat universale Bedeutung, denn sie ist „eine im höchsten Grad allgemeine Sprache", die sich zur Allgemeinheit der gewöhnlichen, begrifflichen Sprache verhält wie die deutliche Bestimmtheit zur leeren Abstraktion oder – in scholastischer Terminologie – wie die *universalia ante rem* zu den *universalia post rem* (I, 309–311).

Die Erklärung dafür, daß die Musik universal ist und von allen ihren Hörern unmittelbar und deutlich verstanden wird, liegt darin, daß ihre Struktur irgendwie derjenigen der Welt entspricht. Die Musik „ignoriert schlechthin" die einzelnen Tatsachen der Erscheinungswelt, um – wie die Platonischen Ideen – zu einer „Objektivation" des Willens zu werden (I, 304). Daher besteht eine Parallele oder Analogie zwischen der Musik und den Ideen, die die Wirklichkeit ausmachen. Diese Analogie ist nicht absolut, warnt Schopenhauer; aber sie ist so eng, daß man sagen kann: Wie die Welt Ausdruck der Ideen in Raum und Zeit ist, so ist sie fast gleichermaßen Ausdruck der Musik. Sie ist „verkörperte Musik" (I, 310). Die Lehre, die Schopenhauer daraus zieht, lautet: Wenn eine musikalische Komposition aufgeführt wird, läßt sich zwischen ihr und allen Vorgängen der Erscheinungswelt eine isomorphe Beziehung entdecken. Der Übergang von einer Tonart in eine andere entspricht beispielsweise dem Wechsel der Stimmung in einem Individuum (I, 308); ebenso läßt sich das Abweichen von der arithmetischen Richtigkeit der Intervalle im temperierten Tonsystem den monströsen Vorgängen in der irrationalen Natur vergleichen (I, 305). Diese Entsprechungen sind jedoch rein zufällig; denn der Komponist versucht nicht, eine Welt abzubilden, die ihm – als einem Genie – gleichgültig ist. Seine Musik könnte gewissermaßen bestehen, auch wenn es überhaupt keine Welt gäbe (I, 304); und deshalb ist die bildhafte Beziehung zwischen der Welt und seinen Tönen nicht die Beziehung des präexistenten Modells zu der nachträglichen Kopie. Es ist die Beziehung zweier ontologisch ähnlicher Schöpfungen, die in analoger Weise dieselbe metaphysische Wirklichkeit ausdrücken. Die Musik ist – gleich allen genialen Schöpfungen – keine sekundäre Nachahmung des Lebens, wie es die an Begriffe gebundene Sprache ist, sondern eine zweite Schöpfung, die die erste „widerspiegelt". Ihre Unabhängigkeit von der Welt ist die Erklärung für ihre universale Verständlichkeit. Sie bildet keinen bestimmten Vorgang ab, und deshalb beruht unser gemeinsames Verständnis für Musik nicht darauf, daß wir irgendeine gemeinsame Erfahrung machen. Ihre Bedeutung beruht auf dem, was aller Erfahrung vorausgeht: auf dem *Was* der *universalia ante rem,* das der eine Betrachter der Welt von seinem Platz außerhalb von Raum und Zeit beobachtet. Weil wir alle jener Betrachter sind, verstehen wir alle die Musik, und deshalb kann sie Ausdruck des Metaphysischen und die „Universalsprache" derjenigen sein, die mitteilen wollen, was sie jenseits der Grenzen des nachahmenden Denkens und der Sprache geschaut haben.

Würde man beim Nachdenken über diese Thesen Schopenhauer entgegenhalten, daß viele seiner Aussagen nicht aus seinen Prinzipien folgen, so wäre das sicherlich berechtigt. ›Die Welt als Wille und Vorstellung‹ wurde von ihm nicht gepfiffen, sondern geschrieben. Schopenhauer benutzte also gewöhnliche Worte, um Gegenstände zu erörtern und Beziehungen zu erklären, die – nach seiner Theorie – in Begriffen nicht ausgesprochen werden können. Ein wohlmeinender Leser könnte jedoch im Werk Schopenhauers ein paar Gedanken finden, mit denen sein paradoxer Standpunkt sich rechtfertigen ließe. Es gibt viele Dinge, bemerkte Schopenhauer, die einfach „sich zeigen". Die Wahrheit des Solipsismus stellt sich demjenigen dar, der als rein erkennendes Subjekt sich in die Anschauung der Natur vertieft (I, 213); die Identität von Wille und Leib zeigt sich jedem (I, 119f); die geistige Überlegenheit des Genies zeigt sich bei jedem Anlaß (II, 81); und der innere Antagonismus des Willens zeigt sich in den endlosen Bestrebungen und Wünschen der Menschen (I, 196). Vielleicht könnte daher die Sprache benutzt werden, um gewisse Dinge zu zeigen (wenn auch nicht auszusagen), und vielleicht sollte man die Thesen der ›Welt als Wille und Vorstellung‹ als Versuche auffassen, eben dies zu tun. Schopenhauer hätte eine solche Interpretation wahrscheinlich gebilligt, wenn man ihm zugesetzt hätte. Denn er beharrte unerschütterlich auf dem Standpunkt, man sollte alle Bücher – einschließlich seiner eigenen – nur als Sprossen einer Leiter benutzen, um von den seichten Abstraktionen des rationalen Denkens zum Gipfel der Erkenntnis und der mystischen, intuitiven Einsicht aufzusteigen (II, 87). Vielleicht muß man also ›Die Welt als Wille und Vorstellung‹ wegwerfen und liegenlassen, sobald sie uns gezeigt (nicht gesagt) hat, wo die Grenzen der Sprache und der Reflexion sind.

III

Schopenhauer blieb lange ziemlich unbeachtet, und es hat immer Leute gegeben, die meinten, diese anfängliche Unbekanntheit habe zu ihm gepaßt. Aber gegen Ende des neunzehnten und zu Beginn des zwanzigsten Jahrhunderts war er wahrscheinlich der am meisten gelesene und bewunderte Philosoph des europäischen Kontinents. Seine Ansichten fanden ihren ersten populären Niederschlag in den Aufsätzen Richard Wagners, dann in der Dichtung der französischen Symbolisten und in den Romanen von Joris-Karl Huysmans. Später beeinflußten sie die Experimente Rorschachs auf dem Gebiet des Vorstellens, die Psychologie Freuds und die Romane Prousts. Die Bewunderung, die so viele für Schopenhauer empfanden, war jedoch oft mit einem Verlangen verbunden, denjenigen Aspekten seines Systems entgegenzutreten, die ihnen allzu pessimistisch oder übertrieben skeptisch erschienen. In einer beträchtlichen Anzahl von Fällen führte diese ambivalente Haltung zu Versuchen, die Hauptpunkte seiner Metaphysik zu bewahren, hingegen seine harten Urteile über die nachahmenden Künste und die empirischen Wissenschaften zu korrigieren. Ich will das durch drei Beispiele erläutern.

1. Nietzsche gab, nachdem er ›Die Welt als Wille und Vorstellung‹ gelesen hatte, die klassische Philologie praktisch auf und wandte sich

der Philosophie zu. Sein Erstlingswerk, ›Die Geburt der Tragödie‹ (1872), übernimmt die Grundzüge von Schopenhauers System, darunter seinen mystischen Solipsismus, dessen Wahrheit uns in dionysischen Bewußtseinszuständen klar wird (Abschnitte 1 und 5), seine Auffassung des Erkennens als Vorstellung (Abschnitt 1) und seine Darstellung des Denkens als Nachahmung (Abschnitte 14 und 17). Anstatt jedoch Schopenhauers Geringschätzung der Beschäftigungen, die sich mit den bildhaften Erscheinungen des Lebens befassen, zu übernehmen, warf Nietzsche sich zu deren Verteidiger auf. Er argumentierte: Wenn eine mystische Einsicht in die Wirklichkeit Menschen dazu führt, auf den Willen zum Leben zu verzichten, dann sollten wir aufhören, nach jener Einsicht zu streben und lieber an den gewöhnlichen Illusionen festhalten, die lebensfördernd sind. Die darstellenden Künste zum Beispiel entspringen einem weisen Willen zur Illusion, der uns die Übel des Lebens verschleiert und uns dadurch vor „einer buddhaistischen Verneinung des Willens" bewahrt (Abschnitt 7). Dasselbe gilt von den nachahmenden Abstraktionen des Denkens, die das Dasein fälschlicherweise als freundlich und vernünftig erscheinen lassen. Gäbe es nicht die nachahmenden Trugbilder der Logik, die wir durch Sokrates schätzen lernten, dann hätte möglicherweise ein „praktischer Pessimismus" inzwischen das Ende der Menschheit herbeigeführt (Abschnitt 15). Wenn das Leben Ausdruck eines Urverlangens nach spielerischer Illusion und vorgestellter Erscheinung ist, dringt man am besten nicht in die Geheimnisse derjenigen ein, die auf ein bewußtes Sehen der Welt als etwas, was sie nicht ist, verzichtet und sich dafür entschieden haben, sie willenlos als das zu sehen, was sie ist – selbst wenn unser intelligibles, kollektives Ich schließlich, von einem Standpunkt jenseits von Raum und Zeit, das Leben nur noch als ästhetisches Phänomen gerechtfertigt findet.

2. Anstatt wie Nietzsche die Illusion zu verherrlichen, suchten andere Schriftsteller in ihrer Auseinandersetzung mit Schopenhauer nach anderen Wegen, um den Status von Beschäftigungen, die er verunglimpft hatte, zu erhöhen. So argumentierte z. B. C. G. Jung, ein gewisser Typ des Psychologen verdiene – zusammen mit dem mystischen Philosophen, dem tragischen Künstler und dem Heiligen – als ein Mensch eingestuft zu werden, der nicht bloß empirische Erkenntnis, sondern visionäre Einsicht besitze. Jung gab zu, daß er Schopenhauers

Beschreibung der Welt als junger Mensch voll zustimmte;[5] und obwohl er mit Schopenhauers Pessimismus und manchen seiner methodischen Verfahren nicht einverstanden war, hielt er während seines ganzen Lebens an grundlegenden Lehren der ›Welt als Wille und Vorstellung‹ fest. Er war zum Beispiel ein Idealist, der Schopenhauer das Verdienst zuerkannte, die kosmogonische Würde des menschlichen Bewußtseins begriffen zu haben – eine Würde, die garantiert, daß zwischen der Psyche und der Struktur des Universums, das von ihr irgendwie geschaffen wird, eine Ähnlichkeit besteht (S. 384 f.). Eine welttragende, kosmogonische Bedeutung kommt jedoch nicht den individuellen Menschen zu. Nach Jung müssen wir begreifen, daß das Ich nicht nur etwas empirisch Erkennbares ist, sondern auch einen Aspekt des „Innen" verkörpert (S. 291): einen Aspekt, in dem wir alle das numerisch gleiche Ich sind. Dieses Ich – das „kollektive Unbewußte" – trägt die Welt und „projiziert" uns als Individuen in Raum und Zeit. Tatsächlich läßt sich die Welt mit einer Reihe von Projektionen oder Bildern vergleichen, die durch die Laterna magica des Bewußtseins auf den Spiegel des Raumes projiziert werden (S. 326). Die empirische Psychologie und andere Zweige der Naturwissenschaften beschränken sich auf die Untersuchung dieser Bildfragmente. Eine „visionäre" Form der Kunst enthüllt uns jedoch Aspekte der Archetypen, die in der Linse wohnen, wie die Kollektivseele. Und was von dieser Kunstform gilt, gilt auch von der „analytischen Psychologie" – Jungs Wissenschaft des Geistes. Indem er unterscheiden lernt zwischen dem, was im Leben eines Menschen von rein privater Bedeutung ist und dem, was universale Bedeutung hat, kann der Psychologe, so behauptet Jung, die metaphysischen Tiefen der Persönlichkeit ausloten und Einsicht in jene „synchronistischen" Phänomene gewinnen, die sich empirisch nicht erklären lassen, sondern vielmehr auf die Existenz eines transzendenten Ich hinweisen, das mit dem Ganzen von Raum und Zeit verbunden ist (S. 143).

Gewiß besteht zwischen diesen Ansichten und denen Schopenhauers so viel Ähnlichkeit, daß die Feststellung gerechtfertigt ist: Neben allen seinen sonstigen Zielen ging es Jung darum, für den Psychologen das Recht zu beanspruchen, sich als Genie neben den tragischen Künstler,

[5] C. G. Jung, Erinnerungen, Träume, Gedanken, aufgezeichnet und herausgegeben von Aniela Jaffé, 11. Aufl. Olten und Freiburg i. Br. 1981, S. 75.

den mystischen Philosophen und den Heiligen der ›Welt als Wille und Vorstellung‹ zu stellen.

3. Arnold Schönberg schrieb im Jahr 1912 einen kurzen Aufsatz über ›Das Verhältnis zum Text‹, der zum Manifest der abstrakten expressionistischen Schule der Wiener Malerei wurde.[6] Seine grundsätzlichen Argumente in bezug auf die Bedeutung und den Wert der Kunst gleichen in vieler Hinsicht denen, die Kandinsky in seiner Schrift ›Über das Geistige in der Kunst‹ (1911) entwickelte. Diese Argumente gehen offensichtlich auf Schopenhauer zurück; sie werden jedoch dazu verwendet, eine Analogie zwischen Musik und Malerei zu behaupten, die weit enger ist, als es die wohlwollendsten Bemerkungen Schopenhauers über die Möglichkeit einer nichtnachahmenden bildenden Kunst andeuten.

Schönberg meinte, die Musik sei ihrem Wesen nach eine Kunst, der „Stoffliches fehlt", und es sei grundsätzlich falsch, in ihren Tönen irgendeine Beziehung zu den Vorgängen und Gefühlen des Lebens zu suchen. Man sollte Musik einfach hören als ein Medium, das nichts abzubilden versucht. Hört man sie als eine Art von Tonmalerei, so schreibt man ihr einen begrifflichen, thesenartigen Gehalt zu; denn es gehört zum Wesen der Sprache und des Denkens, die Welt wahr oder falsch abzubilden. Das „reine Schauen" geht dann verloren. Man beginnt zu denken und zu interpretieren; dadurch wird etwas rein Intuitives in die wahren und falschen begrifflichen Abstraktionen der Sprache übertragen, deren Armut nur allzuleicht zu durchschauen ist. Die Fähigkeit reinen Schauens, unbeeinflußt von den Vorstellungen des Denkens, ist – wie Schopenhauer feststellte – eine äußerst seltene, aber wertvolle Rarität und nur bei hochstehenden Menschen anzutreffen. Schönberg gab zu, bei Liedern sei eine begriffliche Art der Auffassung kaum zu vermeiden; wenn man jedoch nicht an der „Oberfläche der eigentlichen Wortgedanken" haften bleibe, lasse sich der „wirkliche", intuitive Gehalt der Musik trotzdem erfassen in einer Sprache, die „die Vernunft nicht versteht".

Bei der Dichtung und anderen literarischen Künsten ist nach Schön-

[6] Arnold Schönberg, Das Verhältnis zum Text. In: Gesammelte Schriften I: Stil und Gedanke. Aufsätze zur Musik, hrsg. von Ivan Vojtech, Frankfurt a. M. 1976, S. 3–6.

berg eine „reine" Art der Auffassung unmöglich, denn diese sind an eine Art der Auffassung gebunden, die darstellend, also wahr oder falsch, und deshalb begrifflich ist. Dagegen gibt es bei der Malerei eine reine Art der Auffassung, ähnlich derjenigen, die für die Musik angemessen ist. Kandinsky und Kokoschka malen beispielsweise Bilder, deren objektive, bildhafte Themen nur Anlässe sind, um in Farben und Formen zu phantasieren und sich so auszudrücken, „wie sich bisher nur der Musiker ausdrückte". Was ihre Bilder zeigen (und hier hätte Schönberg durchaus auf die „Farbvisionen" hinweisen können, die er schon 1909 malte), ist etwas anderes als das, was sie darstellen. Dies gilt in der Tat für alle Malerei; denn es ist klar, daß die Ähnlichkeit etwa zwischen einem Porträt und seinem Vorbild mit seiner künstlerischen Wirkung nichts zu tun hat. Schon nach hundert Jahren kann keiner mehr diese Ähnlichkeit nachprüfen; die vorhandene oder fehlende Wirklichkeitsnähe eines Porträts ist daher etwas, mit dem wir uns weder beschäftigen können noch sollen. Wie die Welt ist oder war, ist für eine Beurteilung der künstlerischen Leistung gänzlich irrelevant. Wichtig ist der reine, intuitive Gehalt des Porträts, der sich ohne jede Beziehung zur Welt der Tatsachen betrachten läßt. Wenn Ähnlichkeit in irgendeinem Sinne wichtig ist, so nur in dem metaphysischen Sinne, daß ein Porträt „in einer höheren Wirklichkeit" seinem Schöpfer ähnlich sieht oder daß es, wie Schopenhauer von der Musik sagte, „das innere Wesen der Welt ausspricht".

Schönbergs knappes Manifest leistet für den Maler, was Jungs Thesen für den Psychologen leisten: Ein Beruf, den Schopenhauer häufig schmähte, da er nur empirische Bedeutung habe, erfährt eine Statuserhöhung, so daß er nun den gleichen Rang hat wie die Berufe des Genies. Würde man in dem Aufsatz Schönbergs die Darstellungen der Malerei durch die des Denkens und der Sprache ersetzen, so hätte man die Kernthesen eines anderen, nur wenige Jahre später entstandenen Wiener Manifestes: des ›Tractatus logico-philosophicus‹ (1918).

IV

Der ›Tractatus‹ enthält die Hauptelemente von Schopenhauers Metaphysik. Sein solipsistischer Idealismus erscheint hier ebenso, wie er auch im Werk Jungs erscheint. Zwischen dem Geist und der Welt besteht nach Wittgenstein eine Wechselbeziehung: Die „Grenzen“ der Sprache und des Denkens sind die „Grenzen“ der Welt. So „zeigt sich“, daß der Solipsismus wahr ist (5.62). Der Beweis dafür ist vermutlich, daß nur der Solipsismus erklären kann, warum „die Logik der Welt“ dieselbe ist wie die Logik der Sprache (6.22) und warum die Logik ein Spiegelbild der Welt ist (6.13). Wenn es kein metaphysisches Subjekt gäbe, könnten die Grenzen des Denkens und der Welt verschieden sein; es gäbe keine Gewähr dafür, daß zwischen der Psyche und der Welt eine Ähnlichkeit besteht. Dieses metaphysische Subjekt ist nicht Bestandteil der Welt, sondern es verhält sich zu ihr, wie ein Auge sich zu seinem Blickfeld verhält (5.633; 5.6331). In einem gewissen Sinne des Pronomens „Ich“ ist jeder das Auge dieses Welt-Subjekts, das von einem ausdehnungslosen Punkt an der Grenze von Raum und Zeit die Welt betrachtet (5.64). Daher ist der Solipsismus – die Unterscheidung zwischen dem empirischen und dem intelligiblen Ich vorausgesetzt – richtig. Die Welt existiert im Bewußtsein eines einzigen Subjekts. Wittgenstein akzeptiert auch Schopenhauers Darstellung dieses Subjekts als eines wollenden, nicht nur erkennenden Wesens. Es gibt einen transzendenten Willen (6.423).

Bei der Klassifizierung der Dinge, die im Blickfeld des Welt-Subjekts vorhanden sind, übernimmt Wittgenstein eine Version von Schopenhauers dreifacher Unterscheidung: a) ewige, aber immanente Realitäten, b) zufällige Erscheinungen, c) Abbilder von Erscheinungen.

Den Platonischen Ideen, die in ›Die Welt als Wille und Vorstellung‹ die Wirklichkeit ausmachen, entsprechen die „Gegenstände“ des ›Tractatus‹. Diese sind das Sein oder die Substanz der Welt (2.021) und geben ihr eine feste Form (2.023). Obgleich sie den Tatsachen immanent sind, haben sie keinen gewöhnlichen empirischen Rang. Sie sind sozusagen farblos (2.0232). Sie sind gewiß nicht Gegenstand irgendeiner empirischen Wissenschaft, und Wittgenstein gibt keine Beispiele, um ihr Wesen zu erläutern. Ihre Namen und zweifellos viele ihrer logischen Merkmale stammen von Frege.

Den Vorstellungen, die bei Schopenhauer die Welt des Werdens und der Erscheinungen ausmachen, entsprechen beim ›Tractatus‹ die „Tatsachen“. Sie sind in ihrer Gesamtheit die Welt (1.1), und sie sind Gegenstand der empirischen Wissenschaften. Beziehungen zwischen ihnen sind ebenso rein zufällig, wie es schon Schopenhauer behauptete. Es gibt keinen Kausalzusammenhang, der sie miteinander verbindet. Der Glaube an den Kausalnexus und an die Existenz von Naturgesetzen ist ein Aberglaube (5.1361; 6.371). Die Klarheit verlangt von uns das Eingeständnis, daß die Welt der Tatsachen völlig unerklärlich ist – eine Angelegenheit des reinen Schicksals (6.372).

Den sublimierten Abbildern des Denkens bei Schopenhauer entsprechen im ›Tractatus‹ die „Bilder". Diese sind Sätze und Gedanken, die Tatsachen darstellen (2.1; 3). Gleich am Anfang des ›Tractatus‹ – also noch bevor er sich Schopenhauers mystischen Solipsismus und dessen Ansichten über den Kausalzusammenhang und die Naturwissenschaften zu eigen macht – übernimmt Wittgenstein eine Version seiner Ontologie sowie seine Abbildungstheorien der Sprache und des Denkens. Der Einfluß Schopenhauers auf Wittgenstein war keineswegs verspätet oder peripher. Die mystischen, ethischen und ästhetischen Thesen am Schluß des ›Tractatus‹ sind nicht einem völlig andersartigen Gedankengang hastig angeklebt worden. Zweifellos war Wittgenstein für viele seiner technischen Lehrsätze in starkem Maße Frege und Russell verpflichtet; aber er stellte diese – im ganzen ›Tractatus‹ – in den metaphysischen Rahmen der ›Welt als Wille und Vorstellung‹.

Daß Wittgensteins Theorie der Sprache, seine Philosophie der Naturwissenschaften, seine Ontologie und sein Solipsismus durchweg Parallelen im Werk Schopenhauers haben, heißt natürlich nicht, daß Wittgenstein keinen eigenen selbständigen Standpunkt hat. Der ›Tractatus‹ ist in mancher Hinsicht eine Erwiderung auf ›Die Welt als Wille und Vorstellung‹. Zwei Streitpunkte, die wohl miteinander zusammenhängen, sind besonders bemerkenswert.

Die Welt, schreibt Wittgenstein, ist „meine Welt", aber sie ist unabhängig von „meinem Willen" (6.373). Es ist nur eine Gnade des Schicksals, wenn alles, was wir wünschen, geschieht (6.374). Zwischen Willen und Welt besteht weder ein logischer noch ein physischer Zusammenhang, und das gilt sowohl für die empirischen Willen in Individuen als auch für den transzendenten Willen im Welt-Subjekt. Dieses Subjekt ist eine Grenze der Welt, aber seine Willensäußerungen können nur Dinge verändern, die ihm ähnlich sind (die Grenzen der Welt), nicht die Tatsachen, die die Welt ausmachen (6.43). Deshalb verwirft Wittgenstein Schopenhauers Darstellung der Erscheinungswelt als Äußerung des

Willens. Was wir sehen, ist nicht ein Reich illusorischer Vorstellungen, und deshalb ist die Welt der Tatsachen nicht Schein, sondern Wirklichkeit (2.06). In dieser Aussage wollte man einen Beweis dafür sehen, daß zwischen dem Standpunkt Wittgensteins und dem Schopenhauers keinerlei Beziehung bestehe;[7] aber die Tatsache, daß zwei Menschen entgegengesetzte Auffassungen vertreten, beweist keineswegs, daß sie einander nie begegnet sind. Der wirkliche, nichtillusorische Rang der Welt im ›Tractatus‹ ergibt sich schlicht daraus, daß Wittgenstein dem Willen Schopenhauers keine vorstellende, die Welt hervorbringende Kraft zuerkennt.

Weil die Welt für Wittgenstein keine Ansammlung illusorischer Vorstellungen ist, verwirft er auch Schopenhauers Auffassung, daß die Tatsachen des Lebens geheimnisvolle Rätsel seien, die nach einer Deutung verlangten. Wittgenstein erklärt: „*Das Rätsel* gibt es nicht" (6.5). Das Leben ist kein Reich wunderlicher Tintenkleckse, aus denen wir gemacht haben, was wir wollen und die deshalb einen verborgenen Sinn oder eine unaussprechliche Botschaft enthalten, die entziffert werden muß. Alle Tatsachen haben keinerlei Wert und keinerlei Bedeutung. Der Sinn der Welt liegt außerhalb der Welt (6.41). In der Welt geschieht alles auf unerklärliche und zufällige Weise, ohne Sinn und ohne auf die Hauptbeschäftigungen des Welt-Subjekts hinzuweisen. Da – wie sowohl Kant als auch Schopenhauer meinten – das einzige, was an sich böse oder gut ist, der böse oder gute Wille ist, und da alles Wollen in der Welt keinen Ausdruck findet, ergibt sich: Alle Werte liegen außerhalb der Welt und lassen sich nicht aussprechen in einer Sprache, die nur Tatsachen abbildet und die außerdem selbst eine Ansammlung wertloser Tatsachen ist (3.13; 3.142). Es gibt daher keine Sätze der Ethik oder Ästhetik (6.42; 6.421). Tatsachen, auch die der Sprache, können nichts „Höheres" ausdrücken (6.42).

Der zweite bemerkenswerte Unterschied zwischen Wittgenstein und Schopenhauer betrifft ihre Ansichten darüber, wie die Sprache ihre bildhaften Fähigkeiten erlangt. Für Schopenhauer waren Sätze und Gedanken Bilder mit einem niedrigeren ontologischen Rang als ihr Gegenstand. So waren Begriffe nach seiner Auffassung *universalia post rem,*

[7] B. F. McGuinness, The Mysticism of the Tractatus. In: Philosphical Review 75 (1966), S. 305–328.

die *universalia in re* nachahmen. Wittgenstein vertritt einen ganz anderen Standpunkt. Er übernimmt den Begriffs-Realismus Freges. Sätze und Gedanken sind Bilder von Tatsachen (2.1), betont er; aber ein sprachliches Bild ist auch ein Modell der Wirklichkeit (2.12; 4.01). Seine bildhaften Fähigkeiten stammen von seinem Status als Modell, und dieser Status gibt ihm einen ontologischen Rang, der ebenso hoch (nicht niedriger) ist wie derjenige der Tatsachen, die es abbildet. Jeder Satz und jeder Gedanke ist eine Tatsache (2.141) – ein Argument, das die schwierige Frage aufwirft, wie im ›Tractatus‹ die Sprache zu unterscheiden ist von dem, was sie darstellt.

Wittgenstein entwickelt seine Auffassung, indem er Schopenhauers Erklärung, wie die „allgemeine Sprache" der Musik ihre Ausdruckskraft gewinnt, modifiziert. Er geht aus von der Behauptung, daß die „Namen" der Sprache den „Gegenständen", die die ewige Substanz der Welt ausmachen, jeweils genau entsprechen. Sie erhalten ihre Bedeutung sozusagen nicht von den Tatsachen des Werdens, sondern von den Elementen des Seins (2.13; 2.131). Grundlage der Begriffsbildung ist also nicht die empirische Erfahrung, wie Schopenhauer behauptete. Um die Begriffe der Logik zu verstehen, müssen wir begreifen, was Schopenhauer das Was nannte, nicht was er das Wie nannte (5.552). Das Warum, das Wann und das Wozu des Lebens geben uns nicht das Verständnis, das wir zum Benutzen der Alltagssprache brauchen. Die Logik ist – wie die Musik bei Schopenhauer – *vor* jeder empirischen Erfahrung. Weil „Namen" der Substanz der Welt entsprechen, ist die Struktur der Sätze, die wir mit ihnen bilden, die gleiche wie die Struktur der Tatsachen, die diesen durch „Gegenstände" auferlegt wird. So ist die Logik der Sprache die gleiche wie „die Logik der Welt" (6.22). Ja, man könnte von den „Namen" der Sprache sagen, was Schopenhauer von den Elementen der Musik sagte: daß die Form der Welt ebensosehr von ihnen bestimmt wird wie von den „Gegenständen", denen sie entsprechen. Die Frage, wie ein „Gegenstand" und sein „Name" sich unterscheiden, ist ebenso schwer zu beantworten wie die, was einen Satz von der durch ihn abgebildeten Tatsache unterscheidet. Die „weltspiegelnde" Logik der Sprache ist für Wittgenstein das, was für Schopenhauer die Musik war: eine zweite, unabhängige Welt, welche die erste widerspiegelt (5.511). Das beste Beispiel dieser spiegelbildlichen Beziehung ist die Beziehung zwischen der Sprache einer Partitur und der „Sprache" einer Grammophonplatte (4.0141). Wie Schallplatte und Partitur „Sprachen" sind, die sich ineinander übersetzen lassen, so spiegeln die Form der Sprache und die Form der Welt einander wider (4.014). Eine Schallplatte läßt sich aus einer Partitur rekonstruieren und umgekehrt eine Partitur aus einer Schallplatte. In ähnlicher Weise ließe sich die Welt ebenso leicht aus der Sprache rekonstruieren wie die Sprache aus der Welt. Beide haben den gleichen Rang. Ja, sie sind in gewissem Sinne eins (4.014). Die Welt der Tatsachen im ›Tractatus‹ ist ebensosehr eine Sprache mit ihrer eigenen Logik und Grammatik wie die Sprache selbst ein System von Tatsachen ist. Wie Schopenhauer die Universalität und die unmittelbare Verständlichkeit der Musik erklärte, indem er sagte, die Welt sei gleichsam verkörperte Musik, so behauptet Wittgenstein, die Welt (eine Schallplatte) sei gleichsam verkörperte Sprache (eine Partitur). Es sind analoge Schöpfungen von gleichem ontologischem Rang.

Der ›Tractatus‹ leistet für eine gewisse Verwendung der Sprache, was die Aufsätze Schönbergs und Kandinskys für die Malerei leisten. In jedem Fall erhält ein vermeintlich sekundäres, abbildendes Medium den „höheren" Rang der „allgemeinen Sprache" Schopenhauers, der Musik. Was in der ›Welt als Wille und Vorstellung‹ gewöhnlich oder ausschließlich Erscheinungen nachahmte, wird bei Wittgenstein zu einem Medium der Intuition des Genies. Daß Wittgenstein der gewöhnlichen Sprache diesen außergewöhnlichen Rang geben wollte, beweist der Umstand, daß er die Logik als eine transzendentale Disziplin ansieht. Man könnte vermuten, es gehe ihm darum, die Verständlichkeit der Logik zu verteidigen; das ist jedoch offensichtlich nicht der Fall. Für Schopenhauer war die begriffliche Klarheit der Logik ein Kennzeichen ihres niedrigen Status; und wenn Wittgenstein ihren Rang erhöht, betont er dabei unablässig, daß ihre Bedeutung weder ausgesprochen noch gedacht werden könne. Der Logiker benutzt zwar Sätze und Gedanken, die ein Abbild der Welt sind und, in richtiger oder falscher Weise, etwas Verständliches über sie aussagen. Aber er interessiert sich für dieses zufällige Merkmal seines Mediums ebensowenig, wie der wahre Maler (nach Schönberg und Kandinsky) sich für die Abbildungsqualität seines Mediums interessiert. Der Logiker befaßt sich überhaupt nicht damit, die Sprache mit der Welt zu vergleichen. Wahrheit und Falschheit sind für sein Werk ebenso irrelevant wie für das Werk des Malers und des

Musikers. Der Standpunkt des Logikers und der des Künstlers ist der gleiche: Beide ignorieren die gegenständlichen Merkmale eines abbildenden Mediums, um etwas „Höheres" zu zeigen. Der Logiker konzentriert sich auf die Sprache als ein unabhängiges Modell – nicht ein Abbild – der Welt. Wenn wir denken oder sprechen, stellen wir gleichsam probeweise eine Sachlage zusammen (2.202; 4.031). Wir schaffen ein Modell, wie die Wirklichkeit sein könnte; dieses Modell „stellt" das „Bestehen und Nichtbestehen" eines Sachverhaltes „vor" (2.11; 4.0311). Zwei entgegengesetzte Möglichkeiten werden gezeigt oder dargestellt. Würde das, was man den positiven Aspekt des vom Modell vorgestellten Sachverhaltes nennen könnte, rein zufällig in der Welt durch ein Beispiel belegt (abgesehen von dem Modell selbst), dann würde dem Satz ein Stück der Wirklichkeit entsprechen und das Ergebnis wäre ein wahrer Satz. Würde eben dieser Aspekt nicht durch ein Beispiel in der Welt belegt, dann würde dem Satz kein Stück der Wirklichkeit entsprechen und das Ergebnis wäre ein falscher Satz. Deshalb ist es nur ein zufälliges, kein (wie Schopenhauer meinte) notwendiges Merkmal der Sprache, daß sie darstellt, was existiert oder existiert hat. Die Sprache ist ebenso völlig unabhängig von der Welt wie die Musik.

Da ein Satz als Modell eine doppelte Möglichkeit vorstellt, als Bild aber nur richtig oder falsch (nicht beides zugleich) abbilden kann, muß man unterscheiden zwischen dem Vorstellen auf der einen und dem Abbilden, Sagen oder Denken auf der anderen Seite. Ein Modell einer doppelten Möglichkeit erhebt keine Ansprüche und ist weder wahr noch falsch. Es zeigt einfach, was möglich ist. Ein Bild in Form eines Lehrsatzes erhebt jedoch einen Anspruch und ist wahr oder falsch. Ein Satz stellt also einerseits vor oder „zeigt", andererseits bildet er ab oder „sagt". Was er zeigt, ist jedoch nicht identisch mit dem, was er sagt. Sagen hat gewissermaßen einen Sinn; es richtet sich auf die Welt. Zeigen hat keinen Sinn und richtet sich nicht auf die Welt. Es sind ganz verschiedene Tätigkeiten, die jedoch oft miteinander verwechselt werden; deshalb gehört es zu den Hauptaufgaben der Philosophie, zwischen dem denkbaren Sagen und dem undenkbaren Zeigen klar zu unterscheiden (4.114).

Stenius sagt vom ›Tractatus‹, ein Satz stelle einen Prototyp dar und wenn er wahr sei, bilde er ihn auch ab; wenn er jedoch falsch sei, bilde er etwas anderes – eine andere Sachlage als die wirkliche – ab.[8] Dies kann kaum eine richtige Interpretation sein. Was ein Satz „vorstellt“ oder „zeigt“, ist eine zweipolige Möglichkeit: ein Sachverhalt, der isomorph ist mit dem zweipoligen – möglicherweise wahren, möglicherweise falschen – Satz. Was „abgebildet“ oder „ausgedrückt“ wird, ist ein Bestandteil der realen Welt: eine positive oder negative Tatsache. Würden wahre Sätze ausdrücken, was sie vorstellen, dann könnte man sagen oder denken, was gezeigt werden kann. Aber was gezeigt (vorgestellt) werden kann, kann nicht gesagt (ausgedrückt) werden (4.1212). Überdies, würde ein wahrer Satz ausdrücken, was er vorstellt, dann würde er sowohl das Bestehen als auch das Nichtbestehen eines Sachverhalts ausdrücken, und das würde ihn jedes legitimen Wahrheitswertes berauben; denn er wäre wahr, wie immer auch die Welt beschaffen wäre. Ein Satz als Bild bezieht sich auf die Welt, nicht auf eine Möglichkeit, und er ist wahr oder falsch. Abbilden ist daher eine rein empirische Beziehung zwischen Sprache und Welt. Es kann nichts Höheres ausdrücken (6.42). Ein Satz als Modell ist eigenständig und bezieht sich überhaupt nicht auf die Welt – obwohl er (falls jemand sich dafür interessiert) zeigt, wie die Welt sein könnte. Er ist ferner weder wahr noch falsch. Zeigen ist daher keine empirische Beziehung. Es verbindet die Sprache mit dem, was höher ist. Man sollte hier an Schönbergs Auffassung denken, daß die Tatsachenfrage, ob ein Porträt einen Menschen genau abbildet, völlig irrelevant ist für die kritische Frage, was es andeutet oder wem es „in einer höheren Wirklichkeit“ ähnlich sieht. So wie es ein ästhetischer Irrtum ist, bei einem Bild Genauigkeit mit künstlerischem Wert zu verwechseln, sieht Wittgenstein einen philosophischen Irrtum darin, wenn das, was ein Satz sagt, verwechselt wird mit dem, was er zeigt. Philosophie ist für Wittgenstein, was eine vernünftige Ästhetik für Schönberg ist: sie sichert die Auffassung, daß wahres oder falsches Abbilden (Sagen) niemals dasselbe ist wie Andeuten oder Enthüllen (Zeigen).

Ein Ort, an dem die Grenzen zwischen Sagen und Zeigen deutlich werden, ist die Unterscheidung zwischen den Naturwissenschaften und der Logik. Der Naturwissenschaftler versucht, ein System von Bildern zu konstruieren, die wahre Sätze über die Welt sind (4.11). Der Logiker hingegen sagt nichts (6.11). Sein System modellartiger Sätze der Logik

[8] Erik Stenius, Wittgenstein's Tractatus, Oxford 1960, S. 98f.

sind Tautologien (6.1), die keine Lehre sind (6.13), keine Ansprüche erheben und keine Gedanken ausdrücken (6.21). Sie sind Weisen, um etwas zu zeigen, was existieren würde, selbst wenn die Welt völlig anders wäre als der Naturwissenschaftler sie ganz richtig beschreibt. Deshalb verwendet der Logiker die Sprache, um etwas „Höheres", das nicht gesagt oder gedacht werden kann, auszudrücken, anzudeuten, zu enthüllen oder zu zeigen. Das Werk des Logikers läßt sich durchaus vergleichen mit dem intuitiven, aber unaussprechlichen Werk des abstrakten Malers bei Schönberg und des mystischen Heiligen, des Musikers und des Philosophen der ›Welt als Wille und Vorstellung‹. Die Ethik, die Ästhetik, die Philosophie und die Logik sind gleichermaßen transzendental. Deshalb ist der Logiker ein Genie und ein passender Weggefährte für Schopenhauers Trias intuitiver Helden.

Falls jemand einwendet, der ›Tractatus‹ versuche selbst, Dinge zu sagen, die nach seiner eigenen Aussage nur gezeigt werden können, dann sollte er verstehen, daß die Sätze des ›Tractatus‹ mit den Sprossen von Schopenhauers Bücher-Leiter zu vergleichen sind – der Leser muß über sie hinaussteigen und sie wegwerfen, sobald er in der Lage ist, die Welt richtig zu sehen (6.54).[9] Der Logiker bleibt ein vierter Weggefährte der Intuition; er ist hoch erhaben über alle weltlichen und tatsächlichen Beziehungen der Sprache, die er verwendet. Er betrachtet das wesentliche Was, nicht das zufällige Wie der Dinge.

Da er dieselbe Stellung innehat wie andere Menschen der Intuition, kann der Logiker zur Lösung der Grundprobleme des Lebens beitragen. Für Schopenhauer war eine quietistische Gleichgültigkeit gegenüber der ganzen Welt der Erscheinungen unerläßlich, um das Erkennen von seinen trügerischen Neigungen zu befreien. Der Quietismus ist deshalb der Schlüssel zur Klarheit über Probleme wie den Sinn des Lebens, unser Verhältnis zur Welt, die Bedeutung des Todes und die Unterscheidung zwischen Recht und Unrecht. Aber die Klarheit, die aus der Gleichgültigkeit gegenüber der Welt resultiert, liefert uns keine exakten Antworten auf die Fragen, die zu stellen ein Interesse an der

[9] In seinem ›A Companion to Wittgenstein's Tractatus‹, Ithaca, N. Y. 1964, S. 377, erwähnt Max Black, daß die Leiter-Metapher Wittgensteins sich sowohl bei Mauthner als auch bei Sextus Empiricus findet; er weist jedoch nicht darauf hin, daß sie fast mit Sicherheit aus Schopenhauers ›Welt als Wille und Vorstellung‹ [II, 87] stammt.

Welt uns veranlaßt. Diese Fragen werden wahrscheinlich dann verschwinden, wenn wir gegenüber ihrem Ursprung gleichgültig werden. Darum ist die „Antwort“ auf die Lebensfragen identisch mit dem Unterdrücken des Bedürfnisses, sie zu stellen. Das Genie läßt seine subjektiven Interessen und Wünsche ganz aus den Augen, ja es entäußert sich sogar eine Zeitlang seiner empirischen Persönlichkeit völlig (I, 218f.) und hebt dadurch sein Leiden und seine Not auf (II, 424). Es lernt auch, daß die quälende Frage nach dem Zweck des Lebens ohne Antwort bleiben muß, denn der Wille ist stets ohne Ziel (I, 194f.). Wittgenstein übernahm weder Schopenhauers Definition der Welt als Wille noch seine Auffassung, daß wir Schwierigkeiten mit dem richtigen Erkennen haben; aber er übernahm Schopenhauers Quietismus. Der Sinn der Welt und alle Werte liegen außerhalb der Welt (6.41). Klarheit darüber gewinnt man, wenn man gegenüber der Frage, wie die Welt ist, gleichgültig wird und den Standpunkt des Welt-Subjekts einnimmt, das sich in der Welt überhaupt nicht offenbart (6.432). Der Logiker mit seiner Gleichgültigkeit gegenüber allen Tatsachen, gegenüber aller Wahrheit und gegenüber allem Irrtum (gegenüber allen bloßen Zufällen des Lebens und ihren Abbildern) ist ein Beispiel für die quietistische Haltung, die denjenigen Klarheit bringt, die nach langem Zweifeln eine unaussprechliche, nicht mitteilbare Antwort auf ihre geistigen Fragen nach dem Sinn des Lebens gefunden haben: sie sehen sie verschwinden (6.521). Seine Welt – wie die Welt, die Schopenhauers Genie sieht und bewohnt – wird überhaupt eine andere, indem sie als Ganzes abnimmt und zunimmt (6.43). Der Logiker ist das eine, reine, wissende Weltauge Schopenhauers, das in seiner Loslösung von allem Geschehen und So-Sein endlich eine quietistische Weisheit gefunden hat. Die Logik ist eine geistige Disziplin. Sie ist auch das Medium des Genies; denn sie ist das reine Spiegelbild der Welt – der „große Spiegel“ von allem, was der Fall ist (5.511). Wie die Ethik, die Ästhetik und die Philosophie lehrt sie uns, die Welt *sub specie aeterni,* d. h. „als begrenztes Ganzes“ zu betrachten (6.45).

Daß der ›Tractatus‹ eine Abhandlung über Logik ist, die mit Bemerkungen über Ethik, Ästhetik und das Mystische schließt, ist kein unlogisches Kuriosum. Wittgensteins Buch will den Logiker neben den Heiligen, den tragischen Künstler und den mystischen Philosophen stellen. Seine zwei auffallenden Abweichungen von der ›Welt als Wille und Vorstellung‹ dienen beide diesem Ziel. Das ist offenkundig, wenn Wittgenstein der Sprache den gleichen Rang zuerkennt wie der Musik; es ist weniger offensichtlich, aber trotzdem wichtig, wenn er die Definition der Welt als Wille ablehnt. Soll die Logik eine geistige Disziplin sein, deren quietistische Lehren bei der Lösung der Lebensprobleme helfen, dann muß Raum bleiben für eine intellektuelle, nicht nur erkenntnistheoretische Lösung der quälenden Zweifel derjenigen, die sich über den Sinn ihres Lebens im unklaren sind. In einer vom Willen beherrschten Welt aber ist für eine solche Lösung kein Raum. Das Grundproblem, dem wir gegenüberstehen, war für Schopenhauer ein Erkenntnisproblem. Wir müssen uns von der Neigung befreien, alles vorstellend zu sehen. Wenn das Problem jedoch mit der Erkenntnis zusammenhängt, muß dies auch für seine Lösung gelten. Deshalb argumentierte Schopenhauer, das Denken (in jeder Form) sei für das Werk des intuitiven Menschen irrelevant. Um Platz zu schaffen für den Logiker als einen vierten Helden der Intuition, war Wittgenstein praktisch gezwungen, Schopenhauers Beurteilung des vorliegenden Problems abzuändern. Er tat das, indem er erklärte, alle Zusammenhänge und alle Notwendigkeiten seien logische Zusammenhänge und logische Notwendigkeiten (6.37). Daraus ergibt sich unmittelbar, daß die Welt vom Willen ebenso unabhängig ist wie ihre Teile voneinander unabhängig sind. „Ich wünsche, daß x der Fall sei" zieht nicht nach sich: „x ist der Fall." Da die Welt unabhängig von einem vorstellenden Betrachter ist, stellt uns die Welt keine Erkenntnisprobleme, und der Logiker kann seine mystischen Forderungen nach einer intellektuellen, wenn auch immer noch unaussprechlichen Beschäftigung stellen. Der ›Tractatus‹ hätte auch den Titel tragen können „Über das Geistige in der Logik". Es gibt keinen Unterschied zwischen Logik, Ethik und Kunst.

V

Man hat den ›Tractatus‹ oft als ein Werk bewertet, das durch eine Diskrepanz der Standpunkte und des Stoffes gekennzeichnet sei. Die Ungerechtigkeit dieses Urteils wird kaum korrigiert, wenn man – wie Janik und Toulmin es tun – behauptet, die Diskrepanzen des Werkes seien gerade das Wesentliche. Eine angemessene Verteidigung muß aufzeigen, daß es zwischen den Teilen des Buches Zusammenhänge gibt. Weil diese Teile jedoch ein Schema aufweisen, das wahrscheinlich vielen fremd ist, muß man auch die Ähnlichkeiten herausstellen, die zwischen den Zielen Wittgensteins und denen anderer Schriftsteller bestehen. Nur wenn man die organischen Beziehungen des ›Tractatus‹ zu anderen bedeutenden Werken der damaligen Epoche erkennt, wird man seine eigene organische Einheitlichkeit erkennen. Daher habe ich versucht, die beiden Seiten einer (wie ich glaube) angemessenen Betrachtungsweise des ›Tractatus‹ zu skizzieren.

Diese Betrachtungsweise gibt zwei offenkundige Tatsachen zu: daß Wittgenstein durch den logischen und begrifflichen Realismus Freges beeinflußt war und daß er zugleich einige der mystischen Ansichten Schopenhauers teilte. Sie liest jedoch in den ›Tractatus‹ keine unzusammenhängende Zweiteilung zwischen logischen und mystisch-ethischen Gegenständen hinein, die nicht vorhanden ist. Vielmehr bringt sie den – um mit Janik und Toulmin zu sprechen – „Logiker" Wittgenstein mit dem „Ethiker" Wittgenstein in Einklang, indem sie feststellt, daß seine Abhandlung sowohl in der Stimmung als auch in der Gedankenführung ein Werk des Findesiècle ist, das – befrachtet mit schweren, überall sichtbaren Verpflichtungen gegenüber Schopenhauer – für die Logik und die Sprache zu tun versucht, was andere Werke mit ähnlichen Verpflichtungen für andere Berufe und andere Medien zu tun versuchten. Die wahren geistigen Verwandten des ›Tractatus‹ sind nicht von moralischem Ringen erfüllte Werke wie Kierkegaards ›Entweder – Oder‹ und Tolstois ›Anna Karenina‹ (wie Janik und Toulmin vermuten), sondern Werke wie Nietzsches ›Die Geburt der Tragödie‹, Jungs ›Das Seelenproblem des modernen Menschen‹[10], Schönbergs ›Stil und Gedanke‹ und Kandinskys ›Über das Geistige in der Kunst‹. Dies mag eine ungewöhnliche Zusammenstellung von Büchern sein; aber erst wenn ihre Verwandtschaft erkannt ist, wird – so meine ich – das lange Rätselraten über den ›Tractatus‹ aufhören. Das Werk Wittgensteins ist keine plumpe Gegenüberstellung von logischem Realismus einerseits und ethischem und ästhetischem Mystizismus andererseits. Ebenso-

[10] [Zuerst veröffentlicht in: Europäische Revue 4 (1928), S. 700–715. Abgedruckt in: C. G. Jung, Gesammelte Werke X: Zivilisation im Übergang, Olten und Freiburg i. Br. 1974, S. 91–113. Anm. d. Übers.]

wenig fordert hier ein moralischer Aktivismus und Existentialismus deren Trennung. Der ›Tractatus‹ ist schlicht eine dem Fin de siècle angehörende Darstellung des Logikers als Genie.

III. BEISPIELE HEUTIGER SCHOPENHAUER-REZEPTION

Max Horkheimer, Sozialphilosophische Studien. Aufsätze, Reden und Vorträge 1930–1972. Frankfurt a. M.: Athenäum Fischer Taschenbuchverlag 1972, S. 145–155.

SCHOPENHAUERS DENKEN IM VERHÄLTNIS ZU WISSENSCHAFT UND RELIGION

Von Max Horkheimer

In der Geschichte der Neueren Philosophie gilt Schopenhauers Werk als Muster des Pessimismus.

> ... wer würde im Leben, wie es ist, ausharren, wenn der Tod minder schrecklich wäre? – Und wer könnte auch nur den Gedanken des Todes ertragen, wenn das Leben eine Freude wäre! So aber hat jener immer noch das Gute, das Ende des Lebens zu sein, und wir trösten uns über die Leiden des Lebens mit dem Tode, und über den Tod mit den Leiden des Lebens. Die Wahrheit ist, daß beide unzertrennlich zusammengehören, indem sie ein Irrsal ausmachen, von welchem zurückzukommen so schwer wie wünschenswert ist.[1]

heißt es im zweiten Band seines Hauptwerks, und er zitiert Voltaire: «le bonheur n'est qu'un rêve, et la douleur est réelle». Er erklärt, „daß Tausende in Glück und Wonne gelebt hätten, höbe ja nie die Angst und Todesmarter eines Einzigen auf; und ebensowenig macht mein gegenwärtiges Wohlsein meine früheren Leiden ungeschehen"[2]. Das Christentum, mit dem er sich weitgehend einig wähnte, „da ... in den Evangelien Welt und Übel beinahe als synonyme Ausdrücke gebraucht werden", hätte zumindest bis ins 18. Jahrhundert, ja noch in der Gegenwart manches hinzugefügt, nicht zuletzt den Gedanken an Himmel und Hölle, an das Einzelschicksal im Jenseits. Selbst christliche Opfer des römischen Sadismus verstanden, wie der Historiker Harnack ausführt, den eigenen Tod unter der Folter in der Arena als kurzen, wenn auch qualvollen Weg in die ewige Seligkeit. Das vom Bewußtsein eigener Schuld durchdrungende Leben wahrhaft religiöser Menschen hatte den Sinn, der heute in Frage steht. Selbst Schopenhauers psychologische

[1] Schopenhauer, Sämtliche Werke, ed. Grisebach, Leipzig o. J., Bd. II, S. 677f.

[2] A. a. O., S. 678.

Deutung ist zweifelhaft. Der Trost über den eigenen Tod stammt nicht allein aus dem Leiden im Leben, so wenig wie der über das Leiden allein aus dem Tod, wenn ohne ihn das Glück auch schließlich erlöschen müßte. Noch fragwürdiger ist Metaphysik, deute sie das Jenseits, das Ansich als ein Positives, das Gute, oder als ein Negatives, das Schlechte und das Nichts. Menschliches Denken vermag die Tatsachen der Wahrnehmung zu ordnen, nicht über sie hinauszugehen, es sei denn als die aus dem Theologischen stammende Sehnsucht nach einem anderen als diese Welt. Der Begriff von übermächtigen Wesen, sei es in der Einzahl oder Mehrzahl, ist nicht subjektiver als der des Nichts.

Etwa bis zur Renaissance, ja für manche soziale Gruppen noch bis ins 19. Jahrhundert hinein, war der allmächtige und allgütige Gott, die Verbindlichkeit seiner Gebote, nicht weniger gewiß und realistisch denn physikalische und chemische Theorien heute. Wer die Erschaffung der Welt gemäß der Bibel leugnete, galt nicht als Ketzer allein, sondern als geistig beschädigt. Die Idee des Lebens als Diesseits schließt den Gedanken ans Jenseits ein. Ihn zu beweisen, seit Religion durch Wissenschaft erschüttert war, hat psychisch wie sozial ein Hauptmotiv gebildet, Philosophie in westlicher Zivilisation fortzusetzen. Noch ist Verwaltung nicht so umfassend wie es in Zukunft, falls Katastrophen den Prozeß nicht vereiteln, der Fall sein wird. Philosophie in der Neueren Zeit hat weitgehend die gesellschaftliche Funktion geübt, durch Gottesbeweise den Gedanken an Belohnung und Bestrafung nach dem Tod und damit den inneren Antrieb zu sozial erforderlichem Handeln mit dem wissenschaftlich-technischen Fortschritt zu versöhnen. Die Aufgabe ist immer schwieriger, zuletzt unlösbar geworden. Schon bei Descartes setzt die scharfsinnige Überlegung bei dem Rückgriff auf das Argument für Gottes Dasein aus. Er meint, gäbe es kein Vollkommenes, Höchstes entsprechend der in mir lebendigen Vorstellung, so könnte sie nicht in meinem Geiste sein, denn die Ursache sei nie schwächer als die Wirkung. Im Gegensatz zu Kant gehört bei ihm das Dasein zur Vollkommenheit. Daß ich Gott zu ›denken vermag, garantiere die Gewißheit seiner Existenz. Die Dürftigkeit der protheistischen Demonstrationen selbst bei großen philosophischen Denkern ist in späteren Jahrhunderten zur Regel geworden. John Locke, der Vater des Empiriokritizismus, kehrt zum kosmologischen Gottesbeweis zurück. Leibniz, der Rationalist, erklärt die Idee eines höchsten Wesens als der

Vernunft immanent wie die logischen Gesetze, ohne deren Beachtung wahre Besinnung nicht möglich ist. Selbst Kant, der geniale Kritiker der üblichen Gottesbeweise, bildet keine Ausnahme. Aus dem kategorischen Imperativ wird die Gewißheit eines höchsten Wesens postuliert, während doch im Hinblick auf das Grauen in Vergangenheit und Gegenwart die Behauptung, jedem menschlichen Subjekt sei Achtung des Nächsten als ein inneres Gesetz zu eigen, nicht weniger unerweisbar scheint als die monotheistische Lehre vom Ewigen.

Hatte in der Philosophie wie in der Religion die Überzeugung vom Wirken überirdischer Gerechtigkeit eine letztlich optimistische Gesinnung verbürgt, so war, trotz seines Atheismus, Schopenhauer nicht bloß Pessimist. Mit christlicher Theologie verband ihn neben der gemeinsamen These von der Erde als Jammertal auch die Idee eines den Tod überdauernden gerechten Schicksals der Einzelseele. Die Wiedergeburt zur leidvollen Existenz wie andererseits die Rückkehr in die absolute Einheit, so lehrt er, seien der moralischen Substanz des Individuums, seinem Maß an Mitleid und Mitfreude oder seinem Haß in diesem Leben angemessen. Solche Verheißung entsprach in neuer, mehr rationaler Weise dem Bedürfnis nach der ewigen Gerechtigkeit, deren steigende Bezweiflung, ja deren Verneinung in der Gegenwart die Malaise der jüngeren wie der älteren Generation unbewußt mitbedingt. Schuldloses Leiden, Triumph des Bösen, alle Greuel der Jahrtausende werden somit in keiner Ewigkeit aufgewogen. Mögen Empörung und Befriedigung, ja der Begriff von Recht und Unrecht als Reaktion auf bestimmte Ereignisse geschichtlich ererbt, durch psychologische und soziale Entwicklung einverleibt sein, die Vorstellung der Endgültigkeit irdischen Geschehens widerspricht dem noch wahrhaft fühlenden Menschen in der Gegenwart.

Bei allem Verständnis für Wissenschaft, das Instrument praktischer wie intellektueller Aktivität, gilt es, den Gedanken an ein Transzendentes, Unbedingtes zu bewahren, nicht als Dogma, sondern als ein die Menschen verbindendes geistiges Motiv. Es gehört zu den nicht ganz verblaßten kulturellen Momenten, die jedoch aufs schwerste gefährdet sind. Die Auflösung der Familie, der Rückgang wahrer Autorität, nicht zuletzt die Vernachlässigung längst notwendiger Reformen des Unterrichts in Schulen und Hochschulen sind nur einige der Gründe, die der Entfaltung des einzelnen entgegenstehen. Die Problematik war

Schopenhauer bereits bekannt. Wenngleich die Gewißheit eines positiv Absoluten, Göttlichen zu Recht ihm als problematisch erschien, so hat er die sozio-psychologische Dynamik religiöser und säkularer Bekenntnisse doch eingehend erörtert. Man denke an das Verhältnis von Religion und Treue zur Heimat. Sofern die Liebe zum eigenen Volk nicht in Nationalismus, schlechten Patriotismus, in Haß gegen andere Gruppen umschlägt, erfüllt sie, nach Schopenhauer, weitgehend eine metaphysisch begründete, ethische Funktion. Die Nation pflegt den einzelnen zu überdauern, ja sein Ende gewissermaßen aufzuheben; er hat so viel mit seinen Mitbürgern gemeinsam, Sprache, Gebräuche, Stolz und Minderwertigkeitsgefühl je nach dem Schicksal des Kollektivs, daß er bei allen Unterschieden dem Instinkt nach mit der Heimat eins ist. „Wer für sein Vaterland in den Tod geht", heißt es in der ›Preisschrift über die Grundlage der Moral‹[3],

> ist von der Täuschung frei geworden, welche das Dasein auf die eigene Person beschränkt; er dehnt sein eigenes Wesen auf seine Landsleute aus, in denen er fortlebt, ja, auf die kommenden Geschlechter derselben, für welche er wirkt; – wobei er den Tod betrachtet wie das Winken der Augen, welches das Sehn nicht unterbricht.

Wäre solche Gesinnung für die Juden seit Jahrtausenden nicht bestimmend gewesen, so hätten sie als Volk nicht überlebt. In der Bibel gibt es Stellen, die an den einzelnen und an das Volk zugleich gerichtet sind; die Differenz wird aufgehoben. Man denke ans Gebot der Nächstenliebe: „Und wenn bei dir weilet ein Fremdling in euerem Lande, sollt ihr ihn nicht drücken. Wie der Eingeborene unter euch sei euch der Fremdling, der bei euch weilet, und du sollst ihn lieben wie dich selbst."[4] Daß der einzelne mit seinem Volk bedingungslos sich identifizierte, ja des Fortlebens in ihm nach dem eigenen Tod gewiß war, scheint mir ein Grund, warum im Judentum die Ewigkeit der Seele als individueller kein Glaube wurde.

Das Verhältnis des Schopenhauerschen Pessimismus zum Positivismus, der philosophischen Verabsolutierung von Wissenschaft, der Identifizierung ihrer Erkenntnisse mit Wahrheit schlechthin ist schwer zu bestimmen, wie sehr er selbst den Unterschied betont. Aus scientivi-

[3] A. a. O., Bd. III, S. 654.

[4] Drittes Buch Moses, Kap. 19, Vers 33–34.

scher Naturerkenntnis wie aus seiner eigenen Philosophie folgt die menschliche Nichtigkeit.

Im unendlichen Raum zahllose leuchtende Kugeln, um jede von welchen etwan ein Dutzend kleinerer, beleuchteter sich wälzt, die inwendig heiß, mit erstarrter kalter Rinde überzogen sind, auf der ein Schimmelüberzug lebende und erkennende Wesen erzeugt hat; – dies ist die empirische Wahrheit, das Reale, die Welt.

Damit beginnt der zweite Band von Schopenhauers Hauptwerk. Wie sehr Wissenschaft heute die These differenzieren mag, im wesentlichen stimmt sie mit ihr überein. Für Schopenhauer jedoch ist sie ein *bloß* empirisches Urteil über die Welt der Erscheinung, über das Verhältnis von Mensch und Universum, nicht über die metaphysische Substanz. Immerhin steht seine Lehre der Wissenschaft näher als religiöser Deutung der Wirklichkeit; denn der Urgrund der Welt ist nach ihm ja kein gütiger Gott, sondern der törichte Wille, der verborgene Trieb zum Dasein und Leben; empirische Forscher wissen von keinem Urgrund, jedoch vom inneren Antrieb in Mensch und Tier, der – von der Freudschen Schule abgesehen – noch ein allzu seltenes Thema bildet. Nicht zuletzt auf solcher inneren Beziehung zu fortgeschrittener Erkenntnis beruht die Zeitgemäßheit seines Werkes. Wichtige Elemente seiner Metaphysik, so der Wille zum Leben im einzelnen Menschen, könnten psychologisch etwa als Libido gedeutet werden; jedenfalls scheinen Wissenschaften ihm bedeutsamer als Religionen, wie sehr sie „dem Volke notwendig ... und ... eine unschätzbare Wohltat“[5] sind. Er bejaht die Ansicht Epikurs, daß der Tod uns nichts angehe, weil „wann wir sind, der Tod nicht ist, und wieder, wann der Tod ist, wir nicht sind“[6]. Die Furcht vor dem Sterben stamme allein vom blinden Willen zum Leben; nicht auf die Dauer des eigenen Daseins, sondern die richtige Fortsetzung in künftigen Geschlechtern komme es an. „Der Endzweck aller Liebeshändel ... ist wirklich wichtiger, als alle anderen Zwecke im Menschenleben“[7], er betrifft in seiner Differenziertheit, seiner spezifischen Bestimmtheit in jedem Einzelfall „die Zusammensetzung der

[5] Schopenhauer, a. a. O., Bd. II, S. 194.
[6] A. a. O., Bd. II, S. 548.
[7] A. a. O., Bd. II, S. 627.

nächsten Generation"[8]. Der Patriotismus, insbesondere wenn er im Reich der Wissenschaft sich geltend machen will, bleibt trotz seiner positiv bewerteten Nähe zur Religion bedenklich,

denn was kann impertinenter sein, als da, wo das rein und allgemein Menschliche betrieben wird und wo Wahrheit, Klarheit und Schönheit allein gelten sollen, seine Vorliebe für die Nation, welcher die eigene werte Person gerade angehört, in die Wagschale legen zu wollen?[9]

Schopenhauer verhält sich kritisch zu Gedanken und Emotionen, die in Konflikt zum faktisch Erweisbaren stehen, soweit nicht vom schlechten Willen zum Leben oder dem einzig berechtigten metaphysischen Jenseits, dem Nichts, die Rede ist. Nicht weniger als Marx hat er das damalige Elend des Proletariats erkannt und verurteilt, ohne freilich die problematische Utopie der freien Entfaltung der Kräfte als Endzustand zu proklamieren.

Wie der Mensch mit dem Menschen verfährt, zeigt z. B. die Negersklaverei ... Aber man braucht nicht so weit zu gehen: im Alter von fünf Jahren eintreten in die Garnspinnerei, oder sonstige Fabrik, und von Dem an erst 10, dann 12, endlich 14 Stunden täglich darin zu sitzen und die selbe mechanische Arbeit verrichten, heißt das Vergnügen, Athem zu holen, theuer erkaufen. Dies aber ist das Schicksal von Millionen, und viele andere Millionen haben ein analoges.[10]

Die Notwendigkeit des Staates beruht nach Marx auf sozialer Ungerechtigkeit. Es gilt, die Gesellschaft gerechter und friedlicher zu gestalten. Schließlich wird das Individuum in der Realität so nichtig, wie Schopenhauer es gedeutet hat. Die Zukunft gehört dem Kollektiv, letzten Endes der Gattung. Zwar ist auch sie nur Erscheinung des Willens zum Leben, die unabsehbare Perpetuierung eines Fehltritts, Individuen sind Mittel, Völker relativ kurzlebige Zwischenstadien der Gattungsgeschichte. Was in der gegenwärtigen Periode sich ereignet, der Rückgang sozialer Bedeutung des Einzelnen, seine zunehmende Ersetzbarkeit, ist nach Schopenhauers Philosophie konsequent; jedenfalls wird die Lehre von der Verkehrtheit der Angst vor dem Tod, der Eitelkeit des Daseins

[8] Ebd.
[9] A. a. O., Bd. V, S. 516.
[10] A. a. O., Bd. II, S. 680f.

menschlichen Ichs, dadurch bestätigt. Die zunehmende Automatisierung, befürchtet und beklagt von jenen, die mit Kultur noch verbunden sind, erweist sich nicht nur historisch, sondern als notwendiger Fortschritt; rationale Organisation, ja in bescheidenem Maße Gleichheit breitet sich aus. Wenn Schopenhauer sich auch nicht dazu geäußert hat, so entspricht die Konstituierung der Menschheit als höchste, raffinierteste Tiergattung im Gegensatz zu den theistischen, utopistischen und anderen Illusionen paradiesischer Zukunft durchaus seiner Philosophie. Die Alternative lautet Freiheit und Unterdrückung, oder Gerechtigkeit und total verwaltete Welt. Freiheit und Entfaltung der Kräfte sind notwendig mit Unterdrückung durch die Stärkeren verknüpft, Gleichheit jedoch mit dem Rückgang der Intelligenz, die eine Gesellschaft der Gleichheit ermöglichte. Annäherung aller Funktionen erscheint als sinngemäßes, notwendiges und zugleich bedenkliches Ziel der Menschenrasse.

Schopenhauers Lehre trifft sich mit der Wissenschaft; nicht zufällig verweist Freud wiederholt „auf die weitgehenden Übereinstimmungen der Psychoanalyse mit der Philosophie Schopenhauers“[11]. Tiefe Emotionen, Treue zu den Toten, ja leidenschaftliche Liebe, wie sie das Motiv großer Tragödien bildet, nicht weniger als der Haß werden in der Analyse zum Objekt der Therapie. Die besonders für den Mann kennzeichnende „sexuale Überschätzung gestattet die Entstehung des eigentümlichen, an neurotischen Zwang mahnenden Zustands der Verliebtheit, der sich so auf eine Verarmung des Ichs an Libido zugunsten des Objekts zurückführt“[12]. Von der Trauer sagt Freud: „Wir sehen nur, daß sich die Libido an ihre Objekte klammert und die verlorenen auch dann nicht aufgibt, wenn der Ersatz bereit liegt“[13], ja, so könnte man fortfahren, wenn die Kraft zu vernünftiger Tätigkeit nicht erloschen ist. Allzu tief und allzu lange zu trauern, hält Freud für ebenso unrichtig wie andere unpragmatische Verhaltensweisen. „Die schwere Trauer“, heißt es in der ›Metapsychologie‹, „die Reaktion auf den Verlust einer geliebten Person enthält . . . den Verlust der Fähigkeit, irgend ein neues Liebesobjekt zu wählen – was den Betrauerten ersetzen hieße – die Abwen-

[11] S. Freud, Ges. Schriften, Wien 1928, Bd. XI, S. 172.

[12] A. a. O., Bd. VI (1925), S. 171 f.

[13] A. a. O., Bd. XI, S. 293.

dung von jeder Leistung, die nicht mit dem Andenken des Verstorbenen in Beziehung steht... Eigentlich erscheint uns dieses Verhalten nur darum nicht pathologisch, weil wir es so gut zu erklären wissen."[14] Seit je wird der erfolgreich Analysierte zum Positivisten, er praktiziert instrumentelle Vernunft. Weder der Verlust eines geliebten Menschen noch der eines Krieges soll das eigene Leben entscheidend beeinflussen. Schopenhauers hilfreicher Hinweis auf die Notwendigkeit des Geschehens sowie auf alle, die noch schlimmer betroffen sind, kommt nüchtern-wissenschaftlicher Denkweise näher als der metaphysischen, als der Hoffnung auf das Absolute, die er selbst auf Abkehr vom Willen zum Leben, auf „gänzliche Meeresstille des Gemüts" beschränken wollte. Er hat jene tiefe Ruhe, deren bloßen „Abglanz im Antlitz, wie ihn Raffael und Correggio dargestellt haben", als „unerschütterliche Zuversicht und Heiterkeit... ein ganzes und sicheres Evangelium"[15] geschätzt. Sofern der gegenwärtige Gang der Gesellschaft den religiösen Glauben abzuschaffen tendiert, sind die Gedanken Schopenhauers nicht pessimistischer als die auf exakte Forschung sich beschränkende Erkenntnis. Im Gegenteil, die Verneinung des Willens, der „Friede, der höher ist als alle Vernunft"[16], die bei Schopenhauer, wenn auch einzig durch das Nichtsein erfüllbare, jedoch zumindest noch bewahrte Hoffnung auf Erlösung droht als Restbestand des Idealismus, als Romantik, zusammen mit der Theologie dahinzugehen. Dann gilt die Welt nicht mehr als Erscheinung, die mit allen ihren Schrecken die Idee eines Anderen, eines Jenseits wenigstens offen ließ, sondern ausschließlich als Struktur von Tatsachen, als einzig wahre, vom gesunden Denken anerkannte Realität.

Die pessimistische Lehre galt als unerträglich sowohl für die, denen das Leben, die Erde, die Welt trotz aller Schlechtigkeit und allem Elend nicht zuletzt auch das Gute zu verwirklichen schien, als auch für jene, die auf solche Möglichkeit, wenn nicht in dieser, so in einer anderen, jenseitigen Region vertrauten. Zu ihnen gehörten nicht nur die Theologen, sondern große Philosophen, von Platon und Aristoteles bis zu Immanuel Kant, ja zu Bertrand Russell und anderen Positivisten der

[14] A. a. O., Bd. V (1924), S. 536.
[15] Schopenhauer, a. a. O., Bd. I, S. 526.
[16] Ebd.

Gegenwart. Zwiespältig sind nicht wenige Denker, etwa der nicht zu Unrecht als Optimist gedeutete, wissenschaftlich und diplomatisch aktive Gottfried Wilhelm Leibniz. Theoretisch wie praktisch hat er für sich und andere, für Deutschland und Europa, für Wissenschaft und Philosophie als tätiger Mensch zu wirken versucht. Er war das Muster eines fortschrittlichen, engagierten Menschen. Läßt sich jedoch eine dunklere Vorstellung des Kernes einer Lehre denken als daß, wie nach Leibniz, die grausame Welt, die wir kennen, „die beste aller möglichen Welten" sei! Zu solcher Gesinnung bildet das Prinzip pessimistischen Denkens, die Überzeugung, Nichts sei besser als Etwas, den Gegensatz. Der Begriff des Nichts, gar noch als Ideal, bedürfte einer Analyse, die in ihrer Kompliziertheit der Bestimmung des Absoluten, des Intelligiblen, wie Kant es nannte, nicht nachsteht. Das Nichts, in das der vom Willen zum Leben nicht mehr beherrschte Geist eingehen möchte, ist – wie oben gesagt – nicht weniger ein Begriff des Subjekts als das Etwas, er bleibt, wenn auch als negativer, mit der Erscheinung verknüpft, eine menschliche Vorstellung wie das Diesseits oder Jenseits, der Himmel, die Seligkeit. Bei aller Negation ist Schopenhauers metaphysische Idee der religiösen nicht bloß entgegengesetzt; sie fordert vom Menschen die Freiheit vom Egoismus, die Hingabe, das Vertrauen auf in der Welt nicht Feststellbares, auf das nicht mehr oder noch nicht Vorhandene. Die Kennzeichnung des Jenseits als des allgemeinen Willens[17] ist jedoch eine wenn auch berechtigte Überschreitung des von Kant selbst überschrittenen, von ihm ausgesprochenen Verbots, ins Reich des Intelligiblen auszuschweifen. Schopenhauer hat den Hoffnungsschimmer, den Kants agnostische Lehre, die Welt der Erfahrung sei bloße Erscheinung, noch übrig ließ, ausgelöscht, indem er die Nichtigkeit des Einzelnen ins Transzendente übertrug.

Das Werk des Philosophen Schopenhauer ist nicht überholt. Er bejaht die Wissenschaft als einzig verläßliche Erkenntnis. Alles Positive jenseits der Erscheinung wird verneint, es sei denn die sogenannte Seelenwanderung, „der Glaube an Metempsychose, an Palingenesie"[18], das heißt die Vorstellung von der „Succession der Lebensträume eines an sich unzerstörbaren Willens", der schließlich durch „Erkenntnis in stets

[17] Vgl. Bd. I, S. 162f.

[18] Vgl. Schopenhauer, a. a. O., Bd. II, S. 590ff.

neuer Form belehrt und gebessert, sich selbst aufhöbe"[19]. Der Wille, der „Sitz der Begierden und Leidenschaften", der dem Individuum zugrunde liegt, gilt ihm als das schlechte Wesenhafte. Die Frage ist, wie in solcher Metaphysik das seinen Träger überdauernde Geschick sich denken läßt. Der Leib ist vom Willen zum Leben, nicht von der Seele durchherrscht, deren Begriff nach Schopenhauer in „tropischer", übertragener Bedeutung zu verstehen ist. Wird sie im Tod vom Bewußtsein geschieden, so muß ihr Fortleben auf diesem oder einem anderen Planeten nach der Verwirklichung ein dem betroffenen Einzelnen fremdes Geschehen bilden. Der Vorgang kann ausschließlich auf das Unbewußte sich beziehen, das Schopenhauer schon vor Freud als ein entscheidendes Moment im Einzelleben betrachtet hat. Wie sehr auch in seiner Lehre die bedenkliche Wiedergeburt dem christlichen Gedanken von Himmel und Hölle, der überirdischen Gerechtigkeit nahekommt –, das jeweilige erkennende Subjekt erlebt das Schicksal des mit ihm verbundenen Einzelwillens vor der Geburt und nach dem Tod so wenig wie die Einzelheiten der Existenz eines ihm unbekannten Wesens in einer anderen Milchstraße des Universums. Auch nach dem bekämpften Hegel „ist der Tod die Seite der Entzweiung, worin das Fürsichsein, das erlangt wird", als das künftige Selbst, „ein anderes ist als das Seyende, welches in die Bewegung eintrat"[20]. Mit seiner These von der Wiedergeburt in die schlechte Welt oder dem Eingang ins Nichts hat der Autor der ›Welt als Wille und Vorstellung‹ den Versuch der Neueren Philosophie fortgeführt, die transzendente Gerechtigkeit, wie andere religiöse Ideen, mit rückhaltloser Anerkennung von Wissenschaft zu verbinden. Das Ich, das einst sein irdisches Dasein als Lohn oder Strafe im Jenseits überdauern sollte, zerfällt im Sterben, wird ephemer; schon während des Lebens „der finstere Punkt im Bewußtsein"[21], muß es mit dem Leib vollends vergehen.

Angesichts der schwindenden sozialen Bedeutung des Einzelnen stimmt Schopenhauers Urteil über das Ich auch mit gesellschaftlichen Tendenzen der Gegenwart überein. Daß er als entscheidend für die Seele nicht das Ich, sondern den Willen zum Leben betrachtet, der

[19] A. a. O., Bd. II, S. 591.
[20] Hegel, Phänomenologie des Geistes.
[21] Schopenhauer, a. a. O., Bd. II, Kap. 41.

beide, Mensch und Tier, kennzeichnet, bildet ein fundamentales Element seiner pessimistischen Philosophie. Nicht wenige der geistigen Eigenschaften, die der Mensch dem Tiere voraushat, sind Phänomene des Übergangs. Dazu gehören Kultursphären wie Religion, Achtung der großen Tradition, Philosophie; daß sie in der verwalteten Welt der Zukunft ihre Funktion verlieren und bei aller Differenziertheit als infantil erscheinen werden, kündigt durch ihren Wandel heute schon sich an. Die eilige Liberalisierung der Theologie, die Wendung des Ästhetischen zum Abstrakten, die Auffassung der Philosophie als antiquierter Disziplin der Wissenschaft sind Symptome solcher Entwicklung. Alles nicht durch realistische Zwecke, egoistisch oder altruistisch, Begründbare erscheint immer mehr als Naivität. Pragmatischer Motive entbehrende Emotionen gelten als sentimental, für die große Psychologie, wie schon gesagt, als krankhaft. Die Treue zu Toten, selbst manchen Tieren zu eigen, verdanke sich bloßem Instinkt oder dem Aberglauben. Nur aus gesellschaftlichem Takt, aus immer engerer Bindung an den Spezialismus, aus Anerkennung der zumindest seit der Reformation gezogenen Grenzen zwischen exakter Erkenntnis und geltendem Glauben scheint vorerst Wissenschaft nicht auszusprechen, daß nach ihren eigenen Prinzipien das monotheistische Bekenntnis nicht wahrscheinlicher ist als das polytheistische, als der Hexenwahn, der Satanismus, als jede Art von Illusion. Der Weg der Menschheit zur raffiniertesten Species auf dem Planeten wird fortgesetzt. Die künftige Entwicklung der Vernunft entspricht der Wissenschaft. Mit solchem, die Idee des Jenseits verneinenden Bekenntnis zu leben ist zeitgemäß und zugleich schwer für den Denkenden, es sei denn, er mache wirklich das Nichts zu seiner metaphysischen Hoffnung. Individuelles Dasein scheint gegenüber der Statistik zunehmend irrelevant. Das Unrecht in Vergangenheit und Gegenwart, der Tod der Gemarterten, die Lust der Missetäter bleibt für die Betroffenen, zumindest für das Ich der Opfer, das letzte Wort.

Alle Theorien, die ein die Welt beherrschendes Wesen meinten bestimmen zu können, sind bereits historisch geworden. Die Existenz eines allmächtigen, allgütigen Gottes, zu der sowohl Theologie als manche der großen Aufklärer sich bekannten, ist in Wahrheit nicht exakter zu begründen als der absolute Geist, der allgemeine Wille oder das Nichts. Wie auch immer ein die Welt der Erscheinung Transzendierendes, positiv oder negativ Unbedingtes sich darstellt, es widerspricht der

Einsicht, daß alle vom Verstand anerkannte Realität den intellektuellen Funktionen des Subjekts weitgehend sich verdankt und somit selbst als Moment der Erscheinung zu begreifen ist. Je weiter der Fortschritt, desto gefährdeter wird nicht nur der Glaube, sondern die wahre Sehnsucht nach dem Anderen. Alles nicht rein positivistische Denken und Fühlen erscheint mehr und mehr als Phänomen der Kindheitsperiode der Menschheit, die, nicht weniger als die des Einzelnen, heute entschieden reduziert werden soll. Alter wie Kindheit werden zum Negativen gegenüber dem jugendfrisch Erwachsenen. Bewußt oder unbewußt erfährt er alles nicht strikt Sachliche, nicht tatsächlich zu Erweisende, ebenso wie das Denken, das nicht von vornherein auf praktische Zwecke sich bezieht, als reine Spekulation. Auch Schopenhauers Philosophie, soweit sie über den Positivismus hinausgeht, seine Lehre über die metaphysische Bedeutung, über den objektiven, auf Transzendenz verweisenden Sinn von Mitleid und Mitfreude ist für den durchschnittlichen Intellektuellen nicht weniger fragwürdig als die Treue zu Gottvater und die mit ihr verbundenen Begriffe schlechthin. Religiöse Gebräuche dienen der Mehrzahl der Bevölkerung gerade noch als Rationalisierung von Feiertagen, gegebenenfalls als Gelegenheit für persönliche Beziehungen. Der gegenwärtige Lauf der Gesellschaft ist eine Rechtfertigung des Pessimismus, die Schopenhauer ahnte, aber noch nicht zu analysieren vermochte. Die menschliche Seele entwickelt sich zur automatischen, dem Computer verwandten Funktion. An ein anderes als die durch Wissenschaft erfaßbare Realität reicht kaum mehr eine Emotion. Je entschiedener menschliches Denken auf rein instrumentelle Aktivität sich reduzieren muß, desto genauer entspricht Bewahrung von Kultur dem Schopenhauerschen „Eingeständnis, daß unser Zustand ein höchst elender und zugleich sündlicher ist“[22], selbst dann, so ließe sich hinzufügen, wenn nach den barbarischen Epochen der Vergangenheit die Gleichheit in der als Gattung funktionierenden Menschheit sich ausbreiten sollte.

Schopenhauers pessimistische Lehre ist ein Trost. Im Gegensatz zur heutigen Gesinnung bietet seine Metaphysik die tiefste Begründung der Moral, ohne mit exakter Erkenntnis in Widerspruch zu geraten, vor allem ohne die Vorstellung überweltlicher, ewiger, guter oder böser

[22] Schopenhauer, a. a. O., Bd. II, S. 197.

Geister. Mit der Idee des Todes verbindet der durch sie Bestimmte nicht allein die Gewißheit des Erlöschens des Ichs, sondern die Sorge, in nicht vorauszusehendem Abstand – Zeit ist subjektiv – als Lebewesen, Pflanze, mikroskopisch kleines oder größeres Tier, sei es auf Erden oder einem anderen Gestirn, je nach dem nicht erloschenen Trieb zum Leben wieder dazusein. Solche Ahnung weist auf Identität des Lebenden schlechthin und vermag lang vor dem Sterben Solidarität mit aller Kreatur zu begründen. Jeder ist noch mit dem schwächsten Wesen eins. Dem ernsthaft Meditierenden steht die Lehre von der Einheit des Willens heute näher als die den überkommenen Dogmen verbundenen Argumente der Neueren Philosophie; sie wollte Religion und Wissenschaft versöhnen, für den überirdischen Schöpfer strenge Beweise liefern, ohne die sozial bedingten religiösen Gebote der Konfessionen in Frage zu stellen. Schopenhauer hat die Liebe zum Nächsten, ja zur Kreatur philosophisch begründet, ohne die heute fragwürdigen Behauptungen und Vorschriften der Konfessionen auch nur zu berühren. Sein Denken ist nicht ganz so pessimistisch wie die Verabsolutierung der Wissenschaft.

56. Schopenhauer-Jahrbuch, hrsg. von Arthur Hübscher, Frankfurt a. M. 1975, S. 1-16

ETHISCHES HANDELN – HEUTE

Von Walter Schulz

Das Thema meines Referates lautet „Ethisches Handeln – heute". Man kann nun an dies Thema unter verschiedensten Aspekten und von verschiedensten Voraussetzungen her herangehen. Ein wesentlicher Ansatz wäre der folgende: Es gibt ethische Prinzipien von ewiger Gültigkeit und unabdingbarer Verbindlichkeit. Diese gelten zu allen Zeiten. Lediglich die konkrete Fassung und die konkrete Ausführung dieser Prinzipien ist zeitbedingt. Es wäre von diesem Ansatz her also unsere Aufgabe, die gegenwärtige Zeitsituation in ihrer spezifischen Gestalt zu analysieren, aber nur, um die allgemeinen und unbedingten ethischen Prinzipien in einer uns gemäßen und entsprechenden Form in den Blick zu bringen. Die diesem Ansatz gerade entgegengesetzte Möglichkeit, unser Thema anzugehen, wäre folgendermaßen zu charakterisieren: Es scheint offensichtlich, daß in unserer Gegenwart die ethische Fragestellung als solche in den Hintergrund getreten ist. Das besagt sicher nicht, daß die Menschen heute unsittlicher und unmoralischer handelten als in den vergangenen Zeiten. Es besagt jedoch, daß man heute kaum davon ausgehen kann, daß es ein allgemeines sittliches oder moralisches Gesamtbewußtsein gibt, das als unbezweifelbares und fragloses Kriterium für unser jeweiliges Tun fungierte. Wenn diese Aussage stimmt – und ich meine, daß dies der Fall ist –, dann stellt uns das Thema „Ethisches Handeln – heute" vor eine ganz bestimmte Aufgabe. Es wäre zu untersuchen, wie es um die Möglichkeit der ethischen Fragestellung in der Gegenwart überhaupt steht. Das heißt, es wäre zunächst zu fragen, warum die Ethik heute in den Hintergrund geraten ist und was an ihre Stelle getreten ist, und weiterhin wäre zu erörtern, ob dieser Zustand einen Fortschritt oder einen Rückschritt darstellt und wie wir uns zu dieser Entwicklung einzustellen haben. Mir scheint, daß die zuletzt angedeutete Fragestellung, in der es um die Möglichkeit der Ethik überhaupt geht, gegenwärtig vordringlich ist. Ich stelle sie in das Zentrum meines Referates und suche in einem ersten Schritt aufzuzeigen, was mit der Wendung *„Reduktion der ethischen Fragestellung in der Gegenwart“* eigentlich gemeint ist. Diese Reduktion läßt sich nur verständlich machen, wenn man sich zur Abhebung die Grundzüge der klassischen Ethik verdeutlicht, wie sie von der Antike bis zu Hegel in Gültigkeit waren.

Die *klassische Ethik* steht in engem Zusammenhang mit der klassischen Metaphysik. Diese Metaphysik versteht den Menschen als einen Bürger zweier Welten. Als Vernunftwesen gehört der Mensch dem übersinnlichen Kosmos, dem eigentlich Seienden, an, als Triebwesen der sinnlichen Welt, die nicht wahrhaft seiend ist. Von diesem Schema her ist die Grundforderung der Ethik zu verstehen. Der Mensch soll zu dem Oberen transzendieren und aufgrund dieser Transzendenz das Untere beherrschen. Bestimmt solchermaßen die Metaphysik die Ethik, so gilt andererseits auch das Umgekehrte. Die eigentliche und wahre Welt hat für den Menschen nur Bedeutung, insofern er sie sich durch seine Transzendenzbewegung erschließt. Allein die Ethik ermöglicht das „Sein in der Wahrheit“.

Plato hat den Grundansatz dieser metaphysischen Ethik entwickelt, und *das Christentum* hat die Tendenz zum Jenseits radikal verstärkt. Nur im Aufstieg zum Göttlichen vermag der Mensch seine Erfüllung zu finden. Und das besagt eben: der Mensch muß sich als Geist den ewigen Werten zuwenden, nur auf diese Weise vermag er die Triebe, die ihn an das Sinnliche und Äußere, das heißt an das Irdische und Zeitlich-Vergängliche, binden, zu beherrschen. Daß der Geist oder die Vernunft nicht nur dem Rang, sondern auch der Kraft und der Stärke nach das maßgebende Prinzip im Menschen ist, diese Vorstellung ist für die gesamte klassische Ethik kennzeichnend. Alles Tun ist ontologisch vorgelenkt und ausgerichtet von der Idee einer hierarchisch-dualistischen Seinsordnung, der der Mensch zu entsprechen hat und der er eben auch entsprechen kann, weil die ursprüngliche Macht in ihm der Geist und der vernünftige Wille ist.

Diese Voraussetzung der metaphysischen Ethik, daß der Mensch wesenhaft Geist ist und daß er als Geist einer höheren Welt angehört, von deren Ordnungsgesetzen her er sein ganzes Tun und Lassen zu dirigieren hat – eben diese Voraussetzung wird im *späteren 19. Jahrhundert* fraglich. Vom späten Schelling und Schopenhauer zu Nietzsche und schließlich zur modernen Anthropologie und vor allem zur Psychoanalyse Freuds setzt sich in zunehmendem Maße die Meinung durch, daß Geist und Vernunft ohnmächtiger seien als die Triebe. Und dieser Ansatz führt nun zu einer Entwertung oder genauer: einer Umwertung der traditionellen Ethik.

Entscheidend für diesen Vorgang ist der Bruch, der zwischen Schopenhauer und Nietzsche geschieht. *Schopenhauer* setzt Willen, Drang und Trieb gleich und stellt die Negativität des Willens heraus. Außerordentlich eindringlich schildert er die Qual, die der nie zufriedenzustellende Wille und das aus ihm entstehende Leiden mit sich bringen. Schopenhauer sucht nach Möglichkeiten, diesem Willensdrang zu entgehen, und er findet sie in der Ethik der Askese und vor allem des Mitleids. Ganz anders Nietzsche: *Nietzsche* übernimmt von Schopenhauer die Erkenntnis, daß der Wille als Drang und Trieb die bestimmende Macht des Lebens ist. Er erklärt, Leben ist Wille zur Macht; in ›Also sprach Zarathustra‹ heißt es: „Wo ich Lebendiges fand, da fand ich Willen zur Macht." Dieser Wille zur Macht soll nun aber als maßgebendes Prinzip alles Handelns anerkannt werden. Wie sich konkret eine Handlungslehre vom Aspekt des Willens zur Macht aufbauen ließe, das hat Nietzsche nicht dargelegt. Aber – und das ist für uns wichtig – in seiner Philosophie, insbesondere in seiner Spätphilosophie, unterstellt er sich der Aufgabe, die gesamte metaphysisch fundierte Ethik der Tradition als Produkt eines degenerierten und dem Leben abträglichen Ressentiments der Schwachen gegen die Starken auszulegen und ihr als einer Verfallserscheinung den Kampf anzusagen.

Auf Nietzsche baut die *moderne Anthropologie*, aber auch die *Psychoanalyse Freuds* auf. In beiden Ansätzen zeigt sich jedoch ein bedeutsamer Unterschied zu Nietzsche. Einmal: Nietzsche ging nicht methodisch und wissenschaftlich fundiert vor. Nietzsche hat sicher recht, so erklärt *Scheler,* der eigentliche Erfinder der modernen Anthropologie, wenn er die Triebe als stärkste Kraft im Menschen herausstellt; aber es ist doch notwendig, nun mit den Mitteln der Wissenschaft, insbesondere der Biologie und Psychologie, das Verhältnis dieser Triebe als der Grundschicht zu der Vernunft und dem Geist genauestens zu untersuchen. Die Anthropologie stellt dementsprechend den Vergleich von Mensch und Tier in das Zentrum. Durch diesen Vergleich soll die Natur des Menschen im Gegensatz zu freischwebender Spekulation auf empirischem Wege erforscht werden.

Sodann: Es wäre verfehlt, im Sinne Nietzsches die Freisetzung der Triebe zu fordern. Die einfache Sanktionierung der Triebe würde zum Chaos führen. Es kommt vielmehr darauf an, die Triebe vernünftig zu lenken. Darum geht es primär in der Psychoanalyse. Die vernünftige Lenkung der Triebe bedeutet aber für die Psychoanalyse keineswegs eine Sanktionierung der traditionellen Moral. Im Gegenteil: Die Psychoanalyse und ebenso die modernen Verhaltenswissenschaften klammern die ethisch-moralische Fragestellung aus, und zwar aus folgenden Gründen: Die wissenschaftliche Erkenntnis soll ja das Fundament für die Praxis abgeben. Die wissenschaftliche Erkenntnis ist aber als solche wertfrei und hat mit Moral nichts zu tun. Sodann: Eine moralische Beurteilung des Verhaltens ist, so lehrt die Psychoanalyse, auch in praktisch-therapeutischer Hinsicht problematisch, weil sie den Menschen zu einem moralischen Skrupulantentum erzieht, dessen Kennzeichen eine Selbstquälerei ist, die unter Umständen zu einer Neurose führt. *Freud* warnt immer wieder sehr eindringlich davor, die komplizierten seelischen Vorgänge auf moralischem Wege anzugehen, anstatt sie genetisch von den Kindheitserfahrungen her, insbesondere dem Ödipuskomplex, aufzulösen. Freuds Einstellung zur Moral ist ambivalent. Freud stellt immer wieder heraus, daß Kultur nur durch institutionalisierte Triebregelung und institutionalisierten Triebverzicht möglich sei. Aber zugleich legt Freud dar, daß es verfehlt ist, dem Menschen ein Schuldbewußtsein anzuerziehen. Diese Argumentation ist über den Rahmen der Psychoanalyse hinaus für die gesamte Erziehung von entscheidender Bedeutung.

Ich muß diesen kurzen Hinweis auf die traditionelle Ethik und ihre Aufhebung, zunächst durch die Philosophen des späteren 19. Jahrhunderts und sodann durch die moderne Anthropologie und durch die Psychoanalyse, abbrechen. Das Entscheidende ist die Erkenntnis der *Ohnmacht des Geistes* und der *Macht der Triebe* und die damit zusammenhängende Einsicht, daß nicht moralische Appelle, sondern nur eine wissenschaftlich fundierte Praxis Vernunft und Triebe in ein rechtes Verhältnis bringen könne.

Nur mit wenigen Sätzen will ich auf *Marx* und die auf ihn aufbauenden Gruppen hinweisen. Auch Marx deklariert die Ohnmacht des

Geistes. Die Geschichte wird nicht von den Ideen der Vernunft bestimmt; die realen Konstituenten des Geschehens sind ökonomischer Natur, die Dialektik der Produktionskräfte und der Produktionsverhältnisse ist maßgebend. Blickt man auf die ökonomische Entwicklung, so zeigt sich, daß der Geschichtsverlauf keinen Fortschritt darstellt. Im Gegenteil: Der Mensch konnte seine Menschlichkeit bisher nicht entfalten. Das gründet in der Klassenstruktur. Diese hat den Zustand einer totalen Entfremdung des Menschen herbeigeführt. Die Entfremdung muß aufgehoben werden. Die Aufhebung der Entfremdung kann aber nicht – das ist auch hier entscheidend – durch moralische Appelle herbeigeführt werden, sondern nur durch das politisch-gesellschaftliche Handeln einer Gruppe, und zwar der Gruppe des Proletariats. Das Proletariat muß und wird handeln, weil es am meisten leidet. Es ist zur Aufhebung des Zustandes der Entfremdung aufgrund der geschichtlichen Situation gleichsam prädestiniert. Die Aufhebung der Entfremdung aber ist identisch mit der Herbeiführung des Reiches der Freiheit für alle in der klassenlosen Gesellschaft.

Dieser Ansatz von Marx hat im späteren 19. Jahrhundert bis zur Gegenwart hin eine kaum zu überschätzende Wirkung gehabt. Ich verweise nur beispielhaft auf die Protestaktionen der linken Gruppen in den vergangenen Jahren und auf die Denker der Frankfurter Schule, also vor allem auf Horkheimer und Adorno, die wenigstens anfänglich für die ideologische Fundierung dieser Aktionen von großer Bedeutung waren. Wesentlich für unseren Zusammenhang ist es nun, daß diese Denker nicht ethisch argumentieren. Die Veränderung zum Besseren wird, so führt *Horkheimer* in dem programmatischen Aufsatz ›Traditionelle und kritische Theorie‹ aus, die gesellschaftliche Leistung des Proletariats sein. In bezug auf die Chancen der Verbesserung der gesellschaftlichen Situation sind jedoch – dieses sei hier angemerkt – beim späten Horkheimer und beim späten Adorno Töne der Resignation zu spüren. Ich verweise nur kurz auf *Adorno.* Unsere Gesellschaft ist, so erklärt Adorno, bis in die Wurzeln korrupt. Ihr Prinzip ist der „verruchte Tausch der Vergeltung". Alles und jedes – das zeigt auch der Betrieb der Kulturindustrie – ist dem Mechanismus der Warenwelt, in der die Verdinglichung ihre Triumphe feiert, unterworfen. Die Struktur dieser Gesellschaft ist durch die totale Entfremdung bestimmt, darum kann man im einzelnen gar nichts Wesentliches an ihr verändern. Adorno geht so weit, daß er erklärt, alle Einzelnen sind in dieser Gesellschaft des Moralischen unfähig, man könne nur versuchen, so zu leben, daß man glauben darf, ein gutes Tier gewesen zu sein.

Ich muß es bei diesem Hinweis auf die Aufhebung der traditionellen Ethik durch Marx und seine Anhänger bewenden lassen. Dieser Hinweis vermag die zuvor durch den Rückgriff auf die Entwicklung der Anthropologie gewonnene Einsicht zu bestätigen, daß die metaphysische Ethik, die den eindeutigen Primat des Geistes über die Triebe behauptet und die den Geist in einer übersinnlichen Welt ansiedelt, in der Entwicklung des 19. Jahrhunderts bis zur Gegenwart hin radikal negiert wurde. Und nun stellt sich die Frage, ob wir diese Entwicklung bejahen sollen oder nicht. Anders und konkreter gesagt: Ist die Sicht, wie sie uns durch die Psychoanalyse und den Marxismus eröffnet wurde, eine angemessene Interpretation des Menschen und kann von ihr aus eine Optimierung unserer Situation herbeigeführt werden? Ich konzentriere unsere Überlegung jetzt auf die Auseinandersetzung mit der Psychoanalyse und dem Marxismus, denn diese beiden Bewegungen sind maßgebend und exemplarisch für die gegenwärtige, nicht mehr von einer verbindlichen metaphysischen Ethik bestimmte Situation.

Die soeben gestellte Frage läßt sich, so meine ich, nicht eindeutig bejahen oder verneinen. Zunächst muß ausdrücklich hervorgehoben werden, daß der Psychoanalyse und dem Marxismus ein doppeltes Verdienst zukommt. Einmal ist dies die *Abwendung von einer reinen Ethik der Innerlichkeit.* Die Ethik, die sich von der realen Wirklichkeit abkehrt und die Schicht der Triebe und der materiellen Bedürfnisse, die uns an die Außenwelt binden und von dieser abhängig machen, als nur sekundär ansetzt – diese Ethik denkt an der wirklichen Natur des Menschen vorbei. Der Mensch ist kein reines Geistwesen, und d. h. konkret: sein Lebensvollzug bleibt weitgehend von seinen natürlichen Bedürfnissen und Trieben bedingt. Dies muß eine zeitgemäße Ethik wissen – doch davon später. Das zweite Verdienst dieser beiden großen Bewegungen ist die Einsicht, daß eine vernünftige Regelung der Bedürfnisse und der Triebansprüche nicht ohne *Rücksicht auf die wissenschaftliche Erforschung des Menschen* durchgeführt werden kann. Man muß die Bedingungen unseres Seins in psychologischer, soziologischer und ökonomischer Hinsicht vorurteilslos zur Kenntnis nehmen, wenn man eine realitätsnahe Ethik konstituieren will. Insofern ist die heute erhobene Forderung nach einer wissenschaftlichen Fundierung unseres Verhaltens durchaus positiv aufzunehmen. Über diese beiden sehr allgemeinen Hinweise hinaus wäre es durchaus möglich, nun noch weitere Errungenschaften der Psychoanalyse und des Marxismus unter dem Gesichtspunkt einer möglichen Handlungslehre herauszustellen. Ich deute nur in aller Kürze zwei Sachverhalte an.

Die *Psychoanalyse* hat das Verdienst, unter methodischem und therapeutischem Aspekt ein Vorgehen, das durch vereinfachende rein moralische Wertungen bestimmt ist, problematisch gemacht zu haben. Jedes moralische Schwarz-Weiß-Denken, das nur das Gegensatzpaar Schuld oder Nichtschuld anerkennt, ist durch die Psychoanalyse verdächtig geworden. Wir haben gelernt, sogenanntes negatives Verhalten auf seine Motivationshintergründe hin zu durchschauen und von diesen her verstehbar und korrigierbar zu machen. Die Analyse eröffnet solchermaßen die Möglichkeit, daß der Handelnde sein Verhalten selbst in eigener Verantwortung zu steuern vermag. Daß durch diesen Ansatz, insbesondere wenn er durch sozialpsychologische Maßnahmen unterstützt wird, wesentliche Chancen, den Menschen wirklich zu helfen, eröffnet werden, ist bekannt. Man denke – um nur ein Beispiel zu nennen – an die Resozialisierungsbestrebungen in der Rechtsprechung, die ohne das Verstehen von den Motiven her nicht möglich sind. Daß ein solches Vorgehen humaner und auch erfolgreicher ist als das rein moralische Aburteilen, das die Rücksicht auf die Hintergründe des Handelns ausspart, ist offensichtlich.

Ein zweiter Sachverhalt sei noch kurz erwähnt, der von einer sehr wesentlichen Bedeutung für den Handlungsbezug ist. Es ist dies die Umorientierung vom Individuum auf die Gesellschaft. Durch den *Marxismus* ist uns die Einsicht vermittelt, daß die Ordnung und die Gestaltung der gesellschaftlichen Verhältnisse, und zwar insbesondere in sozialer und ökonomischer Hinsicht, die unabdingbare und notwendige Voraussetzung für ein menschenwürdiges Dasein ist. Hier zeigt sich die Aufhebung der metaphysischen Ethik in ihrer wohl nachhaltigsten Wirkung. Die metaphysische Ethik war wesentlich individualistisch orientiert. Ihr ursprünglicher Sinn war es – mit Augustin geredet –, den Einzelnen zur Sorge um sein Seelenheil aufzurufen, und ihre säkularisierte Form kulminierte im Gedanken der Bildung, genauer: der Selbstvollendung der Persönlichkeit als der geprägten Form, die lebend sich entwickelt. Wie zentral die Idee der Gesellschaft geworden ist, wird an der Tatsache deutlich, daß heute bei jedem Tun und Lassen nach dem gesellschaftlichen Bezug gefragt wird, unabhängig vom politischen Standort. Auch die Psychoanalyse ist in starkem Maße von ihrem ursprünglich individualistischen Ansatz abgerückt und stellt das zwischenmenschliche Verhalten in das Zentrum. Man denke an die Idee der Gruppenarbeit. Es geht bei dieser Umorientierung auf die Gesellschaft hin nicht, oder vorsichtiger gesagt: es soll dabei nicht gehen um eine weltanschauliche Gleichschaltung, sondern um die Sicherung der sozialen Dimension im Sinne möglicher Chancengleichheit. Die geistig-weltanschauliche Einstellung ist heute – auch hier zeigt sich der Abbau der metaphysischen Ethik – weitgehend zur Privatsache geworden. Wir leben in einem pluralistischen Weltanschauungsstaat, der unter dem Signum der Toleranz steht.

Ich breche diesen Hinweis auf die Errungenschaften der Psychoanalyse und des Marxismus ab. Angesichts dieser Positivität verschärft sich nun unser Problem, ob nicht die ethische Fragestellung hinfällig oder gar überflüssig geworden ist. Anders formuliert: Ist die Ethik nicht durch Ansätze, wie sie sich in der Psychoanalyse und im Marxismus und überhaupt in den heutigen wissenschaftlichen und technologischen Trends zur Optimierung unserer Lebensbedingungen zeigen, im positiven Sinne *aufgehoben* worden?

Man muß diese Frage ernst nehmen. Es wird Ihnen sicher schon aufgefallen sein, daß heute die großen ethischen Leitworte der Tradition kaum mehr eine wesentliche Rolle spielen, also Bestimmungen wie Gewissen und Schuld oder Tugend und sittliches Empfinden. Die Leitworte unserer Epoche haben nicht mehr eine spezifisch ethische Ausrichtung im Sinn der Tradition. Das gilt vor allem für die Begriffe Emanzipation, Aufklärung und Rationalität. Diese drei Begriffe sind es ja vor allem, die heute als Zielvorstellungen auch in der jüngeren Generation fungieren. Man denke an die sich von diesen Zielen her ergebende Forderung der Solidarität mit den sogenannten Randgruppen, also den verwahrlosten Jugendlichen, den psychisch Kranken, den alten Leuten, den Gastarbeitern – um nur einige Gruppen zu nennen. In dem bekannten Buch von *Horst Eberhard Richter* ›Solidarität‹ wird dieser Ansatz vom Aspekt einer sozial-psychologisch ausgerichteten Psychoanalyse her sehr eindrücklich entwickelt.

Gleichwohl meine ich, daß das soeben Dargelegte nicht bedeutet und nicht bedeuten kann, daß die ethische Fragestellung als solche nun hinfällig geworden ist. Die metaphysische Ethik, die den Menschen als Geistwesen im mundus intelligibilis ansiedelte, gehört der Vergangenheit an. Aber das besagt keineswegs, daß nun die ethische Fragestellung *überhaupt* überflüssig geworden ist. Sie muß vielmehr eigens bedacht und herausgearbeitet werden, auch und gerade, um die Haltung, die ich soeben skizzierte, angemessen orten zu können.

Man kann sich die *Notwendigkeit einer ethischen Einstellung* – ich gebrauche zunächst bewußt eine solche allgemeine Formel – indirekt klar machen durch die Einsicht, daß im Marxismus und in der Psychoanalyse entscheidende Fehlschlüsse, wenn ich einmal so sagen darf, zu finden sind. Ich kann diesen Sachverhalt hier nur andeuten. In der Diskussion mit Marxisten begegnet man immer wieder folgendem Argument: die Ethik ist eine Angelegenheit der bürgerlichen Klasse, sie dient dieser zur Beruhigung, ihr faktischer Erfolg ist gleich Null. Nur die politisch-revolutionäre Änderung der *materiellen* Verhältnisse bringt eine Besserung, aber nicht nur eine Verbesserung in materieller Hinsicht, sondern in der neuen Gesellschaft wird sich der Mensch in seiner Menschlichkeit erstmalig *total* entfalten können. Daß ein solches Hervortreten einer neuen Menschlichkeit auch in den sozialistischen Ländern bisher nie stattfand, das wird als enttäuschend konstatiert, aber es wird nicht als Gegenargument anerkannt. Die neue Gesellschaft ist eben noch nirgends Wirklichkeit geworden. Diese Argumentation besagt also, daß die materielle Veränderung eine Veränderung des ganzen menschlichen Verhaltens involviert.

Zu dieser Argumentation ist nun folgendes zu sagen: Daß eine Änderung des menschlichen Verhaltens, genauer: eine Verbesserung der zwischenmenschlichen Bezüge, auch von materiellen Bedingungen abhängt, das ist klar. Aber um diese zwischenmenschlichen Bezüge im Sinne einer *gerechten Ordnung* zu gestalten, dazu bedarf es der ethischen Einstellung, das heißt eines Engagements von Menschen, die sich für die Konstitution der Ordnung verantwortlich einsetzen. Ob ein solcher Einsatz Erfolg hat, das ist eine zweite Frage. Auch die Chance des Erfolges muß bedacht werden. Das heißt: das ethische Engagement ist der Einstieg in eine sachangemessene Überlegung. Es ist keine Angelegenheit bloßer Gesinnung, und sein Ort ist nicht die Dimension der

Innerlichkeit, weil der Handelnde sein Vorhaben ja nur in welthaften Bezügen und in geschichtlichen Situationen verwirklichen kann. Ich werde auf diesen Sachverhalt noch zurückkommen. Jetzt nur soviel: menschliches Handeln kann sich nur realisieren innerhalb einer Wirklichkeit, die eine dialektische Struktur darstellt. Wir bedingen das Geschehen, und wir werden zugleich durch das Geschehen bedingt. Das eine ist nicht ohne das andere möglich

Ich erläutere noch kurz einen zweiten Sachverhalt, der indirekt auf die Notwendigkeit der ethischen Einstellung verweist, und zwar durch eine Rückerinnerung an die Psychoanalyse. Ich sagte, daß Freuds Einstellung zur Moral zweideutig ist. Einerseits warnt Freud vor den negativen Folgen der Moral, dem skrupulantenhaften Schuldbewußtsein. Andererseits erkennt Freud die Notwendigkeit der Moral an. Der durch die Moral geforderte Triebverzicht ist die Voraussetzung einer jeden Kultur. Gleichwohl: Freud sieht die Moral als etwas dem Menschen Unnatürliches an, denn – das ist das Verfehlte an seinem anthropologischen Ansatz – das Natürliche für den Menschen wäre nach Freud das Ausleben der Triebenergien. Könnten wir unseren Trieben ungestört folgen, dann wären wir, so meint Freud, glücklicher. Freud zieht hier, wie dies weithin im späten 19. Jahrhundert geschieht, aus der Aufhebung der metaphysischen Anthropologie eine sehr verhängnisvolle Konsequenz. Der Mensch wird als ein *bloßes Naturwesen* verstanden, dessen Grundtendenz es ist, seinen Bedürfnissen und Trieben ohne Rücksicht zu folgen. Wenn man so naturalistisch denkt, dann erscheint die Moralität natürlich als eine ihrer Herkunft nach eigentlich unerklärliche Zwangseinrichtung, die dem Menschen von außen auferlegt wird.

Diesem Ansatz gegenüber ist es notwendig, die Moral, oder besser: die ethische Einstellung als etwas zu begreifen, das unabdingbar zum Menschen gehört, weil der Mensch *ein sich selbst verstehendes Wesen* ist, das seinen Trieben nicht unabänderlich ausgeliefert ist, sondern zu ihnen Stellung nehmen kann und Stellung nehmen muß. Der Geist – wenn ich dies klassische Wort für die Bestimmung „Selbstverständnis" einsetzen darf – kommt nicht zu der Natürlichkeit des Menschen von außen dazu, sondern er bedingt unser natürliches Sein von vornherein, ebenso wie er seinerseits von diesem bedingt wird. Als ein zu sich und seinem Verhalten Stellung nehmendes Wesen ist der Mensch aber nicht isoliert, sondern immer schon auf *andere Menschen* bezogen, und zwar in einer nicht festgelegten, sondern durchaus zweideutigen Weise.

Hier stoßen wir nun auf den entscheidenden Sachverhalt, der die Ethik für den Menschen als unabdingbare Notwendigkeit erweist. Die Ethik ist für den Menschen notwendig, weil der Mensch, mit Kant gesprochen, einen unausrottbaren *Hang zum Bösen* hat. Es kann hier nicht unsere Aufgabe sein, die Möglichkeit und die Wirklichkeit des Bösen ausführlich zu diskutieren. Ich begnügte mich mit einigen Hinweisen, die im wesentlichen auf *Schopenhauer* zurückgehen, denn Schopenhauer erkennt den ursprünglichen Zusammenhang und die ursprüngliche Bedeutung des Bösen für den mitmenschlichen Bezug. Die Ichheit als solche ist nicht das Böse. Aber im Gedanken des besonderen Standpunktes, des Selbstbewußtseins, ist die Möglichkeit des *Egoismus* angelegt, d. h. der Ausschließung des anderen, seine Degradierung zu einem Nicht-Ich, zu einem Mittel, das ich nur für mich und meine Zwecke einsetzen will. Verhängnisvoller noch als der Egoismus, der das eigene Wohl will, ist nach Schopenhauer die Bosheit, die das fremde Wehe will. Die Bosheit aber findet ihre radikale Ausprägung in der *Grausamkeit.* Schopenhauer hat in einer kaum überbietbaren Eindeutigkeit das Wesen dieser Grausamkeit dargelegt. Der Mensch will das fremde Leiden, ohne daß dieses Leiden ihm Vorteile verschafft. Der Grund der Grausamkeit ist die unheimliche Lust und das Verlangen, den anderen leiden zu lassen und sich an diesem Leiden zu weiden.

Diese beiden Negationen des zwischenmenschlichen Bezuges, Egoismus und Grausamkeit, gefährden in ihren vielfältigen Ausprägungen die mögliche Ordnung, in der Menschen leben können, immer wieder von Grund aus. Und die Ethik muß darauf aus sein, Möglichkeiten zu aktualisieren, die diesem Hang zum Bösen entgegenwirken. Positiv als Leitsatz formuliert: Erfordert ist die *Anerkenntnis des anderen* als eines mir gleichberechtigten Wesens. *Kant* hat in der zweiten Formel des kategorischen Imperativs diesen Sachverhalt sehr klar herausgestellt. Diese zweite Formel lautet: „Handle so, daß du die Menschheit, sowohl in deiner Person als in der Person eines jeden Anderen, jederzeit zugleich als Zweck, niemals bloß als Mittel brauchst."

Ich will hier sogleich darauf hinweisen, daß die Überlegung, wie diese Anerkenntnis konkret verwirklicht werden kann, sich die wissenschaftlich ermittelte Einsicht in die menschliche Natur zunutze machen muß.

Daß der andere anerkannt wird, zu diesem Ziel hinzuführen, ist Aufgabe einer Erziehung, zu deren Mitteln auch das psychoanalytische Verfahren gehört, das psychische Zwänge abbaut, so daß der Bezug zum anderen möglich wird. Eine zeitgemäße Ethik muß also die Erkenntnisse, die die Verhaltenswissenschaften erarbeiten, aufnehmen, sie kann von diesen Wissenschaften lernen, wie man in concreto das ethische Verantwortungsbewußtsein herbeiführen kann.

Überdenkt man das *Verhältnis der Ethik zu den Verhaltenswissenschaften*, so sieht man, daß es nicht angeht, diesen Bezug programmatisch eindeutigen Regeln zu unterwerfen. Die Vorstellung, daß die Ethik eine philosophische Disziplin sei und als solche die Verhaltenswissenschaften fundieren könne, ist heute ganz sicher überholt. Hier sieht man wieder den entscheidenden Unterschied zur Tradition. Die metaphysische Ethik konnte von einem geschlossenen Weltbild ausgehen und von diesem her das gesamte Verhalten des Menschen, auch sein wissenschaftliches Vorgehen, fundieren und ausrichten. Die heutige Philosophie vermag kein Bild der Welt im ganzen zu vermitteln und aufzuweisen, wie die Wissenschaften vorzugehen haben. Ebenso unangemessen wie die Vorstellung einer Begründung des wissenschaftlichen Vorgehens durch eine metaphysische Ethik aber wäre der entgegengesetzte Ansatz, d. h. die Meinung, daß die Ethik von den Verhaltenswissenschaften her fundiert werden müsse. Die Ethik würde dann sozusagen in der Form eines Appendix den Verhaltenswissenschaften zugeordnet. Eine solche Vorstellung ist heute durchaus verbreitet. Sie findet sich z. B. in dem bekannten Buch von *Gerhard Szczesny* ›Das sogenannte Gute‹. Szczesny kritisiert die abstrakten Idealforderungen der traditionellen Ethik, weil sie den Menschen als reines Geistwesen verstehen. Der Mensch ist aber nicht Geist, sondern er hat nur Geist, das besagt: er ist ein Geistwesen, das auch durch vitale Bedürfnisse bestimmt ist. Kein vernünftiger Mensch wird dieser Aussage widersprechen. Szczesny zieht aber aus dieser Einsicht den Schluß, daß die Verhaltenswissenschaften die Basis der Ethik darstellten und daß nur auf ihrer Grundlage eine angemessene Ethik und Politik praktiziert werden könne. Szczesny bekundet hier einen dogmatischen Wissenschaftsglauben. Er ist offenbar der Meinung, daß die Verhaltensforscher herausgebracht hätten bzw. in naher Zukunft herausbringen würden, was der Mensch ist. Daß die Aussagen der Verhaltensforscher bereits Interpretationen des nicht festgelegten „Tatbestandes Mensch" darstellen, entgeht ihm. Vor allem aber: Wenn man die Ergebnisse der Wissenschaft als für die Handlungen des Menschen aufschlußreich ansetzen will, muß man sich klarmachen, daß keine Wissenschaft dem einzelnen den *Entschluß zum Handeln* abnehmen kann.

Das Verhältnis der Ethik zu den Verhaltenswissenschaften läßt sich, wie schon angedeutet wurde, nicht in eindeutiger Form festlegen. Es ist durch eine Dialektik der Spannung bestimmt. Der Wissenschaftler, auch der Verhaltenswissenschaftler, betreibt seine Analysen nicht unmittelbar unter ethischem Aspekt. Er unterstellt sich dem Gesetz der Forschung. Als Forscher sucht er empirische Sachverhalte zu erschließen und diese durch Theorien zu untermauern, die er ihrerseits wiederum an der Erfahrung prüft durch Verifikation und Falsifikation. Aber dieser wissenschaftliche Ansatz ist ja nicht reiner Selbstzweck. Er weist zurück auf den Lebenszusammenhang, aus dem er hervorging und in den er wieder zurückgehen muß. Das heutige Leben ist durch und durch verwissenschaftlicht. Die Ergebnisse der Wissenschaft werden sofort in den Horizont der Praxis des Lebensvollzuges einbezogen, und von dieser her lassen sie sich nicht als wertfrei betrachten. Sie werden vielmehr unter bestimmte politische und ethische Aspekte gestellt. Man kann die wissenschaftlichen Ergebnisse – um den Sachverhalt nur beispielhaft anzudeuten – vom Aspekt bestimmter Gruppeninteressen bewerten: das geschieht ja weitgehend, oder man kann sie auf allgemeine Interessen – früher hätte man vom Gemeinwohl gesprochen – beziehen: das ist sicher viel seltener der Fall.

Ich will nun das Gesagte zusammenfassen, und zwar in der Weise, daß ich es zu untermauern versuche durch die *Erörterung einiger Grundbegriffe und Grundansätze,* die mir für die Konstitution einer zeitgemäßen Ethik unentbehrlich zu sein scheinen. Sie werden vielleicht erwartet haben, daß ich mein Referat mit dem systematischen Entwurf einer Ethik beginnen würde. Ich habe das aus mehreren Gründen nicht getan. Einmal: Das Problem der Ethik wird heute nicht zu den aktuellen Themen gerechnet. Man muß daher die Möglichkeit und die Notwendigkeit einer ethischen Fragestellung allererst aufweisen, und das ist ja nur durchführbar, wenn man sich die Gründe für diese Reduktion der Ethik in der Gegenwart verdeutlicht. Sodann: Eine philosophische Ethik, die rein systematisch aufgebaut ist, erscheint heute als ein äußerst problematisches Unternehmen. Die Philosophie steht gegenwärtig nicht hoch im Kurs. Sie kann dieser faktischen Randstellung nur adäquat begegnen, wenn sie sich freigibt für die wirklichen und konkreten Probleme, die die Menschen heute bedrängen. Das heißt in unserem Falle, eine philosophische Ethik muß von vornherein die geschichtlich vorgegebenen Situationen in das Zentrum stellen und fragen, was sie ihrerseits zu deren Erhellung und vor allem zu deren Verbesserung beitragen kann. Unter diesen Aspekten will ich nun abschließend einige ethische Grundbegriffe und einige ethische Grundansätze darlegen.

Ausgangspunkt für jede Ethik ist die Einsicht, daß der Mensch ein sich zu sich verhaltendes und ein zu sich Stellung nehmendes Wesen ist. Dieser Selbstbezug ist aber immer verkoppelt mit dem Bezug zur äußeren Natur und vor allem zu den Mitmenschen. Das *Ineinander von Selbstbezug und Außenbezug* bestimmt unser ganzes Tun und Lassen. Es ist der Grundcharakter der Wirklichkeit. Wirklichkeit ist weder eine vorgegebene Objektwelt noch beruht sie auf einer Setzung des Subjekts. Wirklichkeit ist vielmehr ein Geschehenszusammenhang, in dem Objekt und Subjekt miteinander verflochten sind in der Weise gegenseitiger Bedingung: das Subjekt wird ebenso vom Objekt bestimmt wie es dieses bestimmt. Dieses Geschehen stellt einen Prozeß dar, dessen Grundmerkmal die Dialektik von Bedingen und Bedingtwerden ist.

Diese Dialektik anzuerkennen, d. h. sie auszuhalten und ihr entsprechend zu handeln, dies ist keineswegs selbstverständlich. Die Geschichte bis zur Gegenwart hin zeigt, daß man dieser Dialektik immer wieder zu entgehen versucht, indem man nur den einen Aspekt des Geschehens, also entweder das Bedingen oder das Bedingtwerden, anerkennt. Konkret: Wenn wir nicht die Wirklichkeit im ganzen in den Griff zu bringen vermögen, so argumentiert die eine Seite, dann sind wir zumindest dem Geschehen im großen gegenüber doch eigentlich *zur Ohnmacht verurteilt.* Es ist eine weitverbreitete Ansicht, daß die heute bestimmenden Mächte, die Politik und die Technik, sich über unsere Köpfe hinweg vollziehen. Das politische Geschehen ist heute Weltgeschehen. Politische Ereignisse in räumlich weit auseinanderliegenden Gebieten sind miteinander verzahnt. *Karl Jaspers* hat diesen Sachverhalt bereits 1949 in seinem Buch ›Vom Ursprung und Ziel der Geschichte‹ sehr eindringlich dargelegt: Während früher Konflikte nur lokale Bedeutung hatten, haben sie heute eine universale Tendenz: es geht immer um das Weltschicksal im ganzen. Und aus dieser Einsicht wird eben weithin die resignative Konsequenz gezogen, daß es am besten sei, sich vom politischen Geschehen freizumachen, da man ja doch daran nichts ändern könne. Noch stärker aber als in bezug auf die Politik ist das Gefühl der Ohnmacht gegenüber der Entwicklung der Wissenschaft und Technik. Der technologische Prozeß stellt einen funktionalen Strukturzusammenhang dar, der den sogenannten Sachzwängen untersteht. Diese können wir nicht willkürlich abändern. Wir müssen ihnen, da der technologische Prozeß ja die Voraussetzung unseres heutigen Lebensvollzuges ist, auf das Ganze der Entwicklung hin gesehen einfach folgen. In einer merkwürdigen Weise setzt sich hier der Technik gegenüber die frühere metaphysische Einstellung fort, daß der Mensch einem übermächtigen Geschick ausgeliefert sei.

Die gegenteilige Einstellung ist dadurch gekennzeichnet, daß sie *einseitig unsere Aktivität betont.* Marx hat im Gegenzug zu der christlichen Lehre, daß Gott die Geschichte lenke, erklärt, daß wir uns als Produzenten des geschichtlichen Geschehens begreifen müßten und dieses Geschehen zu steuern hätten. Dazu gehört auch und vor allem der planmäßige Prozeß der Erweiterung und des Ausbaus unserer Herrschaft über die Natur durch die Technik. Hier wird die Technik also positiv als Kennzeichen des Fortschritts angesehen. Man vertraut auf die technologische Rationalität. Sie wird die Freiheit von undurchschauten Zwängen herbeiführen und die Emanzipation befördern. Dieser Fortschrittsglaube ist heute problematisch geworden, vor allem durch die Einsicht in unsere Gefährdung auf dem ökologischen Sektor. Gleichwohl scheint der technologische Trend sich weiterhin noch zu verstärken. Es setzt sich eine Einstellung durch, die man als eine totale Planungsmentalität kennzeichnen kann: alles und jedes muß geplant werden. Es gibt keine Grenzen der Planung. Sogenannte Fehlentwicklungen bedeuten nur Aufforderung zu neuem Planen.

Ob man nun einseitig die Macht oder die Ohnmacht des menschlichen Tuns betont, in beiden Einstellungen wird die Dialektik vergessen, daß der Mensch in seinem Tun und Lassen bedingt und bedingend zugleich ist. Will man im Gegenzug zu diesen beiden Ansätzen dieser Dialektik der Wirklichkeit entsprechen, so bedeutet dies, daß man es auf sich nimmt, das Geschehen zu gestalten im Wissen, daß es keine Garantie für dessen positive Entwicklung gibt. Das Handlungsbewußtsein muß sich also *regulativ* ausrichten, es kann sich nicht konstitutiv verstehen. Diese regulative Ausrichtung, d. h. die Übernahme von Aufgaben ohne Garantie des Erfolges, bestimmt die Haltung, die ich als die ethische Einstellung bereits zu charakterisieren versuchte. Deren Grundzug ist das Bewußtsein der Verantwortung.

Der Begriff *Verantwortung* scheint mir für den Entwurf einer zeitgemäßen Ethik wesentlich. Dieser Begriff ist offensichtlich nicht der allgemeinen Entwertung der ethischen Begriffe der Tradition, von der ich anfangs sprach, zum Opfer gefallen. Das hat vor allem zwei Gründe. Einmal: Verantwortung ist ein sehr unpathetischer und sachlicher Begriff, Verantwortung oder genauer: Verantwortlichkeit kann auch eine legal-juristische Bedeutung haben. Sodann: Man ist für etwas und einem anderen gegenüber verantwortlich. Die Bestimmung Verantwortung überschreitet also den Raum einer Ethik der Innerlichkeit. Verantwortung ist eine Bezugsbestimmung. Der ursprüngliche Sinn von Verantwortung wird im Alten Testament sehr deutlich: Man ist Gott für sein Tun und Lassen verantwortlich. Und schließlich – auch dies möchte ich nicht unerwähnt lassen: Es scheint mir heute nötig zu sein, nicht einen Begriff in das Zentrum der Ethik zu stellen, der von vornherein einen negativen, d. h. moralisch abwertenden Beiklang hat, wie etwa der Begriff Schuld; zentral sollte heute vielmehr ein Begriff sein, der einen gewissen positiv-appellativen Sinn hat. Dies trifft für die Bestimmung Verantwortung zu: Man kann zur Verantwortung aufgerufen und aufgefordert werden.

Die Übernahme von Verantwortung ist der Grundsinn der ethischen Einstellung. Diese Übernahme bedeutet die Anerkenntnis bestimmter *Handlungsmaximen* und bestimmter *Handlungsinstanzen.* Ich muß hier kurz auf die Frage nach den Prinzipien der Ethik zu sprechen kommen. Die Philosophen neigen dazu, diese Frage endlos zu diskutieren in der Meinung, daß es vor allem zu einer philosophischen Ethik gehöre, das Handeln auf allgemeine Prinzipien zurückzuführen. Deren axiomatischer Charakter wäre allererst zu erweisen, und von den Prinzipien her wären dann die besonderen Maximen des Handelns abzuleiten. Moderne Planungswissenschaftler stehen den Philosophen in dieser Hinsicht kaum nach. Soll eine Planung wirklich wissenschaftlich einwandfrei sein, dann darf sie nicht nur die technologischen Maßnahmen nach dem Wenn-dann-Schema entwickeln, sondern muß auch die obersten Normen selbst, von denen das ganze System abhängt, festsetzen. Das einzig einwandfreie, weil noch nicht inhaltlich belastete, Prinzip für alle Festsetzungen ist, so wird erklärt, die repressionsfreie Diskussion, der Diskurs, durch den die möglichen Normen festgesetzt werden. Es finden sich bei heute maßgebenden Philosophen genaue Anweisungen, wie diese Diskussion und das durch sie ermöglichte Deduzieren von Normen vor sich zu gehen habe. Ich will hier nicht im einzelnen zu diesen Ansätzen Stellung nehmen, ich meine aber, daß die letzten und höchsten Maximen für das Handeln im allgemeinen durchaus bekannt sind. *Kant* hat in der bereits erwähnten zweiten Formel seines kategorischen Imperativs die Anerkenntnis des Mitmenschen in allen unseren Handlungen als Grundforderung der Ethik herausgestellt.

Kant hat nun sehr genau gezeigt, daß und warum diese Forderung im Charakter der *Vernunft* begründet ist. Ich soll mein Tun unter dem Aspekt beurteilen, ob es nicht nur für mich oder nur für die anderen, sondern für uns alle als gültig angesehen, d. h., ob es als sinnvoller Beitrag zur Konstitution einer *allgemeinen Ordnung* betrachtet werden kann. Kant denkt also gar nicht altruistisch nur an die anderen; die Vorteile einer allgemein sinnvollen Ordnung schließen auch Vorteile für mich ein. Kant – das ist der geniale Griff seiner Ethik – erkennt, daß das vernünftige Denken den Einzelnen mit dem Ganzen vermittelt. Vernünftig denken, das ist eine Aufgabe, die jedem Einzelnen gestellt ist. Aber vernünftig denken heißt über den eigenen Vorteil hinaus übergreifende Zusammenhänge, d. h. Ordnungen, die allen zugute kommen, in den Blick bringen. Freilich: Diese übergreifenden Zusammenhänge sind – hier zeigt sich ein Unterschied zu Kant – für uns nicht metaphysisch vorgegeben. Ordnungen sind geschichtliche Gebilde und als solche dem zeitlichen Verfall anheimgegeben. Vor allem: Ordnungen müssen ständig den sich wandelnden Situationen entsprechend verändert werden durch Reformen oder unter Umständen auch durch Revolutionen. Es gilt dabei, die vorwärtsweisenden Trends im geschichtlichen Geschehen zu erkennen und ihnen entsprechend zu handeln.

Es ist in diesem Zusammenhang notwendig, sich von vornherein klarzumachen, daß es die primäre Aufgabe einer zeitgemäßen Ethik ist, an der Schaffung von *Rahmenordnungen* mitzuwirken, innerhalb deren sich der einzelne frei entfalten kann. Das besagt konkret: Vorgängig zu bedenken sind die materiellen Grundbedingungen, die zur Lebensführung unabdingbar sind, also Befreiung von Hunger, Krankheit und Not. Zu den Bedingungen eines menschenwürdigen Daseins gehört aber auch das Recht auf Erziehung und Arbeit. Sehr wichtig ist ferner der Abbau der Vorurteilsstrukturen etwa anderen Rassen gegenüber. Der Katalog der Menschenrechte hat die wesentlichen Bedingungen des Menschseins, die hier zu nennen wären, aufgestellt. Die Planung der sogenannten höheren Werte der Kultur ist den eben angedeuteten Aufgaben gegenüber sekundär. Das besagt natürlich nicht, daß die höheren Werte für den Menschen weniger wichtig wären, sondern nur, daß eine realitätsnahe Ethik den einfachen Sachverhalt zu beachten hat, daß die materielle Basis die Voraussetzung für die Möglichkeit eines Lebens ist, dessen maßgebende Werte vom Geist bestimmt werden. Aristoteles hat von diesem Sachverhalt gewußt. Daß eine realitätsnahe Ethik auf die Grundbedürfnisse abheben muß, das entspricht gerade der Forderung der Anerkenntnis des anderen, denn diese Forderung schließt ja in sich ein, daß dem anderen zunächst einmal die materielle Basis für sein Menschsein vermittelt wird.

Die Vernunft, genauer die geschichtlich orientierte Vernunft, die mögliche Ordnungen, innerhalb deren der Mensch leben kann, zu konstituieren hat, ist sicher nicht die einzige Instanz einer zeitgemäßen Ethik. Ich weise auf eine zweite sehr wesentliche ethische Grundbestimmung hin, das ist das *Mitleid.* In der philosophischen Tradition wird das Mitleid zumeist recht negativ beurteilt. Mitleid mit den Schwachen und den Kranken ist nach Nietzsche ein Zeichen der Dekadenz. *Schopenhauer* hat dagegen die hohe Bedeutung des Mitleids für die Ethik herausgestellt. Man muß sich in diesem Zusammenhang klarmachen, daß alle vernünftige Bemühung, das Optimum des menschlichen Zusammenlebens in politischer, sozialer und wirtschaftlicher Beziehung herbeizuführen, nie die Welt in der Weise ändern wird, daß nun eines Tages das Leiden aufhören wird. Dies gilt nicht nur für das unverschuldete, sondern sicher auch für das durch Menschen verschuldete Leiden. Ich sprach bei der Erörterung der Grenzen der Psychoanalyse und des Marxismus vom Hang zum Bösen und erwähnte das Phänomen der Grausamkeit. Sicher: Grausamkeit ist ein vielfältiges und kompliziertes Phänomen. Die Psychoanalyse zeigt Zusammenhänge der Grausamkeit mit der Sexualität, dem Bemächtigungstrieb, der Aggression und dem Destruktionstrieb auf. Aber die Tatsache, die Schopenhauer so eindringlich darstellt, daß der Mensch das Zufügen von Leid als Lustquelle empfindet, bleibt erschreckend, darüber helfen alle psychoanalytischen oder verhaltenstheoretischen Versuche, die Grausamkeit zu erklären, nicht hinweg. Das gegensätzliche Pendant zur Grausamkeit ist nun aber das Mitleid. Auch das Mitleid hat es wie die Grausamkeit mit der Unmittelbarkeit des Leidens zu tun. Und auch das Mitleid meint nicht den anderen als besondere Person, sondern den Leidenden als Leidenden. Im Mitleiden werden, wie Schopenhauer sagt, die Schranken der Ichheit, des Selbstbezuges und des Egoismus aufgehoben. Die unmittelbare Identifizierung mit dem anderen ist nach Schopenhauer das Geheimnis des Mitleidens. Und das besagt: Durch das Mitleiden ist eine allgemeine Sympathie mit allem Lebendigen möglich.

Ich habe – das sei zum Abschluß dieses Hinweises auf die Instanzen der Ethik angemerkt – gerade auf Vernunft und Mitleid, zwei sehr verschieden strukturierte ethische Grundeinstellungen, hingewiesen, um anzudeuten, wie groß die Spannweite der Möglichkeiten eines zeitgemäßen ethischen Engagements sein kann und sein muß. Alle diese Instanzen sind für uns aber keine Selbstwerte im Sinn einer reinen Gesinnungsethik. Sie sind die *unerläßlichen Grundbedingungen,* denen sich ein Handeln zu unterstellen hat, das die zwischenmenschlichen Bezüge zu verbessern bestrebt ist. Aber – das ist die andere Seite dieses Sachverhaltes – eine solche Verbesserung muß zugleich immer auf die *realen Chancen* hin betrachtet werden. Das kann nur geschehen durch die sachliche Diskussion der möglichen Mittel und Wege, die uns für eine solche Optimierung gegenwärtig zur Verfügung stehen. Über diese Mittel klärt uns in unserer verwissenschaftlichten Welt aber, wie ich schon darlegte, in hohem Maße nur die Wissenschaft auf. Ja noch mehr: Auch die Umsetzung der ethischen Einstellung in Realität ist heute weitgehend nur mit Hilfe der Wissenschaft möglich. Aber zugleich gilt es doch, nicht der Wissenschaft blind zu vertrauen. Der technologische Trend hat es mit sich gebracht, daß heute weithin die Rationalität als Selbstwert angesetzt wird. Hier ist die Überzeugung leitend: Wenn wir nicht emotional und irrational, sondern rational und planend vorgehen, dann muß sich alles zum Besseren wenden. Das ist leider nicht zutreffend. Daß Rationalität kein eindeutig positiver Wert ist, das zeigt sich vielfach; sehr viele Maßnahmen der Nazis, auch Auschwitz, waren rational durchgeplant. Wie problematisch das Verhältnis von Rationalität und ethischer Einstellung ist, das wird – dies nur am Rande – oft sehr deutlich in Diskussionen über Probleme des menschlichen Zusammenlebens. Aus Scheu vor großen Worten und persönlich klingenden Äußerungen oder schlicht aus Angst, als Moralist zu erscheinen, sucht man sich hinter sogenannten rein rationalen Argumenten zu verschanzen, auch dann, wenn es offensichtlich um ethische und politische Entscheidungen geht.

Ich darf diesen Hinweis auf die Schwierigkeiten, die entstehen, wenn man bemüht ist, die ethische Einstellung im Alltag zu aktualisieren, durch eine kurze Erläuterung eines Unterschiedes abschließen, der mir für die Diskussion der ethischen und der sozialen Problematik in der Gegenwart sehr wichtig zu sein scheint. Das ist der *Unterschied von Nahhorizont und Fernhorizont.*

Es ist ein bekanntes Phänomen, das in der Soziologie seit jeher diskutiert wird, daß man sich anders verhält, wenn man mit jemandem von Angesicht zu Angesicht umgeht in kleinen Gruppen, als wenn man sich in Großgruppen auf abstrakte Partner bezieht. Der Nahhorizont, so läßt sich der Sachverhalt darlegen, ist der relativ enge und relativ abgeschlossene Gesichtskreis, der durch die Ordnung der Primärgruppen bestimmt wird. Der Fernhorizont dagegen ist der offene Gesichtskreis, der durch die Ordnung der Sekundärgruppen gebildet wird. Zwischen Fernhorizont und Nahhorizont waltet eine Dialektik. Der Fernhorizont kann weitgehend nur vom Nahhorizont her, d. h. der Kleingruppe, bestimmt werden. Dies bedeutet aber, daß man aus dem Nahhorizont herauszutreten und sich um die Formierung der großen Gruppengebilde zu bemühen versucht. Von der Gestaltung der großen Gruppen hängt aber wiederum das Schicksal der kleinen Gruppen ab. Kleingruppen sind nicht, wie manche Soziologen glauben, in sich konstante und unabhängige Gebilde.

Für unseren Zusammenhang ist es nun wichtig, sich klarzumachen, daß das Verhalten in diesen beiden Horizonten unter dem Aspekt der Verantwortung zu spezifizieren ist. Die Verantwortung im alltäglichen Umgang mit dem Nächsten, d. h. die Verantwortung im Nahhorizont, spielt sich weitgehend auf der Grundlage der Gegenseitigkeit ab. Verantwortung ist hier wesentlich Antwortverhalten, und dieses wird primär im und durch den Umgang selbst erlernt. Natürlich ist auch hier der eigene Einsatz wesentlich, aber doch nicht in dem Maße, wie es bei der

Verantwortung im Fernhorizont der Fall ist. Hier ist es erfordert, daß ich mich selbst allererst „aufrufe", d. h., hier muß ich mich selbst als aktiven Teilnehmer ins Spiel bringen. Ich werde hier ja nicht wie im Alltag durch andere Personen, denen gegenüber ich mich zu verantworten habe, zum Antwortverhalten unmittelbar genötigt. Im Fernhorizont wird Verantwortung, eben weil der unmittelbare Personenbezug nicht relevant ist, unbestimmt und dennoch oder gerade darum so außerordentlich belastend und bedrückend.

Die Unterschiede eines verantwortlichen Verhaltens im Nah- und Fernhorizont zeigen sich deutlich, wenn man einmal vom *Aspekt der Planung* ausgeht. Planung im Nahhorizont geschieht, wenn ich so sagen darf, in unthematischer Weise, eben in der Form einer unmittelbaren Auseinandersetzung und eines unmittelbaren Frage- und Antwortverhaltens. Planung im Fernhorizont, etwa in Politik und Wirtschaft, ist ein viel problematischeres Unternehmen, nicht nur der Form nach – Planen setzt hier Organisationen und Institutionen voraus –, sondern auch in bezug auf die inneren Voraussetzungen der Planung. Der allgemeine Wille zu einer Gesamtplanung wird hier ständig unterlaufen durch den Eigenwillen. Man denke an den Egoismus der reichen Völker. Die technische Verzahnung zur Welteinheit ist viel weiter gediehen als der Wille zu einem gewissen Ausgleich zwischen armen und reichen Ländern. Daß gerade die Planung in unterentwickelten Ländern dringlich und zugleich außerordentlich schwierig ist, ist aber offensichtlich. Man denke an Indien als Beispiel; dort ist der Wille zur Planung kaum vorhanden auf Grund veralteter Traditionen, obwohl die Notwendigkeit der Planung nicht zu bezweifeln ist.

Ich kann auf diese Probleme hier nicht näher eingehen. Der Hinweis auf die Differenz von Nahhorizont und Fernhorizont sollte ein Doppeltes verdeutlichen. Einmal: Wenn man heute das Thema der Ethik aufgreift, dann darf man nicht abstrakte Schemata entwerfen, sondern muß sich bemühen, möglichst nah an die wirklichen Probleme unserer Zeit heranzukommen. Und sodann: Gerade wenn man dies versucht, zeigt sich, daß es heute keine Dimension gibt, die wir aus unseren Überlegungen zur Ethik aussparen können: Die Verantwortung ist universal geworden.

Walter Kaufmann, Discovering the Mind, volume II: Nietzsche, Heidegger, and Buber, New York et al.: McGraw-Hill Book Company 1980. Daraus Teil I: Kierkegaard and Schopenhauer, Abschnitt (9): Schopenhauer as a psychologist, (10): Schopenhauer on insanity and repression, und (11): Eduard von Hartmann and Carl Gustav Carus, a. a. O., S. 31–43. Aus dem Amerikanischen übersetzt von Jörg Salaquarda.

SCHOPENHAUERS BEITRAG ZUR ERFORSCHUNG DER PSYCHE*

Von Walter Kaufmann

„Einige werden posthum geboren", schrieb Nietzsche in ›Ecce homo‹.[1] Auf Kierkegaard und auf ihn selbst traf das zu, aber nicht auf Schopenhauer, der zwar lange unbeachtet blieb, aber doch noch zu Lebzeiten berühmt und einflußreich wurde. Einige seiner Gedanken trugen zur Ausbildung des kulturellen Klimas bei, in dem Nietzsche und Freud die Tiefenpsychologie entwickelt haben. Diese beiden haben ihm Anerkennung gezollt, ebenso wie Wagner und Thomas Mann.

In Ellenbergers Buch über die Geschichte der Tiefenpsychologie[2] wird Schopenhauer wenigstens erwähnt;[3] aber es kennzeichnet das Buch, daß Ellenberger eine knappe Seite (208f.) genügt, um Schopenhauers Beiträge zur Tiefenpsychologie darzustellen. Überdies besteht seine Darstellung etwa zur Hälfte aus Zitaten, die vor allem die Bedeutung des Sexualtriebs unterstreichen. Mir scheinen andere Zitate, aus dem vierten Buch von Schopenhauers Hauptwerk ›Die Welt als Wille und Vorstellung‹[4], besser geeignet zu sein, weil sie auch den Kontext

* Diese Überschrift stammt vom Übersetzer; die Numerierung und die Zwischentitel der Abschnitte sind in der Übersetzung weggelassen.

[1] ›Warum ich so gute Bücher schreibe‹, 1: Kritische Studienausgabe, hrsg. von M. Montinari, Berlin (de Gruyter) und München (dtv), 1980, Bd. 6, 167.

[2] Henri F. Ellenberger, The Discovery of the Unconscious: The History and Evolution of Dynamic Psychiatry, New York 1970.

[3] Im Unterschied zu Kierkegaard, der nicht einmal im Register dieses umfangreichen Buchs aufscheint; vgl. dazu W. Kaufmann, Discovering the Mind, vol. II: Nietzsche, Heidegger, and Buber, New York et al. (McGraw-Hill), 1980, 18.

[4] Die erste Auflage erschien 1819; die zweite, gründlich überarbeitete und dem Umfang nach verdoppelte Auflage ließ Schopenhauer 1844 in zwei Bänden erscheinen.

seiner Ausführungen über den Sexualtrieb erkennen lassen. Dabei wird deutlich, daß Schopenhauer der Position Freuds bei weitem nicht so nahe gekommen ist, wie die Leser von Ellenbergers Buch vermuten könnten.

Als Ding an sich ist der Wille des Erzeugers und des Erzeugten nicht verschieden; da nur die Erscheinung, nicht das Ding an sich, dem *principio individuationis* unterworfen ist. Mit jener Bejahung über den eigenen Leib hinaus, und bis zur Darstellung eines neuen, ist auch Leiden und Tod, als zur Erscheinung des Lebens gehörig, aufs Neue mitbejaht ...

Als die entschiedene, stärkste Bejahung des Lebens bestätigt sich der Geschlechtstrieb auch dadurch, daß er dem natürlichen Menschen, wie dem Thier, der letzte Zweck, das höchste Ziel seines Lebens ist. Selbsterhaltung ist sein erstes Streben und sobald er für diese gesorgt hat, strebt er nur nach Fortpflanzung des Geschlechts: mehr kann er als bloß natürliches Wesen nicht anstreben.[5]

Ellenbergers Darstellung enthält folgende Passage:

"Man is incarnate sexual instinct, since he owes his origin to copulation and the wish of his wishes is to copulate." Sexual instinct is the highest affirmation of life, "the most important concern of Man and animal" ... "In conflict with it, no motivation, however strong, would be sure of victory" ...[6]

Die Kompilation dieser drei kurzen Stücke, in denen die Wörter 'sexuell' und 'Kopulation' gehäuft auftreten, führt in die Irre. Der Leser muß den Eindruck bekommen, Schopenhauer habe sich viel weiter vorgewagt, als es tatsächlich der Fall ist. Wie das Zitat aus dem § 60 des Hauptwerks zeigt, verwendet Schopenhauer das Wort 'Geschlecht' nicht allein in der Bedeutung von „Sexualität", sondern auch von „Art". Es kommt ihm in der Tat vor allem darauf an, den „Geschlechtstrieb" als einen *Art*trieb zu erweisen, und zwar in einem doppelten Sinn: er ist nicht individuiert, nichts Individuelles, sondern etwas, was der Art ge-

[5] W I, § 60: WW II, 387f., 389.

[6] A. a. O., 209 nach W II, Kap. 42: WW III, 587f.: „Der Mensch ist konkreter Geschlechtstrieb; da seine Entstehung ein Kopulationsakt und der Wunsch seiner Wünsche ein Kopulationsakt ist." Der Geschlechtstrieb ist die höchste Bejahung des Lebens, „die wichtigste Angelegenheit für Mensch und Tier" ... „Im Konflikt mit ihm ist kein Motiv so stark, daß es des Sieges gewiß wäre."

meinsam ist, und sein Zweck ist die Fortpflanzung der Art. Man ist versucht, ihn als etwas bloß Biologisches zu verstehen, was allerdings deswegen nicht trifft, weil Schopenhauer, unter dem Einfluß von Kant, den Trieb als etwas Metaphysisches aufgefaßt hat; er hielt ihn für etwas, das der bloßen Erscheinung zugrunde liegt und nichts Geringeres ist als ein Ausdruck des Dings an sich.

Um zu verdeutlichen, wie wenig „Geschlecht" in diesem Sinne mit dem zu tun hat, was Freud mit den Worten „Sexualität" und „sexuell" zu fassen suchte, wobei er absichtlich gerade diese provozierenden Wörter benutzt hat, sei daran erinnert, daß Lessing die kleine Abhandlung, in der er seine Geschichtsphilosophie darlegte, ›Die Erziehung des Menschengeschlechts‹ (1780) genannt hat. 'Menschengeschlecht' heißt hier nichts anderes als 'Menschheit' oder 'menschliche Rasse'. Und wenn Goethes Iphigenie König Troas über ihre Herkunft berichtet, tut auch sie es mit den Worten:

Vernimm! Ich bin aus Tantalus Geschlecht.[7]

Aber es wäre trotzdem töricht, zu bestreiten, daß Schopenhauer einen bedeutenden Schritt in Richtung Tiefenpsychologie getan hat. Es ist allgemein bekannt, daß er den jungen Nietzsche beeinflußt hat, und auch Freud hat Schopenhauer reichlich Anerkennung gezollt. In meinem Buch wird Schopenhauer behandelt, weil ihm in der Tat ein Platz in der Geschichte der Entdeckung der Psyche zukommt. Aber ich meine, daß sein Beitrag zu diesem Thema nicht von gleichem Gewicht ist wie der Hegels;[8] daß seine Nähe zu Freud verschiedentlich übertrieben dargestellt worden ist, und daß er nicht als „großer Psychologe" vom Rang eines Nietzsche oder Freud gelten kann.

Gewiß müssen wir auch auf Freuds Anerkennung für Schopenhauer eingehen, die er 1917 in dem kleinen Essay ›Eine Schwierigkeit der Psychoanalyse‹ veröffentlicht hat.[9] Freud spricht darin von dem schweren

[7] ›Iphigenie auf Tauris‹, 1. Aufzug, 3. Auftritt.

[8] Vgl. den ersten Band meiner Trilogie ›Discovering the Mind: Goethe, Kant, and Hegel‹, New York et al. (McGraw-Hill), 1979 und meinen ›Hegel: A Reinterpretation‹ (Anchor Books), 1966.

[9] Gesammelte Werke, hrsg. von A. Freud et al. (Imago), Bd. XII, London 1947, 12.

Schlag, den bestimmte Behauptungen der Psychoanalyse dem menschlichen Selbstgefühl versetzt haben, um dann fortzufahren:

Beeilen wir uns aber hinzuzufügen, daß nicht die Psychoanalyse diesen Schritt zuerst gemacht hat. Es sind namhafte Philosophen als Vorgänger anzuführen, vor allem der große Denker *Schopenhauer,* dessen unbewußter „Wille" den seelischen Trieben der Psychoanalyse gleichzusetzen ist. Derselbe Denker übrigens, der in Worten von unvergeßlichem Nachdruck die Menschen an die immer noch unterschätzte Bedeutung ihres Sexualstrebens gemahnt hat. Die Psychoanalse hat nur das eine voraus, daß sie die beiden dem Narzismus so peinlichen Sätze von der psychischen Bedeutung der Sexualität und von der Unbewußtheit des Seelenlebens nicht abstrakt behauptet, sondern an einem Material erweist, welches jeden einzelnen persönlich angeht und seine Stellungnahme zu diesem Problem erzwingt. Aber gerade darum lenkt sie die Abneigung und die Widerstände auf sich, welche den großen Namen des Philosophen noch scheu vermeiden.

Die Anerkennung für Schopenhauer, die Freud hier gegen Ende seines Essays zum Ausdruck bringt, ist übertrieben. Sie gehört in die Reihe seiner gar nicht so seltenen Äußerungen, in denen er zwar weder seine Kritik abmilderte noch sich so weit erniedrigte, daß er die Dinge nicht beim rechten Namen genannt hätte; in denen er aber durch die Behauptung, daß einige weithin bewunderte und geachtete Autoren vor ihm schon fast dasselbe gesagt hätten, den Schlag ein wenig milderte. In der Regel beruft er sich in derartigen Fällen auf Dichter und Schriftsteller. Aber was er zu Ende des zitierten Texts sagt, ist scharfsinnig. Im allgemeinen nimmt niemand Anstoß, wenn von einem Dichter oder Schriftsteller etwas gesagt wird, ja nicht einmal dann, wenn ein Philosoph, eher nebenhin, eine mehr oder minder dogmatische Behauptung aufstellt. Aber alle Welt zeigt sich entrüstet, wenn jemand einen Beweis führt bzw. Gründe beibringt, die es nicht länger erlauben, eine bloß ästhetische Haltung zu der Sache einzunehmen und bloß den Witz oder die Tiefe des Autors zu bewundern. Viele Leute bersten geradezu vor Ressentiment, wenn sie sich dazu gedrängt fühlen, liebgewordene Meinungen zu ändern. Sie schlagen mit simplen *ad-hominem* – Argumenten zurück und verunglimpfen den, durch den sie sich herausgefordert sehen . . .

Schopenhauers Lehre vom Ding an sich ist von weiten Kreisen nie wirklich ernst genommen worden. Man sah darin eine etwas seltsame Konsequenz aus der Lehre Kants, etwas bloß Ästhetisches. Ganz ähnlich hielt man es mit Schopenhauers Bemerkungen über den „Geschlechtstrieb“. Als Schopenhauers Philosophie in den fünfziger Jahren des vorigen Jahrhunderts schließlich einen gewissen Einfluß erlangte, wurde vor allem ihr Pessimismus ernst genommen – obwohl noch nicht einmal er eine nennenswerte Zahl von Menschen dazu gebracht haben dürfte, ihre Einstellung zu ändern. Er wirkte vor allem auf Leute, die bereits Pessimisten waren: auf Entmutigte, Enttäuschte und melancholische Jugendliche.

Nirgends ist Schopenhauer der Erstellung einer psychologischen Theorie so nahe gekommen wie mit seinen Überlegungen zum Wahnsinn: zuerst in § 36 der ›Welt als Wille und Vorstellung‹ (1819), dann vor allem in Kapitel 32 des zweiten, im Jahre 1844 hinzugefügten Bandes. Dieses Kapitel, ›Über den Wahnsinn‹, ist das beste, was Schopenhauer als Psychologe hervorgebracht hat. In den beiden folgenden Sätzen ist seine Theorie gut zusammengefaßt:

Die im Texte [des ersten Bandes] gegebene Darstellung der Entstehung des Wahnsinns wird faßlicher werden, wenn man sich erinnert, wie ungern wir an Dinge denken, welche unser Interesse, unsern Stolz, oder unsere Wünsche stark verletzen, wie schwer wir uns entschließen, Dergleichen dem eigenen Intellekt zu genauer und ernster Untersuchung vorzulegen, wie leicht wir dagegen unbewußt wieder davon abspringen . . . Der obigen Darstellung zufolge kann man also den Ursprung des Wahnsinns ansehen als ein gewaltsames „Sich aus dem Sinn Schlagen“ irgend einer Sache, welches jedoch nur möglich ist mittelst des „Sich in den Kopf setzen“ irgend einer andern.[10]

Schopenhauer räumt danach ein, daß gelegentlich, wenn auch seltener, auch das Umgekehrte vorkommt: Man ruft sich unablässig die Gelegenheit ins Bewußtsein, die die Verrücktheit herbeiführte und weigert sich, einen anderen Gedanken in sein Bewußtsein eintreten zu lassen, „am wenigsten ein[en] ihm entgegenstehende[n]“.

Freud bemerkt in dem Essay ›Zur Geschichte der psychoanalytischen Bewegung‹ (1914):

In der Lehre von der Verdrängung war ich sicherlich selbständig, ich weiß von keiner Beeinflußung, die mich in ihre Nähe gebracht hätte, und ich hielt diese Idee auch lange Zeit für eine originelle, bis uns O. *Rank* die Stelle in *Schopenhauers* ›Welt als Wille und Vorstellung‹ zeigte, in welcher sich der Philosoph um eine

[10] WW III, 457f.

Erklärung des Wahnsinns bemüht.[11] Was dort über das Sträuben gegen die Annahme eines peinlichen Stückes der Wirklichkeit gesagt ist, deckt sich so vollkommen mit dem Inhalt meines Verdrängungsbegriffes, daß ich wieder einmal meiner Unbelesenheit für die Ermöglichung einer Entdeckung verpflichtet sein dürfte. Indes haben andere die Stelle gelesen und über sie hinweggelesen, ohne diese Entdeckung zu machen, und vielleicht wäre es mir ähnlich ergangen, wenn ich in früheren Jahren mehr Geschmack an der Lektüre philosophischer Autoren gefunden hätte.[12]

Mit dem nächsten Satz wendet Freud sich Nietzsche zu, aber seine Beziehung zu diesem wird uns erst später beschäftigen. Seine Beziehung zu Schopenhauer läßt sich schwerlich besser kennzeichnen, als er selber es in diesem Zitat getan hat. Aber hier ist noch nicht Freud unser Thema, sondern Schopenhauer, der wohl ein paar scharfsinnige psychologische Einsichten hatte, aber nicht in demselben Maße Psychologe gewesen ist wie etwa Kierkegaard oder Dostojewski. Allem Anschein nach konnte er nur in sehr beschränktem Maße auf eigene Erfahrungen zurückgreifen; zumeist hat er sich auf Literatur und Dichtung gestützt. Nachdem sich Schopenhauer in der Fassung von 1819 dem Thema Wahnsinn zugewandt hatte, sagte er ausdrücklich:

... die Geschöpfe des ächten Genius, auf welche allein man sich hier als allgemein berufen kann, sind wirklichen Personen an Wahrheit gleich zu setzen.[13]

In dieser ursprünglichen Erörterung des Wahnsinns führt Schopenhauer wiederholt Goethe an. An einer Stelle heißt es:

Besonders lehrreich in dieser Hinsicht ist Goethe's ›Torquato Tasso‹, in welchem er uns nicht nur das Leiden, das wesentliche Märtyrerthum des Genius als solchen, sondern auch dessen stetigen Übergang zum Wahnsinn vor Augen stellt.[14]

Zwei Seiten zuvor, unmittelbar bevor er auf das Thema Wahnsinn zu sprechen kommt, klagt Schopenhauer (in der Fassung der 2. Auflage des 1. Bandes):

[11] Zentralblatt für Psychoanalyse (1911), Bd. I, 69 (Anmerkung Freuds).
[12] Gesammelte Werke, a. a. O., Bd. X (London 1946), 53.
[13] WW II, 228.
[14] WW II, 225.

... noch heute, fast ein halbes Jahrhundert nach dem Erscheinen der Goethe'schen Farbenlehre, [bleiben,] sogar in Deutschland die Neutonischen Flausen ungestört im Besitze der Lehrstühle ...[15]

Und schon davor hatte Schopenhauer bemerkt, man habe Goethe „Mangel mathematischer Kenntniß"[16] vorgeworfen. Er selbst war, wie Goethe, der Meinung, daß man für die Farbenlehre keiner solchen Kenntnis bedürfe. Wie es sich damit auch verhalten mag – bei der Entdeckung der Psyche scheint die Auffassung, daß nur Wissenschaftler respektabel seien und daß Wissenschaft mathematisch sein und Gewißheit, nicht Hypothesen liefern müsse, eher hemmend gewirkt zu haben.

Schopenhauers bedeutendster Beitrag zur Erforschung der Psyche war seine romantische Auffassung vom Ding an sich als blindem, irrationalem Willen. Diese exzentrische metaphysische These, teils aus der Bewunderung für das unaufhörliche Streben von Goethes ›Faust‹ erwachsen, teils aus einer recht zweifelhaften Selbsteinschätzung, bewog andere Denker dazu, dem Unbewußten in uns mehr Aufmerksamkeit zu schenken. So versuchte z. B. Eduard von Hartmann (1842–1906) eine großartige Synthese von Hegel und Schopenhauer zustande zu bringen und nannte dieses sein Hauptwerk ›Philosophie des Unbewußten. Versuch einer Weltanschauung‹ (1869). Trotz des Umfangs von 678 Seiten hatte das Buch immensen Erfolg und wurde elfmal aufgelegt. Ich habe freilich keine Ahnung, wie viele Menschen das Buch ganz und sorgfältig gelesen haben. Es hat den Anschein, als habe von Hartmann nur wenige Anhänger gefunden. Aber wie dem auch sei: Eine große Zahl von Menschen hat von dem Buch zumindest gehört und sein Titel trug dazu bei, das Wort 'das Unbewußte' bekannt zu machen – übrigens nicht nur in Deutschland: 1884 hat W. C. Coupland die neunte Auflage ins Englische übersetzt und in drei Bänden veröffentlicht. Das vielleicht Erstaunlichste an Hartmanns Buch ist, daß es trotz seines Titels so gut wie nichts zur Erforschung der Psyche beigetragen hat.

Als alle Welt von der ›Philosophie des Unbewußten‹ sprach, startete Nietzsche in Abschnitt 9 seiner ›Unzeitgemäßen Betrachtung‹ ›Vom Nutzen und Nachtheil der Historie für das Leben‹ (1874) einen Angriff

[15] WW II, 223.
[16] Ebd.

auf den Autor des Werks. In seiner ersten ›Unzeitgemäßen Betrachtung‹ hatte er sich mit David Friedrich Strauß' Bestseller ›Der alte und der neue Glaube‹ auseinandergesetzt. Er hatte zu zeigen versucht, daß das Buch miserabel sei, daß sein Erfolg dem Geschmack des gebildeten deutschen Publikums ein schlechtes Zeugnis ausstelle und seinen Mangel an Kultur offensichtlich mache. Der Angriff auf Eduard von Hartmann diente im großen und ganzen dem gleichen Zweck. Er läßt sich knapp in der Frage zusammenfassen, wie es nur möglich sei, daß ein derart oberflächlicher Autor ernst genommen werde. Nietzsche behauptet ironisch, der Verfasser selber habe seine langatmigen Ausführungen über den Weltprozeß sicherlich gar nicht ernst gemeint. Auf das Unbewußte geht Nietzsche in seiner Schrift überhaupt nicht ein; statt dessen mokiert er sich über Äußerungen wie die folgende:

Darum rüstig vorwärts im Weltprocess als Arbeiter im Weinberge des Herrn, denn der Process allein ist es, der zur Erlösung führen kann.[17]

In Freuds Werken wird von Hartmann dreimal pflichtschuldig erwähnt – zweimal in der ›Traumdeutung‹ und einmal in der ›Psychopathologie des Alltagslebens‹, wo Freud allerdings nur den Bericht eines anderen Psychologen wiedergibt, der einmal „Dr. Eduard Hartmann" gesagt hatte, als er tatsächlich einen „Dr. Hitschmann" meinte.[18] In diesem Bericht heißt es unter anderem: „Eduard v. Hartmann ist der verhunzte . . . Schopenhauer."

Auch in Ellenbergers ›Die Entdeckung des Unbewußten‹ wird Hartmann keine besondere Aufmerksamkeit geschenkt. Er wird in diesem umfangreichen, fast tausend Seiten starken Buch auf etwa zwanzig Zeilen abgefertigt. Der Schluß dieser Darstellung verdient Beachtung:

Die Hauptbedeutung der ›Philosophie des Unbewußten‹ liegt weniger in ihren philosophischen Theorien als vielmehr in dem reichhaltigen Material, das in dem Buch zur Unterstützung dieser Theorien beigebracht wird. Von Hartmann hat zahlreiche einschlägige Tatsachen über Wahrnehmungen, Gedankenverbindungen, Witz, Gefühlsleben, Trieb, Charakterzüge und persönliches Schicksal ge-

[17] Kritische Studienausgabe, a. a. O., Bd. 1, 315 nach E. v. Hartmann, ›Philosophie des Unbewußten‹, Berlin ²1870, 674.

[18] Gesammelte Werke, a. a. O., Bd. II/III (London 1942), 130f. A und 139; Bd. IV (London 1941), 131.

sammelt; dazu kommt noch Material über die Rolle des Unbewußten in Sprache, Religion, Geschichte und gesellschaftlichem Leben.[19]

Wer sich für den philosophischen Hintergrund des Begriffs des Unbewußten interessiert, der muß sich auch noch mit Leibniz, mit Fichte, mit Schelling (den man mit Carl Gustav Jung vergleichen kann) und vor allem mit Carl Gustav Carus (1789–1869) beschäftigen. Carus war Arzt und Maler, hielt schon 1811 in Leipzig Vorlesungen über Vergleichende Anatomie und wurde 1814 Professor für Medizin an der Universität Dresden. Seine ›Psyche‹ (1846, [3]1860) beginnt mit dem Satz: „Der Schlüssel zur Kenntniß des bewußten Seelenlebens liegt im Bereich des Unbewußten." Carus war stark von Plato, Aristoteles, Goethe und Schelling beeinflußt. Über Goethe hat er mehrere Bücher geschrieben. Ellenberger hat auf etwa einer Seite (207f.) geschickt einige seiner Gedanken zusammengefaßt, ließ dabei aber zweierlei unberücksichtigt, was die ›Encyclopedia of Philosophy‹ in ihrem Artikel über Carus kurz darstellt. Erstens:

Carus' Philosophie war wesentlich aristotelisch, insofern sie die Entfaltung oder Vervollkommnung einer Vorstellung . . . von ungeordneter Vielfalt zu geordneter Einheit nachzeichnete. Carus nannte diese . . . *allgemeine, sich entfaltende Einheit Gott.* Gott ist . . . der Grund des Seins, der sich durch das Werden offenbart. Carus bezeichnete seine Theorie von einer göttlichen bzw. schöpferischen Kraft als „Entheismus".

Das zweite Faktum besteht schlicht darin, daß „Carus' philosophische Schriften so gut wie vergessen waren und erst von dem deutschen Philosophen und Psychologen Ludwig Klages wieder ausgegraben worden sind". In der Tat haben ihn weder Nietzsche noch Freud je in ihren Schriften erwähnt. Dagegen stand Jung Carus ziemlich nahe – er hat ihn mehrfach genannt und 1933/34 in Zürich sogar ein Seminar über ihn veranstaltet. [. . .]

[19] Ellenberger, a. a. O., 210.

Ludger Lütkehaus, Schopenhauer. Metaphysischer Pessimismus und „soziale Frage". Bonn: Bouvier Verlag 1980, S. 50–60.

ZWISCHEN PATHODIZEE UND „PRAKTISCHER MYSTIK"

Von LUDGER LÜTKEHAUS

Im vierten Teil der ›Vorlesung über die gesammte Philosophie‹ glossiert Schopenhauer wie später im zweiten Band des Hauptwerkes die Leibnizische Theodizee: „Den Optimismus hat besonders Leibnitz begründen wollen durch seine Theodicee: ein Argument das er häufig wiederholt zur Rechtfertigung der Uebel in der Welt, ist, daß ein Uebel oft Ursache eines Gut(es) wird: davon giebt sein eig(nes) Buch ein Exempel: denn an sich ist es schlecht: aber das größte Verdienst dieses Buchs ist daß es später den großen Voltaire veranlaßte seinen unsterblichen Roman Candide ou l'Optimisme zu schreiben."[1] Schopenhauers Tonfall scheint gegen den Ernst der Sache zu sprechen; doch der Zusammenhang macht klar, daß hier ein höchst bitterer Sarkasmus das ruchlose „Enkomium dieser Welt", diesen „Hohn über die namenlosen Leiden der Menschen", trifft. Daß Tausende irgendwann oder anderswo „in Wonne lebten, höbe nicht die Todesmarter und Angst eines Einzigen" hier und jetzt auf.[2] Kein „Glück eines Individuums" kann „das Leiden eines andern" kompensieren;[3] kein Übel kann durch seine postumen Folgen gerechtfertigt werden; keine „List der Vernunft" wendet hinter dem Rücken der Handelnden und Leidenden alles zum Besten.[4] Angesichts des einmal erlittenen und fortan nicht mehr

[1] DX, S. 442 und W II, S. 669; zur Auseinandersetzung Schopenhauers mit Leibniz und dem Problem der Theodizee im Zusammenhang der Tradition vgl. Hübscher, Denker gegen den Strom. Schopenhauer: gestern – heute – morgen. Bonn 1973, S. 169ff.

[2] HN III, S. 641.

[3] HN III, S. 651.

[4] Vgl. dazu Max Horkheimer: Schopenhauer und die Gesellschaft, Schopenhauer-Jahrbücher 36 (1955) [= 36. Jg.], S. 52; ders.: Die Aktualität Schopenhauers. In: 42. Jb. 1961, S. 12–25, hier S. 14, 19 und 24; Alfred Schmidt: Die

hinwegzudiskutierenden persönlichen Leidens mißlingen „alle philosophischen Versuche in der Theodicee".

Trotzdem entwirft auch Schopenhauer noch eine Art von Theodizee, die er in den frühen Manuskriptbüchern die *„ächte"* oder *„wahre Theodicee"*[5] nennt; allerdings wäre diese „Theodicee", die keinen Gott mehr entlastet, sondern nur eine „Rechtfertigung der Leiden der Menschheit"[6] versucht, richtiger als „Pathodizee" zu bezeichnen. Diese zielt auf zweierlei: Sie will die scheinbare Ungerechtigkeit des Leidens und der Leidensverteilung auflösen;[7] und sie findet den Sinn des Leidens selber in seiner Bedeutung für die Erreichung des Weltzweckes: die Selbsterkenntnis und Verneinung des Willens. Beide Wege berühren sich engstens mit der Aufhebung des „principii individuationis". Hier kommt es auf den Zusammenhang mit der „sozialen Frage" an. – Wenn es für den Willen als das „Ding an sich" wesentlich gleichgültig ist, „ob er sich in Millionen oder in *einer* Erscheinung offenbart",[8] dann läßt das grundsätzlich zwei Schlußfolgerungen zu: Die einzelne Erscheinung kann bedeutungslos werden, ihr Bestehen oder Vergehen, ihr Leben oder Tod. Auf diesem Standpunkt steht für Schopenhauer die Natur, wenn ihr das Einzelwesen nur in seiner Bedeutung für die Gattung wichtig ist;[9] auf einem ähnlich gleichgültigen Standpunkt steht aber auch eine metaphysisch orientierte Praxis, wenn, wie in der ›Bhagavadgita‹, der vermeidbare Kriegstod vieler Tausender akzeptiert wird, weil es doch nur um Scheingestalten der Maja geht.[10] Kann die Aufhebung des „principii individuationis" so zum Ausgangspunkt eines gesellschaftlichen und geschichtlichen Indifferentismus werden, für den in

geistige Physiognomie Max Horkheimers. Einleitung zu: Max Horkheimer: Notizen 1950–1969. Dämmerung. Notizen in Deutschland. Hrsg. von W. Brede, Frankfurt a. M. 1974, S. XIX–LXX, hier S. XXVII; Johannes Vandenrath: Pessimismus und Marxismus. In: 58. Jb. 1977, S. 15–29, hier S. 28.

[5] HN I, S. 106, 181 und 339.

[6] P II, S. 342.

[7] Vgl. dazu Hans Zint: Das Religiöse bei Schopenhauer. In: 17. Jb. 1930, S. 3–75; hier S. 49.

[8] HN I, S. 232.

[9] W I, S. 325, 389 u. ö.

[10] W I, S. 335.

der „Welt der Erscheinung (...) so wenig wahrer Verlust als wahrer Gewinn möglich" ist,[11] so zieht Schopenhauer doch die umgekehrte Schlußfolgerung vor: Gerade weil der Wille nur einer ist, ist er auch in jeder seiner Erscheinungen ganz gegenwärtig.[12] So lautet die Wendung, die Schopenhauer im ›Quartant‹ dem Problem in bezug auf ein Naturbeispiel gibt, bezeichnenderweise so: „Der Wille ist *magisch*, Millionen Erscheinungen einer Art kosten ihn nicht mehr als eine: darum zerstöre getrost die Knospe des Baums, Millionen andre sind bereit: – aber halt! in jeder Knospe die du zerstörst leidet der ganze Wille zum Leben."[13] – Unmittelbarere soziale Bedeutung erhält die Aufhebung des „principii individuationis" dort, wo Schopenhauer in Verbindung mit den Gegensätzen von Lust und Qual, Gut und Böse auch gesellschaftliche Gegensätze thematisiert: Solange der Mensch in der Welt als Vorstellung verharrt, sieht er „den Unterdrückten ein Leben voll Leiden bis an's Ende schleppen, ohne daß sich ein Rächer, ein Vergelter zeigte";[14] da erscheint ihm, getrennt durch Raum und Zeit, „dieser Mensch als Peiniger und Mörder, jener als Dulder und Opfer (...) Er sieht den Einen in Freuden, Überfluß und Wollüsten leben, und zugleich vor dessen Thüre den Andern durch Mangel und Kälte quaalvoll sterben."[15] Selber kann der auf diesem Standpunkt verharrende Mensch bei der Bejahung des eigenen Willens den fremden entweder respektieren oder bis zu dessen Verneinung gehen. Faßt er aber mit dem „großen Wort" der Chandogya-Upanishad: „Tat twam asi!"[16], daß er selber der andere ist, dann

[11] HN I, S. 415.

[12] Ernst Bloch hat bei seiner Kritik an Schopenhauers „Entwertung des menschlichen Schauplatzes" (Das Prinzip Hoffnung. Frankfurt a. M. 1974, S. 928) diesen Aspekt nicht berücksichtigt.

[13] HN III, S. 195.

[14] W I, S. 418.

[15] W I, S. 416.

[16] W I, S. 420, 442 u. ö.; zu Schopenhauers Verhältnis zu den Religionen Asiens vgl. besonders Max F. Hecker: Schopenhauer und die indische Philosophie. Köln 1897; Franz Mockrauer: Schopenhauer und Indien. In: 15. Jb. 1928, S. 3–26; Heinrich Zimmer: Schopenhauer und Indien. In: 25. Jb. 1938, S. 266–273; Helmuth von Glasenapp: Schopenhauer und Indien. In: 36. Jb. 1955, S. 32–48; ders.: Die Weisheit Indiens bei Schopenhauer und in der neueren Forschung. In: 42. Jg. 1961, S. 52–60; Paul Hacker: Schopenhauer und die

erkennt er auch, daß „an sich" kein Unterschied zwischen Unterdrükker und Unterdrücktem, Quäler und Gequältem,[17] Darbendem und Schwelgendem oder auch Ausbeuter und Ausgebeutetem besteht: Es bleibt für Schopenhauer nur das universelle Leiden und, wenn man dem Bericht seines französischen Gesprächspartners Frédéric Morin Glauben schenken darf[18], die universelle „exploitation"[19]. Jeder begrenzte gesellschaftliche Standpunkt muß in dieser Perspektive borniert und wahnhaft erscheinen. Für den Konflikt sozialer Interessen oder gar für den Klassenkampf bleibt kein Raum, keiner für irgendeine Form von sozialer Empörung. Dem Konzept der „ewigen Gerechtigkeit" zufolge,[20] das mit dem „principium individuationis" den Unterschied zwischen Tat und Straffolge aufhebt, irrt der Gequälte, „indem er sich der Schuld nicht theilhaft glaubt"[21]. Ist es grundsätzlich schon so, daß jedes Wesen mit dem „strengsten Rechte (. . .) das Daseyn überhaupt" trägt, „sodann das Daseyn seiner Art und seiner eigenthümlichen Individualität, ganz wie sie ist und unter Umgebungen wie sie sind, in einer Welt so wie sie ist", weil alles aus dem an sich freien Willen ist, so fügt die „ewige Gerechtigkeit" dem noch hinzu: Wären die Menschen „nicht, im Ganzen genommen, nichtswürdig; so würde ihr Schicksal, im Ganzen genommen, nicht so traurig seyn."[22] In diesem Sinn ist „die Welt selbst" – nicht die Weltgeschichte oder die Beendigung der „Vor-Geschichte" –

Ethik des Hinduismus. In: Saeculum 12/1961, S. 366–399; Hübscher, a. a. O., S. 49ff., 181 und 208; ders.: Schopenhauer und die Religionen Asiens. In: 60. Jb. 1979, S. 1–16.

[17] W I, S. 416ff.; HN I, S. 403, 471 u. ö.

[18] Vgl. aber Georges Codino: Schopenhauer et Frédéric Morin. In: 33. Jb. 1949/1950, S. 112f.; Gespr., S. 337ff.

[19] Gespr., S. 334; dazu Norbert Leser: Schopenhauer und Lenin. In: 58. Jb. 1977, S. 1–14, hier S. 4.

[20] Vgl. dazu Johannes Volkelt: Arthur Schopenhauer. Seine Persönlichkeit, seine Lehre, sein Glaube. Stuttgart 1900, [5]1923, S. 262ff.; Georg Simmel: Schopenhauer und Nietzsche. Ein Vortragszyklus. München und Leipzig [2]1920 S. 100ff.; Heinrich Hasse: Schopenhauer. München 1926, a. a. O., S. 349ff.; Bernhard Heidtmann: Pessimismus und Geschichte in der Philosophie Schopenhauers. Diss. Berlin 1969, S. 81ff.

[21] W I, S. 419.

[22] W I, S. 415; ebenso P II, S. 320; HN I, S. 108.

„das Weltgericht".[23] Schließt Schopenhauer im ›Quartant‹ noch von der Schlechtigkeit der Menschen auf ihr Leiden,[24] so heißt es im zweiten Band der ›Parerga‹, daß wir „an Dem, was wir leiden, erkennen was wir verdienen"[25]. Unverschuldetes Leiden gibt es für diese *moralische* Pathodizee nicht. Zwar verbietet es die Tatsache, daß es um Menschenwert und Menschenschicksal „im Ganzen genommen" geht, in dieser moralischen Pathodizee ein individuelles Urteil zu sehen, das für die Wesen, welche nicht wissen, „wie sie ihre Quaal verschuldet haben",[26] zum Leiden noch den Schuldspruch hinzufügte;[27] andererseits spricht sich der Mythos, in dem Schopenhauer das volksmetaphysische Bild der „ewigen Gerechtigkeit" erblickt, in eben diesem Sinne aus: Wenn der „Mythos von der Seelenwanderung" lehrt, daß „böser Wandel ein künftiges Leben, auf dieser Welt, in leidenden und verachteten Wesen nach sich zieht, daß man demgemäß sodann wieder geboren wird in niedrigeren Kasten, (...) als Paria oder Tschandala",[28] so lehrt er damit auch, daß eine verachtete und leidende soziale Existenz nur der Schuldspruch über das verflossene Leben ist – genauso wie eine sozial privilegierte Stellung nur die Gratifikation für „bedeutende Verdienste, in einem vorhergegangenen Leben"[29] darstellt. Dieser Mythos hat zwar den Vorzug, die Ungleichheit der mit der Geburt vorgegebenen Ausgangsbedingungen, die einer lebensimmanenten Betrachtung nur ungerecht erscheinen kann, zu erklären;[30] gesellschaftlich gesehen droht aber der

[23] Vgl. Bernhard Heidtmann, a. a. O., S. 90; Carl A. Raschke: Schopenhauer on the Delusion of Progress. In: 58. Jb. 1977, S. 73–86, hier S. 76.

[24] HN III, S. 227.

[25] P II, S. 242; zur Gleichsetzung von „Sein" und „Schuldsein" Jan Garewicz: Schopenhauer und die Stellung des Menschen im All. In: 58. Jb. 1977, S. 92–94, hier S. 93.

[26] W I, S. 421.

[27] Vgl. Hans Zint: Das Religiöse bei Schopenhauer, a. a. O., S. 46f.; anders Rudolf Neidert: Die Rechtsphilosophie Schopenhauers und ihr Schweigen zum Widerstandsrecht. Diss. Tübingen 1966, S. 177f.

[28] W I, S. 420; P II, S. 244 und 425.

[29] P II, S. 426.

[30] Vgl. P II, S. 250; dazu auch Max Horkheimer: Bemerkungen zu Schopenhauers Denken im Verhältnis zu Wissenschaft und Religion. In: Von der Aktualität Schopenhauers. FS zum 75. Geburtstag A. Hübschers (53. Jb. 1972),

Gedanke der Gerechtigkeit in Rechtfertigung umzuschlagen und dem sozialen Kastensystem den mythischen Segen zu spenden.[31]

Allerdings wahrt Schopenhauer hier eine gewisse Distanz: Nicht umsonst versteht er in den „Cogitata“ den „*Buddhaismus*“ als einen „von den tollen Mährchen der Indischen Mythologie, wie vom Kastenwesen geläuterten *Hinduismus*;[32] und in der Deutung des Seelenwanderungs-Mythos selber betont er dessen vorwärtsgewandten Aspekt[33]: die Lehre, keinerlei Leiden „im Leben über andere Wesen“ zu verhängen, weil „genau (...) die selben Leiden“ in einem folgenden Leben „wieder abgebüßt werden müssen“.[34] Sensu proprio gesagt: Auch der Quäler irrt, „indem er sich der Quaal (...) nicht theilhaft glaubt“.[35] Der Wille, der in der egoistischen Bejahung des eigenen Leibes bis zur Verneinung des fremden geht, schlägt die Zähne immer nur in das eigene Fleisch.[36] Die Bosheit, der das fremde Leiden zur Quelle des eigenen Genusses wird, ist eigentlich Masochismus.[37] Im Mitleiden hingegen löst sich der Wahn des „principii individuationis“ gleichermaßen theoretisch wie praktisch auf. Das „Ich“ identifiziert sich mit dem „Nicht-

S. 71–79, hier S. 72; Heinrich von Stietencron: Vedische Religion und Hinduismus. In: 60. Jb. 1979, S. 17–30, hier S. 28.

[31] Zu diesem Problem vgl. Theodor Schwarz: Sein, Mensch und Gesellschaft im Existentialismus. Mit zwei Arbeiten über Schopenhauer und Nietzsche. Vorwort von R. Steigerwald. Frankfurt a. M. 1973, hier S. 41; Hans Werner Gensichen: Christentum im Orient. In: 60. Jb. 1979, S. 117–124, hier S. 124.

[32] HN IV (1), S. 34; vgl. auch GBr, S. 358.

[33] Vgl. dazu Kuno Fischer: Schopenhauers Leben, Werke und Lehre (= Geschichte der neuern Philosophie, 9. Bd.). Heidelberg 1893, ^{2}1898, S. 425ff.; Heinrich Hasse, a. a. O., S. 353f., und besonders Heinrich von Stietencron: Moral im zyklischen Denken: Die Auswirkung der Wiedergeburtslehre auf soziale Werte und Normen. In: Religion und Moral. Hrsg. von Burkhard Gladigow. Düsseldorf 1976, S. 118–135, S. 127f.

[34] W I, S. 420; W. II, S. 690 u. ö.

[35] W I, S. 419.

[36] W I, S. 418f.; HN I, S. 403ff. und 424.

[37] Vgl. Heinz-Joachim Heydorn: Mitleid und Erkenntnis im Werk Arthur Schopenhauers. In: Von der Aktualität Schopenhauers, a. a. O., S. 52–68, hier S. 59.

Ich".[38] Der mitleidige Mensch macht keinen Unterschied mehr zwischen sich und den anderen;[39] insofern könnte man das Mitleid in Analogie zu Schopenhauers ›Versuch über das Geistersehn‹, der die „magnetische" Überwindung der Erscheinungsgrenzen thematisiert, als „ethischen Magnetismus" bestimmen: Ausdruck einer nicht mehr praeskriptiven Ethik,[40] die das „Fundament der Moral" in der Attraktionskraft findet.

Dieser ethische Magnetismus läßt sich nicht auf einen gesellschaftlichen Rahmen festlegen: Es geht um die Einheit von Individual- und Universalethik,[41] die mit jeder „regionalen" Ethik den gesellschaftlichen Rahmen zugleich unterläuft[42] und übersteigt[43]. Es ist charakteristisch, daß Schopenhauer als Gegenpol zum „principium *individuationis*"[44] nicht das ‚pluralistische' „Wir" wählt, sondern das „Ich noch ein Mal".[45] Gleichwohl schließt die Mitleidsethik so, wie die Philosophie des Elends die „soziale Frage" umgreift, eine Antwort auf sie ein; allerdings wird auch erst dann, wenn sich das Mitleiden auf den sozial Leidenden richtet, der nichts anderes ist als das universelle Leiden[46]:

[38] E, S. 270ff.; HN IV (1), S. 192 u. ö.; vgl. aber den Vorbehalt gegenüber diesen Begriffen HN III, S. 599.

[39] E, S. 265ff.; W II, S. 582 u. ö.

[40] Vgl. dazu Paul Deussen: Wie ich zu Schopenhauer kam. In: 1. Jb. 1912, S. 13–19, hier S. 16.

[41] So Herbert Cysarz: Schopenhauer und die Kollektiv-Ethik. In: 38. Jb. 1957, S. 97–110, hier S. 101; anders Michael Landmann: Schopenhauer heute. In: 39. Jb. 1958, S. 21–37, hier S. 29.

[42] Vgl. Oskar Damm: Schopenhauers Rechts- und Staatsphilosophie. Darstellung und Kritik. Diss. Halle (Wittenberg) 1900, S. 114 und 136; Franz Mockrauer. Schopenhauers Philosophie, ihre Leistung, ihre Probleme. In: 42. Jb. 1961, S. 26–51, hier S. 47.

[43] Hübscher, a. a. O., S. 181 und 204f.

[44] Hervorhebung vom Verf.

[45] E, S. 272; P II, S. 244; HN III, S. 628. Schopenhauers Vorbehalt gegenüber diesem Begriff in der Auseinandersetzung mit Johann August Becker (GBr, S. 220f.) bezieht sich nicht auf die fehlende soziale Dimension, sondern auf die unvermeidliche Diskrepanz zwischen dem „Ich"-Begriff und dem des „Ding an sich".

[46] Vgl. dazu besonders Walter Schulz: Philosophie in der veränderten Welt. Pfullingen ^{2}1974, S. 406f. und 750f.

exemplarisch und „noch einmal“, der immer nur „relative“ Standpunkt des sich wohl verstehenden Egoismus[47] verlassen. Die gesellschaftlichen Konsequenzen dieser Ethik werden deutlich, wenn Schopenhauer das Mitleid als Fundament der Gerechtigkeit und Menschenliebe und als Antipoden der Schadenfreude und des Neides bestimmt.[48] Wo ein negatives Verhältnis zu fremdem Reichtum, Rang oder Glück vorliegt wie beim Neid; wo das positive Verhältnis zu fremder Armut, Niedrigkeit oder Misere von der Schadenfreude bis zur Grausamkeit reicht, da werden mit den Mauern zwischen Ich und Nicht-Ich[49] auch soziale Mauern aufrechterhalten oder verstärkt. Die Kardinaltugend der Gerechtigkeit[50] markiert die Grenze der egoistischen Willensausdehnung, wie gezeigt, ebenso in der Besitzaneignung wie in der Arbeitsverteilung: In der Menschenliebe treibt das Mitleid positiv zu „thätiger Hülfe“ an[51]. Das Mitleid ist hier die „ganz unmittelbare, von allen anderweitigen Rücksichten unabhängige *Theilnahme* zunächst am *Leiden* eines Andern *und dadurch an der Verhinderung oder Aufhebung dieses Leidens*“.[52] Diese tätige Identifikation dokumentiert gegen alle quietistischen Mißverständnisse Schopenhauers[53] eine „praktische Mystik“[54], bei welcher der Akzent ebenso auf „Praxis“ wie auf „Mystik“ liegt. Mystik: Schopenhauers Begriff von „caritas“ bzw. „agape“[55] ist nicht mit

[47] W I, S. 408.

[48] Vgl. dazu Walter Schulz, a. a. O., S. 403ff. und 750f.

[49] P II, S. 217f.

[50] E, S. 212ff.

[51] E, S. 212.

[52] E, S. 208 (Hervorhebung vom Verf.).

[53] Vgl. etwa Rudolf Lehmann: Schopenhauer. Ein Beitrag zur Psychologie der Metaphysik. Berlin 1894, S. 80ff., S. 1; Max F. Hecker, a. a. O., S. 237ff.; Karl Weigt: Die politischen und socialen Anschauungen Schopenhauers. Diss. Erlangen 1899, S. 48; von der Pfordten: Staat und Recht bei Schopenhauer. München/Berlin/Leipzig 1916, S. 7; Haym/Kautsky/Mehring/Lukács: Arthur Schopenhauer, hrsg. von Wolfgang Harich. Berlin 1955, passim; Theodor Schwarz, a. a. O., S. 39; Rudolf Neidert, a. a. O., S. 167ff. (vgl. ders. aber S. 218f.!); anders Max Horkheimer: Die Aktualität Schopenhauers, a. a. O., S. 19; Hübscher, a. a. O., S. 182f.; Johannes Vandenrath: Pessimismus und Marxismus. In: 58. Jb. 1977, S. 18.

[54] E, S. 273.

[55] HN IV (1), S. 54f.

jener für- und vorsorglichen ‚Güte' zu verwechseln, die sich mit ihren Almosen irgendeinen dies- oder jenseitigen Profit erwirtschaften will und so gerade am „principium individuationis" festhält. Praxis: Diese Mitleidsethik ist auch nicht auf jene kurzschlüssige „caritas" zu reduzieren, die immer zu spät kommt, immer nur lindert.[56] Mit Grund hat gerade Marx, der caritativen Trostpflastern erklärtermaßen abgeneigt war, die Mitleidsethik Schopenhauers anerkannt. In dem bekannten Bericht von Franziska Kugelmann über Marx' Gespräche mit ihrer Mutter heißt es: „Schopenhauer, Hegels so entschiedener Gegner, werde in nicht zu billigender Weise meist sehr oberflächlich von vielen verurteilt, die oft seine Schriften nie gelesen hätten. Manche seiner Zeitgenossen nähmen auch Anstoß an seiner sonderbaren Persönlichkeit, bezeichneten ihn als Menschenhasser, während er in den Grundgedanken der Ethik das Gebot ausspricht, in der Wesenseinheit alles Organischen die Pflicht zu erkennen, weder Mensch noch Tier Leiden zu verursachen. Keinem lebendigen Wesen Unrecht zu tun, bezeichnet er bei der Hilfsbedürftigkeit alles Bestehenden als einfaches Gebot der Gerechtigkeit, die zum Mitleid führt, zu dem Satz: ‚Hilf allen, soviel du kannst.' Tiefer ethisch sozial hätte keine sentimentale Regung das Gebot der Nächstenliebe verkündet."[57] Gewiß wird hier das Verhältnis von Gerechtigkeit und Mitleid im Sinne Schopenhauers nicht richtig wiedergegeben, für den das Mitleid das Primäre ist; und wahrscheinlich steckt in der Wendung „tiefer ethisch sozial" auch mehr von dem Gedanken- und Sprachgut der Berichterstatterin als von Marx.[58] Trotzdem ist dieser Bericht glaubwürdig, weil Marx bei Schopenhauer tatsächlich auf keinen praxisfernen, unverbindlichen Begriff von Mitleid gestoßen ist; hinzu kommt, daß Marx' Kritik des „vereinzelt Einzelnen"[59], sosehr sie auch in andere Schlußfolgerungen mündet, sich in ihrem Ansatz mit Schopenhauers

[56] Anders Heinz Maus: Kritik am Justemilieu. Eine sozialphilosophische Studie über Schopenhauer. Diss. Kiel 1940, S. 145.

[57] Karl Marx/Friedrich Engels: Über Kunst und Literatur. Berlin 1967, Bd. 1, S. 31. Der von Heinz Maus (a. a. O., S. 48) zitierte Brief Friedrich Köppens läßt für Marx' Frühzeit noch ein anderes Verhältnis zu Schopenhauer vermuten, als es in der zitierten Äußerung von 1867 zum Ausdruck kommt.

[58] Vgl. Rainer Schüren: Schopenhauer und der historische Roman Walter Scotts. Ein rezeptionsanalytischer Versuch. In: 54. Jb. 1973, S. 67–92, S. 91.

[59] MEW, Bd. 13, S. 21 u. ö.

„praktischer Mystik“ berührt. Und noch eine andere Konvergenz wird deutlich, wenn Schopenhauer die Mitleidsethik mit der Befreiung vom Schrecken des Todes verbindet[60] und Marx zeigt, daß der Tod so lange als „ein harter Sieg der Gattung über das bestimmte Individuum“ erscheinen muß,[61] wie dieses als Gegensatz der Gattung fixiert ist: Die Erweiterung des individuierten „Daseyns auf die Gattung“[62] ist bei beiden die Möglichkeit, jenem Leiden zu begegnen, dem der „vereinzelt Einzelne“ nie entgehen kann.

Mag aber noch so sehr das Mitleid die gegebenen Leiden lindern, die vermeidbaren verhindern, so führt doch auch es nicht – und das ist wiederum die unumgängliche Einschränkung dieser Annäherung der Positionen von Schopenhauer und Marx – an dem unaufhebbaren und allgemeinen Leiden des Lebens vorbei. Vielmehr wird für Schopenhauer gerade das Mitleid zum Zentrum jener zweiten Form der Pathodizee, die dem Leiden selber – nicht nur der scheinbaren Ungerechtigkeit des Leidens und der Leidensverteilung – einen Sinn abzugewinnen sucht. Das geschieht zunächst wieder in bezug auf die Aufhebung des „principii individuationis“. „Wir können zwar über das Glück, das Wohlseyn, den Genuß Anderer uns freuen: dies ist dann aber sekundär und dadurch vermittelt, daß vorher ihr Leiden und Entbehren uns betrübt hatte; oder aber auch wir nehmen Theil an dem Beglückten und Genießendem, nicht *als solchem*, sondern sofern er unser Kind, Vater, Freund, Verwandter, Diener, Unterthan u. dgl. ist“[63]; insofern bliebe aber auch die Teilnahme in sozialen Interessen und Relationen befangen. „Thätige Hülfe“ ist im gesellschaftlichen Glücks-Fall ohnehin nicht mehr nötig, so daß hier mit der Mystik auch die Praxis entfällt. Die „unmittelbare Theilnahme am Andern“ hingegen ist auf „sein *Leiden* beschränkt“.[64] Das Leiden ist also nicht Unheil, sondern Heilsweg, sofern es über das Mitleiden zur Befreiung aus dem Kerker der Individuation führt. Darüber hinaus ist das mitgelittene Leiden für Schopenhauer bekanntlich einer der Wege, auf denen der blinde Lebenswille zur Umkehr und zur Verneinung bewegt werden kann. Schließt die Tugend der

[60] E, S. 273.
[61] MEW Erg.-Bd. 1, S. 538f.
[62] HN IV (2), S. 6.
[63] E, S. 211.
[64] E, S. 210; ebenso E, S. 237ff.; HN III, S. 371.

Gerechtigkeit schon die Umverteilung des „dem Menschen aufgelegten Uebels" aus, so identifiziert die Menschenliebe das „eigene Loos mit dem der Menschheit überhaupt: dieses nun aber ist ein hartes Loos, das des Mühens, Leidens und Sterbens. Wer also, indem er jedem zufälligen Vortheil entsagt, für sich kein anderes, als das Loos der Menschheit überhaupt will, kann auch dieses nicht lange mehr wollen."[65] Das Mitleid läßt also nicht den Rückzug auf irgendein borniertes und wahnhaftes Partial-‚Glück' zu, auf Winkelidyllen, regionale Oasen, „alternative" Nischen, ebensowenig wie auf privilegierte Schichten oder sogenannte „erste" und „zweite" Welten, sondern eröffnet den universalen Leidenscharakter der Welt. Und da die Bereitschaft, mit allen Mitteln und unter allen Opfern für die Milderung der fremden Leiden zu sorgen, mit dieser Gesamtidentifikation untrennbar verbunden ist,[66] wird das Mitleid im Erkennen und Entsagen zum doppelten Quietiv des blinden, egoistischen Lebenswillens. Eben damit aber wird es auch zum Bestandteil einer in diesem Sinn *quietistischen* Pathodizee, die den Sinn des Leidens in der Beförderung der Selbsterkenntnis und Verneinung des Willens entdeckt.

Der andere, schlechtere, aber auch üblichere Weg, auf dem die Verneinung des Willens möglich wird, ist die Erkenntnis des Leidenscharakters der Welt am eigenen Leibe, der „deuteros plous".[67] Die „Meisten" können nur über das „selbst empfundene, nicht das bloß erkannte Leiden (...) die völlige Resignation" erlangen. „Meistens muß daher, durch das größte eigene Leiden, der Wille gebrochen seyn, ehe dessen Selbstverneinung eintritt. Dann sehn wir den Menschen, nachdem er durch alle Stufen der wachsenden Bedrängniß, unter dem heftigsten Widerstreben, zum Rande der Verzweiflung gebracht ist, plötzlich in sich gehn, sich und die Welt erkennen, sein ganzes Wesen ändern, sich über sich selbst und alles Leiden erheben und (...) willig Allem entsagen, was er vorhin mit der größten Heftigkeit wollte."[68] Die erkenntnislose Überzahl der Menschen benötigt also gerade das, was sie um jeden Preis zu vermeiden trachtet, zur Erreichung des wahren Lebens-

[65] W II, S. 696.
[66] W II, S. 696f.; HN I, S. 294 f und 424.
[67] W I, S. 463f.; W II, S. 730; HN I, S. 404 u. ö.
[68] W I, S. 463f.

zweckes. Beglückwünscht man üblicherweise den Glücklichen, so ist in Schopenhauers umgekehrter Teleologie[69] das Unglück als Umkehrchance beneidenswert.[70] Die *„unfreiwilligen Trappisten"*, deren Los „Armuth, Gehorsam, Ermangelung aller Genüsse, ja, der nothwendigsten Erleichterungsmittel" sind und aus denen „wohl die Hälfte der Menschheit" besteht[71] – sie haben das Lebensziel erreicht, wenn sie zu freiwilligen Trappisten werden; der „deuteros plous" kann auch über das soziale Elend zum Heil führen. „Schmerz, Leiden und saure Arbeit", die körperliche Arbeit zumal, töten „den Willen zum Leben dessen Erscheinung diese nichtige, befriedigungslose und traurige Welt ist".[72] Als mögliches Quietiv kann Schopenhauers Pathodizee die Ungerechtigkeiten, welche die Menschen zu erleiden haben, begrüßen;[73] als lebensbestätigendes Motiv werden die historischen Glücksmöglichkeiten, die Schopenhauer, wie gezeigt, als utopische Gedankenexperimente nicht kategorisch ausschließt, zur Gefahr: „daß die Welt ein fades Schlaraffenland sei ist nicht ihr Zweck; sondern dies daß sie ein Trauerspiel sei, in welchem der Wille zum Leben sich erkenne und sich wende".[74] Was also ein Schlaraffenland bezweckt wie ‚der' Staat oder auch ‚die' Gesellschaft, sosehr sie dem „sich wohl verstehenden Egoismus" als Schutzanstalt und Lückenbüßer von Nutzen sein mögen, steht gerade „dem wahren Zweck des Lebens, der Erkenntniß des Willens in seiner Furchtbarkeit" und in seiner Blindheit, entgegen.[75] Hier sind die ausschlaggebenden Gründe für den vorwaltenden Anti-Utopismus Schopenhauers zu suchen.

Scheint die Pathodizee Schopenhauers so in ausgesprochener Allianz mit allem Leiden einschließlich des sozialen zu stehen; scheint sie damit paradoxerweise eben das zu rechtfertigen, was sie als „praktische Mystik" zu lindern und zu verhindern trachtet, so gilt das doch nur für die

[69] Vgl. Hans Zint: Das Religiöse bei Schopenhauer, a. a. O., S. 51.

[70] W II, S. 730; P II, S. 339; HN III, S. 602 und 635; HN IV (1), S. 95f. und 127.

[71] P II, S. 339.

[72] HN I, S. 148; vgl. auch HN I, S. 273 und DX, S. 565.

[73] P II, S. 340.

[74] HN I, S. 203.

[75] HN I, S. 217; vgl. auch HN I, S. 52, 105 und 133; dazu auch Rudolf Neidert, a. a. O., S. 156f.

gleichsam belehrende Wirkung, die jedes einzelne Leiden unter der Voraussetzung der Unaufhebbarkeit des mit dem Willen selber gesetzten Leidens entfalten kann und soll: Die Pathodizee Schopenhauers ist ausschließlich didaktisch zu verstehen. Einem Mißverständnis[76] kommt hier schon die Gewißheit zuvor, daß allen Linderungs- und Verhinderungsmöglichkeiten zum Trotz für ein hinreichendes Potential an Quietiven gesorgt ist. In einem der Gesprächsprotokolle Frauenstädts heißt es: „Ich sagte zu Schopenhauer: Da nach Ihrer Lehre vom deuteros plous das Leiden heilsam ist, weil es zur Resignation, zur Verneinung des Willens führt; so (...) dürfte man überhaupt fremdes Leiden nicht zu mildern suchen, um die Resignation nicht zu hindern.

O, erwiderte Schopenhauer, es wird trotz aller Milderungen und Linderungen des Leidens doch noch Elend genug in der Welt geben, welches zur Resignation führt."[77] Wichtiger: Wie in Schopenhauers Eudaimonologie die Lehre vom Einverständnis mit dem Unvermeidlichen auf den Skandal des Vermeidbaren verweist, so entfaltet Schopenhauers quietistische Pathodizee, nur scheinbar paradox, eine eigene Dynamik. Das wird an der Problematik des „deuteros plous" besonders deutlich. Schopenhauer hat sehr stark den Zwangscharakter dieses Leidens- und Erkenntnisweges betont: Der Wille wird „unter dem heftigsten Widerstreben" gebrochen.[78] Gleichwohl hat das unfreiwillig erlittene Leiden als solches noch keine mortifizierende Kraft,[79] zumal es für Schopenhauer, wie gezeigt, aus dem Gegensatz von Haben-*Wollen* und Nicht-Haben, Vermeiden-*Wollen* und Nicht-vermeiden-Können resultiert. Der Wille selber muß sich innerlich wenden. „Denn wenn Wille zum Leben daist, so kann ihn (...) keine Gewalt brechen, sondern sie kann bloß seine Erscheinung an diesem Ort zu dieser Zeit zerstören. (...) Daher ist der einzige Weg des Heils dieser, daß der Wille ungehindert erscheine, um in dieser Erscheinung sein eigenes Wesen *erkennen* zu können. Nur in Folge dieser Erkenntniß kann der Wille sich selbst aufheben und damit auch das Leiden, welches von seiner Erscheinung

[76] Vgl. den von Friedrich Lipsius im 9. Jb. 1920, S. 154, erörterten, aber psychologisch für unmöglich erklärten Gedanken, der Pessimist könne versucht sein, das Leiden seiner Umwelt aktiv zu mehren.

[77] Gespr., S. 114.

[78] W I, S. 464; P I, S. 236.

[79] HN I, S. 181; DX, S. 563; GBr, S. 215.

unzertrennlich ist, endigen: nicht aber ist dies durch physische Gewalt (...) oder Selbstmord möglich. (...) Daher sind die Zwecke der Natur auf alle Weise zu befördern, sobald der Wille zum Leben, der ihr inneres Wesen ist, sich entschieden hat. –"[80] Von Gesellschaft ist hier nicht die Rede; die Beispiele aber, die Schopenhauer bietet, schließen alle sozialen Fragen ein. Die Ablehnung der „physischen Gewalt" trifft auch den Hunger, welcher die Knechte des Lebens gewaltsam aus dem Leben vertreibt. Der „Selbstmord" repräsentiert über seine unmittelbare Bedeutung hinaus einen ebenso unfreiwilligen wie vorschnellen Exodus aus Gesellschaft und Geschichte. Die Maxime „Daher sind die Zwecke der Natur auf alle Weise zu befördern" fordert die Befriedigung der Bedürfnisnatur des Menschen ebenso wie sie den Orientierungsmaßstab für alle bloß konventionellen Hierarchien setzt. Und wenn der Wille, der „überall gebrochen wird", nur „immer heftiger will",[81] weil allerorten der Widerstand „mit der Kompression (...) ins Unendliche zunimmt"[82], dann ist auch so lange für seine ungehinderte Erscheinung zu sorgen – *als ob* er je befriedigt werden könnte –, bis er selber ihr ein Ende macht.[83] In diesem Sinn und in diesen Grenzen postuliert die quietistische Pathodizee eine Praxisphilosophie des Als-ob.[84]

[80] W I, S. 474.

[81] HN I, S. 196.

[82] P II, S. 161.

[83] Diese später von Eduard von Hartmann und Philipp Mainländer in unterschiedlicher Form ausgearbeitete Konzeption (vgl. dazu Walther Rauschenberger: Philipp Mainländer. In: 18. Jb. 1930, S. 229–245, besonders S. 237; Norbert Leser, a. a. O., S. 11 ff.) ist also schon bei Schopenhauer vorhanden (vgl. Karl O. Petraschek: Die Rechtsphilosophie des Pessimismus. München 1929, S. 23 f.).

[84] Über die Philosophie Hans Vaihingers in diesem Zusammenhang vgl. Ernst Kilb: Vaihingers Philosophie des Als Ob in ihren Beziehungen zu Kant und Schopenhauer. In: 22. Jb. 1935, S. 22–43, besonders S. 32, 37 und 40.

Ludger Lütkehaus, Schopenhauer. Metaphysischer Pessimismus und „soziale Frage". Bonn: Bouvier Verlag 1980, S. 61–66.

EIN DIALOG

Von LUDGER LÜTKEHAUS

> Als Form der Mittheilung philosophischer Gedanken ist der geschriebene Dialog nur da zweckmäßig, wo der Gegenstand zwei, oder mehrere, ganz verschiedene, wohl gar entgegengesetzte Ansichten zuläßt, über welche entweder das Urtheil dem Leser anheimgestellt bleiben soll, oder welche zusammengenommen sich zum vollständigen und richtigen Verständniß der Sache ergänzen: [. . .] Die in solcher Absicht gewählte dialogische Form muß aber alsdann dadurch, daß die Verschiedenheit der Ansichten von Grund aus hervorgehoben und herausgearbeitet ist, ächt dramatisch werden: es müssen wirklich Zwei sprechen. Ohne dergleichen Absicht ist sie eine müßige Spielerei; wie meistens.[1] (P II, S. 7f.)

Demopheles. Unter uns gesagt, bester Wahrheitsfreund, es ist hoffnungslos affirmativ, was du zur sozialen Frage zu sagen hast.

Philalethes. „Affirmativ"? „Soziale Frage"? Wenn ich diesen Jargon schon höre! Die Nichtigkeit und das Leiden des *Lebens – das* ist die Frage.

[1] Obgleich Schopenhauer selber nicht zu den „dialogischen Denkern" zu rechnen ist und seine Dialoge „etwas Aufgezwungenes, Gewaltsames und manchmal Hilfloses" an sich haben (Hübscher, Denker gegen den Strom. Schopenhauer: gestern – heute – morgen, S. 192), hat die Dialog-Form in der Schopenhauer-Rezeption doch eine Rolle gespielt, besonders der bereits erwähnte Dialog von Francesco de Sanctis ›Schopenhauer e Leopardi‹, wo die Darstellung der Lehre Schopenhauers mit einer von ihm kaum bemerkten, vor allem politisch motivierten „sarkastisch strengen Kritik" verbunden wird (Hübscher, a. a. O., S. 245; zur Interpretation des Dialogs vgl. auch das Vorwort von Hans Zint in 14. Jb. 1927, S. VIIIff.; Susanne Zint: Schopenhauer und De Sanctis. In: 17. Jb. 1930,

Demopheles. Wessen Frage?

Philalethes. Ist es nicht gleichgültig, wer nach der Wahrheit sucht?

Demopheles. Du stellst dich dumm – nun gut. Da gibt es zum Beispiel Rentiers, die ihre Coupons kassieren und auf Kosten eben *der* Leute philosophieren, deren sozial bedingte Leiden sie zudecken, indem sie die Misere des Lebens entdecken. Philosophie des Elends? Elend der Philosophie!

Philalethes. Halt, gestrenger Volksfreund, diesen Ton stimme nicht an! Wenn ich dir auf demselben Niveau antworten wollte, dann könnte ich dich auch fragen, ob ein Rentier „parasitärer" ist als jemand, der sich von den Revenuen vielfordernder Fabrikherren aushalten läßt. Ich für meinen Geschmack lebe lieber von dem Erbe eines Republikaners, der immerhin so konsequent war, sich seine Freiheit etwas kosten zu lassen. Im übrigen: Willst du etwa, daß ich mich als gesinnungstüchtiger Erwerbsphilosoph an unsere Ministerien verdinge? Ich muß sagen, ich ziehe meinen aufrechten solchem kriechenden Gang vor.

Demopheles. Gut, gut, lassen wir das. Fragen wir uns lieber, wohin der aufrechte Gang geführt hat. Kehren wir zu dem zurück, was du zu den sozialen Problemen unserer Zeit zu sagen hast. Oder willst du sie etwa ganz leugnen?

Philalethes. Durchaus nicht. Ich kenne die Armut des Proletariats. Ich weiß, wie es auf den Galeeren der Industrie aussieht. Und ich habe nicht verschwiegen, unter welch menschenunwürdigen Bedingungen dort gearbeitet wird – „entfremdet", wie du immer sagst.

Demopheles. Wahr und gut. Aber die Schlußfolgerungen? Ein paar kritische Anmerkungen zum Verhältnis zwischen natürlicher und konventioneller Hierarchie, ein paar Glossen über Reichtum und Rang –

S. 319–326; anders Franz Riedinger: Schopenhauer und De Sanctis. In: 15. Jb. 1928, S. 330ff.). – Im 17. Jb. 1930, S. 106–120, setzt Friedrich Lipsius das Gespräch über die Religion fort (Der Kampf um den Kentauren. Ein Gespräch als Nachwort zur Schopenhauer-Tagung). Im 26. Jb. 1939, S. 445–450, führt Konrad Pfeiffer Schopenhauer, Kant und Plato zusammen. Das im folgenden Dialog praktizierte Gattungsverständnis schließt sich zunächst an Schopenhauers „eristischen" Begriff von „Dialektik" an (HN III, S. 666f.).), ohne freilich „der dem Menschen natürlichen Rechthaberei" das letzte Wort zu lassen.

sie reichen eben nicht aus, um das gesellschaftliche System beim rechten Namen zu nennen.

Philalethes. Bei welchem?

Demopheles. Du selber sagst doch, daß nur Arbeit moralische Eigentumsrechte begründet; du gestehst zu, daß die Armut des Proletariats auf der Mehrarbeit für andere beruht. Muß man also nicht von einem System der Ausbeutung sprechen, von dem nur diejenigen profitieren, die in Luxus und Muße in ihren Prachtwohnungen leben?

Philalethes. Das wäre das Rechte! Derlei hübsche Theorien propagieren doch nur den Diebstahl des erarbeiteten Eigentums durch die Zukurzgekommenen.

Demopheles. Kannst du zur Abwechslung nicht einmal mit Gründen dienen?

Philalethes. Du erwähnst freundlicherweise meine Eigentumslehre; aber du verschweigst, daß gerade mit dem erarbeiteten Eigentumsrecht auch die Übertragung und Vererbung legitimiert ist.

Demopheles. ... sagt der Erbe ...

Philalethes. Du übersiehst, daß Luxus und Muße die Voraussetzung für den Fortschritt der Künste und Wissenschaften sind und daß die mit dem Kopfe Arbeitenden auch ihren Lohn verdienen.

Demopheles. ... sagt der Kopfarbeiter ...

Philalethes. Und du willst bloß nicht wahrhaben, daß die Fabrikware der Natur im großen und ganzen nun einmal Fabrikware ist und bleibt.

Demopheles. ... sagt der Geistesaristokrat ...

Philalethes. Ja, was wäre denn so schlimm daran? Sind die körperlich arbeitenden Klassen der Gesellschaft etwa unglücklicher als die besitzenden und gebildeten? Was soll überhaupt das „Klassen"-Geschwätz? Was einer höchstpersönlich *ist,* das spielt für seine Glücks- und Unglücksbilanzen eine weit größere Rolle als das, was er hat oder auch nicht hat. Ist ein gesunder Bettler nicht etwa glücklicher als ein kranker König?

Demopheles. Gewiß – *wenn* der Bettler gesund ist.

Philalethes. Ist es für einen heiteren Menschen nicht einerlei, ob er arm oder reich ist?

Demopheles. Wenn er arm *und* heiter ist.

Philalethes. Du wirst mir aber doch wenigstens darin beistimmen, daß

Reichtum nicht notwendig zufrieden macht und umgekehrt Hunger einen vorzüglichen Koch abgeben kann?

Demopheles. *Wenn* es etwas zu essen gibt.

Philalethes. Und deinesgleichen wirft *mir* Rechthaberei vor! Natürlich kann man einen Leib, der das fleischgewordene Bedürfnis ist, nicht mit bloßen Verhältniszahlen abspeisen; und natürlich hat der Hungrige recht, wenn er fragt, warum er hungern muß. Aber es gibt auch den Neid, der den anderen ihren Besitz nur mißgönnt.

Demopheles. Weiß ich, weiß ich. Auch bei uns gibt es einige rohe und gedankenlose Leute, die das Privateigentum eigentümlicherweise innerhalb der ganzen Armut der bisherigen Entwicklung aufheben wollen. Das heißt aber nicht, daß man jede Forderung nach Umverteilung, nach Privilegienabbau, nach sozialem Ausgleich auf den Neid reduzieren könnte, auch wenn das bei deinesgleichen Hochkonjunktur hat.

Philalethes. Ich kann mich nicht erinnern, jemals in die widerwärtige Lobhudelei aufs ach so vernünftige Wirkliche eingestimmt zu haben.

Demopheles. Wohl wahr. Ich kenne aber auch einen Besitzbürger, der sich im Konfliktfall militant auf die Seite der herrschenden Mächte schlägt.

Philalethes. Wenn der ganze gesetzliche Zustand gefährdet ist, gibt es keine Konzession. Und mit jenen Demagogen und Anarchisten, die das Leiden des Lebens nur den Regierungen anlasten wollen, habe ich schon gar nichts gemein. Ihr lächerlicher Optimismus ist die schreiendste Verhöhnung der namenlosen Leiden der Menschen.

Demopheles. Verhöhnung? *Sie* versuchen doch wenigstens, etwas gegen das Leiden zu tun!

Philalethes. Ich etwa nicht? Ich habe nie behauptet, daß das vermeidbare Leiden tatenlos zu akzeptieren sei. Nur wird uns – ich sage: uns! – eben das allgemeine und unaufhebbare Leiden des Lebens bleiben.

Demopheles. Woher weißt du das so genau? Warum willst du das für die Geschichte ableugnen, was du für den unveränderlichen Charakter zugestehst: daß wir ihn nur aus der Erfahrung kennenlernen können? Gibt es nicht das Prinzip Hoffnung, die konkrete Utopie? Ja, siehst du nicht, daß du mit deiner Unheilsgewißheit den Leidenden die Energie zur Veränderung nimmst und nur denen in die Hände arbeitest, die tatsächlich keine Utopie mehr brauchen, weil ihnen nämlich schon jetzt die Tauben, die sie nicht gebraten haben, ins allzeit offene Maul fliegen?

Philalethes. Richtig: allzeit offen. Nehmen wir einmal an, wir hätten nicht schon einige Utopien wirklich werden sehen; spielen wir ein paar weitere Möglichkeiten durch (meine Geschichtsformel lautet ja schließlich auch „Eadem, *sed aliter*" und nicht umgekehrt): Werden wir jemals wahrhaft zufrieden sein? Weißt du nicht, wo die Langeweile zu Hause ist? Und wird es am Ende deiner hoffnungsvollen Vor-Geschichte keine Krankheit, kein Alter, keinen Tod mehr geben?

Demopheles. Wenigstens keine Berufskrankheit, kein ärmliches Alter, keinen Hungertod – vor allem aber kein Leben, das nichts ist als der Mord durch Arbeit . . .

Philalethes. . . . und die Arbeit nicht wert ist, die man sich macht, es zu erhalten. Aber wir alle machen dieses sinnlose Geschäft – blinde Maulwürfe, Gänge grabend, die in Grabhügeln enden.

Demopheles. Warum bist du nur so auf das Leiden erpicht? Wenn ich dich so selbstquälerisch reden höre, kommt mir der Verdacht, daß dir die zweitausendjährige Kreuzesverherrlichung noch auf der Seele liegt.

Philalethes. Du weißt ganz genau, was ich über den alten Herrn und sein groteskes Selbstlob denke.

Demopheles. Aber der Lobgesang auf die Misere ist geblieben: ich höre immer nur das Miserere heraus. Wahrlich ein schöner Trost für diejenigen, die unschuldig im Elend sind.

Philalethes. Unschuldig? Deine noblen Ansichten über die Menschen in allen Ehren – ich kenne sie besser: Sie verdienen, was sie leiden.

Demopheles. Und sollen bereitwillig erleiden, was sie verdienen? Dieses Lehrstück vom Einverständnis habe ich doch schon einmal gehört: Die Parias des Proletariats mögen sich doch bitte demütig an die Brust schlagen . . . eine schöne Mystik, die des Kastensystems.

Philalethes. Sieh da, der Dialektiker bewährt sich wieder einmal als Wortverdreher. Wenn du dich doch bitte daran erinnern willst, daß der Unterdrücker sich in den Unterdrückten wiedererkennen soll, der Ausbeuter, wenn du unbedingt so willst, in den Ausgebeuteten. Das heißt für mich Mitleid.

Demopheles. Caritas? Almosen vom Überfluß? Der Tropfen für den heißen Stein?

Philalethes. Tätige Hilfe, freiwillige Aufhebung des Unterschieds zwischen Mein und Dein, Linderung *und* Verhinderung des Leidens.

Demopheles. Das respektiere ich. Aber warum rechtfertigst du das Leiden, das du mildern willst, in demselben Atemzug? Eine arge Paradoxie ...

Philalethes. Ach ja, die alte Mär von den unheilbaren Widersprüchen. Und wenn schon: Gerade *du* solltest doch Sinn dafür haben.

Demopheles. Ernsthaft: Das Leiden soll uns vom Leiden befreien?

Philalethes. Der blinde Lebenswille kann sehend werden, wenn er das Leiden als Gelegenheit zur Umkehr benutzt – das fremde, wenn er mitleidet, aber auch das eigene, wenn er die Kur unbedingt am eigenen Leibe machen will.

Demopheles. Das Unheil also tatsächlich als Heilsweg! Die Anweisung zum unseligen Leben ...

Philalethes. Deinen Zynismus kannst du dir sparen; aber warum nicht angesichts des unaufhebbaren Leidens aus dem vorhandenen lernen?

Demopheles. Weil der Wille nur sehr schlecht aus derlei Lektionen lernt. Nimm doch nur dein geliebtes Asien, das es ja eigentlich besser wissen müßte: das größte Elend und die höchste Geburtenziffer!

Philalethes. Du meinst ...

Demopheles. Ich meine nicht, ich brauche nur dich selber herbeizuzitieren: Der Wille wächst mit dem Widerstand. Nimm das Feuer ...

Philalethes. ... jaja, das rote Feuer ...

Demopheles. Es brennt so lange, wie es etwas zu verbrennen hat; erst, wenn alles verzehrt ist, hört es zu brennen auf. Mach also den Willen satt, dann wird er möglicherweise den Hals voll haben, aber mach ihn satt.

Philalethes. Gut, auch ein langbärtiger Zwerg soll einmal recht haben. Vielleicht gibt es wirklich keinen anderen Weg, das famose Prinzip Hoffnung aufzuheben, als es zu verwirklichen; vielleicht muß man tatsächlich versuchen, den Pessimismus zu widerlegen, um ihn zu bestätigen: so, *als ob* wir dem Leiden entrinnen könnten. Wie aber auch das Ergebnis sein mag: In Utopia haben wir so oder so genug.

62. Schopenhauer-Jahrbuch, hrsg. von Arthur Hübscher. Frankfurt a. M. 1981, S. 67–77.

SCHOPENHAUERS ETHIK

Ein Beitrag zur Bewältigung der Gegenwart

Von Karl Pisa

In dieser Stunde nimmt so wie in jeder Stunde zuvor und nachher die Weltbevölkerung und ein zu ihrer Vernichtung ausreichendes Waffenarsenal in atemberaubendem Tempo zu. Zu Beginn der achtziger Jahre vermehrte sich die Weltbevölkerung pro Stunde um mehr als 8000 Menschen, und gleichzeitig wurden über 50 Millionen Dollar für Rüstungszwecke ausgegeben. Ein Ende des Rüstungswettlaufes ist, obwohl über Rüstungsbegrenzung verhandelt wird, nicht abzusehen.

Wir rotieren und kreisen im Weltall nach einem bildhaften Vergleich von Kenneth Boulding auf einem „Raumschiff Erde", dessen Besatzung und dessen Sprengstoffvorrat ständig größer wird.

Und schon kreisen um dieses „Raumschiff Erde" Spionage-Satelliten, spricht man von „Killer-Satelliten" und von Raumstationen als „Kampfplattformen", die zur Militarisierung des Weltraumes beitragen sollen.

Dem ungebrochenen Willen zur Vermehrung menschlichen Lebens steht der unbelehrbare Wille gegenüber, immer mehr zur möglichen Vernichtung und relativ zu wenig zur Erhaltung dieses Lebens auszugeben.

Wem drängt sich da nicht der bildhaft-schaurige Satz Schopenhauers auf, daß der sich selbst verkennende Wille „im heftigen Drange, die Zähne in sein eigenes Fleisch schlägt, nicht wissend, daß er immer nur sich selbst verletzt?"[1]

In der Mitte der 60er Jahre prophezeite die RAND-Corporation in Kalifornien, daß in der Mitte der 80er Jahre „zum ersten Mal in der Geschichte der Menschheit nahezu jedes Kind auf der Erde die Schule

[1] W I, S. 418.

besuchen" werde. Doch „niemals sind so viele Kinder gestorben wie in diesem Jahr des Kindes", zog der Präsident des Deutschen Roten Kreuzes Bargatzky die tragische Bilanz des Jahres 1979.

1972 erschien zum 60. Geburtstag von Marion Gräfin Dönhoff ein Sammelband[2], in dem Hermann Kahn ein Modell für 1980 wie folgt beschrieb: „Man wird keine Gruppe aus ethnischen oder nationalen Gründen als Rechtlose, Barbaren oder ‚Untermenschen' ansehen, und jedem wird ein bestimmtes Maß an Menschenrechten zuerkannt werden ... Die Staaten wenden heute im allgemeinen keine Gewalt mehr an, um ... fremdes Gebiet, wirtschaftliche Vorteile ... zu erobern." Inzwischen sind in den 70er Jahren sieben neue Kriege und sieben neue Bürgerkriege ausgebrochen, aber nicht nur dort, sondern in insgesamt 96 Ländern der Welt kam es nach dem letzten Jahresbericht von Amnesty International zur Verletzung von Menschenrechten.

Auch ohne einen dritten Weltkrieg ist es seit dem Ende des Zweiten Weltkriegs zu 130 lokalen Kriegen, Bürgerkriegen und Aufständen gekommen, die 35 Millionen Menschenleben gefordert haben. Afghanistan, die Falkland-Inseln und der Libanon als die jüngsten Kriegsschauplätze sind blutige Beispiele für unerklärte Kriege. Kambodscha aktualisierte erneut den Begriff „Holocaust", und die Palästinenser sind nur eine letzte, aber keineswegs die einzige Bestätigung dafür, daß „die Flucht in Massen zum Signum dieses Jahrhunderts zu werden droht".

Warum behellige ich Sie mit diesen im Grunde ja bekannten und nur Fortschrittsgläubigen unwahrscheinlich erscheinenden Tatsachen? Nun, wer durch die Schule Schopenhauers gegangen ist, der hat an ihm auch einen Erzieher gefunden, der, wie Nietzsche formuliert, uns alle lehrt, wie wir „uns *gegen* unsre Zeit erziehen *können,* weil wir den Vorteil haben, *durch ihn* diese Zeit wirklich zu *kennen*"[3]. Und Schopenhauer, der uns von Arthur Hübscher noch näher gebrachte „Denker gegen den Strom", läßt uns „Leid nicht als vereinzeltes Mißgeschick erkennen, sondern als ein allen Lebewesen auferlegtes Schicksal"[4]. Wir müssen uns deshalb mit dem Leid-Wesen der ganzen, uns gegenwärtigen Welt schonungslos konfrontieren, um von da aus auch Schopen-

[2] Das 198. Jahrzehnt, dtv, München 1972.

[3] Unzeitgemäße Betrachtungen, Stuttgart 1964, S. 228.

[4] Hübscher: Denker gegen den Strom, Bonn 1973, S. 180.

hauer gegenüber kritisch fragen zu können, ob denn seine Ethik als Beitrag zur Bewältigung der Gegenwart zu werten sei. Hat doch Schopenhauer selbst skeptisch bemerkt: „Die unaufhörlichen Bemühungen, das Leiden zu verbannen, leisten nichts weiter, als daß es seine Gestalt verändert."[5] Schopenhauer aber hat auch jedem einzelnen Menschen, der „mitten in einer Welt der Qualen ruhig" sitzt und dem die „unbegränzte Welt" voll Leiden „überall" fremd, ja „ein Mährchen" ist,[6] wie kein zweiter die Augen geöffnet: durch seine Lehre von der letzten Identität aller Lebewesen und durch seine Mitleidsethik. Schon der 22jährige Schopenhauer hat erkannt: „Das Leiden, welches ich von mir weg auf einen anderen schiebe, wird dadurch vergrößert."[7] Wir müssen ja nicht gleich Blut an unseren Händen haben, es genügt, wenn wir erkennen, inwieweit unser so gestiegener Lebensstandard dem Schweiß derer zu danken ist, die wir hinter dem Horizont unseres engbegrenzten sozialen Gewissens verschwinden haben lassen: da denken wir vielleicht noch an die Gastarbeiter im eigenen Land, vergessen aber meist auf die Teppiche knüpfenden Kinder in Marokko oder die Stickerinnen in Hongkong. Die aus unseren Breiten verbannte Kinderarbeit macht sich in den Entwicklungsländern immer noch breit. Erst vor kurzem hat die schon von Schopenhauer geschätzte britische „Anti-Sklaverei-Gesellschaft" festgestellt, daß allein in Indien die Zahl der Fünf- bis Vierzehnjährigen im Arbeitsprozeß 16,5 Millionen beträgt. Bis zu 13 Stunden arbeiten dort Kinder im Bergbau und in Ziegeleien, und in der gesundheitsgefährdenden Zündholzindustrie sind bis zu 50% der Beschäftigten Kinder, vor allem Mädchen.

Den ständigen Gestaltwandel des Leides zu erkennen, ist, wie mir bei meiner Arbeit über „Schopenhauer und die soziale Frage" bewußt wurde, die erste Voraussetzung, um neues, hinter den Horizont unseres Bewußtseins verbanntes Leid bekämpfen zu können. Wir können sicher sein, daß Schopenhauer, der zu seiner Zeit neben der Arbeiterfrage der Sklaverei den ihr tatsächlich gebührenden Stellenwert einräumte, uns auch als Zeitgenosse der heute komplexer gewordenen Welt alle aktuellen Gestalten des Leides vor Augen geführt hätte. Ich darf hier, ohne im

[5] W I, S. 371.
[6] W I, S. 416 u. 417.
[7] HN I, S. 10.

einzelnen auf diese Arbeit einzugehen, doch einige für den Gestaltwandel wesentliche Schlußfolgerungen erwähnen:

1. Die unter Armut Leidenden: diese „alte" soziale Frage, die in den Industriestaaten des 19. Jahrhunderts zur Bildung dieses Begriffes führte, ist durch das Wohlstandsgefälle zwischen den Industriestaaten und den Entwicklungsländern eine global nach wie vor aktuelle und ungelöste. Nach dem letzten Bericht des Club of Rome wird die Weltbevölkerung im Jahre 2000 fünfzigmal so viel verbrauchen wie zu Beginn dieses Jahrhunderts. Die Kluft zwischen den hochtechnisierten Völkern und den Habenichtsen aber wird dadurch nicht kleiner, sondern relativ größer werden. Die „Internationale Bank für Wiederaufbau und Entwicklung" rechnet damit, daß in zwei Jahrzehnten 600 Millionen Menschen in „absoluter Armut" leben werden, schlechter also als ein durchschnittlicher indischer Bauer von heute.

2. Die unter dem Wohlstandskontrast Leidenden: unter dem Begriff „neue soziale Fragen" subsummiert man eine Fülle von Problemen, die entweder trotz Wohlstand mit materiellen Mitteln unlösbar blieben oder erst im Gefolge des steigenden Lebensstandards bzw. der Delegierung von Problemlösungen an anonyme Apparate aufgetaucht sind. Chronisch Kranke, Behinderte, vereinsamte Alte, unter Sinnlosigkeit leidende drogensüchtige Jugendliche sind hier ebenso zu erwähnen wie die nur unter relativer Armut Leidenden oder auf dem Amtsweg Vergessenen. Mit steigendem Lebensstandard hat die Zahl der Selbstmorde, der Geisteskrankheiten und der jugendlichen Kriminellen keineswegs abgenommen. Es gibt offenbar auch soziale Grenzen des ökonomischen Wachstums und der bürokratischen Umverteilung.

3. Die unter gewaltsam ausgetragenen Konflikten Leidenden: hier sind mit den beiden Weltkriegen, mit dem Holocaust und dem Archipel Gulag tragische Höhepunkte erreicht worden, die aber nicht blind machen dürfen für die Tragik weiter entfernter Stellvertreterkriege und schwerer unter einen Begriff zu bringenden Menschenrechtsverletzungen. Nach einem Jahrzehnt des Terrorismus und der sich in die Grauzonen nicht genau abgrenzbarer Interessensphären verlagernden Konfrontation der Supermächte sind aber auch Konfliktformen möglich geworden, die die Grenzen unsrer bisherigen Vorstellung sprengen: Atom-Terroristen könnten ganze Städte, ja Staaten als Geiseln nehmen, und die ständige Weiterverbreitung von Atomwaffen könnte durch

einen Sarajevo-Effekt auch zu einem ungeplanten Weltbrand führen, der die Welt endgültig in Asche legt. Kein Skandaljournalist, sondern der Nobelpreisträger Linus Pauling meinte, daß „gemessen am bisherigen Fehlverhalten von Politikern das kommende Jahrhundert ein Maximum an Leid erreichen" müsse, wobei er drei apokalyptische Reiter bei den Namen „Massenhungertod", „Umweltkollaps" und „Globalkrieg" nannte.

Spätestens an dieser Stelle ist freilich die Warnung Schopenhauers einzurücken, wir sollten nicht die „zeitlichen Zwecke der Menschen zu ewigen und absoluten" erheben und „durch alle Verwicklungen, künstlich und imaginär" konstruieren.

> Die wahre Philosophie der Geschichte besteht vielmehr in der Einsicht, daß man, bei allen diesen endlosen Veränderungen und ihrem Wirrwarr, doch stets nur das gleiche und unwandelbare Wesen vor sich hat . . . Das Identische und unter allem Wechsel Beharrende besteht in den Grundeigenschaften des menschlichen Herzens und Kopfes – vielen schlechten, wenigen guten. Die Devise der Geschichte müßte überhaupt lauten: *Eadem, sed aliter.*[8]

Oder wie es ›Die Zeit‹ in einem eher revisionistischen als visionären Ausblick auf die achtziger Jahre unbewußt schopenhauerisch formulierte: „Der alte Adam ist nicht umzubringen." Wenn aber im gleichen Artikel[9] unter Berufung auf das „Prinzip Verantwortung" von Hans Jonas die Schaffung einer neuen Ethik verlangt wird, dann brauchen wir nicht erst lange danach zu suchen: Schopenhauer bietet sie uns an!

Lassen Sie mich versuchen drei wie mir scheint, hochaktuelle Aspekte dieser Ethik herauszuarbeiten:

Erstens zwingt uns Schopenhauer zur Verantwortung in der Gegenwart, indem er uns Fluchtwege aus der Verantwortung versperrt; zweitens macht uns Schopenhauer betroffen, indem er das Leid auch in einer hochkomplexen Welt für uns transparent macht; drittens bietet uns Schopenhauer eine zeitlose und global gültige ethische Motivation, die gegen jeden Reduktionismus gefeit ist.

Zum ersten Aspekt wäre zu sagen, daß wir nach Schopenhauer „als die einzige Form, in welcher der Wille sich erscheint, die *Gegenwart* zu

[8] W II, S. 507 u. 508.

[9] ›Die Zeit‹, Hamburg, Nr. 1/28. 12. 1979, S. 1.

erkennen" haben.[10] In diesem Sinne gibt es gar keine Flucht aus der Gegenwart! Wie Arthur Hübscher in seinem Buch ›Denker unserer Zeit‹ nachgewiesen hat, ist Schopenhauer nicht nur die „Hingabe an den Fortschritt auf dem Doppelweg der rechten und der linken Schule Hegels" fremd, sondern auch das prophetisch vorgedeutete „Gefühl des Absinkens". Dieser „Denker gegen den Strom" nährt, wie Arthur Hübscher schreibt, „keine falschen Hoffnungen, er beruhigt sich bei keinem Wahn und hält keinen falschen Trost bereit"[11]. Das gilt für Kosmogonien ebenso wie für Abfallslehren. Er läßt nicht zu, daß wir unsere moralische Verantwortung auf die Zukunft vertagen, durch ein „Prinzip Hoffnung" in das „Noch nicht" und „Nirgendwo" einer idealen Gesellschaft und Weltordnung flüchten. Er läßt uns aber auch nicht in die Vergangenheit eines verlorenen Paradieses flüchten und versperrt uns meiner Meinung nach auch den Fluchtweg eines nostalgischen Eskapismus, auf dem einzelne exklusiv die Muße des Biedermeier und die Fortschritte der modernen Medizin ohne die Nachteile der technischen Zivilisation genießen möchten. Ja, er versperrt uns, möchte ich behaupten, sogar die Hintertür der makabren Hoffnung auf den mit Sicherheit in Kürze stattfindenden Weltuntergang, die ja im Grunde genommen auch auf eine Flucht aus der Verantwortung hinausläuft.

Indem er uns ironisch die Furcht nimmt, „man könne von der runden Erdkugel, auf welcher man glücklicherweise nun gerade oben steht, hinuntergleiten"[12], weist er uns auch unentrinnbar den Platz unserer gegenwärtigen Verantwortung in einer Welt an, von der anzunehmen, daß sie „bloß eine physische, keine moralische, Bedeutung habe", in seinen Augen der „größte, der verderblichste, der fundamentale Irrthum, die eigentliche *Perversität* der Gesinnung" ist[13].

Nun zum zweiten Aspekt der Betroffenheit durch das auch in einer hochkomplexen Welt durch Schopenhauer transparent gemachte Leid. Wer Schopenhauer liest, dem werden, wo immer ihm die persönliche Erfahrung fehlt, die Augen für alle Formen menschlichen Leides geöffnet. Heimatlosigkeit, Revolutionsfolgen und Galeerensklaverei

[10] W I, S. 330.
[11] Hübscher: Denker gegen den Strom, S. 182.
[12] W I, S. 330.
[13] P II, S. 214.

gehörten zu den tiefsten Eindrücken der Kindheit und der Wanderjahre Schopenhauers. In seinem 17. Lebensjahr erfaßte sein Blick wie Buddha „Krankheit, Alter, Schmerz und Tod". In seinem Hauptwerk berichtete er von den „finsteren Behausungen des Elends", dem „Hungerthurm des Ugolino", von „Schlachtfeldern, Gefängnissen und Folterkammern". Die Zustände seiner Zeit machten ihn betroffen, ob es nun die „3 Millionen europäischer Weber" oder die „6 Millionen Negersklaven" Amerikas waren. Er kannte die Probleme der Ausbeutung und der Fließbandarbeit, sah aber auch schon die Grenzen des Wohlfahrtsstaates, des Wachstums und der Freizeitgesellschaft voraus. Und wenn er in einer düsteren Vision die „Welt als Hölle" erblickte, „welche die des Dante dadurch übertrifft, daß Einer der Teufel des Andern seyn muß"[14], wurde er inzwischen nicht nur durch *einen* „Eroberer", der „Völker unterdrückt, eine Welt in Jammer stürzt, das Blut von Millionen vergießt"[15], in tragischer Weise bestätigt. Entscheidend aber ist seine Zusammenschau all der vielfältigen und wechselnden Formen des menschlichen Leidens, die die „Scheidewand" des „principuum individuationis" aufhebt und verhindert, daß wir die Leidenden als „bloße Larven" sehen und in ihnen von uns ganz verschiedene Wesen erblikken. Schopenhauer traf mit dieser Wortwahl übrigens ein Kernargument des deutschen Terrorismus der 70er Jahre, das die Hinrichtung Unschuldiger zu bagatellisieren versuchte, indem es die Hingerichteten als „Funktionäre" eines hassenswerten „Systems" zu bloßen Larven zu degradieren versuchte. In diesem Zusammenhang muß auch eine kritische Anmerkung zum heutigen System der Massenkommunikation gemacht werden. Dank der technischen Fortschritte des Rundfunks, des Fernsehens, der Satellitenübertragung oder von Video- und Bildschirmtext sind wir heute zweifellos umfassender, schneller und auch anschaulicher informiert als Schopenhauer zu seiner Zeit. Aber sind wir deshalb *besser* informiert? Schon das amerikanische Wortspiel "*overnewsed and underinformed*" enthüllt die Dialektik dieses Fortschritts. Der frühere deutsche Bundespräsident Scheel stellte anläßlich der Verleihung des Theodor-Heuss-Preises mit Recht die Frage: „Kann die zunehmende, von dem Bürger kaum noch zu verarbeitende Flut von Nachrichten ...

[14] W II, S. 663.
[15] W I, S. 165.

nicht zur totalen Desinformation des Bürgers führen?"[16] Wir haben es in der Tat mit der von Arnold Gehlen so genannten „reich informierten Weltfremdheit" zu tun und erleben nach Hermann Lübbe, wie „die soziale Reichweite" mit der Zunahme des Komplexitätsgrades und des Tempos des sozialen Wandels abnimmt: „Eindringlicher noch erfahren wir den Schwund der Erfahrungsdeckung unseres Wissens in der Erfahrung der Inkoinzidenz von Urteilskraft und medialer Information übers Weltgeschehen" und sind durch die Frage, „wer denn nun was wann tun oder lassen müßte", überfragt.[17] Und stellvertretend für die Überfragten antwortet Peter Handke auf die Standardfrage „Was sagst du dazu?" mit „Ja, was soll ich dazu sagen?"

Schopenhauer aber hält auch angesichts der wachsenden Vielheit der Erscheinungen unserer Zeit gegenüber jedem leidenden Lebewesen die Antwort des Veda: „*Taat twam asi*" („Dieses bist Du") für uns bereit. „Wer sie mit klarer Erkenntniß und fester inniger Überzeugung über jedes Wesen, mit dem er in Berührung kommt, zu sich selber auszusprechen vermag"[18], kann „unser Aller Grundirrthum . . . daß wir einander gegenseitig Nicht-Ich sind"[19], überwinden. Wenn wir gezwungen sind, so wie manche Zeitungen bei einem bildhaften Rückblick auf das zu Ende gegangene Jahrzehnt, den Informationsdschungel zu lichten, so bleibt wenig echter Glanz und viel uns auch über größte Entfernungen berührendes Elend übrig. Dann blicken wir in das greisenhafte zerknitterte Antlitz eines dem Hungertod nahen Kindes, auf die erschöpft durch die Meeresbrandung auf das rettende Ufer torkelnde Gestalt eines Flüchtlings, auf das Paßfoto eines Prominenten, den die Geiselnahme in die Linse der Kamera wie in die Mündung einer Pistole schauen läßt. Dann wird uns die ganze Dramatik der Schopenhauerschen Argumentation bewußt, die das, was die Metempsychosenlehre in die Zukunft verlegt, uns hier und jetzt als eine auch uns zugedachte Verletzung erleiden läßt. Dazu hätten wir sehr wohl etwas zu sagen. Und da müßte uns

[16] Bulletin des Presse- und Informationsdienstes der Bundesregierung Nr. 13/15. 12. 1977.

[17] Lübbe: ›Erfahrungsverlust und Kompensation‹, in: Neue Zürcher Zeitung Nr. 290/14. 12. 1979, S. 39.

[18] W I, S. 442.

[19] W II, S. 690.

auch einfallen, welches Verhalten wir an Stelle des anderen von uns erwarten würden, wann und wo immer Hilfe möglich ist und nicht schon zu spät kommt.

Nun zum dritten Aspekt einer zeitlos und global gültigen ethischen Motivation, die gegen jeden Reduktionismus gefeit ist. „Die Ethik Schopenhauers faßt" nach Arthur Hübscher „nicht die sinn- und ordnungsetzenden Gemeinschaftsbildungen ins Auge, sie spricht den einzelnen an, den nicht in Gruppen, Verbänden und Gemeinschaften von verschiedener Verbindlichkeit und Wirkungsmacht eingefangenen einzelnen"[20]. Schopenhauer wendet sich ausdrücklich gegen die Ansicht, die „Ethik solle nicht das Thun der Einzelnen, sondern das der Volksmassen zum Stoff haben . . . Die Massen haben nicht mehr Inhalt als jeder Einzelne . . . Nicht das Schicksal der Völker, welches nur in der Erscheinung da ist, sondern das des Einzelnen entscheidet sich *moralisch.*"[21] Er wendet sich auch gegen jene, „welche, mit *Spinoza,* leugnen, daß es außer dem Staat ein *Recht* gebe . . . Des *Schutzes* ist das Recht freilich nur im Staate sicher, aber es selbst ist von diesem unabhängig vorhanden."[22] Schopenhauers Metaphysik bietet nach Max Horkheimer „tiefste Begründung der Moral, ohne mit exakter Wissenschaft in Widerspruch zu geraten"; sie „vermag Solidarität mit aller Kreatur zu begründen".[23]

Die Geschichte lehrt uns, daß Staaten die Solidarität ihrer Bürger immer auch *gegen* andere Staaten, Religionsgemeinschaften die Solidarität ihrer Gläubigen immer auch *gegen* andere Religionsgemeinschaften und Ideologien als Ersatzreligionen die Solidarität ihrer Anhänger überhaupt systemimmanent *gegen* ein Feindbild, z. B. einer Rasse oder Klasse, begründet haben. Gegen jeden solchen Reduktionismus sind wir durch Schopenhauer gefeit, weil er ohne Unterschied der Rasse, Klasse, Staatszugehörigkeit und Bildung mit dem „Bösen" in jedem Menschen rechnet – nämlich „durch Verursachung des fremden Leidens, dem Uebel, dem Leiden des eigenen Individuums, zu entgehn", auf der anderen Seite aber auch ohne solchen Unterschied jedem Men-

[20] Hübscher: Denker gegen den Strom, S. 204.
[21] W II, S. 678.
[22] W II, S. 682.
[23] Die Aktualität Schopenhauers, 42. Jahrb. 1961, S. 12–25.

schen die Chance der Erkenntnis zubilligt, daß der „Quäler und der Gequälte Eines sind“[24].

Schopenhauer wendet sich sogar – was im Zeitalter der Menschenrechtsdeklaration auf den ersten Blick mißverstanden werden könnte – gegen eine Reduzierung des Moralprinzips auf die „Würde des Menschen“. Denn diese Würde könnte nur auf Moralität beruhen, und damit wären wir, wenn ich mir erlauben darf, diesen Gedankengang in eigener Sprache fortzusetzen, bei unmoralischen, sprich: würdelosen Menschen wieder hinsichtlich der Begründung der Moral in Verlegenheit. Schopenhauer stellt vielmehr folgende Regel auf:

> Bei jedem Menschen, mit dem man in Berührung kommt, unternehme man nicht eine objektive Abschätzung desselben nach Werth und Würde, ziehe also nicht die Schlechtigkeit seines Willens, noch die Beschränktheit seines Verstandes und die Verkehrtheit seiner Begriffe in Betrachtung; da Ersteres leicht Haß, Letzteres Verachtung gegen ihn erwecken könnte: sondern man fasse allein seine Leiden, seine Noth, seine Angst, seine Schmerzen ins Auge: – da wird man sich stets mit ihm verwandt fühlen, mit ihm sympathisiren und, statt Haß oder Verachtung, jenes Mitleid mit ihm empfinden, welches allein die ἀγάπη ist, zu der das Evangelium aufruft.[25]

Übersetzen wir doch in die Aktualität unserer Tage, welche unübersteigbare Schranke damit gegen jedes Ressentiment und jedes Pharisäertum errichtet wird und wie konsequent damit die „Mauer zwischen Du und Ich“, von der Schopenhauer spricht, dünn bis zur Durchsichtigkeit gemacht wird. Damit wird Schopenhauer zum Antipoden jenes moralischen Rigorismus, den der Terroristen-Anwalt Mahler einmal rückblickend-selbstkritisch wie folgt charakterisierte: „Die Leute haben sich ihre eigene – sozusagen ihre private – Moral konstruiert . . . Die Welt ist schlecht, tagtäglich unendliches Leid, Mord, Totschlag. Das müssen wir ändern. Das geht nur mit Gewalt, das erfordert auch Opfer; aber unterm Strich weniger Opfer als die Fortdauer des bestehenden Zustands.“[26] Der Ausgangspunkt, die Erkenntnis des Leidwesens der Welt, macht hier nicht den Unterschied, sehr wohl aber die Schlußfolgerung: denn Gewaltanwendung bringt – „unterm Strich“ – nur eine

[24] W I, S. 416 u. 419.
[25] P II, S. 215 u. 216.
[26] ›Der Spiegel‹ Nr. 53/1979, S. 37.

Vermehrung des Leidens, und seit Tocqueville wissen wir, welches die „zwei Pflanzen“ sind, die immer auf demselben Boden gedeihen: „Sobald man einen Despoten auftauchen sieht, kann man sicher sein, bald einem Rechtsgelehrten zu begegnen, der voller Gelehrsamkeit beweisen wird, daß die Gewalt legitim ist und daß die Besiegten schuldig sind.“

Ein an sich unabwendbares Leid aber kann durch Mitleid wenigstens gerechter verteilt werden. Das klingt angesichts hochfliegender Weltverbesserungspläne bescheiden. Was aber in der Welt von heute nicht nur mit Worten, sondern durch die *Tat* geschieht – Hilfe für Hungernde, Hilfe für Flüchtlinge, Hilfe für politische Gefangene, und das vielfach durch private Spenden und persönliches Engagement –, das geschieht nach den Worten, die Schopenhauer schon 1815 in seinen frühen Manuskripten wählte:

Wen der *Anblick fremder Leiden* schmerzt so gut als seine eigenen, wer dadurch bewegt wird, jene Leiden zu heben mit Aufopferung der Mittel durch die er seinen eigenen Willen befriedigen, seine eigene Existenz erhalten kann: der ist seelig, ist tugendhaft.[27]

Schopenhauers „Ethik schreibt“ nach Arthur Hübscher „keine Handlungsweisen vor, sie ist keine Anweisung zur Tugend“, wohl aber bietet sie dem in seinen Grundeigenschaften nicht umzuschaffenden Menschen „eine berichtigte Erkenntnis, kann ihm neue, andere Motive liefern und zu anderen Willenshandlungen führen“.[28] Motivation wird ja heute auf den verschiedensten Gebieten groß geschrieben. Die Macht der Motivation geht nicht in erster Linie von den Mächtigen aus. Den ersten Anstoß zu einem Umweltdenken gab die Schriftstellerin Rachel Carson mit ihrem ›Stummen Frühling‹. Die Warnung vor dem „Wärmetod des Gefühls“ als einer der „acht Todsünden der zivilisierten Menschheit“ sprach der Verhaltensforscher Konrad Lorenz aus, und das zu größerer Solidarität motivierende Bild vom „Raumschiff Erde“ stammt von dem Nationalökonom Kenneth Boulding. Viele Menetekel des zu Ende gehenden Jahrhunderts warnen uns davor, die Gemeinsamkeit unseres Schicksals zu vergessen und prangern den Wahlspruch der in Großstädten zusammengepferchten, innerlich aber weiter denn je

[27] HN I, S. 294 u. 295.

[28] Hübscher: Denker gegen den Strom, S. 222.

voneinander entfernten modernen Menschen an, der da lautet "not to get emotionally involved". Genau das gegenteilige Motiv hält Schopenhauer uns mit der an jeden von uns gerichteten Frage vor, inwieweit wir den auf uns entfallenden Teil des weltweiten Übels tatsächlich auf uns nehmen und so das überdurchschnittlich große Leid anderer wenigstens lindern. Er pflanzt auf dem Weg über unseren Verstand in unser Herz jene innere Stimme, die uns beim Anblick fremden Leidens ein „Schone!" oder ein „Hilf!" zuruft. Er zeigt Menschen aller Zeiten und an allen Orten, ob sie nun durch Klassen- oder Rassenschranken, Ideologien oder wie immer geartete Herrschaftsverhältnisse voneinander getrennt sind, einen Weg, auf dem sie sich als „Leidensgefährten" in allen Sprachen ansprechen und verstehen können. Das ist der *eine* Beitrag von Schopenhauers Ethik zur Bewältigung der Gegenwart!

Worin aber könnte wohl der *andere* Beitrag von Schopenhauers Ethik zur Bewältigung der Gegenwart bestehen? Nach Schopenhauer ist „der Punkt, an welchem die moralischen Tugenden und Laster der Menschen auseinandergehn", jener „Gegensatz der Grundgesinnung gegen Andere, welche nämlich entweder den Charakter des Neides, oder aber den des Mitleids annimmt".[29] Das Bild der „Mauer zwischen Du und Ich" wird von ihm in einem doppelten Sinne gebraucht: dem „Mitleid wird sie dünn und durchsichtig", der „Neid" hingegen „baut sie auf".[30] Und er ermahnt uns, nie zu vergessen, daß, „wo Neid ist, Haß ihn begleitet"[31]. Der Neid spielt nicht nur mit einer gewissen Berechtigung eine große Rolle dort, wo die armen Völker dieser Welt die reichen beneiden. „Wenn das Elend der Dritten Welt sich steigert, und das wird es", schrieb Bernard Willms nicht ohne Voraussicht vor einem Jahrzehnt, „dann wird es immer wahrscheinlicher, daß das ideologische Instrument der Weltrevolution auf die Dauer durch das Aggressionspotential eines neuen Rassismus ergänzt und gesteigert wird."[32] Der Neid hat aber auch, wie schon Tocqueville voraussah, seine große Rolle dort nicht ausgespielt, wo im „Zeitalter der Gleichheit" die Unterschiede zwischen Arm und Reich verringert und die Massen in den Genuß eines

[29] P II, S. 217.

[30] P II, S. 218.

[31] P II, S. 232.

[32] Bernard Willms: Die politischen Ideen von Hobbes bis Ho Tschi Minh, Stuttgart 1971.

in der Geschichte bisher unerreichten Wohlstandes kamen. Gerade die kleiner werdenden Unterschiede werden auch um so begreiflicher und zu einem neuen Stimulans des Neides. Alexander Mitscherlich spricht von der „Massengesellschaft", die ein „Riesenheer von rivalisierenden neidischen Geschwistern" schafft,[33] Helmut Schoeck legt eine „Urgeschichte des Bösen" unter dem Titel ›Der Neid‹ vor, und gerade der moderne Wohlfahrtsstaat mit seinen nicht mehr durchschaubaren Umverteilungsmechanismen erwarb sich den Ruf einer „Neidgenossenschaft". Auch hier erweist sich Schopenhauer als moderner Denker: nicht nur weil er, freilich von einem ganz anderen Gesellschaftsbegriff ausgehend, in seinen ›Aphorismen zur Lebensweisheit‹ schrieb: „Was den großen Geistern die Gesellschaft verleidet, ist die Gleichheit der Rechte, folglich der Ansprüche, bei der Ungleichheit der Fähigkeiten, folglich der (gesellschaftlichen) Leistungen des andern."[34] Wichtiger noch scheint für die Gegenwart der hochentwickelten Länder und selbst für die heute noch unwahrscheinliche, aber doch denkmögliche Zukunft einer Welt, in der soviel soziale Gerechtigkeit herrscht wie in einzelnen Wohlfahrtsstaaten, was Schopenhauer zur Entlarvung falscher Motive des Neides beiträgt.

Hier ist vor allem die klassische Grundeinteilung zu nennen, die er in seinen ›Aphorismen zur Lebensweisheit‹ vornimmt: von dem, was einer ist, was einer hat und was einer vorstellt. „Die Unterschiede des Ranges und des Reichtums geben jedem seine Rolle zu spielen", macht er uns aufmerksam, „aber keineswegs entspricht dieser eine innere Verschiedenheit des Glücks und Behagens."

„Was einer für sich selbst ist, was ihn in die Einsamkeit begleitet und was keiner ihm geben oder nehmen kann, ist" nach Schopenhauer „offenbar für ihn wesentlicher als alles, was er besitzen, oder auch was er in den Augen anderer sein mag".[35] Hier rückt Schopenhauer auch die Perspektiven einer Zeit zurecht, die im einzelnen oft nur noch einen Knoten im Netzwerk gesellschaftlicher Beziehungen zu sehen vermag. Hartmut von Lange, Brecht-Schüler und kritischer Marxist, läßt in sei-

[33] Alexander Mitscherlich: Auf dem Weg zur vaterlosen Gesellschaft, München 1963, S. 408.

[34] P I, S. 448.

[35] P I, S. 339.

nem Stück ›Frau von Kauenhofen‹ den Major Sedlitz sagen: „Ihr werdet eine Welt erleben, in der, außer der Fähigkeit einer gerechteren Futterverteilung, keine Fähigkeit mehr obligatorischen Rang haben wird", und er stellt dann die Frage: „Nachdem ihr die Regel zur Herrschaft gebracht habt, was macht ihr mit der Ausnahme, die das Leben überhaupt lebenswert macht? Gibt es das Recht auf Einsamkeit, Müßiggang, Verzweiflung? ... Werdet ihr den Menschen, den ihr besser leben lehrt, auch das Sterben lehren?"

„Es giebt" nach Schopenhauer

in der That zwei entgegengesetzte Weisen, sich seines eigenen Daseyns bewußt zu werden: ein Mal ... als eines verschwindend kleinen, in einer, der Zeit und dem Raum nach, gränzenlosen Welt; als Eines unter den Tausend Millionen menschlicher Wesen ... – dann aber, indem man in sein eigenes Inneres sich versenkt und sich bewußt wird, Alles in Allem und eigentlich das allein wirkliche Wesen zu seyn, welches zur Zugabe, sich in den andern ... nochmals, wie im Spiegel, erblickt.[36]

Und er schenkt uns in seiner Abhandlung ›Über den Tod und sein Verhältniß zur Unzerstörbarkeit unsers Wesens an sich‹ mit seinem Spiegelgleichnis auch noch den Trost, mit der Zerschlagung des Spiegels unserer individuellen Erscheinung nicht mit vernichtet zu werden.

So leistet Schopenhauers Ethik zur Bewältigung der Gegenwart ihren doppelten Beitrag. Sie lehrt uns, daß „der bessere Mensch der ist, welcher zwischen sich und den Andern den wenigsten Unterschied macht"[37], einmal dadurch, daß er im Grunde unwesentliche Unterschiede nicht als Bausteine für die Mauer des Neides zwischen sich und anderen verwendet, und das andere Mal dadurch, daß er diese Mauer durch Mitleid transparent macht, uns im nur scheinbar anderen ein „Ich, noch ein Mal" erkennen läßt.

Und er spricht uns Mut zu als einer, der uns vorgelebt hat, wie man gelassen und mit dem Blick aufs Weltganze sterben kann, auch in dieser Stunde, in der wir auf diesem Raumschiff Erde zwischen Utopie und Nostalgie wieder einmal den Klang eisern fallender Würfel hören.

Nicht nur mit dem Wahlspruch Vergils: „Weiche dem Übel nicht aus,

[36] P II, S. 235.
[37] W II, S. 582.

nur tapferer geh' ihm entgegen", sondern auch mit seinen eigenen Worten:

Bist du nicht da? Hast du sie nicht inne, die kostbare Gegenwart, nach der ihr Kinder der Zeit alle so gierig trachtet, jetzt inne, wirklich inne? ... Warum solltest du zweifeln, daß die geheimen Wege, die dir zu dieser Gegenwart offen standen, dir nicht auch zu jeder künftigen offen stehn werden?[38]

[38] W II, S. 561.

Hans Ebeling, Freiheit. Gleichheit. Sterblichkeit. Philosophie *nach* Heidegger. Stuttgart: Verlag Philipp Reclam jun. 1982, S. 132–148. Zuerst erschienen in kürzerer Fassung in: 63. Schopenhauer-Jahrbuch, hrsg. von Arthur Hübscher. Frankfurt a. M. 1982, S. 106–116.

FREIHEIT. GLEICHHEIT. STERBLICHKEIT

Schopenhauer und die Theorie der Moderne

Von Hans Ebeling

Schopenhauer, so ist die opinio communis, sei konservativ bis auf das Knochengerüst der Gedanken. Nimmt man ihn indessen als den Kritiker weiter Strecken der abendländischen Tradition, werden Zweifel daran wach. Mag er 'konservativ' sein, 'kritisch' ist er offenbar, und seinen Gegnern ist er viel zu kritisch. Gerade auch als Kritiker der Moderne bringt er weit mehr zum Einsturz, als in den gewohnten Schemata von einem Konservativen zu erwarten. Die Schopenhauersche Linke, repräsentiert durch Sigmund Freud, und die Schopenhauersche Rechte, wider Willen repräsentiert durch Martin Heidegger, haben *beide* noch sehr viel mehr von seinen umstürzlerischen Absichten aufgenommen, als an der Oberfläche ihrer Selbstdarstellung erkennbar ist – wenn auch Freud Schopenhauer in dem Maße anerkennt, wie Heidegger ihn zurückweist. Was Schopenhauer mit der einen wie mit der anderen Konsequenz umstürzt, ist die emphatische Selbstgenügsamkeit der Moderne und ihrer Theoretiker. Er raubt der Moderne selbst wie ihren Theoretikern die Autarkie der bloßen Selbstbezüglichkeit und zerstört das allzu beseligende Glück, das Voranschreiten der Moderne sei aus sich selbst heraus als eine Bewegung zum Besseren gewährleistet. Allerdings, und auch das bleibt beachtlich, verhindert Schopenhauer ebenso ein emphatisch negatives Verhältnis zur Moderne: eben davor schützt ihn schon das Niveau seiner naturwissenschaftlichen Kenntnis und Interpretation. Schopenhauer ist viel zu sehr Aufklärer, als daß er das Leitmotiv der Moderne, den bestimmenden Grund ihres Selbstverständnisses, Licht anzünden, enlightenment, éclaircissement, hätte preisgeben können und mögen. Seine Metaphysik befreit keineswegs von der Pflicht, sich auf die Moderne einzulassen.

Durch Schopenhauer wird die Theorie der Moderne erstmals im großen Stil 'gebrochen', also: 'reflektiert': Schopenhauer schreibt das Verhältnis zu *Freiheit, Gleichheit, Sterblichkeit* nachhaltig um, er transformiert die Theorie der Moderne in dem doppelten Sinne, daß er sie um-formt und ihr eine Meta-Formierung gibt. Die Meta-Formierung in Gestalt seiner Meta-Physik darf hier einmal beiseite gesetzt werden. Ich beschränke mich auf den Prozeß der Umformung durch den Aufklärer und von der Empirie Angeleiteten.

Hierin hat eben der Streit zwischen *Hegel und Schopenhauer* seinen tiefsten Anlaß: in der mangelnden Bereitschaft Hegels, sich durch die Empirie auch nur anleiten zu lassen. Die relative Nichtigkeit der Auseinandersetzung zwischen beiden gelegentlich des Habilitationskolloquiums, das Schopenhauer vor Hegel zu bestehen hatte,[1] ist gleichwohl schon Indikator genug für einen Streit, der bis heute nicht geschlichtet ist. Es ist der Streit um die Theorie der Moderne selbst und darum, ob bei dem Versuch der Schlichtung der Empirie keine oder doch eine anleitende Rolle zukommen solle. Dieser Streit läuft am Ende immer aus in die Frage, welche Bedeutung einer Theorie zugesprochen wird, die die Bedingungen der Möglichkeit der Erfahrung analysiert und als Transzendentalphilosophie an der theoretischen Maxime Kants orientiert bleibt:

> Hohe Türme und die ihnen ähnlichen metaphysisch-großen Männer, um welche beide gemeiniglich viel Wind ist, sind nicht für mich. Mein Platz ist das fruchtbare *Bathos* der Erfahrung.[2]

Wenn man auch besorgt sein darf und muß, ob sich Schopenhauer nicht auch am Ende immer wieder auf allzu hohe Türme begeben hat: unstreitig hat er sich zunächst einmal ganz anders als Hegel im fruchtbaren Bathos der Erfahrung bewegt, und darauf richte ich das Augenmerk, nicht auf seine Meta-Physik. Schopenhauers Transformation von *Freiheit, Gleichheit, Sterblichkeit* erweist den anhaltend 'Unmodernen' unverhofft in einem Maße als modern, daß seine Ausgangslage und seine Einsichten nicht deshalb vernachlässigt werden sollten, weil die kom-

[1] Vgl. A. Hübscher, Hegel und Schopenhauer. Ihre Nachfolge – ihre Gegenwart, in: Schopenhauer-Jahrbuch 32 (1945–48), S. 23.

[2] I. Kant, Prolegomena zu einer jeden künftigen Metaphysik, die als Wissenschaft wird auftreten können, in: I. K., Gesammelte Schriften, Akademie-Textausg., Bd. 4, Berlin 1973, S. 373.

plementäre Metaphysik ihrerseits Programm und Absicht der Kantischen Transzendentalphilosophie aufgegeben hat. Wie treffsicher Schopenhauer als Unmoderner ist, wenn es gilt, die Moderne selbst zu treffen, zeigt sich *erstens* in seiner Perspektive auf Freiheit im Unterschied zu Kant, *zweitens* in seiner Perspektive auf Gleichheit im Unterschied zu Marx, *drittens* in seiner Perspektive auf Sterblichkeit im Unterschied zu Heidegger. Bei einem Denker, der so ahistorisch verfahren will wie Schopenhauer, scheint es besonders zweckmäßig, auch noch den Vergleich mit erst noch nachfolgenden Positionen unmittelbar in die Betrachtung einzubeziehen. Es sind nun aber Kants Perspektive auf Freiheit, Marxens Perspektive auf Gleichheit und Heideggers Perspektive auf Sterblichkeit, die im Ensemble die Grundzüge einer Theorie der Moderne am deutlichsten ausprägen. An ihnen mag sich die von Empirie gesättigte Deutung Schopenhauers bewähren oder auch durch sie ihrerseits zur Korrektur gezwungen werden.

Freiheit: das heißt für Kant: Autonomie, Selbstmächtigkeit des Handelns. Gleichheit: das heißt für Marx: die Gleichsetzung in einer Gesellschaft ohne Klassen. Sterblichkeit: das heißt für Heidegger: die Hinfälligkeit nicht nur des Menschen, sondern schließlich der Humanität selbst.

Schopenhauer bestreitet ebenso die Kantische Selbstmächtigkeit wie die Marxsche Gleichsetzung wie die Heideggersche Hinfälligkeit. Mit welchen Mitteln und mit welchem Recht?

1. *Freiheit,* in ihrem wesentlichen Anspruch verstanden nicht als physische, sondern als moralische, nicht als Handlungs-, sondern als Willensfreiheit, erweist sich für Schopenhauer als ein Un-Gedanke. Nicht allein, daß der Bereich der Erscheinungen dergleichen nicht zulassen kann, da dadurch die Einheit der Erfahrung aufgehoben, weil der Satz vom zureichenden Grunde der Verknüpfung von Ursache und Wirkung ignoriert würde. Schon der Gedanke, der mit dem Begriff eines liberum arbitrium indifferentiae vorgebracht sein soll, ist keiner. Dem ens rationis fehlt bereits die Rationalität:

> Bei diesem Begriff geht das deutliche Denken uns deshalb aus, weil der Satz vom Grunde, in allen seinen Bedeutungen, die wesentliche Form unsers gesammten Erkenntnißvermögens ist, hier aber aufgegeben werden soll.[3]

[3] A. Schopenhauer, Preisschrift über die Freiheit des Willens, hrsg. von

Anders als Kant leitet Schopenhauer daraus ab, daß nicht einmal die *Denk*möglichkeit der im Begriff vorgestellten Sache gegeben und damit der angebliche begriffliche Sachverhalt gar nicht einmal vorstellbar sei. Schopenhauers Anerkennung beschränkt sich darauf, daß der Begriff des liberum arbitrium indifferentiae „der einzige deutlich bestimmte, feste und entschiedene von Dem, was Willensfreiheit genannt wird", ist; „daher man sich von ihm nicht entfernen kann, ohne in schwankende, nebelichte Erklärungen, hinter denen sich zaudernde Halbheit verbirgt, zu gerathen: wie wenn von Gründen geredet wird, die ihre Folgen nicht nothwendig herbeiführen".[4] Der Nebel der Erklärungen lichtet sich nur unter der Prämisse, auf eine Erklärung überhaupt Verzicht zu tun und die Vorstellung von einer Freiheit jedenfalls des erscheinenden Willens endgültig zu verabschieden. Wenn die 'Freiheit des Willens' nicht nur nicht auffindbar, weil gar nicht gebbar ist im Sinne dessen, was überhaupt als ein 'Datum' zugelassen werden kann, sondern vorauf nicht einmal *denkbar* ist, da das 'Denken' an die Bedingungen des Erkennens gebunden bleibt und es nur ein 'deutliches' Denken gibt oder gar keines, dann gilt allerdings: das Programm der Selbstgesetzgebung ist nicht einmal mehr ein schönes Programm, da schon das Programm den Selbstwiderspruch impliziert.

Soweit Schopenhauer gefolgt und soweit auf den Transzendentalphilosophen Schopenhauer gesetzt, der sich in Sachen der Freiheit noch entschiedener im 'fruchtbaren Bathos der Erfahrung' umtreibt als Kant,[5] bleibt nur das Eingeständnis, daß mit Schopenhauer der erste Programmpunkt einer Theorie der Moderne, die Selbstverfügung einer freien Subjektivität, schon an ihm selbst zum Scheitern verurteilt ist. Es gibt dann zunächst nur und gibt dann zunächst ausschließlich: eine moderne Theorie der *Un*freiheit. Denn die Weise, wie Schopenhauer diese Theorie durch einen Rekurs auf eine angebliche Freiheit des *Seins* schließlich überhöht, ist ein mit Mitteln der Rationalität nicht mehr zu-

H. Ebeling, Hamburg 1978, S. 44 (Sämtliche Werke, hrsg. von A. Hübscher, Bd. 4,2, Wiesbaden ³1972, S. 9).

[4] Ebd., S. 45 (Sämtliche Werke, ebd.).

[5] Vgl. H. Ebeling, Selbsterhaltung und Selbstbewußtsein. Zur Analytik von Freiheit und Tod, Freiburg/München 1979, S. 116–122 (›Der Selbstwiderspruch bei Kant und bei Schopenhauer‹).

gängliches, geschweige denn: begründungsfähiges Verfahren. Nicht umsonst setzt er über seine Preisschrift zur Verhandlung der Frage der Willensfreiheit einen Satz von Helvétius: «La liberté est un mystère.» Man sollte das im Auge behalten und deshalb Schopenhauers 'höhere Ansicht', wonach operari sequitur esse, nicht anders einschätzen als etwa den Platonischen ER-Mythos.[6] Theorien der Moderne kann man indessen nur mit Theorien der Moderne korrigieren. Jeder andere Versuch ist keine Korrektur, sondern nur ein Ausbruch.

Was aber mit Schopenhauer bleibt, ist gleichwohl *nahezu* alles, jedenfalls jenes, wonach *zunächst* der Sinn steht. Seine Absage an eine These von der Willensfreiheit ist *keine* Absage an die Deliberationsfreiheit, *keine* Absage an die Entscheidungsfreiheit, keine Absage an die Handlungsfreiheit und entsprechend auch keine Absage an die politische Freiheit. Die Absage an die Willensfreiheit bedeutet *nicht*, daß es auch keine Freiheit zu wohlüberlegter Lageanalyse gäbe, keine Freiheit zur bedachtsamen Entscheidung von Handlungsalternativen und schließlich keine Freiheit des Handelns selbst. Sie – und, bei seiner Staatskonzeption nicht weiter überraschend, ebenso die politische Freiheit – ist von Schopenhauer in Akten einer physischen Freiheit gefaßt. Die meint: Absenz externer und, so würden wir mit Freud und seinen Nachfolgern sagen, ebenso interner Hemmnisse, *dem eigenen Willen gemäß* zu handeln. Selbstverständlich ist der Mensch *relativ* frei und *komparativ* frei:

Motiv wird der Gedanke, wie die Anschauung *Motiv* wird, sobald sie auf den vorliegenden Willen zu wirken vermag. Alle Motive aber sind Ursachen, und alle Kausalität führt Nothwendigkeit mit sich. Der Mensch kann nun, mittelst seines Denkvermögens, die Motive, deren Einfluß auf seinen Willen er spürt, in beliebiger Ordnung, abwechselnd und wiederholt sich vergegenwärtigen, um sie seinem Willen vorzuhalten, welches *überlegen* heißt: er ist deliberationsfähig und hat, vermöge dieser Fähigkeit, eine weit größere *Wahl*, als dem Thiere möglich ist. Hiedurch ist er allerdings *relativ frei*, nämlich frei vom unmittelbaren Zwange der *anschaulich gegenwärtigen*, auf seinen Willen als Motive wirkenden Objekte, welchem das Thier schlechthin unterworfen ist: er hingegen bestimmt sich unabhängig von den gegenwärtigen Objekten, nach Gedanken, welche *seine*

[6] Vgl. H. Ebeling, Schopenhauers Theorie der Freiheit, in: Schopenhauer, Preisschrift über die Freiheit des Willens, S. VII–XXII.

> Motive sind. Diese *relative* Freiheit ist es wohl auch im Grunde, was gebildete, aber nicht tief denkende Leute unter der Willensfreiheit, die der Mensch offenbar vor dem Thiere voraus habe, verstehn. Dieselbe ist jedoch eine bloß *relative*, nämlich in Beziehung auf das anschaulich Gegenwärtige, und eine bloß *komparative*, nämlich im Vergleich mit dem *Thiere*. Durch sie ist ganz allein die *Art* der Motivation geändert, hingegen die *Nothwendigkeit* der Wirkung der Motive im Mindesten nicht aufgehoben, oder auch nur verringert.[7]

Modern ist die damit implizierte Theorie der Unfreiheit in gerade dem Maße, wie ihre Prämissen zur selbstverständlichen Grundlage der empirisch-analytischen Wissenschaften geworden sind. Das aber ist der Fall. Die Theorie der Unfreiheit eint selbst noch Psychoanalyse und Behaviorismus.

2. *Gleichheit*, seit Rousseaus *Discours sur l'origine et les fondements de l'inégalité parmi les hommes* erbitterter Gegenstand der Anstrengungen bürgerlicher und auch weniger bürgerlicher Revolutionen, gilt Schopenhauer nicht als ein Projekt des Kopfes, sondern als eine Sache des Herzens. Rousseaus Diskurs von 1755 und Schopenhauers ›Preisschrift über das Fundament der Moral‹, die beide das belanglose Schicksal teilen, *nicht* preisgekrönt zu sein, sind im übrigen getrennt durch die Absage Schopenhauers, das praktisch auszuzeichnende Handeln präskriptiv vortragen zu wollen. Denn wir sind nicht gleich, und, so Schopenhauers Auffassung, wir werden auch durch keine Anstrengung des Kopfes gleich. Weder die Rechtsgleichheit noch die materielle Gleichheit lassen sich angesichts für stabil und invariant genommener Charaktere zureichend durchsetzen, und insbesondere ist es müßig, eine moralische Gleichheit zu fordern. Zwar votiert Schopenhauer – trotz dominanter eigener Interessen an der 'Besitzstandswahrung' – nicht für eine schrankenlos fortgesetzte Expropriation, wenn er sich der Expropriation der Expropriateure verschließt.[8] Zwar votiert er schon gar nicht für die Aufrechterhaltung des bestehenden Immoralismus, wenn er sich gegen den Kantischen Moralismus verwahrt.[9] *Aber wie er das moderne*

[7] Schopenhauer, Preisschrift über die Freiheit des Willens, S. 70f. (Sämtliche Werke, Bd. 4,2, S. 35f.).

[8] Vgl. L. Lütkehaus, Schopenhauer. Metaphysischer Pessimismus und 'soziale Frage', Bonn 1980.

[9] Vgl. H. Ebeling, Schopenhauers Grundlegung zur Metaphysik der Sitten,

Projekt der Freiheit negiert hat, so negiert er auch das moderne Projekt der Gleichheit. Die Ungleichheit bleibt so dominant wie die Unfreiheit selbst. Denn eben: Weil wir nicht frei sind, ist auch jede Anstrengung zum Scheitern verurteilt, die uns zu Gleichen machen wollte. Schopenhauers Konsequenz ist die Preisgabe einer imperativen Ethik. Seine Ethik soll lediglich noch das menschliche Treiben *be*schreiben und nicht mehr *vor*schreiben, sondern nur noch auf die seltenen Fälle des ethisch auszuzeichnenden Tuns hinweisen. Denn es mangelt ihm jeder Glaube, daß mit der Aufstellung von Vorschriften die Herstellung der Gleichheit einhergehen könnte.

Die Absicht Schopenhauers, lediglich zu *be*schreiben, wird freilich gestört durch die Notwendigkeit, dabei doch noch *vor*schreibende Grundsätze nicht nur hinnehmen, sondern selbst fordern zu müssen. Auch das Mitleid als das *Fundament* der Moral bedarf der Fassung in einem präskriptiven *Prinzip*.[10] Dies ignoriert, bleibt gleichwohl erhalten, daß Schopenhauer die moderne Theorie der Gleichheit durch eine tiefer greifende Deutung zu konterkarieren sucht. Die Ethik des Mitleids ist ihrer letzten Abzweckung nach eine Ethik der *Selbigkeit* der Handlungssubjekte. Schopenhauers Ausgangslage ist:

Es giebt überhaupt nur *drei Grund-Triebfedern* der menschlichen Handlungen: und allein durch Erregung derselben wirken alle irgend möglichen Motive. Sie sind:

a) Egoismus; der das eigene Wohl will (ist gränzenlos),
b) Bosheit; die das fremde Wehe will (geht bis zur äußersten Grausamkeit),
c) Mitleid; welche das fremde Wohl will (geht bis zum Edelmuth und zur Großmuth).[11]

Die durch (b) motivierten Handlungen, evident praktiziert unter Ungleichen und mit der Absicht, die Ungleichheit nicht nur nicht zu verringern, sondern sie zu vergrößern, dürfen mit Schopenhauer diskussionslos als eindeutig zu verwerfende gelten. Die Anstrengung

in: A. Schopenhauer, Preisschrift über die Grundlage der Moral, hrsg. von H. E., Hamburg 1979, S. VII–XVIII.

[10] Vgl. H. Ebeling, Betroffenheit, Mitleid und Vernunft, in: Funkkolleg Praktische Philosophie/Ethik, Studieneinheit 21, Studienbegleitbrief 9 des DIFF, Weinheim/Basel 1981, S. 11–40.

[11] Schopenhauer, Preisschrift über die Grundlage der Moral, S. 107 (Sämtliche Werke, Bd. 4,2, S. 209f.).

Schopenhauers gilt der Eliminierung der durch (a) bestimmten Taten, weniger evident, so scheint es zunächst, von der Absicht gesteuert, die Kluft zwischen Ungleichen zu vergrößern, aber am Ende mit demselben Erfolg. Als das Kriterium der Handlungen von moralischem Wert gilt Schopenhauer deshalb die „Abwesenheit aller egoistischen Motivation“[12]. Der Definition gemäß genügt diesem Kriterium nur diejenige Handlung, die ausschließlich das Wohlergehen des Anderen betrifft und dafür Sorge trägt, „daß jener Andere unverletzt bleibe oder gar Hilfe, Beistand und Erleichterung erhalte“[13]. Das setzt voraus, „daß jener Andere *der letzte Zweck* meines Willens wird“[14]. Solches geschieht in einem Akt der *Identifikation* mit dem Anderen, und Instanz dafür ist Schopenhauer nach der letzten Abzweckung seines Denkens ein vorvernünftiges Sich-selbig-Machen. Zunächst aber reicht durchaus der Rekurs auf „das alltägliche Phänomen des *Mitleids,* d. h. der ganz unmittelbaren, von allen anderweitigen Rücksichten unabhängigen *Theilnahme* zunächst am *Leiden* eines Anderen und dadurch an der Verhinderung oder Aufhebung dieses Leidens“[15]. Voller Skepsis gegenüber den Möglichkeiten der Vernunft, zu einer wirklichen Freisetzung von Egoismen und deshalb überzeugenden Abkehr vom Prinzip der Ungleichheit befähigen zu können, schließt Schopenhauer:

> Dieses Mitleid ganz allein ist die wirkliche Basis aller *freien* Gerechtigkeit und aller *ächten* Menschenliebe. Nur sofern eine Handlung aus ihm entsprungen ist, hat sie moralischen Werth: und jede aus irgend welchen andern Motiven hervorgehende hat keinen. Sobald dieses Mitleid rege wird, liegt mir das Wohl und Wehe des Andern unmittelbar am Herzen, ganz in der selben Art, wenn auch nicht stets in dem selben Grade, wie sonst allein das meinige: also ist jetzt der Unterschied zwischen ihm und mir kein absoluter mehr.[16]

Die Anerkennung der seltenen Chance auf solche *Selbigkeit* schließt die andauernde Absage an das Projekt der Moderne ein, eine *Gleichheit* herstellen zu wollen, die den anhaltenden Unterschied des Einen und des Anderen ignoriert. Bezogen ist ein Standort, den etwa Robert Spaemann auf die Form gebracht hat: „Gleichheit, die nicht als Begrenzung

[12] Ebd., S. 102 (Sämtliche Werke, ebd., S. 204).
[13] Ebd., S. 105 (Sämtliche Werke, ebd., S. 207).
[14] Ebd., S. 105 (Sämtliche Werke, ebd., S. 208).
[15] Ebd., S. 106 (Sämtliche Werke, ebd.).
[16] Ebd., S. 106 (Sämtliche Werke, ebd., S. 208f.).

von Ungleichheit, sondern als deren totaler Gegenentwurf gedacht wird, schlägt in unbegrenzte Ungleichheit um und wird von dieser ununterscheidbar."[17] Ist das aber so, dann kann man, so Schopenhauer, nur noch auf eine Theorie der *Ungleichheit* setzen. Marxens Absichten sind so ohne Nachsicht verworfen, freilich mit dem nicht tilgbaren Rest, daß sich Schopenhauer dann allerdings dem Einwand der 'indirekten Apologetik' der bestehenden Verhältnisse ausgesetzt sieht.[18] Den historischen Schopenhauer davon vollständig zu absolvieren, ist weder möglich noch auch nur erstrebenswert.

3. *Sterblichkeit,* unter den Bedingungen des Erkennens für gleichgültig genommen, wie schon Epikur gesetzt hatte, unter den Bedingungen des Wollens 'die große Enttäuschung', wie Schopenhauer dem zur Seite setzt, bewegt ihn zu einer Eingangswendung seiner Thanatologie, an der er bis zum Ende festhält und die die Philosophie auch noch über Heidegger hinaus bestimmt:

> Der Tod ist der eigentlich inspirierende Genius oder der Musaget der Philosophie, weshalb Sokrates diese auch thanátu meléte definiert hat. Schwerlich sogar würde auch ohne den Tod philosophiert werden.[19]

Wenn auch 'in der Sprache der Natur' der Tod Vernichtung bedeutet, so berührt das nach Schopenhauer den Erkennenden nicht, wohl den Wollenden. Ihn freilich treibt die fuga mortis. Die konstatierende und in kein Interesse verwickelte Erkenntnis dagegen ist dem Tod gegenüber gleichgültig und damit frei davon, ihn als ein Übel zu werten:

> Verloren zu haben, was nicht vermißt werden kann, ist offenbar kein Übel: also darf das Nicht-Sein-Werden uns so wenig anfechten wie das Nicht-Gewesen-Sein. Vom Standpunkt der Erkenntnis aus erscheint demnach durchaus kein Grund, den Tod zu fürchten.[20]

[17] R. Spaemann, Bemerkungen zum Problem der Gleichheit, in: R. S., Zur Kritik der politischen Utopie. Zehn Kapitel politischer Philosophie, Stuttgart 1977, S. 166.

[18] Vgl. H. Ebeling / L. Lütkehaus (Hrsg.), Schopenhauer und Marx. Philosophie des Elends – Elend der Philosopie?, Königstein i. Ts. 1980.

[19] A. Schopenhauer, Die Welt als Wille und Vorstellung, Band 2: Ergänzungen zum vierten Buch, Kap. 41: ›Über den Tod und sein Verhältnis zur Unzerstörbarkeit unsers Wesens an sich‹.

[20] Sämtliche Werke, Bd. 3, Wiesbaden 31972, S. 534.

In der Tilgung des Individuums bleibt dem Materialisten Schopenhauer dieses erhalten: die Beharrlichkeit der Materie und die Invarianz des 'belebenden Prinzips'. Auf der Basis der Kantischen Zeit-Konzeption erhält die materialistische Deutung ihre transzendental-philosophische Wende: Der Tod ist nur das zeitliche Ende der zeitlichen Erscheinungen. Ist die Zeit aber nur Bedingung der Möglichkeit dessen, was sich zeigen kann, so ist – nach Schopenhauer – die Perspektive auf eine Unzerstörbarkeit nicht verstellt, wenn von ihr auch gerade das Moment der Fortdauer abgezogen werden muß. Schopenhauer variiert Kants erste Analogie der Erfahrung: „Bei allem Wechsel der Erscheinungen beharrt die Substanz, und das Quantum derselben wird in der Natur weder vermehrt noch vermindert."[21] Ihm gilt (nicht ohne weitreichende metaphysische Implikationen):

Wie die zerstäubenden Tropfen des tobenden Wasserfalls mit Blitzesschnelle wechseln, während der Regenbogen, dessen Träger sie sind, in unbeweglicher Ruhe feststeht, ganz unberührt von jenem rastlosen Wechsel; so bleibt jede *Idee*, d. i. jede *Gattung* lebender Wesen ganz unberührt vom fortschreitenden Wechsel ihrer Individuen.[22]

Dieser Standort Schopenhauers ist am Ende so wenig modern wie derjenige, den er in Sachen der Freiheit und Gleichheit bezogen hatte. Der Materialist anerkennt die Unfreiheit und die Ungleichheit. Derselbe Materialist anerkennt eine Unbetreffbarkeit durch den Tod. Auch dies ist zunächst ein fortschrittliches Theorem, ebenso wie die Verwerfung des liberum arbitrium indifferentiae und die Absage an das Projekt unbegrenzter Gleichsetzbarkeit. Die These von der Unzerstörbarkeit eines 'wahren' Wesens hat immerhin die These von der Immortalität des Individuums längst als eine abgearbeitete hinter sich. In dem destruktiven Potential kommt zum Vorschein, daß auch das Kantische in praktischer Absicht vorgetragene Postulat einer 'Unsterblichkeit der Seele' vollständig abgestreift ist. Auch dies ist ein Beitrag zur Aufklärung, und ein wesentlicher.

Doch die Moderne ist solange noch nicht auf ihrem eigenen Niveau, wie sie mit Kant an der Perspektive individueller Unsterblichkeit festhalten will oder mit Schopenhauer (und Marx) ein Projekt der Unzer-

[21] I. Kant, Kritik der reinen Vernunft, B 224.

[22] Sämtliche Werke, ebd., S. 552.

störbarkeit der Gattung propagiert. Denn damit hat sich die Moderne noch nicht dem Ausnahmezustand gestellt, für den sie selbst verantwortlich ist. Anfänge für eine solche Bereitschaft verdanken wir erst der Philosophischen Thanatologie seit Heidegger.[23] Sie nämlich beginnt gerade erst, sich der Möglichkeit des Holozids wirklich zu stellen. In aller Gegenwendung *gegen* Heidegger hält sie aber gerade daran fest, daß schon die Erkenntnis der Mortalität, *mit* Heidegger und anders als bei Epikur und Schopenhauer, dazu zwingt, nicht mehr gleichgültig zu lassen. Solche Thanatologie anerkennt damit (freilich auch dies gerade jenseits von Heidegger), daß die Herstellbarkeit des Todes zur Produktivkraft der menschlichen Gattung geworden ist. Noch Heidegger war der Tod ausschließlich als fremdverfügt zugänglich gewesen. Er überkommt den Menschen als das wahrhaft ihm Zukommende. In dieser Deutung liegt eine tiefe Rückbindung Heideggers an die Tradition und gerade auch an Schopenhauer.[24] Aber diesem Tod hat sich der Mensch mit Heidegger *ungeteilt* zu stellen. Er selbst ist 'Sein zum Tode' als die ursprüngliche Einheit von Erkennen und Wollen. Erneut fruchtbar und, wie mir scheint, erst vollständig tragend wird diese Interpretation der Mortalität, wenn der Tod selbst zur herstellbaren Sache der Moderne geworden ist. Das aber ist jetzt und, soweit zu erkennen, auch 'für alle Zukunft' der Fall. Die Möglichkeit des Holozids ist zur Grundlage der Weltpolitik geworden, hat jede Möglichkeit der Privatheit überholt und beherrscht die zu sich selbst gekommene Moderne. Angesichts dieses Sachverhalts erweist sich auch Schopenhauers Theorie der Unzerstörbarkeit als *un*modern. Es gibt keine – auch nur relative – Garantie mehr für die Erhaltung der Gattung.

Und doch bleibt der unmoderne Theoretiker der Mortalität dem

[23] Vgl. H. Ebeling, Philosophische Thanatologie seit Heidegger, in: H. E. (Hrsg.)., Der Tod in der Moderne. Beiträge von Theodor W. Adorno, Karl-Otto Apel, Ernst Bloch, Hans Ebeling, Eugen Fink, Werner Fuchs, Martin Heidegger, Ivan Illich, Karl Jaspers, Wilhelm Kamlah, Leszek Kolakowski, Karl Löwith, Herbert Marcuse, Jean-Paul Sartre, Walter Schulz, Dolf Sternberger, Königstein i. Ts. 1979 (Neue Wissenschaftliche Bibliothek, Bd. 91), S. 11–13.

[24] Heidegger hat eine solche Rückbindung an Schopenhauer freilich niemals anerkannt, wohl aber behauptet, Schopenhauer sei mit seinem Hauptwerk Schelling und Hegel „auf das tiefste verpflichtet" (Nietzsche, Bd. 1, Pfullingen 1961, S. 44).

modernen Theoretiker Heidegger in einem, dem in jeder Hinsicht Entscheidenden der Philosophie überlegen: Mag seine unmittelbare Antwort auf den Tod unmodern sein, seine mittelbare behält um so größeres Gewicht. In der Hinfälligkeit der Menschen votiert er nicht für die Hinfälligkeit der Humanität selbst.[25] Heidegger hingegen schien solches Votum noch nach dem Untergang des Nationalsozialismus angeraten – durch Denunziation des Humanismus und damit des Apriori der Kommunikationsgemeinschaft, eine Absage, die nicht dadurch geringer wird, daß sie dem Gegner Oberflächlichkeit, sich selbst aber Tiefe zuspricht.[26] Die „ursprüngliche Ethik", die Heidegger für sich in Anspruch nimmt unter Rekurs auf Heraklit und das Fragment 119 (ἦθος ἀνθρώπῳ δαίμων), ist im Unterschied zur Ethik Schopenhauers Dämonologie.[27] Die Hinfälligkeit des Menschen dagegen aufzufangen in einer Ethik des tätigen Mit-Leids, bleibt auch ohne die metaphysischen Voraussetzungen Schopenhauers *mit* Schopenhauer die Anstrengung wert, auch wenn seine Ethik tatsächlich immer nur *subsidiär* fungiert und keineswegs an die Stelle der Vernunftvorhaben von Kant, Hegel, Marx und neuerdings Apel treten kann.[28] Das Projekt der Moderne bleibt abseits der unmodernen Antworten Schopenhauers auf Freiheit, Gleichheit, Sterblichkeit mindestens durch die eine 'Aktualität Schopenhauers' mitgeprägt (mit einem Programmtitel Horkheimers zu sprechen)[29]: die Aktualität seiner Variante des Humanen.

Darin liegt eben die Treffsicherheit dieses Unmodernen, auf die moderne Theorie von Freiheit, Gleichheit, Sterblichkeit so zu antworten, daß durchaus noch die Herausforderung erhalten bleibt, die Humanität

[25] Zu den ethischen Implikationen von Heideggers ›Sein und Zeit‹ vgl. Ebeling, Selbsterhaltung und Selbstbewußtsein, S. 72–114.

[26] M. Heidegger, Platons Lehre von der Wahrheit. Mit einem Brief über den 'Humanismus', Bern 1947, S. 95–105.

[27] Ebd., S. 106–109.

[28] Zur Integration Schopenhauers in die Vernunftethik der Moderne vgl. H. Ebeling, Sind alle kategorischen Imperative tatsächlich nur hypothetisch? (Schopenhauer, Kant und Marx), in: H. E.: Freiheit, Gleichheit, Sterblichkeit. Philosophie *nach* Heidegger, Stuttgart 1982.

[29] M. Horkheimer, Die Aktualität Schopenhauers, in: Schopenhauer-Jahrbuch 42 (1961), S. 12–25; auch in: Ebeling/Lütkehaus (Hrsg.), Schopenhauer und Marx. Philosophie des Elends – Elend der Philosophie?, S. 93–106.

zu befördern. Der Diagnostiker Schopenhauer setzt: Wir sind nicht frei, wir sind nicht gleich, wir sind hinreichend sterblich. Wir sind aber gehalten, die Einheit der Gattung anzuerkennen. Nicht nur im Sinne der Selbigkeit einer sich durchhaltenden idea, gerade auch im Sinne unserer Selbigkeit mit dem Anderen. Der Tod als der Musaget der Philosophie hält nicht ab, sondern hält an, eine Ethik zu verantworten.

Die Fluchtlinien des Diagnostikers Schopenhauer verlieren sich freilich immer wieder sehr schnell in einer Metaphysik, die das transzendentalphilosophische Programm Kants preisgegeben hat und die darin eben doch eine stille Verwandtschaft mit Hegel bekundet. Über eine 'Freiheit des Seins' in einer Welt des Willens 'an sich', über ein asiatisches Mysterium der Identität, über Schopenhauers metempsychotischen Rückgang in einen angeblich zugänglichen Weltgrund läßt sich mit Mitteln der Philosophie (und also mit den Mitteln der europäischen Aufklärung, die durch die Kantische Wende zurechtgeschliffen wurden) keineswegs besser entscheiden als über die Metaphysik Hegels. Für die Philosophie als eine unausweichlich kritische Veranstaltung zur Bewahrung und Verbesserung der Vernunft ist darüber jedenfalls immer schon insoweit entschieden, als solche Anstrengungen nicht die ihren sind und auch nicht die ihren werden können. Sie müßte sich sonst zur Selbstaufgabe entschließen. Wenn der Metaphysiker Schopenhauer, *Faust* I, Vers 1339f. nachsprechend, anerkennend darauf besteht: „Alles, was entsteht, / Ist wert, daß es zugrunde geht“, so bleibt zu bedenken, daß das ein *Teufelswort* ist. Es wird in der gegenwärtigen Weltpolitik seit Hitler praktiziert und nur stellenweise retardiert. Nur unter der Bedingung der Retardation gibt es überhaupt noch eine menschliche Gattung. Schopenhauers Pessimum, durch das Pessimum der Gegenwart überholt, läßt keine Lobrede mehr zu. Die Selbstaufgabe der Vernunft konnte nur solange mögliches Thema sein, wie die Selbstaufgabe der Gattung unvorstellbar war.

Um so dringlicher ist die Rückkehr zu dem *Aufklärer* Schopenhauer. Er, der gemeinsam mit Marx die *kritische* Theorie Horkheimers befördert hatte, scheint auch und gerade noch für die Antizipation der idealen Sprechsituation im Sinne von Habermas und das Apriori der Kommunikationsgemeinschaft im Sinne von Apel fruchtbar zu machen. Denn seine Zuwendung zum Anderen und damit a priori *kommunikative* Ethik ist meines Erachtens geeigneter Ausgangspunkt dafür, das Setzen auf die Vernunft endgültig von dem – ohnehin abwegigen – Einwand zu salvieren, es sähe an der 'Realität' von Tod, Elend und Gewalt vorbei. Verständlichkeit, Wahrheit, Richtigkeit und Wahrhaftigkeit als Grundsetzungen der Vernünftigkeit verweisen vor auf eine ideale Sinndimension von *Freiheit, Gleichheit* und tendenzieller Aufhebung der *Sterblichkeit*, bei deren Aufklärung der Aufklärer Schopenhauer hilfreich ist. Die Basis-Fiktion der *Freiheit* muß einherbestehen können mit der durch die Einheit der Natur legitimierten Verwerfung eines liberum arbitrium indifferentiae. Die Basis-Fiktion der *Gleichheit* muß einherbestehen können mit der durch Tod, Elend und Gewalt am eindringlichsten dokumentierten Ungleichheit. Die Basis-Fiktion der tendenziellen Aufhebung der *Sterblichkeit* der Vernünftigen muß einherbestehen können mit der negierten Tradition der Immortalität. Der Aufklärer Schopenhauer erweist eindringlich, welche Perspektiven auf Freiheit, Gleichheit, Sterblichkeit unter dem Niveau der Aufklärung liegen und also nicht mehr im Blick sein dürfen als Parameter der idealen Sinndimension.[30] Schopenhauer läßt aber vorauf und in jedem dieser Schritte gegenwärtig bleiben, daß der jeweilig *Eine* nur das Komplement zu dem jeweilig *Anderen* ist: Schopenhauer bekämpft die 'moralische Isolation'[31] und läßt darin ein wesentliches Stück des Apriori der Kommunikationsgemeinschaft zum Vorschein kommen. Insoweit behauptet sich der anhaltend Unmoderne als modern.

Auf den *Aufklärer* Schopenhauer setzen, das heißt auch: darauf setzen, daß seine Philosophie für „*immanent* im Kantischen Sinne des Wortes" zu nehmen sei, was Schopenhauer für sich selbst in Anspruch nimmt,[32] in seiner Metaphysik freilich nicht hat bewahren können. Für sein Bemühen um Aufklärung gilt indessen uneingeschränkt, was er im August 1854 auf die Form brachte: „*Kant* hat den Ernst in die Philosophie eingeführt, und ich halte ihn aufrecht."[33]

Das Recht Schopenhauers, bis heute eines Denkers in äußerster Isolation, ist freilich nicht herzustellen durch Reproduktion seines Unrechts gegenüber Kant und Hegel und durch den neueren Unverstand, sich der

[30] Vgl. H. Ebeling, Die ideale Sinndimension. Kants Faktum der Vernunft und die Basis-Fiktionen des Handelns, Freiburg/München 1982.

[31] Sämtliche Werke, Bd. 4,2, S. 272.

[32] Sämtliche Werke, Bd. 3, S. 736.

[33] Sämtliche Werke, Bd. 4,1, S. XXIII.

Moderne und ihren Theoretikern zu verweigern: Marx wie Nietzsche, Freud wie Heidegger, Habermas wie Apel. Die Isolation Schopenhauers wird so nur anhaltend vermehrt, wie dies seit langem und immer noch der Fall ist. Schopenhauer aber braucht keine Anhänger, sondern Kritiker ohne Nachsicht.

Originalbeitrag 1981.

SCHOPENHAUER UND HEGELS LOGIK

Einführung in eine noch ausstehende Kontroverse

Von WOLFGANG WEIMER

> Indem ich, geehrter Herr Frommann, Ihnen die Abhandlung überreiche für die ich promovirt bin, sende ich Ihnen zugleich unter herzlichem Dank Hegels Logik zurück: ich würde diese nicht so lange behalten haben, hätte ich nicht gewußt daß Sie solche so wenig lesen als ich.
> (Schopenhauer in einem Brief an C. F. E. Frommann vom 4. 11. 1813)[1]

Man wird kaum eine produktive Auseinandersetzung zwischen Hegel und Schopenhauer erwarten dürfen angesichts der Tatsache, daß Äußerungen Hegels über Schopenhauer nicht existieren und umgekehrt Schopenhauer die Abneigung, Hegels Hauptwerk auch nur lesend zur Kenntnis zu nehmen, frank und frei eingesteht. Leider hat diese Unkenntnis Schopenhauer nicht von polemischen Bemerkungen über Hegel abgehalten, welche ja eine gewisse (und traurige) Berühmtheit in der Philosophiegeschichte erhalten haben. Sie stützen sich auf eine wohl eher oberflächliche Lektüre von Hegels Differenzschrift, ›Enzyklopädie‹ und ›Phänomenologie des Geistes‹.[2] Hält man sich an diese Bemerkungen, so lassen sich immerhin folgende Bedenken Schopenhauers gegen Hegels System rekonstruieren: Hegel gehe es um eine Reetablierung der spekulativen Theologie auf der Basis eines höchst problematischen Begriffs des Absoluten (G 39f. und P I 197), welches Ziel mittels eines ontologischen bzw. kosmologischen Gottesbeweises erreicht werden solle (G 11f., 37ff. und W I 574) und dabei bestimmten logischen Grundfeh-

[1] Briefe S. 6.

[2] Vgl. HN V S. 63f.

lern erliege, nämlich in der Behauptung einer Selbstbewegung der Begriffe (G 123), bei der Bestimmung des Verhältnisses von Begriff und Gegenstand (W I 603, HN IV/1 S. 18f. und P I 30f.) und im durchgängigen Verzicht auf die Methode des ordnungsgemäßen Begründens von Thesen (P I 24); mit der falschen Begriffstheorie zusammenhängend wird auch Hegels Anfangen beim abstraktesten aller Begriffe, dem Sein, bemängelt (W II 68f.). Hinzu träten logische Detailfehler, deren gewichtigster in der Dialektik von Etwas und Anderem liege (HN V S. 64; vgl. E XXff.). Der Übergang von der Begriffs- zur Naturphilosophie hänge gänzlich in der Luft (G 112 und W II 206); und letztlich werde eine Herabsetzung der Ethik zugunsten einer (von Schopenhauer als platt-realistisch und optimistisch bezeichneten, d. h. abgewerteten) Staats-, Familien- und Geschichtstheorie erstrebt (W II 505ff. und 677ff. sowie P I 157). Wo Hegel sich auf richtige Einsichten berufe, z. B. das Spinozaische 'omnis determinatio est negatio', handele es sich um logische Trivialitäten (W II 96).

Schopenhauer resümiert:

Wenn ich nun . . . sagte, die sogenannte Philosophie dieses *Hegels* sei eine kolossale Mystifikation, welche noch der Nachwelt das unerschöpfliche Thema des Spottes über unsere Zeit liefern wird, eine alle Geisteskräfte lähmende, alles wirkliche Denken erstickende und, mittelst des frevelhaftesten Mißbrauchs der Sprache, an dessen Stelle den hohlsten, sinnleersten, gedankenlosesten, mithin, wie der Erfolg bestätigt, verdummendensten Wortkram setzende Pseudophilosophie, welche, mit einem aus der Luft gegriffenen und absurden Einfall zum Kern, sowohl der Gründe als der Folgen entbehrt, d. h. durch nichts bewiesen wird, noch selbst irgend etwas beweist oder erklärt, dabei noch, der Originalität ermangelnd, eine bloße Parodie des scholastischen Realismus und zugleich des Spinozismus, welches Monstrum auch noch von der Kehrseite das Christenthum vorstellen soll, . . ., so würde ich Recht haben. (E XIXf.)

Mit dem vorliegenden Aufsatz möchte ich versuchen zu zeigen, daß dieses Verdikt Hegels Theorie und Bedeutung, aber auch seine Relevanz für Schopenhauers eigenes Denken verkennt und eine eigentliche, fruchtbare Auseinandersetzung noch aussteht. Gezeigt werden soll dies am grundlegenden Ansatz Hegels, der revidierten Logik, wie sie in seiner ›Wissenschaft der Logik‹ vorliegt.

I

Um die Bedeutung dieser Revision für das Schopenhauersche System zu erhellen, sei zunächst an Schopenhauers logisches Fundament erinnert. Dieses Fundament ist die Axiomatik. Bekanntlich unterscheidet Schopenhauer vier verschiedene Arten von Wahrheit: logische, empirische, transzendentale und metalogische (G 106ff.); daß er dies im Rahmen seiner Theorie des Satzes vom Grunde darlegt, indiziert seine Intention, den *Grund* für die Wahrheit von Urteilen anzugeben. Hinsichtlich der von Schopenhauer benutzten Axiomatik ist vor allem die metalogische Wahrheit von Bedeutung:

> Solcher Urtheile von metalogischer Wahrheit giebt es aber nur vier, die man längst durch Induktion gefunden und Gesetze alles Denkens genannt hat, obgleich man sowohl über ihre Ausdrücke, als ihre Anzahl, noch immer nicht ganz einig, wohl aber über das, was sie überhaupt bezeichnen sollen, vollkommen einverstanden ist. Sie sind folgende: 1) Ein Subjekt ist gleich der Summe seiner Prädikate, oder a = a. 2) Einem Subjekt kann ein Prädikat nicht zugleich beigelegt und abgesprochen werden, oder a + − a = O. 3) Von jeden zwei kontradiktorisch entgegengesetzten Prädikaten muß jedem Subjekt eines zukommen. 4) Die Wahrheit ist die Beziehung eines Urtheils auf etwas außer ihm, als seinen zureichenden Grund. (G 108f.)

Es ist leicht einzusehen, daß diese vier Axiome, seit Aristoteles (Metaphys. 1005 a 19ff.; analyt. post. 89 b 29ff. u. a.) Bestandteil der Logik, die Voraussetzung auch für die drei anderen von Schopenhauer genannten Wahrheitsweisen bilden, denn z. B. die Ableitung eines Urteils aus einem anderen, mithin seine logische Wahrheit, setzt offenbar seine Selbstidentität, seine Unterschiedenheit von dem anderen Urteil usw. voraus. Folglich stehen und fallen Schopenhauers gesamte Argumentation, seine Wahrheitstheorie und alles, was er als wahr beansprucht, mit der Geltung dieser axiomatischen Basis. Und diese Basis ist, wie Hegel zeigt, ein schwankender Boden.

II

Die Problematik der genannten Axiome (im folgenden (1) Identitätssatz, (2) Satz vom zu vermeidenden Widerspruch, (3) Satz vom ausgeschlossenen Dritten und (4) Satz vom zureichenden Grunde [des

Erkennens] genannt) läßt sich in der Weise zeigen, daß aus ihnen Konsequenzen entwickelt werden, die sich aus dem, was sie postulieren, gerade nicht ergeben dürften. Auf diese Weise wird die Schwierigkeit umgangen, daß die Kritik dieser Axiome, sofern sie argumentativ vorgetragen wird, ihrerseits von bestimmten Axiomen ausgehen muß. Die von Schopenhauer angegebene Axiomatik wird als geltend akzeptiert und eben dadurch ad absurdum geführt.

1. Der Identitätssatz besagt, daß ein beliebiges (Urteils-)Subjekt ununterscheidbar ist von der Summe seiner Prädikate, mithin mit ihr identisch. Dies bedeutet nichts anderes, als daß es nicht von sich selbst unterschieden ist. Bereits der junge Hegel weist darauf hin, daß gerade der Gedanke der Ununterschiedenheit eines Subjekts von sich selbst, wie er im a = a durch die mathematische Variablensprache ausgedrückt wird, eine Selbstunterschiedenheit dieses Subjekts konstituiert (Diff. 27ff.), nämlich als dasjenige (a), was mit sich (a_1) verglichen und identifiziert wird. Das a = a erfordert eben – gleich, ob es geschrieben, gesagt oder nur gedacht wird – *zwei* a, und eben dadurch ist, im Falle des Satzes „Das Subjekt ist gleich der Summe seiner Prädikate" das Subjekt von der Summe der Prädikate durch ein hinzugetretenes Prädikat unterschieden: als Subjekt *oder* als Summe von Prädikaten gedacht zu werden. Zwar mag der *Sinn* des Satzes darin bestehen, die Differenz zu negieren; aber indem sie negiert wird, wird sie zugleich (und sei es als negierte) fixiert.

An einer berühmten Stelle seiner ›Wissenschaft der Logik‹, beim Verhältnis von Sein und Nichts, wird Hegel von dieser Einsicht Gebrauch machen, woraus dann auch deren systematische Bedeutung erhellen wird. An der jetzigen Stelle genügt es festzuhalten, daß der Identitätssatz (bzw. die Identität) nur denkbar ist durch eine Differenzierung, d. h. eine *Nicht*identität. Dies aber bedeutet: was das erste Axiom fordert, impliziert notwendig etwas, das dem zweiten Axiom zufolge ausgeschlossen sein soll.

2. Der Satz vom zu vermeidenden Widerspruch steht mithin unter dem Verdacht, etwas zu postulieren, das nur unter Preisgabe des ersten Axioms durchzuhalten ist oder überhaupt nicht durchgehalten werden kann (wenn sich nämlich der Identitätssatz als unverzichtbar erweist und/oder noch weitere notwendige Widersprüche auftreten); wie sich zeigen wird, ist letzteres der Fall: wegen der Unverzichtbarkeit des er-

sten Axioms sowie wegen zusätzlicher, beim dritten Axiom auftretender Schwierigkeiten *müssen* bestimmten oder gar – wie Hegel meint – allen Subjekten Prädikate zugleich beigelegt und abgesprochen werden, und zwar in dem oben angeführten Sinn, daß das Absprechen bestimmter Prädikate (z. B. der Differenz) eo ipso erfordert, sie dem betreffenden Subjekt beizulegen.

3. Was den Satz vom ausgeschlossenen Dritten angeht, so hat bereits Aristoteles ein darin liegendes Problem erkannt und diskutiert: Aus diesem Axion folgt ja unter anderem, daß ein beliebiger Satz nur wahr oder nichtwahr (falsch) sein kann, eine dritte Möglichkeit also ausgeschlossen ist. Wie aber, so fragt Aristoteles (de interpr. 19 a ff.), steht es mit Aussagen, die sich auf individuelle zukünftige Ereignisse beziehen, z. B., daß morgen eine Seeschlacht stattfinden wird? Offenbar ist diesbezüglich *heute* keine Entscheidung über den Wahrheitsgehalt dieser Aussage möglich, während *morgen* nicht der Satz „Morgen wird eine Seeschlacht stattfinden", sondern nur „Heute findet eine Seeschlacht statt" als wahr oder falsch entscheidbar ist; es liegt deshalb nahe, außer den Wahrheitswerten 'wahr' und 'falsch' noch einen weiteren einzuführen: 'unentscheidbar'.[3] Hegel berücksichtigt (Phän. S. 81 f.) diese Problematik; eine größere Bedeutung kommt aber einer anderen Schwierigkeit zu, die im Satz vom ausgeschlossenen Dritten liegt, nämlich der sog. Lügner-Antinomie, die ebenfalls schon in der Antike behandelt worden ist: „Wenn ich lüge und gestehe ganz offen, daß ich lüge, lüge ich dann, oder sage ich die Wahrheit?" (Aulus Gellius, Noctes atticae XVIII 2, 10). Es scheint sich in diesem und anderen Fällen von Sätzen, die etwas über ihre eigene Wahrheit bzw. Unwahrheit aussagen, so zu verhalten, daß sie wahr sind, wenn sie falsch sind, und falsch, wenn sie wahr sind. Um sich dies zu verdeutlichen, möge man angeben, ob der Satz „Ich lüge jetzt" wahr oder falsch ist: Ist er wahr, so besagt dies, daß ich lüge (d. h. die Unwahrheit sage); ist er falsch, so lüge ich eben nicht (d. h., ich sage die Wahrheit).

[3] Vgl. z. B. G. E. M. Anscombe, Aristoteles und die Seeschlacht, in: Mind 1956, pp. 1–10 sowie J. Hintikka, Die einstige und zukünftige Seeschlacht, in: The Philosophical Review 1964, pp. 461–492. Beide jetzt in: F.-P. Hager (Hrsg.), Logik und Erkenntnislehre des Aristoteles. Darmstadt 1972, S. 211–231 und S. 259–295.

Es hat sich gezeigt, daß diese Problematik mehr als einen spielerischen Trugschluß darstellt, daß sie vielmehr – in analoger Gestalt – geeignet ist, die Fundamente der mathematischen Mengenlehre ins Wanken zu bringen. Ich meine damit die Russellsche Antinomie[4], die man folgendermaßen beschreiben kann: Es gibt Mengen, die sich selbst *nicht* als Element enthalten (z. B. ist die Menge aller natürlichen Zahlen selbst keine natürliche Zahl), und es gibt – sollte man meinen – solche Mengen, die sich selbst als Element enthalten (z. B. wären die Menge *aller* Mengen oder die Menge *aller* meiner Aussagen solche Mengen); dann ist es auch sinnvoll, eine Menge aller derjenigen Mengen einzuführen, die sich *nicht* selbst als Element enthalten. Enthält diese Menge nun sich selbst als Element oder nicht? Tut sie es nicht, dann genügt sie ja gerade selbst ihrer Definition (alle diejenigen Mengen zu umfassen, die sich nicht als Element enthalten), d. h,. sie enthält sich selbst; tut sie es also doch, dann muß sie selbst der durch sie erfaßten Bestimmung (sich *nicht* selbst als Element enthaltender Mengen) genügen, d. h. sich nicht als Element enthalten.

Es scheint sich nicht umgehen zu lassen, Aussagen zuzulassen, die gerade dann, wenn sie wahr sind, falsch sind, und die dann, wenn sie falsch sind, wahr sind. Dies hätte zwei Konsequenzen: 1. wäre das Axiom vom ausgeschlossenen Dritten nicht nur durch unentscheidbare, sondern auch durch wahr-falsche Aussagen zu korrigieren; 2. träten, da wahr und falsch einander kontradiktorisch entgegengesetzt sind, erneut Widersprüche auf, und zwar konsequent auf der Basis unserer logischen Axiome abgeleitet.

Von Russell an hat dieses Faktum die Logiker zu Versuchen animiert, durch Einführung eines zusätzlichen Postulats das Auftreten solcher Widersprüche auszuschließen. Bis heute ist diese Diskussion noch nicht beendet;[5] das meiste Ansehen genießt dabei Russells sog. Typentheorie, die von dem Grundsatz ausgeht,

daß die Bedeutung einer Satzfunktion solange nicht bestimmt ist, als wir nicht den Geltungsbereich der Funktion festgesetzt haben. Daraus folgt, daß die Ob-

[4] Vgl. z. B. Russell, Einführung in die mathematische Philosophie. Darmstadt/Genf 1953; Nachdruck Wiesbaden o. J., S. 147ff. und S. 198ff.

[5] Vgl. B. v. Freytag-Löringhoff, Logik – Ihr System und ihr Verhältnis zur Logistik; Bd. 1. Stuttgart 1955, S. 189.

jekte des Geltungsbereichs nur dann sinnvoll sind, wenn sie nichts, was durch die Funktion selbst definiert ist, einschließen. Russells Lösung seines Paradoxes sieht dann folgendermaßen aus: Die Aussage, daß die Menge von Mengen, die sich nicht selbst als Element enthalten, sich selbst wiederum als Element enthält bzw. nicht enthält, ist weder eine wahre noch eine falsche Aussage, sondern ein sinnloser Satz. Mit Hilfe dieses Prinzips gelangt er dann zu einem System, in dem die Satzfunktionen und folglich die Sätze in einer Hierarchie angeordnet sind. Die niedrigste Stufe bilden die Funktionen, die über den Individuenbereich laufen, dann kommen Funktionen, die als Bereich die Funktionen erster Ordnung haben, dann Funktionen, mit den Funktionen zweiter Ordnung als Bereich usw. Alle Werte, für die die Funktionen derselben Stufe wahr oder falsch werden, bilden zusammen einen sogenannten Typ[,] und eine Regel lautet, daß wahre oder falsche Aussagen über die Objekte eines Typs nicht sinnvoll über Objekte eines anderen Typs gemacht werden dürfen.[6]

Abgesehen von der Tatsache, daß auf diesem Wege das Axiom vom ausgeschlossenen Dritten wegen des Auftretens weder wahrer noch falscher, sondern sinnloser Sätze wiederum als unzureichend zugestanden wird, treten auf der Basis dieser Typentheorie weitere Probleme auf, die einige Logiker zu dem ebenso einfachen wie radikalen Verbot veranlaßt haben, daß es eben keine Menge von Mengen gebe, die sich nicht selbst als Element enthalten[7], ohne daran eine Hierarchie von Ebenen im Sinne Russells zu knüpfen.

Es hilft nichts! Denn es ist leicht einzusehen, daß beide Lösungsversuche in der Einführung eines Postulats übereinstimmen, welches man etwa so formulieren kann: „Keine Aussage darf etwas über sich selbst, ihre eigene Wahrheit oder Falschheit z. B., sagen!“ Glaubt man, damit das Lügner-Paradoxon in der Weise umgehen zu können, daß der Satz „Ich lüge immer“ etwas über alle meine Aussagen *außer dieser selbst* sagt, dann übersieht man, daß man sich mit dem genannten Postulat genau das Problem einhandelt, welches dadurch beseitigt werden sollte; denn offenbar *muß* man dieses Postulat auch auf sich selbst beziehen: Darf *keine* Aussage auf sich selbst bezogen werden, dann auch diese nicht, denn es handelt sich um eine Aussage. Der in ihr enthaltenen Forderung folgend, werde ich sie also nicht auf sich selbst anwenden; dann tue ich aber genau das, was sie fordert, im Hinblick auf sie selbst, d. h.,

[6] A. J. Ayer, Bertrand Russell. München 1973, S. 45f.
[7] Vgl. ebd., S. 47.

ich wende sie auf sich selbst an – gerade wenn ich sie *nicht* auf sich selbst anwende. Und umgekehrt: Wende ich sie auf sich selbst an, dann muß ich in Hinsicht auf sie selbst ihre Forderung erfüllen, d. h. sie *nicht* auf sich selbst anwenden. Man sieht, daß das Verbot selbstbezüglicher Aussagen (bzw. Mengen von Mengen, die sich selbst als Element enthalten) exakt dasjenige Problem in sich enthält, welches eliminiert werden sollte. Man wird sich deshalb dem unumgänglichen Faktum der Selbstbezüglichkeit von Sätzen, d. h. der Reflexivität als einer die zweiwertige Logik sprengenden Gegebenheit, stellen müssen.[8] Dies schließt das Eingeständnis der notwendigen Existenz widersprüchlicher Aussagen sowie die Antwort auf die Frage ein,

> ob der wahr rede, der gesteht, daß er lüge: er redet wahr und lügt zugleich, und die Wahrheit ist dieser Widerspruch. [...]. Im Bewußtsein tritt der Widerspruch, das Bewußtsein der Entgegengesetzten, hervor; er ist nur an ihnen aufzuzeigen. (VGPh I 531)

Hegel antizipiert hier – von Schopenhauer unbemerkt – eine Diskussion, die erst hundert Jahre später ins breitere Bewußtsein gelangt ist.

4. Der Satz vom zureichenden Grunde als logisches Prinzip[9] wird heute durchweg nicht mehr als logisches Axiom, sondern nur noch als methodische Forderung zugelassen,[10] und auch das nur mit beschränkter Gültigkeit. Der Grund dafür besteht darin, daß sich andernfalls ein Widerspruch ergäbe:

> Der unkritische oder umfassende Rationalismus läßt sich beschreiben als die Einstellung einer Person, die etwa sagt: „Ich bin nicht bereit, eine Idee, eine Annahme, eine Theorie zu akzeptieren, die sich nicht durch Argumente oder durch die Erfahrung verteidigen läßt.“ Wir können dies auch in Form des Prinzips ausdrücken, daß jede Annahme zu verwerfen ist, die weder ein Argument noch die Erfahrung unterstützen kann. Man sieht nun sofort, daß dieses Prinzip des unkritischen Rationalismus einen Widerspruch enthält; denn da es sich seinerseits

[8] Vgl. G. Günther, Idee und Grundriß einer nicht-Aristotelischen Logik. Hamburg ^{2}1978, S. 127ff.

[9] Vom logischen ist hier das ontologische Prinzip (von Schopenhauer als Gründe des Werdens, Seins und Handelns differenziert: G 34ff., 131ff. und 144f.) zu unterscheiden.

[10] Vgl. Freytag-Löringhoff, a. a. O., Bd. 1, S. 18f.

weder durch Argumente noch durch die Erfahrung unterstützen läßt, so folgt aus ihm, daß es selbst aufgegeben werden muß.[11]

Es ist auffallend, daß hier von dem Punkt an, da die Selbstbezüglichkeit des Prinzips in den Blick genommen wird, die Widersprüchlichkeit konstatiert und keine weitere Überlegung auf die Frage verschwendet wird, ob das Prinzip nicht doch selbst einer Begründung fähig ist, die dann allerdings zirkulär wäre, d. h. das zu Begründende in der Begründung voraussetzen müßte – ein Verfahren, das in der Logik einen schlechten Ruf genießt und auch von Schopenhauer strikt abgelehnt wird (G 23f.).

Auch hier ist also das Auftreten eines Widerspruchs zu beobachten, woraus – wiederum in dem Verlangen, ihn zu beseitigen – die Konsequenz gezogen wird, das Axiom aus der Logik auszuschließen und in den Bereich der Methodik zu verbannen. Dies erscheint jedoch als ein um so bedenklicheres Verfahren, als deshalb ja nicht weniger von diesem Prinzip Gebrauch gemacht wird, im Gegenteil die Logik zu wesentlichen Teilen aus Begründungen besteht.

Es bleibt zu erwähnen, daß die hier erläuterte Schwierigkeit unmittelbar schon aus der Typenlehre Russells resultiert, und zwar auf folgende Art: Diese Typentheorie nimmt ja verschiedene Aussageebenen an, je nach dem Objektbereich, auf den sich die Aussage bezieht; dabei sind Aussagen über empirische Objekte, Aussagen über diese Aussagen, Aussagen über diese Aussage-Aussagen usw. (sog. Metaebene, Meta-Metaebene usw.) zu unterscheiden. Es ist klar, daß die Begründung eines Satzes, sofern sie nicht im bloßen Zeigen auf empirische Objekte besteht (was als taugliches Verfahren selbst nichtzeigend zu begründen wäre), durch eine Aussage *über* diesen Satz, also auf einer Metaebene, erfolgt. Diese Metaaussage müßte ihrerseits auf der nächsthöheren Ebene begründet werden, so daß sich das sog. Münchhausen-Trilemma ergibt[12]: unendliche Fortsetzung, Abbruch oder zirkuläre Beendigung des Verfahrens. Man sieht, daß Russells Lösungsvorschlag geradezu die Anerkennung beinhaltet, daß *keine* Aussage einer zureichenden Begründung fähig sei. Wendet man dies auf Russells

[11] K. R. Popper, Die offene Gesellschaft und ihre Feinde, 2. Bd. Bern/München ²1970, S. 282f.

[12] Vgl. H. Albert, Traktat über kritische Vernunft. Tübingen ³1975, S. 11ff.

Typentheorie selbst an, so wird erneut deutlich, daß es sich bei ihr um ein willkürlich (unbegründbar) gewähltes methodisches Postulat handelt, um Schwierigkeiten aus dem Wege zu gehen, die man sich – das sei wiederholt – just dadurch erneut einhandelt.

Aus diesen Überlegungen müssen, so denke ich, zwei Konsequenzen gezogen werden: Zum ersten erweist sich die Axiomatik der klassischen Logik, welcher auch Schopenhauer ohne Einschränkung verpflichtet ist, als unzulänglich insofern, als sich aus ihr zwangsläufig Folgerungen ergeben, die ihrer Intention zufolge gerade ausgeschlossen werden sollen. Diese Tatsache führt zweitens zu der Vermutung, daß die hier vorgetragenen Überlegungen keineswegs zum Zusammenbruch alles Denkens führen, sondern durchaus eine – allerdings modifizierte – logische Stringenz ermöglichen. Um den Aufbau einer solchen revidierten Logik geht es Hegel.

III

Zuvörderst muß bei einem derartigen Versuch erwogen werden, wie er auch nur *angefangen* werden sollte, da doch jedes Anfangen bereits einer bestimmten Logik verpflichtet zu sein scheint: daß nämlich Anfangen das Gegenteil von Nichtanfangen (Satz vom zu vermeidenden Widerspruch), mit sich selbst identisch, eben Anfangen (Identitätssatz), und nur eine von zwei denkbaren Verhaltensweisen, außer denen es keine weitere gebe (Satz vom ausgeschlossenen Dritten), sei; außerdem wird man doch gewißlich durch bestimmte Motive (Erfahrungen, Vorüberlegungen etc.) zu Anfangsüberlegungen, die auch logische Gründe implizieren, veranlaßt (Satz vom zureichenden Grunde). Aber genau diese Basis des Verständnisses dessen, was unter einem logischen Anfang zu verstehen sei, ist in Frage gestellt.

Hegel sieht dieses Dilemma mit aller Deutlichkeit; seine Überlegungen dazu, die darauf hinauslaufen, daß das Unternehmen eines Anfangs der Logik gleichwohl nicht sinnlos sei, liegen vor in dem Kapitel ›Womit muß der Anfang der Wissenschaft gemacht werden?‹ (WdL I 51 ff.), dessen Interpretation die folgenden Gedanken darstellen.

Da, wie sich in der Axiomenkritik gezeigt hat, jede Voraussetzung in einem logischen und damit auch in einem wissenschaftlichen System grundsätzlich bestritten werden kann, d. h. fragwürdig ist, muß ein

Wissen, das wirklich zwingend-allgemeingültig und in diesem Sinne an der Basis gesichert ist, vorurteilsfrei, nämlich *voraussetzungslos* sein. Gleichzeitig ist leicht einzusehen und wird von Hegel auch ohne weiteres zugestanden (WdL I 51), daß er nicht voraussetzungslos sein kann. Vor allem zwei Voraussetzungen sind unumgänglich:

1. Es gehören dazu, wie angedeutet, bestimmte Erfahrungen, die man mit der klassischen Logik, mit der Philosophie, mit seiner eigenen Existenz gemacht hat und die zum Zweifel motivieren, sowie ein gewisses Maß an Reflexionsfähigkeit. Bei dieser Voraussetzung ist freilich zu beachten, daß sie mangels einer gesicherten logischen Basis nicht fundiert und exakt zu artikulieren ist; d. h., die Behauptung ihres Vorhandenseins *muß* eine Logik in Anspruch nehmen, die in zureichender Form noch gar nicht vorliegt.

2. Als Voraussetzung für den voraussetzungslosen Anfang ist auch eben dies anzusehen, daß von ihm Voraussetzungslosigkeit zu fordern sei; d. h., es muß nicht nur die wie auch immer motivierte Bereitschaft zum Absehen von allen Voraussetzungen vorhanden sein, sondern ebenso die Möglichkeit einer logisch identifizierbaren Voraussetzungslosigkeit, die von ihrem Gegenteil, dem Operieren *mit* Voraussetzungen, zu unterscheiden ist. Auch hierbei handelt es sich, bei Licht besehen, um eine Erfordernis auf der Basis klassischer Logik (Sätze der Identität und des zu vermeidenden Widerspruchs). Beide Voraussetzungen zeigen mit aller Deutlichkeit, daß ohne ein irgendwie geartetes Vorverständnis dessen, was nun unternommen werden soll, ein Anfang als bewußt unternommener nicht denkbar ist.

Mit dem Versuch eines voraussetzungslosen Anfangs handelt man sich folglich direkt und unvermeidlich den Widerspruch ein, daß dies nur unter Voraussetzungen möglich ist.

Hegel – weit entfernt von der Schopenhauerschen Unterstellung ziel- und grundlosen Denkens (vgl. S. 315) – bemerkt hierzu dreierlei:

1. Es sei zugestanden, daß der Anfang als solcher voraussetzungslos sein muß und zugleich nur unter Voraussetzungen stattfinden kann, daß also ein Widerspruch entsteht. Daß dieser Widerspruch eine *Unmöglichkeit* anzeigt, wird man nach den Erfahrungen mit der Kritik des Axioms vom zu vermeidenden Widerspruch (die ja eher auf die Notwendigkeit gewisser Widersprüche hinauslaufen) nicht als zwingend ansehen können. Diese Behauptung, vorschnell nach den Gewohnhei-

ten der klassischen Logik hervorgeholt, zurückzuweisen, bedeutet keineswegs, daß nun, mit der Suspendierung des zweiten Axioms, ein munteres Drauflosdenken beginnen könne; die Ablehnung der Folgerung von der Widersprüchlichkeit auf die Unmöglichkeit ist vielmehr gut abgesichert einerseits durch die Unfähigkeit des Kontrahenten, seinerseits ohne Widersprüche auszukommen (vgl. Kap. II), aber auch

2. durch den Hinweis, daß derjenige, welcher das Auftreten eines Widerspruchs *nicht* zwingend als Widerlegung ansieht, *eine* Voraussetzung *weniger* macht als derjenige, der eben auf die Widerlegung schließt. Hegels Position besitzt somit – und zwar nicht auf einer beliebigen logischen Basis, sondern genau auf der, welche der Einwendende selbst voraussetzt, daß nämlich Hegel *zu viele* Voraussetzungen machen müsse – den Vorteil, mit einer Voraussetzung weniger auszukommen und damit der Forderung des Kontrahenten besser zu entsprechen als dieser selbst.

3. Nun verhält es sich aber keineswegs so, daß Hegel es bei der Aufweisung dieses rechtfertigbaren (d. h. nicht stringent zurückweisbaren) Widerspruchs beließe oder gar daraus eine Immunisierungsstrategie zur Abwehr jeder denkbaren Kritik konstruierte;[13] vielmehr bleibt der Anspruch aufrechterhalten, den Anfang der Logik so anzusetzen, daß ihm keinerlei *bestreitbare* Voraussetzung zugrunde liegen dürfe. Dies bedeutet, daß das oben genannte Minimum an Prämissen (natürlich einschließlich der *Bereitschaft*, sich auf das Denken überhaupt einzulassen) von Hegel in Anspruch genommen wird, aber so, daß keine dieser Voraussetzungen mehr leistet als die Erzeugung des Versuchs anzufangen, *ohne* dessen Entwicklung auch *inhaltlich* zu präformieren, d. h. irgendwelche argumentative Kraft für den Gang des Denkens selbst zu gewinnen:

> Soll aber keine Voraussetzung gemacht, der Anfang selbst *unmittelbar* genommen werden, so bestimmt er sich nur dadurch, daß es der Anfang der Logik, des Denkens für sich, sein soll. Nur der Entschluß, den man auch für eine Willkür ansehen kann, nämlich, daß man das *Denken als solches* betrachten wolle, ist vorhanden. (WdL I 54)

[13] Vgl. z. B. H. Albert, Traktat über kritische Vernunft, a. a. O., S. 72f.; dazu: H. Röttges, Der Begriff der Methode in der Philosophie Hegels. Meisenheim a. Gl. 1976, S. 2f.

Hegel formuliert dies auch so, daß das (Vor-)Wissen „von seinem Inhalte zurückzutreten, ihn für sich selbst gewähren zu lassen und nicht weiter zu bestimmen“ (WdL I 57f.) habe. Will man ein solches Unterfangen durchführen, so steht man vor der Schwierigkeit, daß zugleich mit der Zurückweisung spezifischer Inhalte des Wissens bei der Entfaltung des Denkens auch nicht irgendeine *Sprache* vorausgesetzt werden dürfte, was der Verständlichkeit des Buches, also der Mitteilung des Gemeinten, naturgemäß nahezu unüberwindbare Schwierigkeiten entgegensetzen würde. Es gibt schließlich auch so schon genügend potentielle Leser Hegelscher Schriften, die sich von der Zumutung eines einer modifizierten Logik folgenden Textes abschrecken lassen, wofür Schopenhauer ein gutes, aber keineswegs singuläres Beispiel darstellt.

Hegel wählt deshalb einen – wie ich meine – vertretbaren Kompromiß: Dem Gang des Gedankens werden Erläuterungen hinzugefügt, welche ausschließlich die Funktion haben, mögliche Mißverständnisse zu beheben und – sozusagen am Rande – Bezugspunkte zu traditionellen philosophischen Bemühungen herzustellen, also Hegels Position von derjenigen seiner Vorgänger abzuheben. Keinesfalls dürfen in diesen Erläuterungen eigentliche, für den Gang entscheidende *Argumente* enthalten sein. Im Gedankengang selbst werden Worte verwendet, die eines aus dem anderen entwickelt werden, und zwar in der Weise, daß das Gemeinte sich versteht aus dem, was sich aus dem Vorangegangenen als Konsequenz ergibt. Daß diese Wörter der deutschen Sprache entstammen (und nicht etwa eigens entwickelte 'Symbole' sind), dient wiederum der besseren Verständlichkeit; sollte sich zeigen lassen, daß diese Wahl inhaltliche Konsequenzen für den Gedankengang besitzt, so würde dies seine schlechthin gültige Stringenz aufheben und damit ein wesentliches Ziel der Hegelschen Überlegungen zerstören.

Der Nachweis einer Abhängigkeit dieser Überlegungen von transzendenten Voraussetzungen, z. B. sprachlicher Art, bildet damit zugleich eine mögliche Weise der Kritik an Hegel, denn hiermit würde er, nicht der Kritiker, hinter die eigenen Ansprüche zurückfallen.

Es fragt sich nunmehr noch, womit denn der Anfang in der Logik zu machen sei, nachdem das Wie des Vorgehens erhellt worden ist. Klar dürfte sein, daß die Erfordernisse des Wie, nämlich der doppelte Sinn des Anfangens, voraussetzungslos *und* entwicklungsfähig zu sein, auch das determinieren, was diesen Anfang machen soll. Hegel entscheidet sich für das Sein als den Anfang der Logik, wobei einige andere Möglichkeiten (Nichts, Ich, bloßes Anfangen als solches, Gott) diskutiert und als weniger geeignet beurteilt werden (WdL I 58ff.). Von besonderer Bedeutung erscheint mir dabei die Alternative, mit Nichts anzufangen, was von Hegel als durchaus möglich, aber gegenüber dem Sein nicht für vorteilhaft erachtet wird. Ich werde bei der Interpretation des eigentlichen Anfangs darauf noch eingehen.

Der Vorzug des Anfangs mit dem Sein besteht darin, *beiden* Erfordernissen, die oben genannt worden sind, zu entsprechen: Voraussetzungslos ist der Gedanke des Seins insofern, als alles, wovon man allenfalls behaupten könnte, daß es dem Sein noch vorausliege, als solches doch *sein* müßte ('Es *ist* eine Voraussetzung des Seins.'), so daß der Voraussetzungscharakter sich eben dadurch aufhöbe. Andererseits gilt gerade deshalb, daß alles, was ist, dadurch das Sein voraussetzt, so daß eine Ableitbarkeit aus diesem Sein erhofft werden darf.

Wenn Schopenhauer – vermutlich auch mit einem Seitenblick auf Hegel – einwendet, derart weite, abstrakte Begriffe wie der des Seins dürften allenfalls als Resultate (nämlich als Fingerzeig auf eine verhüllte, unerfaßbare Grenze unserer Erkenntnisfähigkeit), keineswegs aber als Ausgangspunkt des Philosophierens dienen (W II 92f.), so ist dagegen zu sagen, daß zwar in der Tat mit dem bloßen Sein *nichts* gedacht ist (dem stimmt Hegel sehr lebhaft zu!), aber daraus keineswegs die Folgerung gezogen werden darf, mit diesem Nichts seien die Überlegungen dann bereits an ein frühes Ende geraten; daß dem ganz und gar nicht so ist, wird die folgende Interpretation zu zeigen haben. Vor allem aber wird man auf dem derzeitigen Stand der Überlegungen vorsichtig sein müssen mit Begriffen wie 'Begriff', 'abstrakt' usw., die Schopenhauer zur Kennzeichnung dessen, was das Sein ist, verwendet. Solchen Bedenken liegen eine komplette Sprachtheorie und wohl auch Ontologie zugrunde, die hier, wo sogar die logische Axiomatik und damit die Grundlage jeder Theorie in Frage stehen, wo es gar um die Möglichkeit voraussetzungslosen Denkens geht, gänzlich hinter dem erarbeiteten Problemstand zurückbleiben. Zu diesem eigentlichen Problemstand trägt Schopenhauer an keiner Stelle Einwände vor; man wird unterstellen dürfen, daß er ihn nicht einmal verstanden hat.

Ich möchte der erläuterten Unterscheidung zwischen Gedankengang und Kommentar bei der nun zu erbringenden Interpretation in der

Form Rechnung tragen, daß ich sie optisch zum Ausdruck bringe, was bei der Beurteilung des Gedankenprozesses zur Folge hat, daß Einwände nur in der Weise möglich sind, daß sie sich entweder gegen die Seite der eigentlichen Ableitung richten (also z. B. bestreiten, daß sich aus dem ersten Schritt der zweite zwingend ergibt) oder eine Abhängigkeit dieser Ableitung vom Kommentar, welcher ja (z. B. in Form sprachlicher Regeln) vorausgesetzte, noch nicht abgeleitete Strukturen enthält, nachweisen. Keineswegs dürfen aber für die Ableitung entscheidende Einwände *nur* am Kommentar festgemacht werden, dessen Angemessenheit an den Gang der Ableitung zwar ebenfalls ein Problem, aber kein fundamentales darstellt.

IV.[14]

Sein

Sein muß, so Hegel, *unbestimmt* und *unmittelbar* gedacht werden, d. h., es dürfen bei ihm keinerlei Bestimmung und keinerlei Vermittlung gedacht werden. Unter Bestimmung ist eine Abgrenzung des Seins von dem zu verstehen, was es *nicht* ist; jede derartige Abgrenzung wäre eine bestreitbare Voraussetzung, die am Anfang nicht gemacht werden darf. Ähnlich verhält es sich mit der Vermittlung, worunter ein Sein-durch-Anderes, durch das als Voraussetzung das Sein vermittelt wäre, zu denken ist. Die Existenz einer derartigen Voraussetzung ist nicht nur bestreitbar, sondern auch durch die obigen Überlegungen zur Voraussetzungslosigkeit des Seins ausgeschlossen.

Sein ist Nichts

Wird Sein völlig unbestimmt und unmittelbar gedacht, dann ist es durch *nichts* von irgend etwas unterscheidbar. Es ist nichts Bestimmtes dabei zu denken, durch nichts von Nichts unterscheidbar. Wer sagt, Sein sei doch wohl das Gegenteil von Nichts, der geht dabei von einer Voraussetzung (Satz vom zu vermeidenden Widerspruch) aus, was an dieser Stelle – gerade nach den Erfahrungen mit diesem Axiom – nicht zu rechtfertigen ist. Sein und Nichts sind mithin ununterscheidbar und in diesem Sinne identisch.

[14] Die folgende Interpretation bezieht sich – ohne Detailverweise – auf WdL I 66ff.

Nichts ist Sein

Da Sein und Nichts ununterscheidbar sind, ist nicht nur das Sein nicht vom Nichts, sondern auch das Nichts nicht vom Sein unterscheidbar. Dies bedeutet, daß ich, wenn ich Sein denke und dabei innewerde, Nichts zu denken, damit zugleich Sein denke – ganz gleich, ob dies in der Form von 'Nichts *ist* Sein' oder von 'Nichts *ist* Nichts' tue: Immer denke ich beim Gedanken des Nichts an das, was es (nicht) *ist.*[15]

Sein ist nicht Nichts/Nichts ist nicht Sein

Indem ich so die Ununterschiedenheit von Sein und Nichts denke, habe ich gerade ihre Unterschiedenheit gedacht. Hierbei kann auf die Kritik des Identitätssatzes verwiesen werden (vgl. S. 317): Die Identität von (1) Sein und (2) Nichts ist eben nur durch die Unterscheidung von (1) und (2) zu denken, was – wohlgemerkt! – nicht an der Unterschiedenheit der Namen 'Sein' und 'Nichts' liegt, sich vielmehr ebenso bei 'Sein ist Sein' oder a = a ergäbe.

Die Identität der Anfangskategorie Sein mit der daraus abgeleiteten Kategorie Nichts schließt also ihre Nichtidentität, d. h. das Innewerden, einen ersten Unterschied gemacht zu haben, ein.

Werden

Versuche ich, das unbestimmt-unmittelbare Sein zu denken, so bemerke ich, daß dieser Gedanke verschwindet, daß ich Nichts denke. Denke ich Nichts, so werde ich inne, daß der Gedanke verschwindet, daß ich Sein denke. Da beide, Sein und Nichts, identisch sind, kann ich nicht bei einem von beiden bleiben, sondern muß, wenn ich das eine denke, das andere als mit jenem identisch mitdenken. Da Sein und Nichts aber gleichzeitig nichtidentisch sind, ist das Denken des Nichts beim Denken des Seins und umgekehrt ein *Übergang* vom einen zum *anderen.* Dieser Übergang, der sich nur aus der Gleichzeitigkeit von Identität und Nichtidentität ergibt, bildet eine neue Kategorie: das Werden.

Entstehen/Vergehen

Das Werden hat, entsprechend den beiden möglichen Übergängen, zwei Seiten: als Entstehung vom Nichts zum Sein und als Vergehen vom Sein zum Nichts.

[15] Daraus ergibt sich auch, daß ein Anfang der Logik ebenso mit dem Nichts möglich wäre, ohne daß sich dabei ein anderes Resultat ableiten ließe. Wollte aber jemand – z. B. ein Buddhist – im Nichts verharren, „so wäre darum nicht die Hand umzukehren, denn ehe man sie umkehrte, hätte sich ebensosehr dies Nichts in Sein verkehrt" (WdL I 86).

Ruhe (Nicht-Werden)	Das Werden ist die Bewegung zweier Momente (Sein und Nichts), die beide vergehen; denn das (unbestimmt-unmittelbare) Sein ist (nicht unterscheidbar vom) Nichts, und es *ist* das Nichts, was ist. Beide Momente sind sich vernichtende, und dies bedeutet auch das Verschwinden desjenigen, was diese Momente bilden: des Werdens. Das Werden sinkt in sich zusammen, es ist Nicht-Werden, d. h. Ruhe.
Werden *und* Ruhe	Das Verschwinden des Werdens bedeutet aber nicht nur, daß Nicht-Werden ist, sondern zugleich, daß das Werden *ist*, nämlich als Verschwindendes. Das Verschwinden des Werdens ist ja selbst ein Werden. Seine Negation ist seine Bewahrung (wie die Negation der Differenz in der Identität die Bewahrung der Differenz war).
Dasein	Es ist also ein Zugleich von Werden (d. h. Veränderung, Sich-nicht-gleich-Bleiben) einerseits und Nicht-Werden (d. h. Ruhe, Sich-gleich-Bleiben) andererseits. Dieses Zugleich von Veränderung und Ruhe ist das Dasein.[16]

An dieser Stelle sei ein Innehalten erlaubt, um einige Überlegungen zur Systematik des Hegelschen Vorgehens einzuschieben. Das hier auftretende Phänomen, daß sich a (Werden) und zugleich non-a (Ruhe) ergeben und beide sodann in einer neuen Kategorie gedacht werden, findet sich in Hegels Logik immer wieder; er nennt es *Aufhebung* (WdL I 93 ff.) und verweist auf die doppelte Bedeutung dieses Wortes: Aufheben bedeutet negieren, vernichten usw. *und* bewahren, erhalten usw.

[16] Mit einigen Vorbehalten (es ist ja noch nicht von bestimmten, einzelnen Gegenständen die Rede) zeichnet sich hier doch die Möglichkeit ab, das Ergebnis der Überlegungen auf die empirische Realität zu beziehen. Nehme ich ein bestimmtes Dasein (z. B. Klaus), das ich gestern gesehen habe und heute wiedersehe, so werde ich sagen, es sei *derselbe* Klaus wie gestern; gleichzeitig weiß ich, daß es – wegen seiner zwischenzeitlich gemachten Erfahrungen, der Veränderung seiner molekularen Struktur usw. – *nicht derselbe* Klaus ist. Dies ist ein durchaus notwendiger und für jedes bestimmte Dasein geltender Widerspruch. Zwar wird man bei näherem Überlegen geneigt sein, um dem Widerspruch zu entgehen, die Identität zugunsten der ständigen, ja auch durch die Physik bestätigten Veränderung aufzugeben; aber damit würde man sich der Möglichkeit berauben, das sich Verändernde zu *identifizieren:* es *müssen* derselbe Klaus, dieselben Atome usw. sein, die sich verändern, anderenfalls Veränderung nicht mehr denkbar wäre.

Genau dies geschieht mit dem Werden, denn im Dasein ist es negiert und als Negiertes doch auch bewahrt.

Hieraus kann man auch erstmals entnehmen, wie sich die klassische zur dialektischen Logik verhält. Die klassische Logik mit ihrer oben geschilderten Axiomatik ist nicht schlichtweg falsch, sondern *einseitig*, d. h., sie denkt stets nur die eine *oder* die andere Seite der Wahrheit (die Identität oder die Nichtidentität), obwohl beide Seiten gleichzeitig gelten. Man kann dies leicht am täglichen Bewußtsein der Menschen bestätigen, das den nach langer Zeit wiedergetroffenen Freund als „Dieser Klaus! Doch ganz der alte!" begrüßt und wenig später „Diese Zeiten! Alles ändert sich!" seufzt. Auf den (durch die zeitliche Differenz der Aussagen verdeckten) Widerspruch aufmerksam gemacht, wird das 'normale' Bewußtsein versuchen, eine der beiden Seiten aufzugeben und sie als nicht ernstgemeinte Redensart abtun – und dabei scheitern, denn beides ist buchstäblich wahr und damit auch der Widerspruch. Bei Schopenhauer tritt dieser Widerspruch sogar an zentraler Stelle auf: bei der einerseits behaupteten zeitlosen Unveränderlichkeit (Selbstidentität) des Willens (z. B. W I 134ff., 152 und 416) und der andererseits als möglich postulierten Selbstaufhebung dieses Willens (z. B. W I 446ff. und 476ff.); daß es sich hierbei um einen „*realen* Widerspruch" (Hervorhebung im Original!) handele, gibt Schopenhauer durchaus zu, ist aber bemüht, ihn auf verschiedene Weisen aufzulösen: dadurch, daß die Aufhebung nicht vom Willen selbst, „sondern von einer veränderten Erkenntnißweise" (beides W I 477) ausgehe (es ist nicht einzusehen, was dies an dem Tatbestand ändern sollte, daß der Wille sowohl veränderbar als auch unveränderbar gedacht wird!); oder dadurch, daß der Vorgang „nicht als objektive Wahrheit, oder als adäquaten Begriff", „vielmehr bloß als Bild und Gleichniß, als figürlichen Ausdruck der Sache" (Briefe S. 217) angesehen wird (womit dann freilich die Unvermeidbarkeit des Widerspruchs im Denken zugestanden werden muß).

Es hat also den Anschein, daß Schopenhauer – weit entfernt, plausible Einwände gegen Hegels Theorie vorbringen zu können – sozusagen zähneknirschend deren Notwendigkeit zugestehen muß.

Mit dieser Bestätigung im Rücken soll nunmehr versucht werden, der Hegelschen Darlegung zumindest so weit zu folgen, daß ein Urteil über die fundamentalsten der S. 314f. erwähnten Vorwürfe Schopenhauers möglich ist.

Qualität

Dem Dasein kommt eine Bestimmtheit (d. i. Qualität) insofern zu, als es a) als Sein und Nichts in einer *bestimmten* Beziehung (Werden) steht und b) sich zum Werden als dessen Aufhebung verhält. Das Dasein ist mithin nicht mehr – wie das Sein als solches – unbestimmt und unmittelbar, vielmehr bestimmt und vermittelt.

Realität/Negation

Die Bestimmtheit des Daseins hat zwei Seiten: die der Realität und die der Negation. Real ist das Dasein, insofern es *ist,* d. h. durch Sein bestimmt ist.

Negativ[17] ist das Dasein, insofern es durch das Nichts bestimmt ist.

Daraus ergibt sich, daß Dasein *ist* (d. h. durch Sein bestimmt) und *nicht ist* (d. h. durch Nichts bestimmt). Dies wird sich durch die folgenden Überlegungen noch erläutern.

Realität ist und ist nicht/ Negation ist nicht und ist

Unterscheidet man am Dasein seine Bestimmtheiten Realität und Negation, so zeigt sich folgendes Bild: Realität *ist,* nämlich positives, durch Sein bestimmtes Dasein; zugleich ist die Realität aber auch *nicht,* nämlich nicht Negation. Negation *ist nicht,* nämlich nicht Position, Realität; zugleich *ist* die Negation aber auch, nämlich negativ bestimmtes Dasein. Beide Momente, Realität und Negation, sind also selbst durch Realität (Position) und Negation bestimmt, allerdings in je unterschiedlicher Weise: Was der Realität positiv zukommt (Realität), kommt der Negation negativ zu, und was der Negation positiv zukommt (Negativität), kommt der Realität negativ zu. Man kann sich dies folgendermaßen verdeutlichen:

Realität		Negation	
real /	negativ	real /	negativ
+	–	–	+

Eine weitere, mit Vorbehalt heranzuziehende[18] Verdeutlichung wäre die Gegenüberstellung von Mensch und Affe: Der Mensch ist Mensch (+) und nicht Affe (–), während

[17] Selbstverständlich ist hiermit die *logische,* nicht die wertende Negativität gemeint.

[18] Vgl. Anm. 16.

> der Affe nicht Mensch (−), sondern Affe ist (+); beiden kommen also die gleichen Bestimmungen (Menschsein und Affesein), aber in unterschiedlicher Affirmation und Negation, zu.

Etwas/Anderes

> Der charakterisierte Unterschied ist, so Hegel, der von Etwas und Anderem. Das Dasein muß unterschieden werden als ein Etwas (z. B. Mensch), das etwas Anderes (z. B. Affe) nicht ist. Der Unterschied zwischen Etwas und Anderem liegt darin, daß dasjenige, was dem Etwas positiv zukommt, dem Anderen negativ zukommt und umgekehrt.
>
> Etwas und Anderes erweisen sich damit als Aufhebung (d. i. Negation und Bewahrung) von Realität und Negation: Sie negieren den Unterschied, indem jedes der beiden durch dasselbe bestimmt ist, und sie bewahren ihn, indem sie in je unterschiedlicher Weise dadurch bestimmt sind.

Bis hierher ist, so hoffe ich, Hegels deduzierend-kommentierendes Verfahren hinreichend deutlich geworden, um den Vorwurf eines nicht in Wahrheit voraussetzungslosen Vorgehens zurückweisen zu können; deshalb glaube ich nun der Einfachheit halber in den folgenden Darlegungen auf die gesonderte Hervorhebung des Unterschiedes zwischen Deduktion und Kommentierung verzichten zu können.

Es sind aber noch einige höchst wichtige Überlegungen einzuholen. Diese betreffen zunächst das Verhältnis von Etwas und Anderem.

Hegel bezeichnet (WdL I 104 ff.) zugleich das Etwas als das Andere seiner selbst und das Andere als das Andere seiner selbst – eine These, die Schopenhauer zu folgender Polemik bewegt hat: „Wo ist denn das *andre* Huhn? – Hier ist ja das *andre.* – Aber das *eine Huhn?* Das ist ja das *eine.*" (HN V S. 64).

Was meint Hegel? Und ist Schopenhauers Kritik berechtigt? Das Etwas als Etwas (+) und Nicht-Anderes (−) steht in einer (äußeren) Beziehung zum Anderen als dem Anderen (+) und Nicht-Etwas (−). Sofern mit dem Etwas das Andere gesetzt ist (als seine Negation), dieses Andere aber seinerseits positiv bestimmt ist (als *anderes Etwas*), ist dieses Andere ebenso ein Etwas, und das Etwas ist ebenso ein Anderes (nämlich für das andere Etwas). Man kann, um auf das Beispiel zurückzugreifen, den Menschen als Etwas und den Affen als dessen Anderes, aber auch den Affen als Etwas und den Menschen als dessen Anderes ansehen oder – um Schopenhauer aufzugreifen – ein beliebiges Huhn als das eine und das neben ihm pickende als anderes, aber auch dieses als das eine und jenes als das andere ansehen. Vor jeder näheren Bestimmung dieser beiden Etwas (und eine nähere Bestimmung liegt auf dem derzeitigen Stand der Deduktion ja noch nicht vor) ist die Bestimmung als Etwas oder Anderes austauschbar.

Dies hat zur Konsequenz, daß das Etwas, von sich aus gesehen, Etwas und Nicht-Anderes, vom Anderen aus gesehen aber Anderes und Nicht-Etwas ist, was bedeutet, daß jedes beliebige Etwas *in sich* das *Andere seiner selbst* ist:

Etwas	Blick-richtung	*Anderes*
(Etwas/Nicht-Anderes	⟶	(Anderes/Nicht-Etwas
Anderes/Nicht-Etwas)	⟵	*Etwas*/Nicht-Anderes)

Man sieht, durch *Kursivdruck* markiert, daß das Etwas zugleich das Andere (seiner selbst) und das Andere zugleich das Etwas (also ebenfalls das Andere seiner selbst) ist.[19] Daß es sich dabei nicht nur um das Andere des Anderen, sondern um das Andere seiner selbst handelt, setzt freilich die wichtige Einschränkung voraus, daß an dieser Stelle keinerlei weitere Bestimmungen als die bereits deduzierten verwendet werden. Greift man, wie Schopenhauer es unbedenklich tut und auch ich – in anderem Zusammenhang und mit ausdrücklichem Vorbehalt[20] – getan habe, auf spezifischere, noch nicht abgeleitete Bestimmungen wie z. B. das Huhnsein zurück, dann ergibt sich eine unaufhebbare Differenz, etwa zwischen einem weißen und einem braunen Huhn, die es verbietet zu sagen, das weiße Huhn sei selbst das Andere seiner selbst, mithin das braune Huhn; das weiße Huhn ist zwar in der Tat auch braunes Huhn, aber (vgl. S. 332 f.) nur in der Weise der Negation. Sieht man hingegen, wie im Sinne einer schrittweisen Deduktion billig, von diesen spezifischen Differenzen (noch) ab, dann leuchtet Hegels

[19] Man wird von Schopenhauers Seite diesem Gedanken möglicherweise weniger skeptisch gegenüberstehen, wenn man bedenkt, daß er keineswegs von Hegel, sondern vom 'göttlichen Plato' (Sophistes 255 d) erstmals ins Auge gefaßt worden ist.

[20] Vgl. Anm. 16 und 18.

Überlegung ein: Das Etwas ist selbst, was das Andere seiner selbst ist, nämlich das Andere, und zwar durchaus *nicht* nur in der Weise der Negation (also *nicht* das Andere), sondern positiv.

Man wird demnach Schopenhauers Einwand zunächst zurückweisen müssen als einen unzulässigen Vorgriff auf eine noch unabgeleitete Differenzierung, womöglich dadurch veranlaßt, daß Hegel selbst in der von Schopenhauer zugrundegelegten Schrift zur Erläuterung des Gedankens auf Beispiele zurückgreift (z. B. Enzykl. I 197f.), was freilich ausdrücklich als *Zusatz* gekennzeichnet wird.

Andererseits liegt Schopenhauer mit dem Beharren auf der Unterschiedenheit von Etwas und Anderem durchaus nicht gänzlich falsch, insofern sie von Hegel keineswegs (einseitig) negiert, sondern *aufgehoben* wird: Der Unterschied zwischen Etwas und Anderem wird bewahrt im *Etwas selbst,* da ja das Etwas in ihm selbst durch das Andere seiner selbst bestimmt ist.

Die hiermit erreichte Kategorie bezeichnet Hegel wegen der dargelegten Binnenstruktur des Etwas als In-sich-Sein. Kennzeichnend für sie ist die Tatsache, daß die zunächst als extern vorgestellte Beziehung zwischen Etwas und Anderem sich als interne Beziehung erwiesen hat.

Es fragt sich allerdings, was denn nun aus dem für die Argumentation ja benötigten ursprünglichen Anderen geworden ist, von dessen Standpunkt sich das Etwas allererst als das selbst Andere erwiesen hat. Hier zeigt sich eine für mich nicht ganz durchsichtige Zweideutigkeit, aus der möglicherweise eine Kritik an Hegel gewonnen werden kann, die darauf hinausläuft, daß Hegels Theorie des *in sich* differenzierten Absoluten durch die Vernachlässigung einer für einen bestimmten Schritt der Argumentation doch benötigten externen Beziehung erreicht wird, woraus die These abgeleitet werden könnte: „die totale Vermittlung aller Gedanken mit sich und durch sich kann der endliche Geist nicht leisten“ [21].

Andererseits halte ich es aber auch für möglich, daß es Hegel zu zeigen gelingt, wie eine zunächst als extern erscheinende Beziehung als in Wahrheit intern gedacht werden *muß.* Man wird daraufhin die folgen-

[21] Vgl. Wolfg. Marx, Hegels Theorie logischer Vermittlung. Stuttgart-Bad Cannstatt 1972, S. 13.

den Überlegungen zu prüfen haben, welche den Schritt zum absolut Unendlichen und Für-sich-Sein nachvollziehen sollen.

Das In-sich-Sein ist zu verstehen als das Etwas mit der ihm immanent gesetzten Negation, d. h. dem Anderen seiner selbst in ihm selbst (WdL I 112). Mit dieser immanenten Negation „ist das Etwas selbst die Negation, *das Aufhören eines Anderen an ihm*" (WdL I 113); was dem Etwas immanent ist, ist somit die *Grenze* als „die Vermittlung, wodurch Etwas und Anderes *sowohl ist* als *nicht ist*" (WdL I 114): Etwas ist und ist – als in sich begrenzt durch das Andere seiner selbst – nicht. Damit ist dem Etwas die Möglichkeit abgeschnitten, in sich selbst zu *ruhen*, denn es ist in sich über sich selbst auf das Andere seiner selbst hinausgewiesen: „Die andere Bestimmung ist die Unruhe des Etwas, in seiner Grenze, in der es immanent ist, der *Widerspruch* zu sein, der es über sich selbst hinausschickt" (WdL I 115). Eben durch diese Struktur sieht Hegel das Wesen des *Endlichen* bestimmt (WdL I 116), d. h. als Etwas, das begrenzt und gerade durch diese Grenze in sich selbst über sich selbst auf das Andere verwiesen ist.

Interessant vom Standpunkt Schopenhauers ist, daß Hegel mit dem Schritt über diese Endlichkeit hinaus eine Kritik des *Sollens* verbindet, die darin besteht, daß das Sollen zugleich die Existenz einer Grenze (bzw. Schranke) und das Hinaussein über dieselbe indiziert: „Was sein soll, *ist* und *ist* zugleich *nicht.* Wenn es *wäre,* so *sollte* es nicht bloß *sein.* Also das Sollen hat wesentlich eine Schranke" (WdL I 120). Das Sollen setzt mithin den Standpunkt der Endlichkeit voraus und treibt zugleich über ihn hinaus. Mit dem Standpunkt der *Un*endlichkeit, näher als Vernunft bestimmt, „steht es nicht so traurig . . ., daß sie nur sein *sollten*" (WdL I 124). Dieser Hinweis, daß das Sein der Wahrheit der relativen Ohnmacht des bloßen Gesolltseins überlegen sei, findet eine auffällige Parallele in Schopenhauers Zurückweisung des Versuchs, dem freien und allmächtigen Willen Gesetze vorzuschreiben, nach denen er wollen soll (W I 320f.; vgl. E 120ff.). Diese Parallelität reicht gar so weit, daß die Überwindung der Relativität des Sollens gesehen wird vom Standpunkt der Freiheit des Willens, bei Schopenhauer verstanden als transzendentale Grundlosigkeit (Freiheit als Nichtdeterminiertheit durch Gründe) des aller Grund-Folge-Struktur vorausliegenden Willens selbst (z. B. W I 337ff.), bei Hegel entwickelt als die Selbstbestimmung des Bewußtseins, welches im Anderen seiner selbst *bei sich bleibt,* zu sich kommt und so die Freiheit der Aufhebung aller Fremdbestimmung (durch die Erweisung von Fremdbestimmtheit als Weise der Selbstbestimmtheit) besitzt (z. B. GrPhR 32).

Was Schopenhauer angeht, so möge hier der Hinweis auf einen Berührungspunkt genügen; Hegels These vom unendlichen Für-sich-Sein des Bewußtseins soll aber, sie gegen Schopenhauers auch in diesem Zusammenhang geäußerte abfällige Bemerkungen (W I 321) in Schutz nehmend, noch näher entwickelt werden. Dies ist nun durch eine recht einfache Überlegung möglich: Was für das Etwas deduziert worden ist, daß es nämlich das Andere seiner selbst in sich selbst trage, gilt natürlich auch für alle weiterhin abgeleiteten Kategorien, sofern sie ein Etwas im Gegensatz zum Anderen ihrer selbst sind; es gilt speziell auch für die Kategorie der Endlichkeit, die mithin an sich selbst und als intern gesetzte Grenze ihrer selbst durch das *Unendliche* bestimmt ist. Mit dem Endlichen als Realität ist das Unendliche als dessen Negation gesetzt – als eine Negation freilich, der wie dem Endlichen die Realität (zu *sein*) zukommt.

Hegel nennt diese Unendlichkeit eine *schlechte*, von welcher der 'wahrhafte Begriff der Unendlichkeit' wohl zu unterscheiden sei (WdL I 125). Es ist zu zeigen, daß dieses wahrhaft Unendliche, auch Absolutes genannt (WdL I 125), keineswegs ein obskurer, sondern ein in den bisherigen Überlegungen bereits notwendig mitgedachter Begriff ist: Indem nämlich der Gegensatz zwischen Endlichem und Unendlichem als These und Antithese reflektiert wird, ist das beide Umfassende gedacht. Denn das Unendliche als *Gegensatz* (Anderes) des Endlichen

ist *Eines der beiden;* aber als *nur* Eines der beiden ist es selbst endlich, es ist nicht das Ganze, sondern nur die Eine Seite; es hat an dem Gegenüberstehenden seine Grenze; es ist so das *endliche Unendliche*. Es sind nur *zwei Endliche* vorhanden. Eben darin, daß es so vom Endlichen *abgesondert*, damit als *Einseitiges* gestellt wird, liegt seine Endlichkeit, also seine Einheit mit dem Endlichen. . . . das Unendliche und Endliche nach der *Beziehung* beider aufeinander, die ihnen äußerlich wäre, aber die ihnen wesentlich, ohne die keines ist, was es ist, enthält so sein Anderes in seiner eigenen Bestimmung, ebensosehr als jedes *für sich* genommen, *an ihm* selbst betrachtet, sein Anderes in ihm als sein eigenes Moment liegen hat.

Dies gibt denn die – verrufene – Einheit des Endlichen und Unendlichen – die Einheit, die selbst das Unendliche ist, welches sich selbst und die Endlichkeit in sich begreift, – also das Unendliche in einem andern Sinne als in dem, wonach das Endliche von ihm abgetrennt und auf die andere Seite gestellt ist. (WdL I 133)

Das Unendliche zum Anderen des Endlichen zu machen heißt also, es selbst zu verendlichen, es zu einem 'schlechten' Unendlichen zu machen. Dieses endliche, als Etwas bestimmte Unendliche besitzt nun in der Tat die S. 333 für jedes Etwas erwiesene Struktur, das Andere seiner selbst in sich selbst zu haben; d. h., es ist der Gedanke eines Unendlichen zu denken, das *in sich* selbst durch die Endlichkeit bestimmt ist, also durch das Gegenteil seiner selbst. *Diese* Unendlichkeit besitzt aber eine andere Struktur als die 'schlechte' Unendlichkeit, welche *gegen* das Andere ihrer selbst, die Endlichkeit, festgehalten wird. Diese Struktur der *absoluten* Unendlichkeit läßt sich folgendermaßen darstellen:

absolut Unendliches

Etwas (Endliches)	/	Nicht-Anderes (Nicht-Unendliches)
Anderes (Unendliches)	/	Nicht-Etwas (Nicht-Endliches)

Es erweist sich hier die Eigenheit des Bewußtseins, Unterschiedenheit bzw. Nichtidentität (hier: von Endlichkeit und Unendlichkeit) nicht ohne Ununterschiedenheit bzw. Identität (hier: absolute Unendlichkeit) denken zu können, also die Umkehrung der Unmöglichkeit, Identität ohne Nichtidentität zu denken (vgl. S. 317 und 329).

Dieses Absolute ist nun nicht erst von seiten Schopenhauers (z. B. G 39f., W I 321 und 573f.), sondern schon von seiten Kants (KrV A 592f./B 620f.) dem Vorwurf ausgesetzt gewesen – bei Kant naturgemäß nicht auf Hegel, sondern auf Theorien der rationalen Theologie von Gott als dem 'absolut Notwendigen' bezogen –, ein *leerer,* rein negativer Begriff zu sein, in dem von allen Bedingungen der Möglichkeit menschlicher Erkenntnis abstrahiert und dann so getan werde, als könne damit noch etwas gedacht werden.

Schopenhauer schließt hieran noch den Vorwurf an, das Unbedingte (Absolute) könne schon deshalb kein *notwendiger* Begriff der Vernunft sein, weil das allein Notwendigkeit verleihende Erkenntnisprinzip der Vernunft der Satz vom Grunde sei, dieser aber die seinerseitige Bedingtheit jedes Bedingenden (... → Folge/Grund → Folge/Grund →...) fordere (z. B. W I 570ff.).

Nun scheint mir allerdings, daß beide Vorwürfe auf einem ungenügenden Verständnis nicht nur des spezifisch hegelschen Sinnes des Absoluten, sondern auch der eigenen Theorie basieren, in welcher sich eben dieses Absolute nachweisen läßt. Hegels Konzeption des absolut Unendlichen wäre nur dann inhaltsleer, wenn es sich dabei um das *schlecht* Unendliche handeln würde, das der Fülle des Endlichen *entgegengesetzt* ist; von diesem ist aber hier nicht die Rede, vielmehr von dem, das ein *intern* differenzierter Begriff ist. Hegels weitere gedankliche Bemühungen in allen seinen Schriften dienen genau dazu, diese Differenzierung nach allen denkbaren Seiten und in der bisher beibehaltenen logischen Form fortzuführen.

Daß diesem Begriff keine Notwendigkeit zukäme, wird man, meine ich, so widerlegen können, daß man nicht nur auf die Stringenz der bisherigen Gedanken verweist (die in ihrer Radikalität schwer zu überbieten sein dürfte), sondern darüber hinaus jedem die Notwendigkeit bestreitenden Ansatz nachweist, sie in sich selbst vorausgesetzt zu haben. Dies erscheint mir im Falle Schopenhauers so möglich zu sein, daß man seinen Begriff von Notwendigkeit „als den der Unausbleiblichkeit der Folge, wenn der Grund gesetzt ist“ (G 153) näher auf seine Implikationen hin analysiert. Es folgt aus ihm offensichtlich, daß Notwendigkeit stets nur *relativ* auf den für die Folge verantwortlichen Grund besteht, die Existenz einer *absoluten* Notwendigkeit also bestritten wird (G 154). Bei der (G 155) eingestandenen Endlosigkeit der Grund-Folge-Reihe besagt dies, daß die notwendige Gültigkeit einer Aussage abhängig ist von einer prinzipiell unendlichen, also nicht überprüfbaren Prämissenreihe: Alberts 'Münchhausen-Trilemma' (vgl. S. 322). Damit muß die Frage nach der *Wahrheit* einer Aussage aber ausgeklammert werden, da ja nur noch etwas über den Zusammenhang von Aussagen behauptet wird: „Wenn a, dann b; wenn b, dann c usw.“, was über die Wahrheit (Gültigkeit) der Aussagen a, b, c usw. nichts sagt.

Hierbei treten dann, bezogen auf Schopenhauers Gedanken, zwei Fragen auf:

1. Welchen Wahrheitsgehalt soll dann noch Schopenhauers philosophisches System besitzen? Zu sagen, es sei eben auch nur 'relativ' wahr, bedeutet das Eingeständnis, daß über seine Wahrheit gar nicht eindeu-

tig, allenfalls hypothetisch entschieden werden kann. Man hat den Rückschlag dieses Problems auf Schopenhauers System an der von mir vorgetragenen Kritik seiner logischen Prämissen gesehen.

2. Die systematisch wichtigere, weil eine Lösung indizierende Frage ist die, welchen Wahrheitsgehalt die Theorie von der Relativität aller Notwendigkeit (und damit notwendigen Geltung von Aussagen) selbst besitzen soll. Ist es *absolut* notwendig, daß alle Notwendigkeit relativ ist? Zu antworten, daß auch dies nur relativ (nämlich bezogen auf bestimmte Prämissen) notwendig sei, löst das Problem nicht, da hierbei als unbestreitbar (absolut) notwendig z. B. der Gegensatz von absoluter und relativer Notwendigkeit vorausgesetzt würde. Mit anderen Worten: Wer die Relativität aller Wahrheit postuliert, setzt den Gegensatz von relativ und absolut selbst als absolut wahr an, d. h., er kommt für seine Aussage gar nicht ohne absoluten Wahrheitsanspruch aus. Man kann dies auch so formulieren, daß Schopenhauers Kritik an Hegels Begriff des Absoluten sich selbst in einer Weise aufhebt, welche die Anerkennung des Hegelschen Anspruchs als einzige Alternative zuläßt.

Von diesem grundsätzlichen Zugeständnis unabhängig ist selbstverständlich die Entscheidung der Frage, ob Hegels Konzeption in allen *Details* zureichend entwickelt ist – was in einer Kritik der bisher referierten Überlegungen sowie aller weiteren Texte Hegels zu untersuchen wäre.

Einen den prinzipiellen Begriff des Absoluten treffenden Einwand liefert Schopenhauer mithin in keiner Weise.

V

Hegels weitere Darlegungen hier thesenartig wiederzugeben, kann ich mich – so verführerisch es im Hinblick auf gewisse Vorwürfe Schopenhauers, welche Geschichtstheorie, Optimismus usw. betreffen, auch wäre – nicht entschließen, da eine Beurteilung in jedem Falle von den dazugehörigen Argumenten abhängig wäre. Lediglich einen Gesichtspunkt möchte ich noch erwähnen, da er aus den bisherigen Überlegungen mühelos zu entwickeln ist und obendrein ein grundlegendes Problem der schopenhauerschen Philosophie betrifft. Ich meine die idealistische Grundposition.

Es läßt sich nämlich zeigen, daß Hegels Konzeption des Absoluten, wie sie bis jetzt vorliegt, eine wesentliche Bestimmung des *Bewußtseins* entwickelt hat, die als Für-sich-Sein oder unendliches Sein bezeichnet wird (WdL I 147). Zur Struktur des Bewußtseins gehört es, Gegenstände zu haben. Von diesen Gegenständen meint das alltägliche Bewußtsein, sie existierten unabhängig von diesem Bewußtsein (d. h. an sich selbst). Schopenhauer legt nun großen Wert auf die Feststellung, „daß Alles, was für die Erkenntniß daist, also diese ganze Welt, nur Objekt in Beziehung auf das Subjekt ist, Anschauung des Anschauenden, mit Einem Wort, Vorstellung" (W I 3f.). Dieses Bedingtsein aller Objekte durch das Subjekt (vgl. W I 4), von Schopenhauer als *die* Wahrheit a priori bezeichnet (W I 3), dürfte nun von einer eingestandenen Position der Relativität aller Wahrheit schwerlich zu *erweisen* sein; erweisbar aber ist sie von Hegels Position aus, denn diese Wahrheit macht genau diejenige Struktur aus, die zuletzt abgeleitet worden ist: das Andere seiner selbst (die Objekte) *in sich* zu haben; alles, was ich nicht bin, ist dieses 'nicht' *für mich.* „Das Fürsichsein besteht darin, über die Schranke, über sein Anderssein so hinausgegangen zu sein, daß es als diese Negation die unendliche *Rückkehr* in sich ist (WdL I 148). Es wird damit den Gegenständen keineswegs – wie es dem Idealismus zuweilen unterstellt wird – bestritten, *außer* mir zu sein; aber außer mir sind sie eben nur *für mich,* und eine andere Weise des Andersseins ist für mich auch gar nicht denkbar. Wer die Äußerlichkeit von Gegenständen unabhängig von seinem Bewußtsein behauptet, widerlegt sich schon durch diese Behauptung als einen Akt seines Bewußtseins.

Findet Schopenhauer in dieser hegelschen Theorie einen logisch stringenten Beweis dessen, was von ihm als 'gewiß und keines Beweises bedürftig' (W I 3) behauptet wird (ein merkwürdiger Anspruch im Hinblick auf seine Bestreitung absoluter Gewißheit!), so läßt sich von ihr aus doch ein Problem lösen, das für Schopenhauer selbst letztlich ungelöst geblieben ist: das Problem des Dinges an sich.

Bekanntlich hält Schopenhauer es für seine entscheidende Einsicht, daß dieses aus Kants Denken stammende 'Ding an sich' nur als *Wille* angesehen werden könne (vgl. z. B. W I 131 und P I 95ff.). Insofern dieses 'Ding an sich' jedoch definiert ist als das, was die Dinge sind *unabhängig* davon, daß ich (bzw. ein Subjekt) sie erkenne (erkennt) (vgl. KrV A 253ff./B 305ff.), tritt sogleich das Problem auf, wie *ich* denn dieses

'Ding an sich', als Wille oder sonstwie, erkennen könne. Aus diesem Dilemma, das häufig an Schopenhauers Theorie moniert worden ist,[22] hilft er sich durch mannigfache einschränkende Bemerkungen heraus, etwa derart, der Wille sei

> Ding an sich blos *relativ*, d. h. in seinem Verhältniß zur Erscheinung: – und diese ist Erscheinung bloß in ihrer Relation zum Ding an sich. [. . .] Was aber das Ding an sich *außerhalb* jener Relation sei, habe ich nie gesagt, weil ich's nicht weiß. (Briefe S. 291)

Diese Formulierungen neigen aber dazu, mit der linken Hand zu nehmen, was mit der rechten gegeben wurde: das An-sich-Sein. Schopenhauers Konzeption des An-sich-Seins bleibt so mit einer fundamentalen Zweideutigkeit behaftet, die den logischen Sinn dessen, was er als seine Grundeinsicht hervorhebt, erheblich in Frage stellt, da sie einen Widerspruch einschließt.

Auf dem Boden der Hegelschen Konzeption erweist sich diese Widersprüchlichkeit

- einerseits als notwendig, d. h., Dinge erscheinen *für mich* als *Gegenstände*, als *An-sich*-Seiende, als Anderes meines Bewußtseins;
- andererseits als universell gültig, d. h. *alle* Dinge betreffend; die von Schopenhauer behauptete Sonderstellung des Willens läßt sich demnach nicht dadurch rechtfertigen, er sei im Gegensatz zu allen anderen Objekten nicht nur für das Subjekt, sondern zugleich an sich. Näher kommt der Wahrheit schon die These, *jedes* Objekt sei an sich Wille (z. B. W I 131ff., 154ff. und N 2ff.).

Jedenfalls wird man – sieht man den Sachverhalt im Lichte der hegelschen Logik – Schopenhauer nicht mehr vorwerfen können, 'Dinge an sich' seien nicht denkbar und eine derartige Konzeption sei widersprüchlich: Sie muß gedacht werden, und sie ist widersprüchlich.

In welcher Weise dieser logische Rahmen eine auf dem Willen basierende Philosophie zuläßt, gar auf dem *blinden*, bewußtlosen Willen, der dem Bewußtsein ontologisch vorgeordnet ist (z. B. W II 224ff.), ist allerdings eine noch gänzlich ungeklärte Frage.

[22] Z. B. Ernst Cassirer, Das Erkenntnisproblem in der Philosophie und Wissenschaft der neueren Zeit, Bd. 3; New Haven/Conn. ²1923; Nachdr. Darmstadt 1971, S. 428ff.

VI

Die Darstellung der Hegelschen Logik und der direkt gegen sie gerichteten Einwände Schopenhauers sei damit beendet. Es bleibt die Aufgabe, ein Fazit zu ziehen, das die Grundlagen einer möglichen Gesamtbeurteilung des Schopenhauerschen Denkens auf dem Boden derjenigen Aussagen Hegels, die ich als gesichert annehmen möchte, einbezieht.

Von den eingangs genannten kritischen Thesen Schopenhauers (S. 314f.) ist, so denke ich, wenig übriggeblieben. Daß Hegel seine Gedanken nicht sinnvoll begründe, muß wohl in einem Maße zurückgewiesen werden, daß man sich zu dem Eingeständnis durchringt, Hegel begründe weitaus radikaler und stringenter als Schopenhauer oder irgendein anderer Transzendentalphilosoph.[23]

Ebensowenig dürfte sich die Kritik am Begriff des Absoluten aufrechterhalten lassen, da man Schopenhauer gar wird nachweisen können, daß er selbst einen solchen Begriff voraussetzen muß. Dies ist sogar in einem solchen Maße der Fall, daß schwer einzusehen ist, in welchem Sinne Schopenhauers Konzeption des Willens *nicht* die Stelle des Absoluten einnehmen soll; es hat fast den Anschein, als habe Schopenhauer sich nur deshalb nicht zu diesem Zugeständnis entschließen können, weil er damit in die gefürchtete Nähe zu Hegel gerückt wäre. Immerhin gesteht Schopenhauer zu:

> Wollen die Herren absolut ein Absolutum haben; so will ich ihnen eines in die Hand geben, welches allen Anforderungen an ein Solches viel besser genügt, als ihre erfaselten Nebelgestalten: es ist die Materie. Sie ist unentstanden und unvergänglich, also wirklich unabhängig und quod per se est et per se concipitur: aus ihrem Schooß geht Alles hervor und Alles in ihn zurück: was kann man von einem Absolutum weiter verlangen? (W I 574)

Was aber ist für Schopenhauer diese Materie anderes „als die bloße *Sichtbarkeit des Willens*" (W II 52)?

Diese Rechtfertigung der Fundamentalgedanken Hegels, zu denen

[23] Schopenhauer stützt sich (P I 24) auf ein Hegel-Zitat (Phän. S. 40), in dem die Methode, einen Satz zu beweisen und den gegenteiligen zu widerlegen, abgelehnt wird, was sich aber in der Tat als sinnlos bei einem Vorgehen erwiesen hat, das die Wahrheit von These *und* Antithese zu zeigen versucht, an die Stelle der Falschheit also die Einseitigkeit setzt.

seine dialektische Methodik, von Schopenhauer gar nicht detailliert kritisiert und verstanden, hinzuzuzählen ist, läßt für deren weitere Entwicklung, die ich hier nicht habe behandeln können, ein zumindest positiveres Ergebnis erwarten, als Schopenhauer es zuzugeben bereit ist – zumal dessen Einwände auch hier äußerst pauschal und oberflächlich bleiben:

> Mein Urtheil über Hegel habe ich summarisch gegeben: denn einer ausführlichen Beurtheilung von mir ist das ganz Schlechte und Untaugliche wahrlich nicht werth. (HN IV/1 S. 208)

Hegels Identifizierung des Absoluten mit Gott sowie seine Theorie des Verhältnisses von Begriff und Realität bedürfen noch einer eingehenden, vorurteilsfreien Analyse, die im Hinblick auf die Kenntnis des gesamten Systems freilich weit mehr erfordert, als hier geleistet werden kann.

Nur so viel wird man sagen dürfen, daß zum ersten Schopenhauers Einwand gegen den Anfang der Logik mit dem Begriff des Seins ungerechtfertigt ist, insofern das Sein hierzu als tauglich erwiesen worden ist, ein Akzent auf den *Begriff* des Seins aber an dieser Stelle – mangels vorhandener Begriffstheorie – nicht gelegt wird; zum anderen möchte ich nicht vermuten, daß ausgerechnet Schopenhauers für einen Transzendentalphilosophen verblüffend simple Abstraktionstheorie der Begriffe (vgl. G 97ff., W I 41ff. und W II 67ff.), welche auf die objekt(mit)konstituierende Funktion (ich meine die Weise, in der die Struktur der Sprache die Welterfahrung präformiert) wenig Wert legt und kaum detaillierte Gedanken verwendet, geeignet sein könnte, für dieses Problem der Weisheit letzten Schluß zu bilden. Hingegen bildet Hegels Begriffstheorie (WdL II 213ff.) den wohl anspruchsvollsten, interpretatorisch noch kaum bewältigten Teil seiner Logik.[24] Erst das Verständnis dieser Theorie würde eine Beurteilung auch des von Schopenhauer monierten Überganges von der Begriffs- zur Naturlehre ermöglichen, ebenso der Realisierung des Geistes in Geschichte und Staat.

[24] Die wohl weitestgehende Arbeit zu diesem Thema ist die voluminöse Untersuchung von B. Liebrucks, Sprache und Bewußtsein, insbes. Bd. 6: Der menschliche Begriff (in 3 Teilbdn.). Frankfurt a. M. und Bern 1974, wobei sich der dritte Teilband mit Hegels Begriffstheorie befaßt.

Es bleibt – und diesem Gedanken kommt in der Tat eine gewisse Bedeutung zu – die Problematik einer *Selbst*bewegung des Gedankens, die nicht durch ihm äußere Motive in Gang gebracht und gelenkt werde. Schopenhauer steht mit seinem Einwand hiergegen nicht allein:

Man braucht in der Logik *das Negative* als die treibende Macht, die in alles Bewegung bringt. Und Bewegung muß man ja haben in der Logik, egal wie man es anstellt, wenn nicht mit dem Guten, dann mit dem Bösen. Hier hilft das Negative, und was das Negative nicht schafft, das machen Wortspiele und Redensarten, wie denn das Negative selbst zum Wortspiel geworden ist. In der Logik darf keine Bewegung *werden;* denn die Logik *ist* und alles Logische *ist* nur, und eben diese Ohnmacht des Logischen ist der Übergang der Logik zum Werden, wo Dasein und Wirklichkeit hervortreten.[25]

Nun ist aus dem Anfang der Hegelschen Logik wohl so viel deutlich geworden, daß, *wenn* man zu denken bereit ist, nicht beim Sein stehengeblieben werden kann; es ist aber doch – so Kierkegaard – nicht einzusehen, wie denn der Antrieb, die Logik zu denken, dieser Logik selbst entnommen werden könnte.

Diese Bewegung, von Gedanken zu Gedanken, von These zu Antithese fortzuschreiten, ist gar nicht zureichend aus dem Gedanken selbst zu erklären, der vielmehr nur bestimmt, *wohin* fortgeschritten wird; *daß* dies geschieht, muß einen anderen als logischen Grund haben.[26]

Hegel sieht sich in der Tat genötigt, diesbezüglich Zugeständnisse zu machen (vgl. S. 323 f.), die allerdings nicht so weit reichen, daß grundsätzlich eine der Logik transzendente Instanz in Anspruch genommen werden müßte. Es ist bereits betont worden, daß die Unterstellung, Bewegung im Denken sei immanent-logisch nicht zu erklären, eine Reihe logischer Voraussetzungen machen muß (wie sie z. B. in Begriffen wie Bewegung, Unmöglichkeit und Erklärung eingeschlossen sind), die am Anfang der Logik noch nicht in Anspruch genommen werden können. Statt dessen verhält es sich nach Hegels Überzeugung so, daß diese auch den Beweggrund zum Anfangen umfassenden Minimalvoraussetzungen vom *Ende* der Logik her deutlich, d. h. abgeleitet werden müssen:

[25] S. Kierkegaard, Der Begriff Angst, Einleitung; vgl. Furcht und Zittern, Problemata I. Zitiert nach: S. K., Die Krankheit zum Tode und anderes, hrsg. v. H. Diem/W. Rest. Köln ^{2}1968, S. 220 Anm. und 450 ff. Vgl. dazu WdL I 37.

[26] Dies deutet auch Schelling II/3 S. 60 f. und 73 an.

Man muß zugeben, daß es eine wesentliche Betrachtung ist, – die sich innerhalb der Logik selbst näher ergeben wird, – daß das Vorwärtsgehen ein *Rückgang* in den *Grund*, zu dem *Ursprünglichen* und *Wahrhaften* ist, von dem das, womit der Anfang gemacht wurde, abhängt und in der Tat hervorgebracht wird. [. . .] Dies Letzte, der Grund, ist denn auch dasjenige, aus welchem das Erste hervorgeht, das zuerst als Unmittelbares auftrat. (WdL I 55)

Hegels These, dieses Letzte, das sich am Ende als die Wahrheit des Anfangs erweist, sei der absolute Geist, kann hier in ihrer Plausibilität nicht dargestellt und damit auch nicht beurteilt werden; entscheidend ist im jetzigen Zusammenhang, daß Hegels Konzeption des Kreises, „der sein Ende als seinen Zweck voraussetzt und zum Anfange hat und nur durch die Ausführung und sein Ende wirklich ist" (Phän. S. 20), den geeignetsten Versuch darstellt, die zu Anfang uneinholbaren Voraussetzungen dieses Anfangs in logisch gerechtfertigter Weise einzuholen. Hingegen Einwände in der Art Schopenhauers und Kierkegaards „sind selbst *Voraussetzungen*, die als *konkrete Bestimmungen* die Forderung ihrer Vermittlung und Begründung mit sich führen" (WdL II 503).

Aus solcherlei Zurückweisungen erhellt, daß eine bestimmte Art von Kritik, wie sie auch Schopenhauer gegenüber Hegel pflegt, von Prämissen lebt, um deren Überprüfung und gegebenenfalls Ableitung es Hegel allererst zu tun ist.

Kann auch aus den bisherigen Überlegungen geschlossen werden, daß Hegel gegen Schopenhauer in wesentlichen Grundsätzen recht behält, so ist damit – vor Abschluß der erforderlichen weiteren Bemühungen – über einige wichtige Themen, in deren Behandlung sich Schopenhauer von Hegel strikt unterscheidet, doch noch nicht das letzte Wort gesprochen. Ich meine damit die Theorie des Willens, die Einschätzung der Theologie sowie die Bewertung desjenigen Prozesses, den wir als Geschichte erleben und gestalten. Für diese noch ausstehende Auseinandersetzung auch seitens derer, die von Schopenhauer aus denken, eine vorurteilsfreie Offenheit gegenüber Hegel zu vermitteln, ist – neben dem Versuch, in der Analyse einen ersten Schritt zu wagen – die Absicht meiner Arbeit.

Abkürzungen

Hegel

Diff.	Differenz des Fichte'schen und Schelling'schen Systems der Philosophie; hrsg. v. G. Lasson. Leipzig 1928, Nachdr. Hamburg 1962.
Enzykl. I–III	Enzyklopädie der philosophischen Wissenschaften; hrsg. v. E. Moldenhauer/K. M. Michel in 3 Bdn., als Bde. 8–10 der Hegel-Werkausgabe. Frankfurt a. M. 1971.
GrPhR	Grundlinien der Philosophie des Rechts; hrsg. v. J. Hoffmeister. Hamburg ^{4}1955.
Phän.	Phänomenologie des Geistes; hrsg. v. J. Hoffmeister. Hamburg ^{6}1952.
VGPh I–III	Vorlesungen über die Geschichte der Philosophie; hrsg. v. E. Moldenhauer/K. M. Michel in 3 Bdn., als Bde. 18–20 der Hegel-Werkausgabe, a. a. O.
WdL I/II	Wissenschaft der Logik, 2 Bde.; hrsg. v. G. Lasson. Leipzig 1934, Nachdr. Hamburg 1967.

Kant

KrV	Kritk der reinen Vernunft; hrsg. v. W. Weischedel als Bd. 2 seiner Werkausgabe in 6 Bdn. Darmstadt ^{2}1966.

Schelling

Friedrich Wilhelm Joseph von Schellings sämtliche Werke; hrsg. v. K. F. A. Schelling. 2 Abt. Stuttgart 1856–61, Nachdr. Darmstadt 1966–68.

Schopenhauer

Briefe	Gesammelte Briefe; hrsg. v. A. Hübscher. Bonn 1978.
E	Die beiden Grundprobleme der Ethik: I. Über die Freiheit des menschlichen Willens, II. Über die Grundlage der Moral.
G	Über die vierfache Wurzel des Satzes vom zureichenden Grunde (2. Aufl.).
HN I–V	Der handschriftliche Nachlaß, 5 Bde.; hrsg. v. A. Hübscher. Frankfurt a. M. 1966–1975.
N	Über den Willen in der Natur.
P I/II	Parerga und Paralipomena, 2 Bde.
W I/II	Die Welt als Wille und Vorstellung, 2 Bde.

(Die Werke wurden zitiert nach der Ausgabe: Sämtliche Werke, hrsg. v. A. Hübscher. Wiesbaden ^{3}1972.)

Originalbeitrag 1981.

ÜBER DIE FÜNFTE WURZEL DES SATZES VOM ZUREICHENDEN GRUNDE

Von ERNST-OTTO SCHNEIDER

In der Vorrede zur zweiten Auflage seiner Dissertation[1] vermerkt Schopenhauer, „diese elementarphilosophische Abhandlung" sei „nachmals der Unterbau meines ganzen Systems geworden" (S. 9, S. V).[2] Nimmt man dies ernst, so muß man vermuten, daß auch einige Fehler des Systems bzw. das, was wir derzeit als dessen Fehler ansehen, seinen bzw. ihren Unterbau oder doch wenigstens sein/ihr Pendant in dieser Frühschrift haben. Dies trifft nun zumindest für eine gewisse, von der Sekundärliteratur bisher nur ungenügend beachtete Hinsicht zu: Schopenhauers schon zu seinen Zeiten ans Anachronistische grenzende Konzeption von Natur und -wissenschaften, die heute durch die Erfolge der „Herren von Tiegel und Retorte" teilweise so gründlich empirisch widerlegt ist, hat ihre Entsprechung in Schopenhauers Kritik an Chr. Wolffs Entwurf des principium essendi.

Ich möchte im folgenden zuerst Schopenhauers Kritik an Wolffs pr. essendi erörtern, dann eine modifizierte Form dieses pr. essendi als fünfte Wurzel des Satzes vom zureichenden Grunde[3] aufstellen und von den vier Schopenhauerschen Arten des Grundes abgrenzen. Eine – eigentlich höchst wünschenswerte – allgemeingehaltene Untersuchung der Bedeutungstiefe und Gültigkeitsreichweite dieser 5. W muß, um den Umfang des vorliegenden Aufsatzes nicht zu sprengen, weitestgehend unterdrückt werden. Dies wird hoffentlich bis zu einem gewissen Grade ausgeglichen werden können durch die sich anschließende exem-

[1] Soweit nicht anders vermerkt, ist mit Schopenhauers Dissertation im folgenden immer die zweite Auflage gemeint.

[2] Die zuerst angegebene Seitenzahl bezieht sich immer auf die von Angelika Hübscher besorgte Züricher Ausgabe, die zweite verweist auf die entsprechende Stelle in Arthur Hübschers Ausgabe.

[3] Im folgenden mit „5. W" abgekürzt.

plarische Diskussion der Anwendung der 5. W in bestimmten Bereichen Schopenhauerscher Philosophie und in gewissen Ansätzen moderner Naturwissenschaft. Abschließen möchte ich mit einigen Vermutungen über die Gründe, die Schopenhauer zu seinen eigenartigen Vorstellungen, das pr. essendi und die Naturwissenschaften betreffend, gebracht haben mögen.

I

Anläßlich der ›Übersicht des Hauptsächlichsten, so bisher über den Satz vom zureichenden Grunde gelehrt worden‹, wendet sich Schopenhauer in § 10 seiner Dissertation (1. u. 2. Auflage) *Wolff* zu. Von den drei bzw. vier Arten des Grundes (1. pr. fiendi, 2. pr. essendi, 3. pr. cognoscendi sowie ohne eigene Numerierung causa impulsiva), die Schopenhauer bei Wolff entdeckt, wird die zweite am eingehendsten kommentiert. Das pr. essendi definiere Wolff folgendermaßen: „ratio possibilitatis alterius; in eodem exemplo, ratio possibilitatis, cur lapis calorem recipere possit, est in essentia seu modo compositionis lapidis. [Grund für die Möglichkeit eines anderen: im gleichen Beispiel liegt der Grund für die Möglichkeit, daß der Stein Wärme in sich aufnehmen kann, in dem Wesen bzw. in der Art der Zusammensetzung des Steins.] Dies letztere scheint mir ein unstatthafter Begriff" (S. 33, S. 18). Im weiteren Verlauf des § 10 begründet Schopenhauer sein Urteil. Er setzt dabei am Begriff der *Möglichkeit* ein: Möglich seien Veränderungen als Wirkungen von Ursachen, d. h. als ein Folgen eines Zustandes auf einen anderen; im genannten Beispiel also sei der Zustand des Warmseins des Steins möglich als Wirkung eines vorhergehenden Zustandes als Ursache, nämlich der endlichen Wärmekapazität des Steines und seiner Berührung mit freier Wärme. Daß der Stein nun eine so und so große spezifische Wärme habe, sei wiederum nur Folge einer Kette früherer Ursachen „sämmtlich principiorum fiendi". Lediglich seien diese – gewordenen – Bedingungen auf der Seite des Steins bleibender. Hierauf beruhe die Wolffsche Täuschung.

Hiergegen ist nun mehrerlei einzuwenden. Zum einen bemerkt Schopenhauer selbst an anderer Stelle (W II 1, K. 4, S. 54, S. 49)[4], es gebe

[4] Lies: ›Welt als Wille . . .‹ Band II, Buch 1, Kapitel 4.

„keinen Grund a priori, vom Daseyn vorhandener Dinge, d. h. Zustände der Materie, auf deren vorheriges Nichtdaseyn und von diesem auf ihr Entstehn, also auf eine Veränderung, zu schließen. Daher berechtigt das bloße *Dasein* eines Dinges nicht, zu schließen, daß es eine Ursache habe." Lediglich „a posteriori, d. h. aus früherer Erfahrung geschöpft, kann es jedoch" Gründe geben zu der Annahme, „daß der vorliegende Zustand nicht *von jeher* dagewesen, sondern erst in Folge eines andern, also durch eine *Veränderung entstanden* sei, von welcher dann die Ursache zu suchen ist [. . .]".[5] Wenn aber bloß aus der Erfahrung und bloß in Einzelfällen Gründe existieren zu der bloßen Annahme, ein bestimmter Zustand sei ein gewordener, dann besteht keine berechtigte Gewißheit mehr, mit der man behaupten dürfte, die endliche Wärmekapazität des Steins oder gar alle Beschaffenheiten sämtlicher potentieller Anwendungsobjekte des pr. essendi seien gewordene.

Zum anderen – und dies ist der weit bedeutsamere Einwand – verkennt Schopenhauer das von Wolff mit „Möglichkeit" eigentlich Gemeinte. Suchte Wolff nach dem Grund der Möglichkeit des Ereignisses „ein Stein nimmt Wärme auf", so hätte Schopenhauer recht, hierfür das Vorhandensein eines Steins mit bestimmten Eigenschaften und sein In-Berührung-Kommen mit freier Wärme als gleichberechtigte Bedingungen darzustellen. Tatsächlich aber sucht Wolff nach dem Grund, warum ein gewisser, vorgegebener Stein in sich die Möglichkeit birgt, Wärme aufzunehmen. Möglichkeit heißt hier soviel wie Disposition. Dies ist schon durch das von Schopenhauer angeführte Beispiel Wolffs nahegelegt (cur lapis calorem recipere possit; warum der Stein Wärme aufnehmen kann), wird aber noch deutlicher, wenn man die entsprechenden Passagen aus Wolffs ›Vernünfftigen Gedanken von Gott . . .‹ über das Verhältnis von Wesen, Zusammensetzung und Eigenschaften heranzieht. „Das Wesen eines jeden Cörpers bestehet in der Art der Zusammensetzung [. . .]" (S. 378, § 611; sinngemäß auch S. 29 § 59 u. S. 375 § 606). „Was einig und allein in dem Wesen eines Dinges gegründet ist, wird eine Eigenschafft genennet. Z. E. Sehen ist in dem Wesen eines Thieres, das Augen hat, gegründet und also eine Eigenschafft desselben" (S. 23 § 44).

[5] In Zitaten sind Hervorhebungen des Autors durch Kursivdruck, meine Hervorhebungen durch Sperrung wiedergegeben.

Wesen oder Zusammensetzung sind hier Grund der Eigenschaft. Wesen oder Zusammensetzung waren beim pr. essendi Grund der Möglichkeit. Es liegt sehr nahe – wie R. Laun (S. 108) –, anzunehmen, daß Wolff mit „Möglichkeit" eigentlich „Eigenschaft" meint. Jedoch fallen gewisse Arten von Eigenschaften nicht unter den hier gemeinten Möglichkeitsbegriff: so stellt z. B. die Eisenhaltigkeit einer Uhr zwar eine Eigenschaft dar, aber keine Möglichkeit. Diese Eigenschaft kann lediglich, da sie ein Aspekt der Zusammensetzung (also des Wolffschen Wesens) ist, Grund einer Möglichkeit, z. B. Grund der Magnetisierbarkeit sein. Wird „Eigenschaft" auf „Disposition" eingegrenzt, so bleiben eben jene Bedeutungsvarianten erhalten, für die die Identifikation von „Möglichkeit" und „Eigenschaft" gilt, und deren Grund in der Zusammensetzung des jeweiligen Objekts zu suchen Sinn haben kann.

Versteht man Wolff in dieser Weise und fällt also das pr. essendi mit „ratio dispositionis" zusammen, so wird deutlich, daß Schopenhauers Kritik nicht greift: Nicht nur, daß wir – wie erwähnt – gar nicht a priori gewiß sein können, daß jedes Ding samt seiner Dispositionen/Eigenschaften ein gewordenes ist, sondern, selbst wenn man dies einmal annähme, so wäre doch mit dem Werdegang eines Dinges nur die Entwicklung seiner Zusammensetzung erklärt, nicht aber, warum durch diese Zusammensetzung gewisse Dispositionen bedingt werden. Zieht man insbesondere in Betracht, daß das pr. fiendi – also die vertraute Werde-Kausalität – die zeitliche Aufeinanderfolge von Zuständen betrifft, so wird offensichtlich, daß das pr. fiendi zur Beschreibung von Grund – Begründetes – Verhältnissen, wie sie zwischen Zusammensetzung und Disposition herrschen, prinzipiell nicht herangezogen werden kann, denn Zusammensetzung und begründende Disposition existieren immer *zugleich*, nie nacheinander. Auch ihr Begründungsverhältnis ist zwar ein innerzeitliches und spielt sich an „realen", also zeitlich gegebenen Objekten ab, aber es vollzieht sich nicht erst mit der Zeit, sondern steht – mit N. Hartmann gesprochen – senkrecht zur Zeit.

Selbst wenn Schopenhauer Wolffs Möglichkeitsbegriff besser verstanden hätte, hätte er also keine schlüssige Argumentation finden können, um das pr. essendi als nur verkappte Erscheinungsweise des pr. fiendi hinzustellen.

Eine gründlichere Gegenüberstellung des Seinsgrundes und der Schopenhauerschen vier Arten des Grundes möchte ich auf den nächsten Abschnitt verschieben, um jetzt noch kurz auf die doppelte Rezeption des Seinsgrundes einzugehen:

1. Wo hat Schopenhauer Ansätze in der Philosophiegeschichte entdeckt, die dem Wolffschen Seinsgrund verwandt sind, und wie hat er sie beurteilt?

2. Welche Beurteilung findet die Schopenhauersche Einschätzung in der späteren Literatur?

Zu 1.: Zwar reicht die Vorgeschichte der Wolffschen Drei- bzw. Vierteilung über die Scholastik bis zu Aristoteles zurück, aber Schopenhauer versucht bei seiner Wolff-Kritik nicht wieder an seine Darstellung (Diss., § 6, S. 19ff., S. 6ff.) des Aristotelischen Ansatzes (causa materialis, c. formalis, c. efficiens, c. finalis) anzuknüpfen. Insbesondere äußert er sich auch nicht zu dem naheliegenden Zusammenhang[6] zwischen Aristotelischer causa materialis sowie c. formalis und Wolffschem pr. essendi.

Chr. A. Crusius, dessen Gedanken deutlich von Wolff geprägt sind, wird von Schopenhauer in der Dissertation übergangen. Erst im Nachlaß (Arthur Hübschers Ausgabe Bd. 3, S. 297f.; Grisebachsche Ausgabe Bd. IV, S. 345) findet sich eine Bemerkung, derzufolge Schopenhauer – Bezug nehmend auf die Crusiusschen „Vernunftwahrheiten" – den „von der Ursach, die allemal ein Entstehen betrifft, ‚verschiedenen Existentialgrund'" als eine von „zwei Wahrheiten, die keine Ohren fanden", beurteilt und die Schopenhauer „zum zweiten Mal habe entdekken müssen". Diese Äußerung ließe vermuten, daß der Crusiussche Existentialgrund der Schopenhauerschen und nicht der Wolffschen Variante des pr. essendi gleicht. Zieht man jedoch einige Passagen aus den ›Vernunftwahrheiten‹ hinzu, so entsteht ein zumindest ambivalenter Eindruck:

> Oder es leiden es nur die Gesetze der Wahrheit überhaupt nicht anders, als daß, nachdem schon gewisse Dinge oder gewisse Eigenschaften derselben gesetzet wurden, nunmehro etwas anderes möglich oder unmöglich, oder nur so und nicht anders möglich seyn muß. Diese Art des Grundes will ich den unwirksamen Realgrund oder auch den Existentialgrund nennen (principium existentialiter determinans). Es ist demnach ein Existentialgrund ein sol-

[6] Diesen Zusammenhang hier näher zu erörtern, muß aus Gründen des Umfangs leider unterbleiben.

cher, welcher durch sein bloßes Daseyn [. . .] etwas anderes möglich, oder nothwendig macht. Z. E. die drey Seiten in einem Triangel und ihr Verhältniß gegen einander machen einen Realgrund von der Größe seiner Winkel aus, jedoch nur einen unwirksamen oder bloßen Existentialgrund. Hingegen das Feuer ist eine wirkende Ursache der Wärme (§ 36, S. 54 f.).

Diese Sätze schließen eine völlige Übereinstimmung von Schopenhauers nur Mathematik und Geometrie betreffendem pr. essendi und Crusius' Existentialgrund noch nicht zwingend aus. Jedoch in § 79 (S. 135 ff.) fährt Crusius, auf § 36 Bezug nehmend und diesen auch sinngemäß wiederholend, fort, die Kraft des Existentialgrundes könne

. . . das unwircksame Vermögen eines Existential-Grundes heißen (facultas existentialis). Z. E. Der Keil oder Hebel hat die Kraft zur Überwindung eines Widerstandes eine Erleichterung zu verschaffen. Dies geschieht durch das bloße Daseyn ihrer Figur und Structur [. . .]. So verhält es sich mit allen mechanischen Ursachen, das ist, mit allen denjenigen Substanzen, welche und in wieferne sie in die Bestimmung ihres Effectes durch die Figur und Lage der Theile eines zusammengesetzten Dinges einen Einfluß haben.

Hier wird deutlich, daß es sich bei den schon in § 36 erwähnten „Dingen" keineswegs nur um rein geometrische bzw. mathematische handelt, sondern um reale Objekte. Auch haben diese Objekte, z. B. Keil oder Hebel, ihre Qualitäten nicht nur durch ihre bloße Form – die vielleicht noch der Geometrie zugerechnet werden könnte –, sondern mittels der Form im Zusammenhang mit gewissen materiellen Qualitäten (ein funktionstüchtiger Hebel oder Keil aus Schaumgummi wäre z. B. nicht denkbar). Die Nähe zum Wolffschen und die Differenz zum Schopenhauerschen pr. essendi sind offensichtlich.

Zu 2.: Die Stellungnahmen der Sekundärliteratur zu Schopenhauers Beurteilung des Wolffschen Seinsgrundes sind ebenso rar wie unbefriedigend.

H. Funke glaubt Wolff gegen Schopenhauer verteidigen zu müssen, da man „sobald von der Ursache einer Veränderung die Rede ist, eine doppelte unterscheiden" könne (S. 12) und verfehlt damit bereits im Ansatz Wolffs Gedanken, beim pr. essendi nicht nach der Ursache einer Veränderung, sondern nach dem Grund der Möglichkeit einer Veränderung, also nach dem Grund einer Disposition zu suchen.

R. Laun, der – wie erwähnt – die Verwandtschaft von Eigenschaft und Möglichkeit im Wolffschen Sinne erkannt zu haben schien, sieht hier auch nicht klarer. Wolff referieren wollend, schreibt er (S. 108): Die „Art der Zusammensetzung (modus compositionis) des Steines soll der Seinsgrund seiner Erwärmung [. . .] sein". Hier scheint völlig vergessen, daß die Art der Zusammensetzung der Seinsgrund *der Möglichkeit* der Erwärmung, nicht aber der Seinsgrund der Erwärmung selbst sein sollte. Schon zuvor (S. 107) bemerkte Laun genauso gedankenlos: „Die Struktur oder die Eigenschaften [. . .] des Steines, welche [. . .] das Erwärmen ermöglichen, stehen ohne Zweifel in der Kette von Ursachen und Wirkungen." Deshalb sei Schopenhauers Kritik, soweit sie sich gegen Wolffs Beispiele vom Stein richte, berechtigt. In seinem Argument verwendet Laun „Struktur" und „Eigenschaften" synonym, statt zu beachten, daß für Wolff nicht die Eigenschaften etwas ermöglichen, sondern gerade ein Synonym für Möglichkeiten darstellen, deren Grund wiederum die Struktur ist. Und wenn auch sowohl Struktur wie auch Eigenschaften tatsächlich vollständig in der Kette von Ursachen und Wirkungen stehen sollten, so ist doch – wie besprochen – das Verhältnis von Struktur zu Eigenschaften keines der zeitlichen Aufeinanderfolge.

Eine andere Art des Mißverständnisses findet sich bei *D. W. Hamlyn*. Dieser referiert (S. 30f.) kurz Schopenhauers Wolff-Kritik, ohne jedoch auf deren Fragwürdigkeit überhaupt einzugehen, und kommentiert, Schopenhauer wende sich hier gegen "any kind of essentialism". Dies ist einigermaßen problematisch. Zum einen impliziert Schopenhauers eigene Ideenlehre, zumindest was ihre naturphilosophische Seite angeht, durchaus eine Art von "essentialism", wie Hamlyn selbst an anderer Stelle (S. 121) feststellt. Zum anderen, wichtigeren, hängt die Richtigkeit des Wolffschen pr.-essendi-Entwurfs gar nicht von der Existenz irgendwelcher metaphysischer Essenzen ab (auch wenn Wolffs eigene Terminologie derartige Assoziationen durchaus nahelegt), sondern vom Verhältnis von Zusammensetzung zu Dispositionen. Auch Schopenhauers eigenes Argument gegen Wolff legt kein Gewicht auf einen Essenz-Begriff, es versucht nur, Eigenschaften und Zusammensetzung dem pr. fiendi zuzuschlagen. Dafür, daß dies mit einem gewissen Essentialismus durchaus verträglich sein kann, ist Schopenhauers System gerade ein Beispiel.

Auch die Entwicklung des Seinsgrundes von Wolff über Crusius zu Schopenhauer findet in der Literatur keine angemessene Beurteilung.

So scheint *B. Willems* den Verlust der dem Wolffschen pr. essendi so verwandten Komponente des Crusiusschen Existentialgrundes bei der Wandlung zum Seinsgrund Schopenhauers gar nicht zu bemerken, wenn er (S. 81 Fußnote), bezogen auf die bereits aus dem Nachlaß angeführte Bemerkung Schopenhauers, meint: „Am auffälligsten ist die Übereinstimmung Schopenhauers mit Crusius [. . .] Crusius hatte schon vor Schopenhauer (1745) dieselbe Einteilung gemacht, so daß Schopenhauer sie eigentlich nur zum zweiten Male entdeckt hat, wie er selbst zu seinem Leidwesen später zugeben mußte."

Wenn *Laun* (S. 108) äußert, bei Crusius werde der Existentialgrund „nicht, wie bei Wolff, auf das Wesen oder die Struktur der Materie zurückgeführt", so mag das für das erwähnte Triangel-Beispiel noch gelten, ist jedoch bezogen auf jene klar an der Mechanik orientierten Ausführungen Crusius' (Hebel und Keil betreffend) eindeutig falsch, denn die Keilförmigkeit des Keils ist ja gerade die wesentliche Form oder Struktur, auf die – zusammen mit geeignetem Material – die speziellen Möglichkeiten der Verwendung des Keils beruhen.

Immerhin konzediert auch Laun S. 108f. im Hinblick auf einige sich nicht seiner Interpretation fügende Beispiele Crusius': „Der Unterschied gegenüber der Ursache ist im Prinzip klar, [. . .] wiewohl die [. . .] Beispiele von der Form des Petschafts und der Figur der Kanonenkugel Zweifel erwecken könnten." Durchaus zutreffend ist Launs Bemerkung (S. 109), der Existentialgrund bedürfe noch sehr der „Läuterung". Eine solche, so meint mit Laun auch sein Rezensent *L. Schneider* (S. 71f.), habe Schopenhauer nun durchgeführt: „Schopenhauer beschränkt seinen Seinsgrund auf die Beziehungen der Raum- und Zeitteile untereinander, und auf die Zahlenverhältnisse, die er aus der Zeit ableitet." Es handele sich um einen „von metaphysischen Schlacken befreiten, nicht auf das Wesen der Dinge gestützten, also enger gefaßten Seinsgrund".

So betrachtet zeigt sich, daß Schopenhauer in gewisser Hinsicht durchaus mehr geleistet hat als er selbst dachte: Sein pr. essendi ist keine reine Wiederentdeckung des Existentialgrundes, sondern eine zumindest bereinigte Variante. Weder Laun noch Schneider – geschweige denn Willems oder gar Schopenhauer selbst – bemerken jedoch, daß es sich bei jener im Existentialgrund noch enthaltenen und von Schopenhauer ausgeräumten Dimension nicht nur um metaphysische Schlacken handelt, sondern um ein eigenständiges Begründungs- und Erklärungsmuster, das sein Recht auch ohne metaphysisch-entelechiale forma substantialis behaupten kann, wie sie der aristotelisch-scholastischen Vorstellung entsprochen haben mag.

Eben dieses Begründungsmuster zu verdeutlichen, wird Aufgabe des folgenden Abschnitts sein.

II

Versucht man, den im vorigen Abschnitt angedeuteten Sinn oder – genauer – Bedeutungsaspekt des Wolffschen Seinsgrundes in einer – wenn auch nur vorsichtigen und vorläufigen – Art deutlicher auszudrücken, so könnte dies in Anlehnung an Schopenhauersche Formulierungen folgendermaßen geschehen.

Die fünfte Wurzel des Satzes vom zureichenden Grunde:
Dispositionen eines Objekts der empirischen Welt können ihren zureichenden Grund haben in der Zusammensetzung dieses Objekts.[7]

Eine gründliche Darlegung nicht nur der Wortbedeutungen, sondern auch der Voraussetzungen und Konsequenzen dieses Satzes würde diverse Bände füllen; ich muß mich deshalb hier auf höchst skizzenhafte Erläuterungen beschränken, in der Hoffnung, daß diese ausreichen, um auf Common-sense-Niveau ein erstes Bild zu geben.

Erläuterungsbedürftig erscheinen mir insbesondere die folgenden der verwendeten Worte: 1. „die *fünfte* Wurzel". Hiermit soll weder gesagt werden, daß es mindestens, noch gar, daß es höchstens fünf Wurzeln gibt, also auch nicht, daß die Schopenhauerschen vier Wurzeln überhaupt Gültigkeit beanspruchen können! Die fünfte ist diese Wurzel nur insofern, als sie nicht von den vier Schopenhauerschen abgedeckt ist, also zu diesen noch hinzukommt. 2. „die fünfte *Wurzel*". Diese Umwandlung des Schopenhauerschen Begriffes soll nur besagen: „Art des Grundes"; sie wurde nötig, da – wie noch zu zeigen sein wird – die Klassifizierung nach Arten von Objekten für das Subjekt nicht mehr möglich ist und somit eine solche eingeführt werden muß, die die Arten des Grundes selbst zum Thema hat. 3. „*Disposition*" heißt hier soviel wie

[7] Die hier aufgestellte These werde ich im folgenden auch mit „S5W" (Satz von der fünften Wurzel) abkürzen.

„Vermögen" oder „Reaktionspotential".[8] 4. *„Zusammensetzung"*. Statt dieses Begriffes wird in der Literatur oft auch – scheinbar exakter – „Innenstruktur" verwendet. Gemeint sind jedesmal nicht nur die Menge der Beziehungen zwischen den Bestandteilen oder nur die Menge der Bestandteile, sondern beides zusammen.

Zum *Beweis* dieses Satzes ist erstens seine Gültigkeit und zweitens seine Eigenständigkeit, also die Nichtüberführbarkeit der fünften in eine der bekannten vier Wurzeln, darzulegen.

Da der Satz in der verwendeten vorsichtigen Formulierung weder eine Notwendigkeits- noch eine Allaussage macht, sondern nur eine Möglichkeits- und Einzelfallaussage, wäre seine *Gültigkeit* schon durch einen einzigen Anwendungsfall erwiesen. Derartige Fälle liefern uns Alltag, Technik und Naturwissenschaft in beliebiger Zahl. Man denke an die von Wolff bzw. Crusius angeführten Beispiele oder z. B. an eine Uhr oder an einen Schwingkreis. Bei der Uhr rühren die spezifischen Uhrenqualitäten offensichtlich von den Teilen (traditionell Zahnrädchen, Unruh, Feder usw.) sowie von einer bestimmten Art des Zusammenbaus her. Einen Schwingkreis erzeugt die Koppelung von Kondensator und Spule. Auch hier entstehen in absehbarer Weise neue, d. h. an den Teilen nicht erkennbare Dispositionen durch planmäßige Zusammenfügung (vergl. z. B. K. Lorenz S. 48f.).

Um die *Eigenständigkeit* des Satzes zu zeigen, muß die fünfte Wurzel mit den bekannten vier verglichen werden. Offensichtlich kann die 5. W weder in die zweite (Erkenntnisgrund) noch in die vierte (Handlungsgrund, psychologisches Motiv) überführt werden.

Im Bereich der dritten Wurzel (mathematisch-geometrischer Seinsgrund) treten zwar Elemente auf, die auch in dem der fünften erscheinen, denn die reinen Strukturen, wie sie von den Zusammensetzungen der Objekte abstrahiert werden können, fallen – zumindest häufig – in die Zone des mathematisch-geometrisch Erfaßbaren, aber die 5. W betrifft nicht reine, sondern materielle, angewandte Strukturen. So ist der Objektbereich der 5. W (reale Objekte bzw. deren Dispositionen) ein ganz anderer als jener der dritten (mathematisch-geometrische Abstrakta). Auch ist es mehr als fraglich, ob auch nur die ganze Breite der für

[8] Vergl. die Ausführungen zum Begriff „Disposition" und seiner Problematik bei U. Wolf S. 299–328 und W. Stegmüller S. 213–238.

den S5W bedeutsamen abstrakten Strukturen durch die Mathematik und Geometrie des Schopenhauerschen Seinsgrundes abgedeckt ist. Man bedenke z. B., daß Schopenhauer für das Grund-Folge-Verhältnis des Seinsgrundes Umkehrbarkeit beansprucht, während diese für die 5. W offensichtlich nicht gilt. Nicht ausgeschlossen ist hierdurch, daß womöglich die 3. W einmal als abstrakter Sonderfall der 5. W dargestellt werden könnte.

Einzig ernstzunehmender Kandidat zur Überführung der 5. W ist also die Schopenhauersche erste Wurzel (die übliche Werde-Kausalität). So versucht ja auch Schopenhauer, das Wolffsche pr. essendi ins pr. fiendi zu überführen. Wir sahen bereits, daß diesem Versuch ein unangemessener Begriff von „Möglichkeit" zugrunde lag, woraus auch resultierte, daß das unterschiedliche Verhältnis der beiden Wurzeln zur Zeit nicht deutlich werden konnte.

Verlockt wird man zur Vermutung der Überführbarkeit schon durch die Verwandtschaft der Objektbereiche beider Wurzeln. Es handelt sich beide Male um den Bereich der – naiv gesprochen – wirklichen, realen Dinge oder – mit Schopenhauer formuliert – den „der *anschaulichen, vollständigen, empirischen* Vorstellungen" (Diss. § 17, S. 43, S. 28). Selbst wenn man die hier zugrunde liegende Schopenhauersche Einteilung akzeptiert, so ist doch deutlich, daß innerhalb dieser einen Klasse von „möglichen Gegenständen unseres Vorstellungsvermögens", dieser ersten „Klasse der Objekte für das Subjekt" (ebd.), es je unterschiedliche Aspekte sind, die in den Geltungsbereich der ersten und in den der 5. W gehören; Veränderung im ersten, Dispositionen im zweiten Falle. Innerhalb einer Klasse von Objekten für das Subjekt müssen wir also zweierlei Klassen von Objekten für die Wurzeln unterscheiden.

Nun äußert Schopenhauer gegen Ende seiner Dissertation (§ 52, S. 177, S. 160), daß, „wenn man sich einbildete, es könnte eine neue, fünfte Klasse von Objekten [für das Subjekt] entstehn, dann ebenfalls vorauszusetzen wäre, daß in ihr auch der Satz vom zureichenden Grund in einer neuen Gestalt auftreten würde". Vermutlich würde Schopenhauer auch die umgekehrte eindeutige Zuordnung behaupten wollen, also, daß einer neuen Wurzel auch eine neue Klasse von Objekten für das Subjekt entsprechen müßte. Da er dies aber nicht explizit äußert, geschweige denn begründet, erspare ich es mir, die Spannungen zu erörtern, die sich von dieser These zu der meinigen von den zwei Klassen von Objekten für die Wurzeln innerhalb einer Klasse von Objekten für das Subjekt ergeben. Unbehandelt bleiben somit auch die aus dieser Spannung resultierenden Konsequenzen für die von Schopenhauer den einzelnen Wurzeln bzw. den Klassen von Objekten zugeordneten Weisen des Erkenntnisvermögens.

III

Die hier umrissene Unterscheidung zwischen 1. und 5. W mag auf den ersten Blick als etwas bemüht erscheinen. So könnte man vermuten, daß sie im unreflektierten Alltagsdenken ohne Belang sei. Dies trifft aber nicht zu. Man denke sich nur ein vielleicht sechsjähriges Kind. Es fragt seine Mutter: „Mama, warum brummt der Teddy?“ Falls die Mutter antwortet: „Weil du auf seinen Bauch gedrückt hast“, wird das Kind kaum zufriedengestellt sein, denn diesen Zusammenhang hat es vermutlich selbst schon durch einige Versuche herausgefunden. Es wird durch die unergiebige Antwort seiner Mutter gezwungen, seine unscharfe, scheinbar Auskunft über den Geschehensgrund (pr. fiendi) heischende Frage zu präzisieren: „Ich meine, warum *kann* der brummen?“ So macht es deutlich, daß es den Grund der Disposition, nämlich der „Brummfähigkeit“ zu erfahren wünscht. Die sofern geduldige und über die Teddy-Innereien informierte Mutter wird darauf Erklärungen über Bauweise und Bestandteile der für das Brummen zuständigen Teile des Teddys geben. Wir sehen hier, wie sich schon im naiven Alltagsdenken und auch schon im kindlichen Denken die Unterscheidung zwischen 1. und 5. W zeigt und sich insbesondere in der jeweiligen Interessehinsicht einer Warum-Frage niederschlägt.

Es handelt sich hierbei jedoch keineswegs bloß um ein Muster des Alltagsdenkens, sondern um ein weitestreichendes Prinzip des Erklärens überhaupt. Es ist eine Grundtendenz auch der modernen Naturwissenschaften schlechthin, nicht nur entdecken zu wollen, in der Folge welchen Zustandes A welcher Zustand B eines Systems regelmäßig entsteht, sondern eben auch erforschen zu wollen, warum gerade jene zwei Zustände regelmäßig aufeinanderfolgen, also nach einem materiell-strukturellen Träger dieser Gesetzmäßigkeit zu suchen. Ob es sich gar um ein unbedingtes Grundmuster menschlichen Denkens und Erkennens, also auch um eine letzte Struktur unserer Wirklichkeit handelt, sei dahingestellt.

Bevor man es auch nur wagen könnte, sich an eine derartige transzendentalphilosophische Fragestellung zu begeben, müßte man zuerst bestimmt haben, welche die eigentliche, gültige Formulierung des S5W sei. Ich kann hier nur einige der möglichen Varianten vorstellen. Eine abgeschwächte Formulierung könnte statt von „zureichendem" von nur „notwendigem" Grund sprechen und somit offenlassen, inwieweit zu Teilen und Struktur noch ein – wenn auch nur schwer zu denkendes – Drittes als Bedingung für das Auftreten der Disposition hinzutreten muß. Als Verschärfungsmöglichkeiten bieten sich insbesondere an: „Alle Dispositionen" (und/oder) „aller Objekte . . ." Von Bedeutung ist besonders die letztere Verschärfung; denn sobald jedes Objekt in nichttrivialer Weise (also nicht nur durch Identität) den Grund einiger oder aller seiner Dispositionen in seinen Teilen und der Zusammenfügungsweise hat, wird erstens ein *Regress* unumgänglich und zweitens muß, da die Teile der Objekte wiederum Objekte sind, dieser Regress notwendig infinit sein. Wirkliche A-tome (gemeint sind hier nicht die durchaus teilbaren Atome der modernen Physik) könnte es somit nirgends geben.

Unabhängig von dem Problem der letzten Teile wird durch den wiederholten Regress eine Ordnung der Welt in *Schichten* nahegelegt. Zwar könnte theoretisch, je nachdem wie wir teilen, dasselbe Objekt in sehr verschiedene Arten von Teilen und Strukturen zerlegt werden; in der Praxis jedoch bilden sich gewisse vorrangige Analyseniveaus heraus. So denken wir heute häufig unsere Wirklichkeit in atomare, chemische, organische u. a. Ebenen unterteilt.

Oft treten innerhalb der jeweiligen Schichten Objekte auf, die sich bei der Analyse auf der nächsttieferen Ebene nicht als statisch, sondern wesentlich prozessual oder dynamisch erweisen (man denke z. B. an die Regelkreise der Biologie oder die Schwingungsphänomene der Physik), ohne daß man deswegen aufhören würde, von diesen analysierten Objekten als Entitäten zu sprechen in dem Sinne, wie sie für den S5W nötig sind. So läßt sich vermuten, daß selbst in einer völlig prozessualisierten Welt, wie sie uns die Naturwissenschaften vielleicht einmal bescheren mögen, ein Denken in den Bahnen des S5W beibehalten werden kann.

IV

In seiner Dissertation hat Schopenhauer den Satz vom Grunde explizit zum Thema. Welche Einstellung – insbesondere zur 5. W – läßt sich aus Schopenhauers Werken dort herauslesen, wo er nicht *über* den Satz vom Grunde, sondern *mit* ihm argumentiert, ihn anwendet bzw. eine den einzelnen Wurzeln gemäße Art des Begründens (oder Gründe-Suchens) vornimmt? Besonders aufschlußreich scheinen mir für diese Frage die folgenden Passagen aus W I 2, § 17 bzw. § 24 zu sein.

1. Eigentliche Aetiologie sind nun alle die Zweige der Naturwissenschaft, welchen die Erkenntniß der Ursache und Wirkung überall die Hauptsache ist: diese lehren, wie, gemäß einer unfehlbaren Regel, auf *einen* Zustand der Materie nothwendig ein bestimmter anderer folgt; wie eine bestimmte Veränderung nothwendig eine andere, bestimmte, bedingt und herbeiführt: welche Nachweisung *Erklärung* genannt wird. Hier finden wir nun hauptsächlich Mechanik, Physik, Chemie, Physiologie (S. 139, S. 115).

2. Auch die vollkommenste ätiologische Erklärung der gesammten Natur [sei] eigentlich nie mehr, als ein Verzeichniß der unerklärlichen Kräfte, und eine sichere Angabe der Regel, nach welcher die Erscheinungen derselben in Raum und Zeit eintreten, sich succedieren, einander Platz machen (S. 140, S. 116).

3. Freilich hat zu allen Zeiten eine ihr Ziel verkennende Aetiologie dahingestrebt, alles organische Leben auf Chemismus oder Elektricität, allen Chemismus, d. i. Qualität, wieder auf Mechanismus (Wirkung durch die Gestalt der Atome), diesen wieder theils auf den Gegenstand der Phoronomie, d. i. Zeit und Raum zur Möglichkeit der Bewegung vereint, theils auf den der bloßen Geometrie, d. i. Lage im Raum, zurückzuführen [. . .] die Geometrie läßt sich endlich in Arithmetik auflösen, welche die, wegen der Einheit der Dimension, faßlichste, übersehbarste, bis aufs Letzte ergründliche Gestaltung des Satzes vom Grunde ist (S. 169, S. 146).

4. Gesetzt dieses gienge so an, so wäre freilich Alles erklärt und ergründet, ja zuletzt auf ein Rechenexempel zurückgeführt [. . .] Aber aller Inhalt der Erscheinung wäre verschwunden und bloße Form übriggeblieben [. . .] Nun aber geht es nicht so an, [. . .] stets werden Urkräfte übrigbleiben, stets wird, als unauflösliches Residuum, ein Inhalt der Erscheinung bleiben, der nicht auf Form zurückzuführen ist, also nicht nach dem Satz vom Grunde aus etwas anderem zu erklären ist (S. 170f., S. 147).

Das erste und das zweite Zitat stellen einen klaren Zusammenhang zwischen Ätiologie und Werde-Kausalität (pr. fiendi) her. Das dritte Zitat scheint sich gegen jegliche Zurückführung oder Reduktion im Sinne des S5W zu wenden. Zieht man jedoch noch das letzte Zitat hinzu, so wird deutlich, daß hier Schopenhauer nur gegen ihm *zu weit* gehende Bestrebungen des Reduktionismus kämpft.[9] Er akzeptiert also die prinzipielle Zulässigkeit des dem S5W entsprechenden Denkmusters. Er betont nur, stets werde ein Inhalt der Erscheinung übrigbleiben, der sich nicht auf Form zurückführen lasse. Dieses „übrig" impliziert, daß einige Aspekte der Erscheinung sich sehr wohl auf Form (und nächstniedigere Materie-Art) reduzieren lassen. Hier – wie auch an anderen Textstellen – ist unübersehbar, daß Schopenhauer ein Begründungsdenken im Sinne des S5W nicht nur kennt und auch akzeptiert, sondern natürlich auch selbst anwendet. Nur, er erkennt eben nicht die Eigenständigkeit dieses Grund-Folge-Verhältnisses gegenüber dem pr. fiendi.

Auffällig ist jedoch die strikte Art, in der Schopenhauer dem Reduktionismus Grenzen setzt. Zieht man hier nur die eben angeführten Zitate heran, so könnte man meinen, Schopenhauer verwahre sich nur gegen ein Denken, dem durch radikales Reduzieren nur noch Form bleibt, aber nichts mehr, dem diese aufgeformt ist. Es erscheint als eine durchaus plausible Annahme, daß in realen Objekten Form immer Form von etwas ist; reine, abstrakte Form allein ergibt noch keine Dinge. Tatsächlich aber geht es Schopenhauer nicht darum, hier nur eine letzte, irreduzible, u. U. a-tomare Ebene des Materiellen zu bewahren, sondern – wie im dritten Zitat schon anklingt – „höhere" Kräfte, insbesondere die Lebenskraft, davor zu bewahren, auf niedrigere, anorganische Kräfte zurückgeführt zu werden. So geht Schopenhauer an zahllosen Stellen in seinen Werken – mehr laut als stark – gegen jene „Herren von Tiegel und Retorte" vor, und gegen die von ihnen vertretene naturwissenschaftliche Grundeinstellung, deren Ideal in der empirischen Bestätigung des Reduktionismus liegt. Während in den meisten dieser Passagen Schopenhauer sich – wie oben – lediglich dagegen äußert, Leben auf Chemie oder Physik oder dergl. zurückführen zu wollen und man also vermuten könnte, er denke hier nur eine zusätzliche Kraft

[9] Unter „Reduktionismus" will ich hier und im folgenden jene Auffassung verstehen, alle Dispositionen aller Objekte hätten ihren zureichenden Grund in den Qualitäten einer letzten materiellen Ebene sowie einer Reihe diese Ebene überformenden Strukturen, und lediglich die Qualitäten dieser – weil letzten – Ebene entzögen sich einem weiteren Begründungsregress im Sinne des S5W.

(weil konkret die Physik und Chemie mit den ihnen bekannten Kräften nicht dazu ausreichen, um die Erscheinungen des Lebendigen zu erklären), eben die Lebenskraft, die aber doch auch schon den noch nicht organischen Teilen, die sich vielleicht irgendwann zu einem organischen Ganzen fügen mögen, innewohnt und an ihnen auch schon festgestellt werden kann, jedoch erst im Organischen ihren deutlichsten Ausdruck findet, wird man W I 2, § 27 (S. 192, S. 169) eines anderen belehrt. Hier äußert Schopenhauer, „daß die Lebenskraft die Kräfte der unorganischen Natur allerdings benutzt und gebraucht, jedoch keineswegs aus ihnen besteht". Der zweite Halbsatz ist lediglich eine der üblichen Stellungnahmen für die Existenz einer eigenständigen Lebenskraft. Der erste Halbsatz jedoch macht in seiner allgemeinformulierten Gegenüberstellung von „Kräften der anorganischen Natur" und Lebenskraft deutlich, daß letztere nicht nur eine zusätzliche Kraft neben den sonst bekannten ist, sondern außerhalb des Gesamtbereichs des Anorganischen steht, nicht zu ihm gehört, dessen Kräfte lediglich benutzt, also etwas ist, das an den anorganischen Teilen nie und nimmer festgestellt werden kann. Es handelt sich also um eine Kraft, die einer anorganischen, letzten Ebene nicht zugehört, während dort – zumindest gewisse – anorganische Kräfte sehr wohl schon ihren Platz haben. Dies erklärt, wieso Schopenhauer jeder Reduktionismus zuwider sein muß, unabhängig davon, wieviele Grundkräfte dieser einer letzten Ebene belassen mag.

Wie denkt sich nun Schopenhauer das Verhältnis dieser so ungleich ansetzenden Kräfte im realen Objekt? In W I 2, § 27 (S. 195, S. 172) will er „Folgendes mit vieler Wahrscheinlichkeit annehmen": Wenn nun im Unorganischen mehrere Erscheinungen des Willens „unter einander in Konflikt gerathen, indem jede, am Leitfaden der Kausalität, sich der vorhandenen Materie bemächtigen will; so geht aus diesem Streit die Erscheinung einer höhern Idee hervor". Sich auf diese Passage beziehend, meint *K. Schewe* (S. 74 f.), es handele sich hier um ein Einlenken, um eine Modifikation der Ideenlehre, „die es" Schopenhauer „ermöglichte, seine Metaphysik mit den sonst geleugneten und jetzt anerkannten Tatsachen und Erklärungsweisen in Einklang zu setzen". Schewe berichtet aus den angeführten Passagen, daß bei Schopenhauer „aus dem 'Kampfe' oder 'Streite' niederer Ideen miteinander eine höhere Idee hervorgehen könne" und spricht in diesem Zusammenhang auch vom „mechanischen" Prinzip. Selbst wenn man zu Schewes Gunsten den Begriff der

Mechanik sehr weit faßt und so zu einer 'Ideenmechanik' gelangen mag, hat Schewe doch

1. in konsequenzreicher Weise falsch referiert und
2. Schopenhauer in einer dem falschen Bericht entsprechenden Weise mißverstanden:

Die Erscheinung der höheren Idee (W I 2, S. 195 u. 196 oben, S. 172 u. 173) – und nicht die Idee selbst, wie Schewe meint– geht bei Schopenhauer aus dem Widerstreit der niedrigeren Erscheinungen des Willens hervor, während hinsichtlich der Ideen selbst (S. 196 Mitte, S. 173) Schopenhauer bemerkt, daß die höhere Idee die niedrigeren durch überwältigende Assimilation unterwerfe. Gewiß ist also die höhere Idee nicht Resultante der niedrigeren Ideen; lediglich aus dem Widerstreit der Erscheinungen der niedrigeren Ideen resultiert die Möglichkeit für die höhere Idee, in Erscheinung zu treten. Die höhere Idee und Kraft selbst bleibt nicht-resultierend, eigenständig und irreduzibel. Hier liegt also gewiß keine Modifikation der Ideenlehre, sondern höchstens eine Konkretion vor, und schon gar nicht zu Gunsten naturwissenschaftlicher Erkenntnisse. Vielleicht handelt es sich um eine kleine Verbeugung – für Schopenhauer ungewöhnlich genug – an den deutschen Idealismus.

Würden die höheren Kräfte aus jeweiliger Struktur sowie Bestandteilen und nur letzten anorganischen Urkräften resultieren, so wären sie modifizierbar. Denn wenn die höhere Kraft nur in einer Resultante bestände, so könnte, da diese Resultante durch Modifikation von Struktur bzw. Bestandteilen beeinflußt werden kann, auch die höhere Kraft selbst verändert werden. Setze ich dagegen eine Kraft als Urkraft, so ist sie irreduzibel und unveränderlich; lediglich ihre Erscheinung mag, weil von Anlässen abhängend, sich ändern, so wie zwei größere Massen einander stärker anziehen als zwei kleinere, obwohl die Gravitationskonstante unverändert bleibt.

Nun ist jene Kraft, um die es Schopenhauer vorrangig geht, die Lebenskraft. Sie steht allerdings auch nur als Sammelname für eine Vielzahl von Kräften im lebendigen Bereich, die mit ihr aber alle eines gemein haben: sie sind irreduzibel. Nehmen wir nun als Exempel die Idee oder Kraft eines bestimmten Menschen. Diese hat die „Aufgabe", 1. dem Menschen seine spezielle Gestaltung zu geben und 2. als Charakter dieses Menschen sein persönliches Reaktionsmuster zu bestimmen bzw. zu sein. Dieser Doppelfunktion wird der entelechial behaftete Begriff der forma substantialis, wie ihn Schopenhauer von den Scholastikern übernimmt, in seiner nicht so sehr auf wesentliche Form als vielmehr auf formendes, Gestalt erhaltendes Wesen gehenden Bedeutung weit besser gerecht als der Terminus Kraft. Nehmen wir jedoch diese Doppelfunktion der Kräfte, zumindest der höheren, hin, um zu untersuchen, mit welchen weiteren Aspekten des Schopenhauerschen Systems dieses Konzept der irreduziblen Kräfte in Zusammenhang steht.

Von weiterreichender Bedeutung ist, daß aufgrund der Doppelfunktion die Irreduzibilität nicht nur für die den Menschen bildende Kraft, sondern auch für die – eben mit ihr identische – sein Handeln regelnde gilt, also auch auf seinen Charakter übertragen wird. Dies ist ein Angelpunkt u. a. für Schopenhauers statische Psychologie und seine daraus resultierenden Konzepte von Erziehung, Strafwesen und Verständnis der Entwicklung bzw. des Umschlags zum Heiligen, wobei insbesondere die statische Psychologie dem modernen Denken in Alltag und Wissenschaft gründlich zuwiderläuft.

Über die Irreduzibilität gelangt auch in den Bereich der tierischen und pflanzlichen Ideen oder Kräfte die Unveränderlichkeit der Gattungen, die in direktem Gegensatz zu den experimentellen Resultaten moderner Genetik und den Vorstellungen moderner Evolutionstheorie steht. Diese moderne Evolutionstheorie wiederum brächte eine immanente, völlig unteleologische Erklärung für die Zweckmäßigkeit der Natur und würde so die Schopenhauerschen teleologischen Spekulationen über ein noch transzendentes Sich-Arrangieren der Ideen untereinander höchst entbehrlich machen. Auch ist eine derartige Evolutionstheorie ein deutlicher Gegenpol zu Schopenhauers Geschichtsfeindlichkeit; wenn es nicht mehr die ewigen Ideen oder Urkräfte sind, die nur auf günstige Gelegenheiten zu erscheinen warten, sondern im Diesseits das Nacheinander der Erscheinungen aufgrund einer Binnendynamik des jeweils bereits Erschienenen erfolgt, dann sind diese Erscheinungen eben nicht mehr bloß zufällig heute oder zufällig morgen auftretende Ausdrücke eines zeitunabhängigen, geschichtslosen Ideenreiches, sondern die etwaige Neuheit dieser Erscheinungen ist eine eigentliche, und Geschichte, sowohl als bloß chronologische als auch als Gesetzmäßigkeiten der Entwicklung aufzeigen wollende, gewinnt an Bedeutung.

Ja, selbst im Anorganischen sprechen heute viele empirische Resultate moderner Naturwissenschaft und Technik gegen Schopenhauers Vielzahl irreduzibler Kräfte von nicht letzter Ebene; so läßt sich heute z. B. – wenn auch nur mit erheblichem Aufwand – Blei in Gold verwandeln (die selbstverständliche Unmöglichkeit dieser Umwandlung war für Schopenhauer ein mehrfach verwendetes Bild für die Unwandelbarkeit des Charakters, z. B. Freih. d. Will. III, S. 91, S. 52).

In einer Vielzahl von Aussagen hat Schopenhauer Positionen eingenommen, die teils zumindest dem heutigen, wohl durchaus auch fragwürdigen, Zeitgeist zuwiderlaufen, teils jedoch auch mittlerweile direkt auf empirischem Wege falsifiziert worden sind.

Das für die vorliegende Arbeit Bemerkenswerte liegt jedoch darin, daß sehr viele dieser Aussagen – einen nur groben Ausblick unter anderem hierauf sollten die obigen Ausführungen bieten – nicht zufällig unzeitgemäß bzw. falsch sind, sondern sämtlich den gleichen Charakter tragen, nämlich auf dem Konzept der irreduziblen Kräfte basieren, also auf einer eher dogmatisch-willkürlichen als reflektierten und begründeten Einstellung zu Problemen der Geltungsweite und -weise des S5W bzw. der diese Begründungsdimension bei Schopenhauer umfassen sollenden Ätiologie. Kennzeichnend hierfür ist auch Schopenhauers Stellungnahme zur Anwendbarkeit „mechanischer Erklärungshypothesen über das nachweisbar Mechanische [. . .] hinaus“:

> Nimmermehr werde ich glauben, daß jemals auch nur die einfachste chemische Verbindung, oder auch die Verschiedenheit der drei Aggregationszustände sich wird mechanisch erklären lassen, viel weniger die Eigenschaften des Lichts, der Wärme und der Elektricität. Diese werden stets nur eine dynamische Erklärung zulassen, d. h. eine solche, welche die Erscheinungen aus ursprünglichen Kräften erklärt [. . .] (W II 2, K 23, S. 353, S. 342).

Dies ist kaum mehr als ein Glaubensbekenntnis zu den irreduziblen Kräften. Verkappte und zum Teil auch offensichtliche Glaubensbekenntnisse dieser Art ließen sich in Schopenhauers Werk in beliebiger Zahl finden und hier wiedergeben, ohne daß dadurch allerdings sonderlich viel Neues gewonnen würde.

Lieber möchte ich hier als Kontrast einige dem Schopenhauerschen Ansatz diametral entgegengesetzte Ausführungen eines Denkers unserer Zeit heranziehen, die mir für die gegenwärtige Einstellung zum Reduktionismus durchaus kennzeichnend zu sein scheinen. Der philosophisch ambitionierte Verhaltensforscher und Nobelpreisträger

K. Lorenz widmet in seinem vor einem guten Jahrzehnt erschienenen Werk ›Die Rückseite des Spiegels‹ ein eigenes Kapitel der ›Entstehung neuer Systemeigenschaften‹. Dieses hat seinen Kern im zweiten Abschnitt (S. 47–50) ›Die Fulguration‹. Dort schildert Lorenz, wie durch das Zusammenschalten bisher unabhängiger Systeme zu einem Gesamtsystem völlig neue Systemeigenschaften entstehen. Im vierten Abschnitt auf S. 53 erklärt er noch, die Eigenschaften und Gesetzlichkeiten eines Systems seien aus den Eigenschaften der Untersysteme der nächstniedrigeren Ebene zu erklären, dies sei jedoch „nur möglich, wenn man *die Struktur kennt,* in der sich die Untersysteme dieser Ebene zur höheren Einheit zusammenfügen". Soweit scheint eine nachgerade völlige Übereinstimmung mit dem S5W zu bestehen.

Jedoch fährt Lorenz fort: „Unter Voraussetzungen einer restlosen Kenntnis dieser Struktur kann prinzipiell jedes lebende System, auch das höchststehende, in all seinen Leistungen auf natürliche Weise, d. h. ohne Heranziehung außernatürlicher Faktoren erklärt werden." Dieser Satz ist eine heikle Mischung aus Tautologie und Voreiligkeit. Seine unausgesprochene Voraussetzung ist: Alles Natürliche läßt sich im Sinne des S5W analysieren. Aber woher will Lorenz dies wissen? Sein Buch jedenfalls beweist diesen Satz nicht, sondern benutzt ihn lediglich. Kein Buch könnte ihn wohl beweisen, da er eine Allaussage mit potentiell unendlichem Aussagebereich darstellt; wollte man jedoch versuchen, ihn zu falsifizieren und zu diesem Zwecke Fälle vorzubringen, die sich nicht mittels Reduktion erklären lassen, so ginge dies wiederum nur durch Aufzeigen des Nichtwissens um eine reduktive Erklärung dieser Fälle. Dies ist aber wiederum eigentlich kein Beweis, sondern lediglich die explizite Form desjenigen Verfahrens, mittels dessen sich – etwas verdeckter – auch die Vitalisten in ihr asylum ignorantiae retten. Auch würde Lorenz sich davon wohl kaum beeindrucken lassen, sondern darauf verweisen, hier handle es sich gewiß doch um eine Fulguration, bloß wisse man leider noch nicht, um welche; sie beruhe wohl „auf unvorstellbar wunderbaren komplexen Strukturen" (S. 92), und „welche physiologischen Vorgänge ihr zugrunde liegen, vermögen wir allerdings auch heute nicht zu sagen" (S. 117). Kurzum, das asylum ignorantiae bleibt bestehen, nur die Bewohner haben gewechselt; war früher für alles, was man nicht erklären konnte oder wollte, eine eigene Urkraft zuständig, die man keinesfalls weiter hinterfragen durfte, so hat man heute die Natur von vornherein darauf festgelegt, sie müsse sich erklären, also reduzieren lassen, schließlich sei sie natürlich, und hat man für etwas keine reduktive Erklärung, so ist man doch zuversichtlich, es müsse sie eben geben. Dieses wenn auch hier leicht polemisch gerafft dargestellte Vorgehen liegt Lorenz' Argumentation zugrunde, und zwar nicht nur an den zitierten Stellen. Uns interessiert an diesem Verfahren, dem alles reduzierbar ist, weil alles reduzierbar sein muß, hauptsächlich, daß es dem Schopenhauerschen nicht viel voraus hat. Ob ich nun setze, alles müsse sich reduzieren lassen, oder es dürfe sich nicht alles reduzieren lassen, ist letztendlich nur eine Frage der persönlichen Laune. Reduzibilitätswahn und Irreduzibilitätswahn unterscheiden sich nur durch das Vorzeichen vor dem Dogma. Vom kritisch-skeptischen Suchen, das auch andere als die vermuteten Lösungen für möglich hält, sind beide gleich weit entfernt.

Es erscheint mir nicht ausgeschlossen, daß im Bereich der Begründung durch Reduktion, also des S5W, willkürliche Setzungen deshalb besonders „beliebt" sind, weil dieser Bereich in der Eigencharakteristik seines Begründungsregresses noch gar nicht recht erfaßt ist. Es könnte lohnend sein, einmal in allgemeiner Weise besonders folgende zwei Probleme aus oder über den Geltungsbereich des S5W zu untersuchen:

1. Ist eine Kraft, die zwar der Materie schon im kleinsten Partikel innewohnt, jedoch erst an sehr komplexen Gebilden merklich zum Tragen kommt und dann womöglich auch noch sehr komplexe Wirkungsmuster entfaltet, transzendentalphilosophisch besehen, denkmöglich (deutlich denkbar, nicht bloß sagbar), und ist, wissenschaftstheoretisch betrachtet, eine solche Kraft ggf. empirisch als solche nachweisbar?

2. Ist eine Kraft denk- bzw. nachweisbar, die den niedrigeren Ebenen der Materie überhaupt nicht zukommt, sondern erst und ausschließlich auf einer höheren Ebene erscheint?[10]

Die zweite Frage hat ihre Analogie im Bereich der ersten Wurzel, und zwar im Problem des absoluten Zufalls und absolut freien Willens. Wenn wir das Nacheinander der ersten Wurzel zu dem Übereinander der fünften Wurzel analog setzen, was durchaus berechtigt erscheint, da der Grund der ersten Wurzel immer die zeitlich frühere und der Grund

[10] Vgl. hierzu Mackies (S. 130–133) Diskussion eines Entwurfs einer irreduziblen Disposition.

der fünften Wurzel immer die schichtenmäßig niedrigere Erscheinung ist, so handelt es sich beide Male darum, daß inmitten der Kette von Folgen und Gründen plötzlich eine Erscheinung auftritt, die nicht ihren Grund in der vorhergehenden bzw. niedrigeren Erscheinung hat. Bemerkenswerterweise nimmt Schopenhauer in den Bereichen der beiden Wurzeln unterschiedliche Positionen ein: Während er absoluten Zufall und absolut freien Willen (wenn man vom Heiligwerden einmal absieht) eindeutig ablehnt, ist er ein entschiedener Befürworter der höheren Urkäfte.

V

Zwei Fragen erscheinen mir nun als sehr naheliegend:

1. Wie kommt es, daß Schopenhauer, der Freund klaren und anschaulichen Denkens, mit den uns so wenig greifbaren höheren Urkräften so mühelos hat denken können?
2. Weshalb brauchte Schopenhauer überhaupt das Konzept der höheren Urkräfte?

Betrachten wir zur Beantwortung der ersten Frage Schopenhauers Konzeption von Materie. Welche Eigenschaften hat für ihn Materie? Eigentlich gar keine, denn „unter dem Begriff der *Materie* denken wir Das, was von den Körpern noch übrigbleibt, wenn wir sie von ihrer Form und allen ihren specifischen Qualitäten entkleiden" (Diss. § 21, S. 98, S. 82). Und „Materie ist durch und durch lautere Kausalität" (S. 99, S. 82). „Hingegen ist jede *empirisch gegebene* Materie, also der Stoff (den unsere heutigen unwissenden Materialisten mit der Materie verwechseln) schon in die Hülle der *Formen* eingegangen und manifestirt sich allein durch deren Qualitäten und Accidenzien" (W II 1, K 4, S. 58, S. 53). Wie aber kommt nun die Materie zu ihrer Qualität und Form, zu ihrem jeweiligen Stoff-Sein? Es kann „kein Körper ohne ihm inwohnende Kräfte sein, die eben seine Qualität ausmachen. Dadurch ist er die Vereinigung von Materie und Form, welche Stoff heißt" (W II 2, K 24, S. 362, S. 351). Zu der an sich neutralen Materie müssen also noch die Kräfte treten, müssen sich mit ihr vereinigen. Hier sehen wir den zentralen Unterschied zwischen Schopenhauers und moderner, für Schopenhauer plump materialistischer Materiekonzeption. In der modernen Vorstellung – so meine ich jedenfalls – kommen gewisse feste

Qualitäten der Materie von Grund auf zu, und alle weiteren Qualitäten haben sich – so hofft man wenigstens – mittels struktureller Komplexion zu ergeben; für Schopenhauer gibt es Kräfte, „welche theils in jeder Materie ohne Ausnahme erscheinen, wie Schwere, Undurchdringlichkeit, theils sich unter einander in die überhaupt vorhandene Materie getheilt haben, so daß einige über diese, andere über jene, eben dadurch specifisch verschiedene Materie herrschen" (W I 2, § 26, S. 178, S. 154). Es sind Kräfte also, die eigentlich außerhalb der Materie sind, aber nur mittels dieser Materie erscheinen können; und lediglich „weil alle jene Erscheinungen der ewigen Ideen an eine und dieselbe Materie gewiesen sind, mußte eine Regel ihres Ein- und Austritts seyn: sonst würde keine der andern Platz machen" (ebd. S. 183, S. 160).

In einem solchen System nimmt es sich auch viel verständlicher aus, wenn eine höhere Kraft erst auf einer gewissen Stufe in Erscheinung tritt. Ihre Spielregel ist eben, erst zu erscheinen, wenn gewisse andere Kräfte bereits diese oder jene Gestaltung bewirkt haben. Wenn man in moderner Sicht der Materie und nicht erst dem Stoff gewisse Qualitäten von Grund auf zuschreibt, dann bleibt es eben befremdlich und bedarf der besonderen Begründung, wenn gewisse andere irreduzible Urkräfte erst „später", auf einer höheren Schicht, an der Materie erscheinen, während in einem System, in dem alle Kräfte erst an die Materie herantreten müssen, es verhältnismäßig wenig verwundert, wenn eben die eine Kraft diese, eine andere Kraft jene, vielleicht komplexeren, Bedingungen zu ihrem Erscheinen bevorzugt. Schopenhauer hat also – um auf die erste Frage wieder zurückzukommen – nicht die höheren Kräfte in besonders schlecht zu denkender Weise, sondern alle Urkräfte in derselben, von der heutigen abweichenden Art konzipiert. Ein Teil der Undeutlichkeit mag durch die relative Homogenität des Konzeptes aufgewogen werden, und bezüglich der verbleibenden, allen seinen Urkräften zukommenden Undeutlichkeit würde wohl Schopenhauer meinen, diese Urkräfte seien weit deutlicher und faßlicher konzipiert, weil nämlich der genialen Schau zugänglich, als die höchst unanschaulichen, nur begrifflich zugänglichen der Theorien und Modelle der modernen Naturwissenschaft. Hiermit nähern wir uns der Beantwortung der zweiten Frage, jener nach den Gründen und Zwecken, die Schopenhauer zu seinem Konzept der höheren, irreduziblen Kräfte bewogen haben mögen. Der Versuch einer Antwort wird zugleich den mehr andeutend, vermutend spekulativen Abschluß dieser Arbeit darstellen.

Verschiedene Zentralaussagen Schopenhauerscher Philosophie sind mit dem Konzept der irreduziblen höheren Kräfte verknüpft. Diese Aussagen nicht zu gefährden, mag durchaus ein Motiv gewesen sein zur Beibehaltung des Kräftekonzepts gegen alle Tendenzen schon der damaligen Naturwissenschaft. Einige der betroffenen Aspekte des Schopenhauerschen Entwurfs erwähnte ich unter IV (S. 364 f.) im Zusammenhang mit der aus der Irreduzibilität folgenden Unveränderlichkeit der Kräfte. Setzen wir nun, um weitere betroffene Aspekte zu untersuchen, bei der Erkenntnistheorie ein. An zahllosen Stellen in seinen Werken gibt Schopenhauer der vorbegrifflichen Anschauung das erkenntnistheoretische Primat; so auch W II 3, K 31 (S. 448, S. 432 f.):

Die *Anschauung* nun aber ist es, welcher zunächst das eigentliche und wahre Wesen der Dinge, wenn auch noch bedingterweise, sich aufschließt und offenbart. Alle Begriffe, alles Gedachte sind ja bloß Abstraktionen, mithin Theilvorstellungen aus jener, und bloß durch Wegdenken entstanden. Alle tiefe Erkenntniß, sogar die eigentliche Weisheit, wurzelt in der *anschaulichen* Auffassung der Dinge [...]. Aus *Begriffen* hingegen entspringen die Werke des bloßen Talents, die bloß vernünftigen Gedanken, die Nachahmungen.

Wollte nun Schopenhauer die Kräfte als erkennbare konzipieren, so dürften diese kaum die bloß in verwickeltsten theoretischen Modellen begrifflich vermittelt zu erfassenden Kräfte sein, die ein über mehrere Schichten gehender Reduktionismus entwirft, sondern nur etwas, das der unmittelbaren, nicht vernunftbedürftigen Erkenntnis zugänglich ist, wie dies eben die höheren Urkräfte sind.

Nun stellen für Schopenhauer diese Urkräfte Stufen der Objektivation des Willens dar, die von ihm auch „Platonische Ideen" genannt werden und in der genialen Anschauung erkannt werden können. Sicher würde Schopenhauer das Konzept der weltenthobenen, befreienden Schau der ewigen Ideen nie aufgegeben haben, dafür entsprach es zu sehr gewissen seiner eigenen unmittelbaren Erfahrungen, wie sie sich so lebendig und eindrucksvoll in den Schilderungen in seinen Werken niederschlagen.

In Anbetracht der vielen, aus dieser Ideenlehre stammenden, heute offenkundig falschen Aussagen fragt es sich für uns, ob die von Schopenhauer als Ideenschau bezeichneten Erfahrungen keinerlei Erkenntniswert haben oder ob nur Schopenhauers Interpretation seiner eigenen Erfahrungen Grund der auftretenden Irrtümer ist.

Ein Versuch, nur die Interpretation in Frage zu ziehen, könnte sich z. B. auf die Untersuchung ausrichten, ob Schopenhauers Koppelung von Kraft als dem physisch, zumindest in seinen jeweiligen Äußerungen, Erfahrbaren und den Ideen als dem genial Schaubaren notwendig ist. Durch die Aufgabe der Koppelung von Ideen und Kraft ließen sich die schaubaren, unveränderlichen Ideen 'retten', auch wenn die Irreduzibilität vieler oder aller 'Ur'kräfte widerlegt worden wäre bzw. ist. Es hätten sich jedoch größere Gefahren anderer Art für Schopenhauers System ergeben.

So wäre zum einen, wenn die Ideen keine Kräfte mehr sind, ihre Verbindung mit dieser Welt eine recht abstrakte. Das, was da in der genialen Schau erkannt wird, wäre ohne sonderlich direkte wirkensmäßige Beziehung zu dieser Welt.

Zum anderen verlören die Kräfte nicht nur ihre unmittelbare Erkennbarkeit, wenn sie keine Ideen und – zumeist – auch nicht mehr irreduzibel und unveränderlich sind, sondern auch an metaphysischer Bedeutsamkeit ihres Wirkens. Insbesondere verlöre durch die Aufgabe der irreduziblen Lebenskraft der Mensch für Schopenhauer an Bedeutung (bzw. würde durch In-Frage-Stellung der irreduziblen Lebenskraft auch die Bedeutung des Menschen in Frage gestellt): „Der Organismus wäre daher aus dem Zusammentreffen dieser Kräfte so zufällig zusammengeblasen, wie die Gestalten von Menschen und Thieren aus Wolken oder Stalaktiten, daher an sich nicht weiter interessant" (W I 2, § 27, S. 192, S. 169).

Aber noch fataler: Auch dem Analogieschluß von der introspizierten Lebenskraft auf die übrigen Kräfte, also dem Angelpunkt Schopenhauerscher Willensmetaphysik, wird eine wichtige Basis entzogen. Wenn der Mensch nicht mehr unmittelbarer Ausdruck einer höheren Kraft ist, fällt es auch schwer, jenen Kern – Schopenhauerscher – Introspektion, das Wollen, noch als unmittelbar oder auch nur unmittelbarst auszugeben. Wenn die Introspektion lediglich Daten liefert, die (vielleicht) nur noch höchst mittelbarer Ausdruck unzugänglicher mikrophysikalischer Kräfte sind, so wird dadurch dem Menschen nicht nur ein Weg ins 'Ansich', sondern auch die Grundlage, um sich mit anderen 'Kräften' bzw.

deren Erscheinungen ähnlich zu fühlen, genommen. Daß auch zumindest die meisten der übrigen 'Kräfte', zu denen der Analogieschluß die Brücke spannen sollte, nicht mehr Urkäfte, sondern nur noch mittelbare Resultanten sind, dürfte die interpretatorische Kluft zwischen den Daten der Innenschau und jenen der Außenerfahrung eher noch vergrößern. Beiderseitige Mittelbarkeit allein ist kein sonderlicher Garant für Verwandtschaft.

Ich will keineswegs behaupten, all diese Konsequenzen des S5W und vielleicht noch einige weitere der zahlreichen, die ich hier nicht erwähnen konnte, habe Schopenhauer bewußt durchdacht, sei vor ihnen zurückgeschreckt und habe beschlossen, die Reduzibilität und, wenn möglich, auch gleich jene ihr zugrundeliegende Grund-Folge-Dimension aus seinem System zu verbannen.

Jedoch scheint mir soviel offensichtlichgeworden zu sein: Der S5W und die sich durch ihn eröffnenden gedanklichen Möglichkeiten stehen im Zusammenhang mit, genauer: im Widerspruch zu sehr vielen, teils zentralen Ansichten Schopenhauers, und es war nur konsequent von Schopenhauer, den S5W samt seiner Implikationen in allen Bereichen des Systems zu ignorieren, mißzuverstehen bzw. zu bekämpfen.

Geht man davon aus, daß Schopenhauers Persönlichkeit der auslösende Faktor für die Art der Gestaltung seines Systems war, so ist es auch naheliegend, daß dieser Persönlichkeit schon in jungen Jahren alles, was dem S5W entspricht, recht zuwider sein mußte und somit schon das frühe, in der Dissertation dokumentierte Mißverstehen des Wolffschen principium essendi kein reiner Zufall war. Kurzum, es scheint: Der Irrtum hat Methode.

Bibliographie

Crusius, Christian August: Entwurf der nothwendigen Vernunft-Wahrheiten, wiefern sie den zufälligen entgegengesetzt werden. Hrsg. G. Tonelli. Hildesheim: Olms, 1964 (Reprint der Auflage Leipzig: Gleditsch 1745).

Funke, Heinrich: Das Problem des Satzes vom zureichenden Grunde bei Schopenhauer. Dissertation. Erlangen: Vollrath 1900.

Hamlyn, David Walter: Schopenhauer. London: Routledge & Kegan Paul 1980.

Laun, Rudolf: Der Satz vom Grunde. Ein System der Erkenntnistheorie. Tübingen: Mohr/Siebeck 1942.

Lorenz, Konrad: Die Rückseite des Spiegels. Versuch einer Naturgeschichte menschlichen Erkennens. 2. Auflage München: dtv 1979.

Mackie, J. L.: Truth, Probability and Paradox. Studies in Philosophical Logic. Oxford: Clarendon Press 1973.

Schewe, Karl: Schopenhauers Stellung zur Naturwissenschaft. Dissertation. Berlin: Ebering 1905.

Schneider, Ludwig: Um den Satz vom Grunde. In: 32. Schopenhauer-Jahrbuch, 1945–1948, 62–87.

Schopenhauer, Arthur: Werke in zehn Bänden. Herausgabe besorgt von Angelika Hübscher. Zürich: Diogenes 1977.

–: Sämtliche Werke. Hrsg. Arthur Hübscher. 2. Auflage Wiesbaden: Brockhaus 1946–1950.

–: Der handschriftliche Nachlaß. Hrsg. Arthur Hübscher. 3. Band. Frankfurt a. M.: Kramer 1970.

–: Handschriftlicher Nachlaß. Hrsg. Eduard Grisebach. 4. Band (Neue Paralipomena). Leipzig: Reclam o. J.

Stegmüller, Wolfgang: Probleme und Resultate der Wissenschaftstheorie und Analytischen Philosophie. Band II. Theorie und Erfahrung. Erster Halbband. Begriffsformen, Wissenschaftssprache, empirische Signifikanz und theoretische Begriffe. Verbesserter Neudruck. Berlin: Springer 1974.

Willems, Bernhard: Über Schopenhauers Erkenntnistheorie. Eine historisch-kritische Abhandlung. Dissertation. Königsberg i. Pr., 1908.

Wolf, Ursula: Möglichkeit und Notwendigkeit bei Aristoteles und heute. München: Fink 1979.

Wolff, Christian: Vernünfftige Gedancken von Gott, der Welt und der Seele des Menschen, auch allen Dingen überhaupt. Den Liebhabern der Wahrheit mitgetheilet. Die fünffte Auflage hin und wieder vermehret. Franckfurt, Leipzig: 1733.

BIBLIOGRAPHIE

Vorbemerkung

Es gibt vermutlich keinen anderen Philosophen, dessen Lebenswerk so vollständig und in so vorbildlichen Ausgaben vorliegt und das durch sachgerechte Arbeitshilfen so lückenlos erschlossen ist wie das Schopenhauers. Das ist nahezu allein das Verdienst eines einzigen Gelehrten: Arthur Hübscher hat die Werke, den Nachlaß, die Briefe und die Gespräche des Philosophen herausgegeben. Wir verdanken ihm eine übersichtlich gegliederte Bibliographie und die überarbeitete Neuauflage von Wagners Register zu Schopenhauers Werken. Zudem hat er eine Fülle von biographischen Untersuchungen vorgelegt, nicht nur über Schopenhauer selbst, sondern auch über dessen Verwandte, Freunde und Anhänger. Von 1936 bis 1982 war Hübscher Präsident der Schopenhauer-Gesellschaft, danach noch bis zu seinem Tod im April 1985 ihr Alterspräsident. In all diesen Jahren hat er die Tagungen der Schopenhauer-Gesellschaft vorbereitet und geleitet und ihre ›Jahrbücher‹ herausgegeben. Ein Großteil der Literatur über Schopenhauer ist dergestalt durch seine Hände gegangen, außerdem hat er zu so gut wie allen Werken von einiger Bedeutung in den ›Jahrbüchern‹ Stellung genommen.

Mit dem Buch ›Denker gegen den Strom. Schopenhauer: gestern – heute – morgen‹ hat Hübscher schließlich die Summe seines „Lebens mit und für Schopenhauer" vorgelegt: die maßgebliche Darstellung von Leben, Werk und Wirkung des Philosophen. Hübscher hat auf die „Wege der Forschung" vielfältiger und entschiedener eingewirkt, als es die Aufnahme eines Beitrags von ihm in diesen Sammelband und die Auflistung der von ihm besorgten Ausgaben im bibliographischen Anhang deutlich machen können.

1. Werke, Nachlaß, Briefe und Gespräche

Arthur Schopenhauer's sämmtliche Werke. Herausgegeben von Julius Frauenstädt, VI Bände, Leipzig 1873/74, ^{2}1877.

Arthur Schopenhauer's sämmtliche Werke in sechs Bänden. Herausgegeben von Eduard Grisebach, Leipzig 1891, ^{3}1921–1924.

Arthur Schopenhauers sämtliche Werke. Herausgegeben von Paul Deussen,

München, 16 Bände, 1911–1942 (die Ausgabe blieb unvollendet, es fehlen die Bände VII, VIII und XII).

Arthur Schopenhauer, Sämtliche Werke. Nach der ersten, von Julius Frauenstädt besorgten Gesamtausgabe neu bearbeitet und herausgegeben von Arthur Hübscher, VII Bände, Leipzig 1937–1941; Wiesbaden ^{2}1946–1950, ^{3}1972.

Arthur Schopenhauer, Sämtliche Werke. Textkritisch bearbeitet und herausgegeben von Wolfgang Freiherrn von Löhneysen, V Bände, Stuttgart/Frankfurt a. M.– Nachdruck 1968, Darmstadt (Wissenschaftliche Buchgesellschaft).

Arthur Schopenhauer, Werke. Züricher Ausgabe, 11 Bände [unter Mitarbeit von Arthur Hübscher herausgegeben von Angelika Hübscher], Band 11 (›Über Schopenhauer‹) herausgegeben von Gerd Haffmans, Zürich 1977.

Maßgeblich ist die dritte Auflage der von Arthur Hübscher besorgten Ausgabe. Auf ihr basiert die preiswerte Züricher-Ausgabe (eine Taschenbuchkassette); sie ist als Volks- und Studienausgabe konzipiert (Übersetzung fremdsprachiger Zitate in eckigen Klammern im Text; Glossar, Erklärung von Fachausdrücken und altertümlichen Wendungen im Anhang). Die Herausgeberin und der Berater haben ihre Funktionen kurz vor Erscheinen der Ausgabe wegen Unstimmigkeiten mit dem Verlag zurückgelegt.

Die von Paul Deussen herausgegebenen ›Sämtlichen Werke‹ umfassen neben den von Schopenhauer selbst herausgegebenen Werken (Bände I–VI) auch den Nachlaß (Bände VII–XIII; nur die Bände IX–XI und XIII sind erschienen) und die Briefe (Bände XIV–XVI). – Die Ausgabe ist editionstechnisch und vom Umfang des gebotenen Materials her durch die von Arthur Hübscher besorgten Ausgaben (Werke, Nachlaß, Briefe) inzwischen überholt, allerdings mit einer Ausnahme: die 1913 in den Bänden IX und X von Franz Mockrauer herausgegebenen ›Philosophischen Vorlesungen‹ Schopenhauers bedurften keiner Verbesserung.

Arthur Schopenhauer's handschriftlicher Nachlaß. Aus den auf der Königlichen Bibliothek in Berlin verwahrten Manuskriptbüchern herausgegeben von Eduard Grisebach, IV Bände, Leipzig 1891–1893.

Arthur Schopenhauer, Der handschriftliche Nachlaß. Herausgegeben von Arthur Hübscher, V Bände (Band IV in 2 Teilbänden), Frankfurt a. M. 1966–1975. – Enthält den gesamten Nachlaß Schopenhauers, einschließlich der Randnotizen in Büchern (Band V), nicht aber die Vorlesungen.

Arthur Schopenhauer, Gesammelte Briefe. Herausgegeben von Arthur Hübscher, Bonn 1978. – Von den Briefen *an* Schopenhauer sind nur die wichtigsten ganz oder auszugsweise im Anhang wiedergegeben. In dieser Hinsicht behalten die (methodisch und vom Umfang des gebotenen Materials her) überholten Bände XIV–XVI der Deussenschen Ausgabe ihren Wert. – Was nach Erscheinen von Hübschers Ausgabe noch bekannt geworden ist, wurde in den ›Jahrbüchern‹ veröffentlicht.

Arthur Schopenhauer, Gespräche. Herausgegeben von Arthur Hübscher, Stuttgart-Bad Cannstatt 1971. – Es handelt sich um die zweite, stark erweiterte Ausgabe der zunächst 1933 als 20. Jahrbuch erschienenen Veröffentlichung.

2. *Bibliographie*

Arthur Hübscher, Schopenhauer-Bibliographie, Stuttgart-Bad Cannstatt 1981. – Diese übersichtlich gegliederte und durch ein Register zusätzlich erschlossene Bibliographie läßt keinen Wunsch offen. – Ergänzungen werden regelmäßig im ›Jahrbuch‹ veröffentlicht.

3. *Biographien*

Wilhelm Gwinner, Arthur Schopenhauer aus persönlichem Umgange dargestellt, Leipzig 1862, [3]1910. – Kritisch durchgesehen und mit einem Anhange neu herausgegeben von Charlotte von Gwinner, Leipzig 1922.

Eduard Grisebach, Schopenhauer. Geschichte seines Lebens, Berlin 1897.

–, Schopenhauer. Neue Beiträge zur Geschichte seines Lebens, Berlin 1905.

Arthur Hübscher, Schopenhauer. Ein Lebensbild, Leipzig 1938.

Walter Abendroth, Arthur Schopenhauer in Selbstzeugnissen und Bilddokumenten, Reinbek 1967 (rowohlts monographien, 133).

Karl Pisa, Schopenhauer. Kronzeuge einer unheilen Welt, Wien 1977. – Eine Taschenbuchausgabe (Heyne Biographien, 55) ist unter dem Titel ›Schopenhauer. Geist und Sinnlichkeit‹, München 1978 erschienen.

4. *Periodikum, Sammelbände und Arbeitshilfen*

Jahrbuch der Schopenhauer-Gesellschaft. Bände 1–31, 1912–1944; seither Schopenhauer-Jahrbuch, 32–65, 1945/48–1984. Herausgegeben von Paul Deussen (1–8, 1912–1919), Franz Mockrauer (9–12, 1920–1923/25), Hans Zint (14–23, 1927–1936), Arthur Hübscher (24–64, 1936–1983), Wolfgang Schirmacher (65, 1984), Rudolf Malter (ab 66, 1985). – Nach mehrmaligem Verlagswechsel erscheint das Jahrbuch seit Band 34, 1951/52 im Verlag W. Kramer, Frankfurt a. M. – In den meisten Bänden findet man eine (1910 einsetzende) chronologische (gegebenenfalls auch durch Nachträge ergänzte), in vielen Fällen kommentierte Schopenhauer-Bibliographie. – In Band 40, 1959 ist ein von Theodor Vaternahm bearbeitetes vorläufiges Generalregister für die Bände 1–40 erschienen. Ein Generalregister für die Bände 1–50, bearbeitet von Fritz Zimbrich, ist 1981 im Verlag W. Kramer, Frankfurt a. M. erschienen.

Haym/Kautsky/Mehring/Lukács, Arthur Schopenhauer, herausgegeben von Wolfgang Harich, Berlin (DDR) 1955.

Kreise um Schopenhauer. Arthur Hübscher zum 65. Geburtstag. Festschrift, herausgegeben von C. A. Emge, Wiesbaden 1962.

Von der Aktualität Schopenhauers. Festschrift zum 75. Geburtstag von Arthur Hübscher, herausgegeben von E. Bucher, E. F. J. Payne, K. O. Kurth, Frankfurt a. M. 1972 (= 53. Jahrbuch, 1972).

Wege zu Schopenhauer. Arthur Hübscher zu Ehren. Festgabe zum 80. Geburtstag, herausgegeben von C. Köttelwesch, Wiesbaden 1978.

Schopenhauer. His Philosophical Achievement, ed. by Michael Fox, Brighton (Sussex) 1980.

Schopenhauer und Marx. Philosophie des Elends – Elend der Philosophie? Herausgegeben und eingeleitet von Hans Ebeling und Ludger Lütkehaus, Meisenheim a. Gl. 1980.

Zeit der Ernte. Studien zum Stand der Schopenhauer-Forschung. Festschrift zum 85. Geburtstag von Arthur Hübscher. Im Namen des Vorstands der Schopenhauer-Gesellschaft herausgegeben von Wolfgang Schirmacher, Stuttgart 1982.

Materialien zu Schopenhauers ›Die Welt alls Wille und Vorstellung‹. Herausgegeben, kommentiert und eingeleitet von Volker Spierling, Frankfurt a. M. 1984 (suhrkamp taschenbuch wissenschaft 444).

Julius Frauenstädt, Schopenhauer-Lexikon. Ein philosophisches Wörterbuch nach A. Schopenhauers sämmtlichen Schriften und handschriftlichem Nachlaß bearbeitet, 2 Bände, Leipzig 1871.

Eduard Grisebach, Edita und Inedita Schopenhaueriana. Eine Schopenhauer-Bibliographie sowie Randschriften und Briefe Schopenhauers, Leipzig 1888.

Gustav Friedrich Wagner, Encyclopädisches Register zu Schopenhauer's Werken nebst einem Anhange, Karlsruhe 1909. – Unter dem Titel ›Schopenhauer-Register‹ neu herausgegeben von Arthur Hübscher, Stuttgart-Bad Cannstatt 1960, ²1982.

5. Gesamtdarstellungen

Julius Frauenstädt, Briefe über die Schopenhauersche Philosophie, Leipzig 1854.

Rudolf Haym, Arthur Schopenhauer, Berlin 1864. – Wiederabdruck in dem Sammelband Haym/Kautsky/Mehring/Lukács, A. Schopenhauer.
Kuno Fischer, Arthur Schopenhauer, Heidelberg 1893 (Geschichte der neueren Philosophie, Band 8). – Zweite, neu bearbeitete und vermehrte Auflage unter dem Titel: Schopenhauers Leben, Werke und Lehre, Heidelberg 1898, [4]1934.
Johannes Volkelt, Arthur Schopenhauer. Seine Persönlichkeit, seine Lehre, sein Glaube, Stuttgart 1900, [5]1923 (neu bearbeitet).
Georg Simmel, Schopenhauer und Nietzsche. Ein Vortragszyklus, Leipzig 1907, [2]1920.
Ernest Seillière, Arthur Schopenhauer, Paris 1911. – Deutsch von F. von Oppeln-Bronikowski unter dem Titel: Arthur Schopenhauer als romantischer Philosoph, Berlin 1912.
Frederick Copleston, S. J., Arthur Schopenhauer. Philosopher of Pessimism, London 1946.
Hans Martin Wolff, Arthur Schopenhauer. Hundert Jahre später, Bern 1960 (Dalp Taschenbücher, 349).
Arthur Hübscher, Denker gegen den Strom. Schopenhauer: gestern – heute – morgen, Bonn 1973, [2]1982.
Icilio Vecchiotti, A. Schopenhauer, Storia di una filosofia e della sua »fortuna«, Firenze 1977.
Alexis Philonenko, Schopenhauer. Une philosophie de la tragédie, Paris 1980.
David W. Hamlyn, Schopenhauer. The Arguments of the Philosopher, London 1980.
Wolfgang Weimer, Schopenhauer, Darmstadt 1982 (Erträge der Forschung, 171).
Bryan Magee, The Philosophy of Schopenhauer, Oxford and New York, 1984.

6. *Monographien und Aufsätze zu Einzelproblemen*

Barth, Hans: Die Wendung zum Menschen in Schopenhauers Philosophie, in: 43. Jahrbuch (1962), 15ff.
Becker, Aloys: Arthur Schopenhauer – Sigmund Freud, in: 52. Jahrbuch (1971), 114ff.
Brann, Henry Walter: C. G. Jung und Schopenhauer, in: 46. Jahrbuch (1965), 76ff.
Dederer, Alfred: Schopenhauer und Popper, in: 59. Jahrbuch (1978), 77ff.
Ebeling, Hans: Freiheit, Gleichheit, Sterblichkeit. Philosophie nach Heidegger, Stuttgart 1982.
–: Sind alle „kategorischen“ Imperative tatsächlich nur hypothetisch? (Schopenhauer, Kant und Marx), in: Schopenhauer und Marx, 203ff.

Engel, S. Morris: Schopenhauer's Impact on Wittgenstein, in: Schopenhauer. His Philosophical Achievement, 236ff.
Engelmann, Peter: Hegel und Schopenhauer, in: Zeit der Ernte, 240ff.
Glasenapp, Hellmuth von: Schopenhauers Echo in Indien, in: Kreise um Schopenhauer, a. a. O. 43ff.
Griffiths, A. Phillips: Wittgenstein and the Fourfold Root of the Principle of Sufficient Reason, in: Proceedings of the Aristotelian Society, Suppl. Vol. L (1976), 1ff.
Heidtmann, Bernhard: Pessimismus und Geschichte in der Philosophie Schopenhauers, Berlin 1969 (Diss.-Druck).
Holm, Søren: Schopenhauers Ethik, Kopenhagen 1932.
–: Schopenhauer und Kierkegaard, in: 43. Jahrbuch (1962), 5ff.
Horkheimer, Max: Die Aktualität Schopenhauers, in: 42. Jahrbuch (1961), 12ff. – Wiederabdruck in: ders., Kritik der instrumentellen Vernunft, herausgegeben von Alfred Schmidt, Frankfurt a. M. 1974, 248ff.
–: Pessimismus heute, in: 52. Jahrbuch (1971), 1ff.
–: Schopenhauer und die Gesellschaft, in: 36. Jahrbuch (1955), 49ff. – Wiederabdruck der beiden zuletzt genannten Aufsätze in: ders., Sozialphilosophische Studien. Aufsätze, Reden und Vorträge, herausgegeben von W. Brede, Frankfurt a. M. 1972, 137ff. und 68ff.
Hübscher, Arthur: Hegel und Schopenhauer: Ihre Nachfolge – Ihre Gegenwart, in: 32. Jahrbuch (1945–1948), 23ff. – Eine englische Übersetzung in: Schopenhauer. His Philosophical Achievement, 197ff.
Janik, Allan S.: Schopenhauer and the Early Wittgenstein, in: Philosophical Studies XV (1966), 76ff.
–: On Wittgenstein's Relationship to Schopenhauer, in: Zeit der Ernte, 271ff.
Jaspers, Karl: A. Schopenhauer. Zu seinem 100. Todestag 1960, in: ders., Aneignung und Polemik, München 1968, 287ff.
Landmann, Michael: Schopenhauer heute, in: 39. Jahrbuch (1958), 21ff.
–: Das Menschenbild bei Schopenhauer, in: ZphF 14 (1960), 390ff.
Lenk, Kurt: Schopenhauer und Scheler, in: 37. Jahrbuch (1956), 55ff.
Löwith, Karl: Von Hegel zu Nietzsche. Der revolutionäre Bruch im Denken des 19. Jahrhunderts, Zürich 1941, Stuttgart [4]1969.
Lütkehaus, Ludger: Schopenhauer. Metaphysischer Pessimismus und „soziale Frage", Bonn 1980 (Abhandlungen zur Philosophie, Psychologie und Pädagogik, 152).
Lukács, Georg: Die Zerstörung der Vernunft, Berlin (DDR) 1954; Darmstadt und Neuwied 1962.
Malter, Rudolf: Schopenhauers Transzendentalismus, in: Midwest Studies in Philosophy VIII: Contemporary Perspektives on the History of Philosophy,

ed. by P. A. French, Th. E. Uehling, Jr., and H. K. Wettstein, Minneapolis o. J. (1984), 433–455.

–: Schopenhauer und die Biologie: Metaphysik der Lebenskraft auf empirischer Grundlage, in: Berichte zur Wissenschaftsgeschichte 6, 1983, 41–58.

Maus, Heinz: Die Traumhölle des Justemilieu. Erinnerungen an die Aufgaben der kritischen Theorie, herausgegeben von M. Th. Greven und G. van de Moetter, Frankfurt a. M. 1981.

Micheletti, Mario: Lo Schopenhauerismo di Wittgenstein, Bologna 1967.

Mistry, Freny: Der Buddhist liest Schopenhauer, in: 64. Jahrbuch (1983), 80 ff.

–: Nietzsche and Buddhism. Prolegomenon to a Comperative Study, Berlin – New York 1981 (Monographien und Texte zur Nietzsche-Forschung, 6).

Pisa, Karl: Schopenhauer und die soziale Frage, in: 62. Jahrbuch (1981), 1 ff.

Post, Werner: Kritische Theorie und metaphysischer Pessimismus, München 1971.

Pothast, Ulrich: Die eigentlich metaphysische Tätigkeit. Über Schopenhauers „Ästhetik" und ihre Anwendung durch Samuel Beckett, Frankfurt a. M. 1982.

Proctor-Gregg, Nancy: Schopenhauer and Freud, in: Psychoanalytic Quarterly 25 (1956), 197 ff.

Salaquarda, Jörg: Erwägungen zur Ethik. Schopenhauers kritisches Gespräch mit Kant und die gegenwärtige Diskussion, in: 56. Jahrbuch (1975), 51 ff.

–: Zur gegenseitigen Verdrängung von Schopenhauer und Nietzsche, in: 65. Jahrbuch (1984), 7 ff.

Schirmacher, Wolfgang: Einleitung. Das Vorbild Arthur Hübschers. Zum Stand der internationalen Schopenhauer-Forschung, in: Zeit der Ernte, 9 ff.

Schlechta, Karl: Der junge Nietzsche und Schopenhauer, in: 26. Jahrbuch (1939), 289 ff.

Schmidt, Alfred: Schopenhauer und der Materialismus, in: 58. Jahrbuch (1977), IX ff. – Wiederabdruck in: ders., Drei Studien über den Materialismus, München/Wien 1977, 21 ff. und in: Materialien zu Schopenhauers ›Die Welt als Wille und Vorstellung‹, 387 ff.

Schöndorf, Harald: Der Leib im Denken Schopenhauers und Fichtes, München 1982 (Münchner Philosophische Studien, 15).

Schulz, Walter: Bemerkungen zu Schopenhauer, in: Natur und Geschichte. K. Löwith zum 70. Geburtstag, Redaktion: Hermann Braun, Manfred Riedel, Stuttgart 1967, 302 ff.

Seelig, Wolfgang: Wille, Vorstellung und Wirklichkeit. Menschliche Erkenntnis und physikalische Naturbeschreibung, Bonn 1980 (Abhandlungen zur Philosophie, Psychologie und Pädagogik, 158).

Spierling, Volker: Die Drehwende der Moderne. Schopenhauer zwischen Skeptizismus und Dogmatismus, in: Materialien zu Schopenhauers ›Die Welt als Wille und Vorstellung‹, 14–83.

Weimer, Wolfgang: Die Aporie der reinen Vernunft. Schopenhauers Kritik des Rationalismus, Köln 1977 (Diss.-Druck).

NAMENREGISTER*

Abhedānanda 183
Abraham, Karl 167
Adorno, Theodor W. 116. 238
Afghanistan 285
Albert, Hans 322 A. 325 A. 339
Amerika 290
Amnesty International 285
Anquetil-Duperron, Abraham Hyacinthe 181
Anscombe, Gertrude Elisabeth Margaret 17 A. 318 A
Antal, Illés 103 A
Apel, Karl-Otto 25 A. 310f. 313
Aristoteles 50. 82. 110. 113. 119. 228. 251. 263. 316. 318. 352
Asher, David 3. 5
Asien 139. 141. 311
Augustinus, Aurelius 113
Aurobindo, Šri A. Ghose 185
Auschwitz 252
Autrum, Hansjochen 98 A. 100 A
Ayer, Alfred Julius 320 A

Bacon, Francis 66. 72
Baehr, Carl Georg 3
Bahnsen, Julius 20
Bargatzky, Walter 285
Barth, Hans 10. 15. 16 A. 28
Becher, Erich 103
Becker, Aloys 20 A. 104 A
Becker, Johann August 3. 270 A
Beethoven, Ludwig van 128
Bergson, Henri 20. 102f. 184. 187
Berkeley, George 84. 193–195
Berlich, Alfred 25 A
Berlin 31. 62. 74f. 77
Bernard, F. 131
Bernhard, Wolfram 104 A
Bhattacarya, K. C. 183
Bhattacharyya, Haridas 183
Bichat, Xavier 41f. 48f.
Bloch, Ernst 23. 116. 266 A
Bloch, Iwan 169
Block, Max 214 A
Blunck, Richard 150 A
Boas, George 165
Boehler, Dietrich 25 A
Bönke, Hermann 20 A. 103 A
Boulding, Kenneth 284. 294
Brandell, Gunnar 19 A
Brann, Henry Walter 104 A. 105 A
Brecht, Bert 296

* einschließlich Autoren, Herausgeber und Übersetzer von Literaturhinweisen und einschließlich geographischer Namen und Bezeichnungen (mit Ausnahme von Verlagsorten), wobei unter dem jeweiligen Stichwort auch alle abgeleiteten Bezeichnungen mitberücksichtigt sind, z. B. unter 'Deutschland' auch 'deutsch', 'Deutscher' etc. – Ein 'A' nach der Seitenzahl besagt, daß das Stichwort auf dieser Seite *nur* in einer Anmerkung vorkommt; wenn es im Text *und* in einer Anmerkung vorkommt, fehlt dieser Zusatz.

Brede, Werner 265 A
Brennecke, Detlef 19 A
Brockdorf, Cay von 103 A
Broglie, Louis Victor de 99
Browning, Robert W. 188
Brunner, Constantin 125
Bruno, Giordano 113
Buddha 81. 148 A. 177. 290
Burckhardt, Jakob 112. 150 A
Busch, Wilhelm 79
Byron, George Gordon Noël Lord 79

Cabanis, Pierre Jean Georges 41 f.
Camus, Albert 15–17. 116. 136. 140 f.
Carson, Rachel 294
Carus, Carl Gustav 263
Cassirer, Ernst 71 A. 342 A
Chakrabarti, S. C. 183
Chatterjee, Saral K. 179
Clegg, Jerry S. 17 f.
Club of Rome 287
Codino, Georges 267 A
Comte, Auguste 11. 61 A. 76
Correggio 228
Coupland, W. C. 261
Croce, Benedetto 20
Crusius, Christian August 352–355. 357. 373
Cysarz, Herbert 270 A

Damle, N. G. 184
Damm, Oskar 270 A
Dante Alighieri 124. 290
Danzig 75
Darwin, Charles 157. 167
Datta, Dhirenda Mohan 179. 183
Dederer, Alfred 21 A
Demokrit 107
DeSanctis, Francesco 278 A
Descartes, René 37. 40. 43. 47. 106. 113. 119. 141. 222
Deussen, Paul 5. 78–80. 179 f. 182. 186. 270 A
Deutschland 74. 76–78. 84. 97. 138–140. 144. 158 A. 180. 194 A. 229. 261. 263. 290. 326
Diem, Hermann 345 A
Diemer, Alwin 16 f.
Dilthey, Wilhelm 14. 102. 110
Dönhoff, Marion Gräfin 285
Dorguth, Friedrich 3
Doß, Adam 3. 110
Dostojewski, Fjodor M. 260
Dresden 42. 263
Driesch, Hans 100. 103
Dürer, Albrecht 111
Düringer, Adelbert 143 A. 145 A

Ebeling, Hans 23. 27 f. 302 A. 303 A. 304 A. 305 A. 307 A. 309 A. 310 A. 312 A
Einstein, Albert 107. 109
Ellenberger, Henri F. 29. 255 f. 262 f.
Ellis, Havelock 169
Engel, S. Morris 17 A
Engelmann, Peter 11 A
Engels, Friedrich 23. 272 A
England 36. 41. 74. 83 f. 157. 159 A. 184. 261
Epikur 107. 225. 307. 309
Europa 75–78. 80. 139. 169. 179. 182–184. 202. 229. 311

Falk, Johannes 111
Falkland-Inseln 285
Faraday, Michael 36
Fauconnet, André 49. 104 A
Fetscher, Iring 7 A
Feuerbach, Ludwig 58. 76–78. 94
Fichte, Immanuel Hermann 75

Fichte, Johann Gottlieb 10 A. 30. 36. 40. 51. 61 A. 75 f. 129. 164. 180. 263
Fischer, Kuno 4. 80. 143 A. 269 A
Foucher de Careil, Alexandre 48
Fox, Michael 9 A. 32 A
Frank, Erich 61 A
Frankfurt 73. 78
Frankreich 41. 74. 84. 140. 158
Frauenstädt, Julius 3–5. 48. 60 A. 77 f. 80. 119. 130 A. 135. 142 A. 150. 276
Frege, Gottlob 190. 207 f. 210. 217
Freud, Anna 166 A. 257 A
Freud, Sigmund 13. 18–20. 28 f. 104 f. 164–176. 202. 225. 227. 230. 236 f. 243. 255–259. 262 f. 299. 303. 313
Freytag-Löringhoff, Bruno von 319 A. 321 A
Fries, Jakob Friedrich 77
Frisch, Karl von 102
Frommann, Carl Friedrich Ernst 314
Funke, Heinrich 353. 373

Gandhi, Mohandas Karamchand „Mahatma" 183
Garewicz, Jan 268 A
Gast, Peter s. Köselitz, Heinrich
Gauguin, Paul 131
Gauß, Carl Friedrich 36
Gehlen, Arnold 9 f. 21. 22 A. 24. 28. 101 A. 124. 125 A. 291
Geisler, Kurt W. 98 A
Gellius, Aulus 318
Gensichen, Hans Werner 269 A
Gladigow, Burkhard 269 A
Glasenapp, Helmuth von 21 A. 266 A
Glockner, Hermann 8. 11 f.
Goethe, Johann Wolfgang von 43. 61 A. 74–76. 80. 83. 86 f. 111 f. 128. 150 A. 196. 257. 260 f. 263
Griechenland 90. 140
Grisebach, Eduard 62 A. 79 f. 135 A. 221 A. 352
Großbritannien 286
Grützmacher, Richard H. 145 A
Günther, Gotthard 321 A
Gupta, Rajender Kumar 20. 29
Guyau, Jean-Marie 158
Gwinner, Wilhelm von 3. 5. 73

Habermas, Jürgen 311. 313
Hacker, Paul 266 A
Hacker, Peter Michael Stephan 190–192
Haffmans, Gerd 8 A
Hager, Fritz-Peter 318 A
Halle 74
Hamlyn, David 32 A. 354. 373
Handke, Peter 291
Harig, Wolfgang 271 A
Harnack, Adolf von 221
Hartmann, Eduard von 19 f. 103. 130. 134. 157. 169. 184. 187. 216 f. 227 A
Hartmann, Nicolai 351
Hasse, Heinrich 63 A. 267 A. 269 A
Haym, Rudolf 4. 146 A. 271 A
Hecker, Max F. 266 A. 271 A
Hegel, Georg Wilhelm Friedrich 7. 11. 14 f. 20 f. 23. 25. 29–31. 36 f. 51. 58. 61 A. 74–79. 83. 86. 103. 124. 128–130. 139. 144 A. 145. 146 A. 157 A. 164. 181. 183. 185. 230. 235. 257. 261. 272. 289. 300. 309 A. 310–312. 314–347
Heidegger, Martin 14–17. 28. 116. 125 f. 131. 139 f. 143 f. 299. 301. 307. 309 f. 313
Heidtmann, Bernhard 267 A. 268 A
Heimsoeth, Heinz 61 A
Heine, Heinrich 79 f.
Heisenberg, Werner 109

Heller, Peter 143 A. 146 A
Helmholtz, Hermann 36
Helvétius, Claude Adrien 303
Hensel, Paul 84
Heraklit 157 A. 310
Herbart, Johann Friedrich 4
Herder, Johann Gottfried 74. 102
Heydorn, Heinz Joachim 269 A
Hintikka, Jaakko 318 A
Hiriyanna, Mysore 188
Hitler, Adolf 311
Hobbes, Thomas 50. 83 f.
Hölderlin, Friedrich 139
Hofstätter, Hans H. 131 A
Holbach, Paul Heinrich Dietrich Baron von 107
Holm, Søren 15
Hongkong 286
Horkheimer, Max 20 f. 22 A. 23 f. 27. 238. 264 A. 265 A. 268 A. 271 A. 292. 310 f.
Hübscher, Angelika 348 A. 374
Hübscher, Arthur 1 A. 5. 7. 11 A. 12 f. 15. 21. 24 A. 26 A. 32 A. 60 A. 62 A. 80. 101 A. 106 A. 124 A. 125. 135 A. 137 A. 142 A. 165 A. 193 A. 264 A. 267 A. 270 A. 271 A. 278 A. 285. 289. 292. 294. 300 A. 302 A. 348 A. 352. 374
Hume, David 41. 83 f. 113. 180
Husserl, Edmund 131
Huysmans, Joris-Karl 202

Indien 21. 79. 94. 155 A. 157 A. 177–189. 254. 286 f.
Italien 186

Jaffé, Aniela 204 A.
Janik, Alan S. 17 A. 18 A. 191 f. 216 f.
Jaspers, Karl 14–17. 116. 138–140. 143 f. 247
Jeans, James H. 108
Jesus Christus 148
Jonas, Hans 288
Jones, Ernest 18 A. 19 A. 167 A. 175 A
Juliusburger, Otto 104 A
Jung, Carl Gustav 105. 167. 169. 203 f. 206 f. 217. 263
Jung-Merker, L. 167 A

Kahn, Hermann 285
Kairo 73
Kalifornien 284
Kalkutta 183
Kambodscha 285
Kandinsky, Wassily 205 f. 211. 217
Kant, Immanuel 5. 10. 14 f. 25. 28. 37. 39–42. 46. 50. 58 f. 74–77. 80. 82–84. 95–97. 112 f. 115. 119. 125 A. 131. 144 A. 181. 183. 196. 209. 222 f. 228 f. 244. 250. 257 f. 279 A. 300–302. 304. 308. 310–312. 338. 341
Kaschmir 178
Kaufmann, Walter 7 A. 19. 28 f. 255 A. 257 A
Kautsky, Karl 271 A
Kiel 179
Kierkegaard, Søren 15. 127. 135. 191. 217. 255. 260. 345 f.
Kilb, Ernst 277 A
Kishan, B. V. 177. 178 A
Klages, Ludwig 263
Klopstock, Friedrich Gottlieb 74
Koehler, Otto 102
Königsberg 74
Köppen, Friedrich 272 A
Köselitz, Heinrich (Gast, Peter) 159
Kojève, Alexandre 7 A
Kokoschka, Oskar 206
Kopernikus, Nikolaus 167
Kraus, Karl 191

Kroner, Richard 146 A
Kugelmann, Franziska 23 A. 272

Lamarck, Jean-Baptiste de Monet de 107
Landmann, Michael 10 A. 146. 270 A.
Lange, Hartmut von 296
Laun, Rudolf 351. 353–355. 373
Lavelle, Louis 116
LeBon, Gustave 76
Lehmann, Rudolf 271 A
Leibniz, Gottfried Wilhelm 39. 74. 76. 83. 89. 93 f. 106. 113. 164. 222. 229. 263 f.
Lenau, Nikolaus 79
Leser, Norbert 267 A. 277 A
Lessing, Gotthold Ephraim 74. 257
Leukipp 107
Libanon 285
Liebmann, Otto 71 A
Liebrucks, Bruno 344 A
Lindner, Ernst Otto 3
Lipsius, Friedrich 276 A. 279 A
Litt, Theodor 108
Locke, John 83. 95. 222
Lorenz, Konrad 20. 31. 102. 294. 357. 367 f. 374
Lotze, Hermann 77
Lübbe, Hermann 291
Lütkehaus, Ludger 15 A. 21 A. 23. 26 f. 304 A. 307 A. 310 A
Lukács, Georg 23. 271
Luther, Martin 111

Mackie, John Leslie 368 A. 374
Mahler, Horst 293
Mainländer, Philipp 20. 277 A
Maitra, S. K. 185
Malebranche, Nicolas 198
Malter, Rudolf 32 A
Mann, Thomas 18. 79. 119. 175. 255
Marcel, Gabriel 15. 116
Marcuse, Herbert 116
Marokko 286
Marx, Karl 23. 25–28. 129. 226. 237–239. 248. 272 f. 301. 307 f. 310 f. 313
Marx, Wolfgang 335 A
Maus, Heinz 272 A
Mauthner, Fritz 214 A
McGuinness, Bernhard Francis 209 A
Mehring, Franz 23. 271 A
Merleau-Ponty, Maurice 15
Meysenbug, Malwida von 156 A
Mistry, Freny 16 A
Mitscherlich, Alexander 296
Mittasch, Alwin 98 A
Mockrauer, Franz 266 A. 270 A
Montaigne, Michel Eyquem de 113
Montesquieu, Charles de 102
Montinari, Mazzino 14 A. 150 A. 151 A. 255 A
Moretti Constanzi, Theodoro 125
Morin, Frédéric 267
Mounier, Emanuel 116
Müller, Johannes 95
Müller, Max 181
Müller-Lauter, Wolfgang 145 A. 158 A

Nehru, Jawaharlal „Pandit“ 183
Neidert, Rudolf 268 A. 271 A. 275 A
Neumann, Franz Ernst 36
Newton, Isaac 261
Nietzsche, Friedrich 5–7. 13 f. 19. 41 f. 49–52. 55. 58. 62. 78 f. 80. 82. 85. 97. 101 f. 104. 111 f. 124. 127. 130 f. 142–163. 175. 202 f. 217. 236 f. 251. 255. 257. 260–263. 313
Nil 73

Ortega y Gasset, José 114
Ostwald, Wilhelm 99

Palästina 285
Palágyi, Menyhért 103
Pandey, Kanti Chandra 178f. 183. 185. 189
Parmenides 152A
Pascal, Blaise 153
Patna 183
Pauli, Wolfgang 103
Pauling, Linus 288
Perikles 150
Persien 162A. 177
Petraschek, Karl O. 277A
Pfeiffer, Konrad 279A
Pfitzner, Hans 79
Pfordten, Theodor von der 271A
Pisa, Karl 26f.
Platen, August Graf von 86
Platon 113. 119. 125A. 132. 144A. 183. 196–200. 207. 228. 235. 263. 303. 334A. 371
Plotin 113
Plumpe, Gerhard 25A
Popper, Karl 11A. 20f. 116. 322A
Portmann, Adolf 102
Post, Werner 23A
Pothast, Ulrich 32A
Proust, Marcel 202

Raabe, Wilhelm 79
Radhakrishnan, Sarvepalli 22. 178. 185–188
Raffael 228
Raju, P. T. 184. 188
Rancé, Armand-Jean Le Bouthillier de 58
Rand-Corporation 284
Rank, Otto 172. 259
Raschke, Carl A. 268A
Rauschenberger, Walter 277A
Rée, Paul 149
Reinke, Johannes 103
Rest, Walter 345A
Richter, Horst Eberhard 241
Richter, Raoul 143. 145A
Rickert, Heinrich 102
Riedel, Manfred 25A
Riedinger, Franz 279A
Rieff, Philipp 175A
Riehl, Alois 145A
Riklin, Franz 167A
Röttges, Heinz 325A
Rohde, Erwin 144A
Rolland, Romain 18
Rom 53. 221
Rorschach, Hermann 202
Rosenkranz, Johann Karl Friedrich 74
Rousseau, Jean Jacques 102. 304
Rüf, Elisabeth 167A
Russell, Bertrand 190. 208. 228. 319f. 322

Salaquarda, Jörg 7A. 25A. 28
Sarajevo 288
Sartre, Jean-Paul 15f. 116. 124. 140
Scheel, Walter 290
Scheler, Max 20f. 236
Schelling, Friedrich Wilhelm Joseph 14. 21. 51. 61A. 75. 77. 139. 144A. 236. 263. 309A. 345A
Schewe, Karl 363f. 374
Schiller, Friedrich 74. 184
Schilpp, Paul 188
Schirmacher, Wolfgang 22A. 32A
Schlechta, Karl 146. 150A
Schlegel, Friedrich 129
Schleiermacher, Friedrich Daniel 75. 77
Schmidt, Alfred 12. 264A

Schneider, Ernst-Otto 30f.
Schneider, Ludwig 103A. 355. 374
Schoeck, Helmut 296
Schönberg, Arnold 205f. 211. 213f. 217
Schöndorf, Harald 10A
Schöpf, Alfred 19
Schopenhauer, Johanna 75
Schopenhauer-Gesellschaft 5f. 15. 23. 25f. 79f. 177f. 187
Schrödinger, Erwin 99
Schüren, Rainer 272A
Schulpforta 78
Schulz, Walter 22A. 24f. 27. 270A. 271A
Schwaben 75
Seelig, Wolfgang 32
Sextus Empiricus 214A
Seydel, Rudolf 77. 79
Shankara 181. 188
Shastri, Prabhu Dutt 177
Simmel, Georg 61A. 143. 144A. 146. 267A
Sokrates 152A. 154A. 159f. 196. 203. 307
Spaemann, Robert 306. 307A
Spencer, Herbert 157
Spierling, Volker 32A
Spinoza, Baruch de 183. 292. 315
Stambaugh, Joan 146A
Stegmüller, Wolfgang 357A. 374
Steigerwald, Robert 269A
Stenius, Erik 212. 213A
Stietencron, Heinrich von 269A
Stirner, Max 143A
Strauß, David Friedrich 262
Sturdy, E. T. 179
Szczesny, Gerhard 245

Tarachand, Kaikhushru J. 177
Theben 3
Theodor-Heuss-Preis 290
Thomas von Aquin 113
Thyssen, Johannes 125
Tilak, Narayan Waman 182
Tocqueville, Alexis de 294f.
Tolstoi, Leo N. 191. 217
Toulmin, Stephen 191f. 216f.
Troëltsch, Ernst 61A

Überweg, Friedrich 194A
Uexküll, Jakob von 20. 43. 101. 103
Ugolino 290
Ungarn 103

Vaihinger, Hans 143. 145. 277A
Vandenrath, Johannes 265A. 271A
Vecchiotti, Icilio 21f. 178A
Vergil 297
Vivekananda 179–182
Voigt, Hans 98A
Vojtech, Ivan 205A
Volkelt, Johannes 4. 61A. 267A
Voltaire 221. 264

Wadia, A. R. 184
Waelhens, Alphonse De 116
Wagner, Karl 98A
Wagner, Richard 78. 131. 144A. 150A. 152A. 161. 202. 255
Wahl, Jean 116
Watson, John B. 102
Weigt, Karl 271A
Weimar 75
Weimer, Wolfgang 5f. 11A. 21. 23A. 29f. 30A
Weiße, Christian Hermann 77. 79
Weizsäcker, Carl Friedrich von 108f.
Wells, Herbert George 18
Widmann, Joseph Victor 79
Wieland, Christoph Martin 74
Wien 205f.

Willems, Bernhard 354. 374
Willms, Bernard 295
Wimmer, Alfred 103 A
Winckelmann, Johann Joachim 74
Windelband, Wilhelm 71 A
Windischmann, Friedrich 181
Wittgenstein, Ludwig 13. 17f. 24. 190–218
Wolf, Ursula 357 A. 374
Wolff, Christian 74. 83. 348–358. 373f.
Wright, Georg Henrik von 17 A
Wundt, Wilhelm 102

Zambonini, Ferrucio 98 A
Zeller, Eduard 4
Zeitungen und Zeitschriften
Der Spiegel 293
Die Zeit 288
Neue Zürcher Zeitung 291
The Times 36
Zimmer, Heinrich 266 A
Zimmern, Helen 159 A
Zint, Hans 265 A. 268 A. 275 A. 278 A
Zint, Susanne 278 A
Zürich 263